장흥 談論담론 2

그 香[향], 여전히 香이다

김선욱 시사칼럼집

에코미디어

장흥 談論 2
그 香, 여전히 香이다

김선욱 시사칼럼집

2022년 8월 10일 인쇄
2022년 8월 20일 발행

지은이 | 김 선 욱
펴낸이 | 정 찬 애
발행처 | 도서출판 에코미디어
등 록 | 1994년 6월 10일 제 05-01-0155호
주 소 | 광주시 동구 양림로119번길 21-1(학동)
전 화 | (062)224-5319
E-mail | jcapoet@hanmail.net

ISBN 978-89-97482-58-0 03810

값 20,000원

· 지은이와의 협의로 인지를 붙이지 않습니다.
· 잘못된 책은 구입하신 서점에서 바꾸어 드립니다.
· 이 책은 한국복지재단 창작준비금에서 제작비 일부를 후원받았습니다.

공급처 ■ 한국출판협동조합
경기도 파주시 적성면 적성산단3로 10 (적성일반산업단지 내)
주문전화 (02)716— 5616, 070— 7119— 1740

장흥 談論담론 2

그 香향, 여전히 香이다

길게 흥하는 땅 장흥,
굽은 허리 펴고 다시 일어서리라

따뜻한 남녘에 청정한 득량 바다를 연하고 있는 땅.

고지 5백m 이상의 15개 산봉우리가 지천으로 누워있는 땅.

연해 개펄이 여기저기 펼쳐지고 깊지 않은 수심으로 각종 어패류가 풍족하고 높은 산들이 있어 깊은 계곡과 큰 강이 만들어지고, 크고 작은 강 따라 드넓은 벌이 펼쳐져 먹거리가 풍요로운 땅.

그리하여 선사시대에는 대한반도에서 가장 많은 사람들이 그 산기슭과 강기슭에 옹기종기 모여 살아 당대 삶의 경쟁력이 가장 높았고, 그것을 증명하듯 대한반도에서 고인돌이 가장 많았던 땅.

삼국 이래 저 '선진 중국'에서 피난 온 중국인들이 천관산 삼비산 기슭에 새 삶터 삼아 새로운 성씨로 세거하며 장흥임(任)·장흥마(馬)·장흥위(魏) 씨의 본향이 되었던, 오랜 토속의 전통이 중국의 선진문화(한자 문화)와 융합되면서 문화적 토양이 더욱 단단해지며, 고려시대엔 호남 최남부 유일의 부사고을로 입지하여 호남 서남부 요충지가 되고 10여 명의 재상급 인물을 배출시켰던 땅.

조선조엔 장흥 가사문학이 발기하여 호남의 문학고을이 되고, 정유재란 때는 이순신의 재기에 주도적으로 참여하고, 장흥동학을 발흥시키고, 판소리 서편제의 본향이 되며 '문림의향'이 되었던 땅.

그 땅, 덕지(德地)요 지지(智地)인 장흥이 이제 '복지(福地)로 길게 흥하는 땅, 다시 흥(興)으로 일어서는 장흥(長興)'이요 '정남진 장흥'이 되려 하고 있으니….

장흥은 본디 덕지(德地)요 지지(智地)였다

공자는 "지혜로운 사람은 물을 좋아하고(知者樂水), 어진 사람은 산을 좋아한다(仁者樂山)" (《논어》 雍也)고 했다. 예부터 장흥에는 물(강, 바다)이 많고 산이 많아 지혜롭고 어진 사람들이 떼지어 살았다.

예로부터 장흥은 본디 지혜로운 땅 곧 지지(智地)요, 덕스러운 땅 곧 덕지(德地)였다.

왜 장흥이 지혜로운 땅인가. 동적(動的)인 강과 바다에서 지혜를 체휼했기 때문이리라. 그 지혜를 닮고 익혔기에 고래로 빼어난 인재(人才)가 많이 배출되었으리라.

왜 장흥이 덕지인가. 정적(靜的)인 산의 인덕을 닮고 배웠기 때문이리라. 산과 강, 바다에서 거둬들인 먹거리가 풍요롭고, 기본적인 의식주가 쉬이 해결되어 마음에 인정이 넘치고 너그러웠기 때문이리라.

이 땅에서 숨쉬고 살았던 우리의 선인들은 그처럼 의기롭고 지혜로웠으며 덕스럽고 인자했으리라. 바다와 강이 일깨워준 삶의 양식은 의기

(義氣)였으며 지혜였던 것이다. 높은 산들이 가르쳐준 처세와 깨달음은 덕(德)이고 인(仁)이었으며 자비(慈悲)였으리라.

몇십 세기가 흐른 지금, 이 땅 어디를 가나 그 어디서나 우리는 선인들의 그 흔적들을 더듬을 수 있다. 어느 산의 정상을 올라도, 장흥인은 참으로 축복받은 땅에 산다는 감흥을 지울 수 없다.

장동 신북리 후기 구석기 유물에서, 여기저기 지천으로 산재한 고인돌 유적에서, 부산 지천리 일대에서 출토되었던 철기시대와 삼국시대 유물에서 그리고 용산 월송리 조선백자 유적에서 우리는 장흥 땅에 살았던 그 넉넉한 선인들의 아름다운 삶의 양식을, 그 찬란한 문화를 읽게 된다.

탐진강을 거슬러 오르다 선인들의 숨소리가 들리는 듯한 정자에 앉아 보면, 강태공이 되어 암울한 시절을 낚고 인생의 허무와 사나이의 의기를 강학(講學)으로 시문(詩文)로 달래고, 창(唱)으로 노래했을 법한 선인들의 그 꿈과 정한(情恨)도 능히 가늠하게 된다.

장흥을 답사한 중앙지 어느 기자가 "장흥의 아름다운 산하를 둘러보고, 장흥이 문학의 고장이 된 까닭을 절로 알게 되었다"고 토로한 적이 있었다.

여기저기 드높이 솟은 산을 우러르고 강을 굽어보고 바다를 둘러보며 사색하고 성찰하며, 두 눈이 아찔할 만큼 투명하고 맑게 부서져 내리는 남녘의 햇빛을 받으며 높은 이상과 고고한 그리움도 배울 수 있어 장흥 고유의 장흥문학 태동이 가능했을 법하다.

하여 사자산 기슭의 기산리에서 기봉의 가사문학이 움트고, 천관산 기읍에서 존재의 가사와 실학이 솟구치고, 회진 진목리에서 이청준의 '천년학' 전설이 움트고, 용산 포곡리에서 송기숙의 민중문학이 싹트고, 관산 신동리에서 세계를 관통하는 이승우의 세계문학이 태동하고, 안양 여닫이에서 한승원의 바다문학이 새로운 전설로 잉태되었으리라.

이처럼 과거의 독특한 장흥의 역사적 전통과 향맥(鄕脈)은 사림(士林)·문림(文林)의 선비정신으로 계승되며 발현되었으니, 그 학문의 궁구(窮究)는 천방과 반곡 등 한시문학과 기봉 등 가사문학인을 거쳐 오늘날 지성작가로 대표되는 이청준 이승우 한강 등 문학인의 발현으로, 선비정신 중 의기(義氣)와 저항정신은 장흥동학을 거쳐 오늘날 송기숙 한승원의 민중문학의 발현으로, 또 다른 치세(治世)의 정신은 오늘날 고영완 김옥두 이영권 임종석 등 정치인의 발현으로 이어져 오고 있는 것이리라.

21세기 '환경의 세기', 장흥이 '생명문명' 선도한다

8세기 동안 호남의 중서남부 유일의 부사고을로서 호남의 중심축으로 전통을 쌓으며 서남해안의 요충지로, 호남 시인 묵객들이 모여드는 문림(文林)으로, 호남 의기(義氣)를 선도한 의향(義鄕)으로 자리했던 장흥이 조선 말, 대한제국, 일본합병, 광복, 근대화 등 근 1세기 가까이 도시권의 최변두리로 전락하며 소외되고 낙후지역으로 쇠락을 멈추지 못했지만, 이제 21세기 새로운 생태문명권의 개막과 함께 비로소 눈을 뜨고 힘찬 비상을 예비하고 있다.

본디 가지고 있었던 이 땅의 성정이, 지지(智地)로서 빛났던 전통이,

덕지(德地)로서 면면이 이어져온 뜨거운 혈맥이 이 땅 본디의 그 우월한 천연의 생태와 결합되며 새로운 부활을 잉태하며 '복지(福地)의 새 땅 장흥'으로 발돋움하고 있다.

바야흐로 '환경의 21세기' 그 첨두에서 본디의 우월한 생태 자원이 오늘의 시대적 요청인 생태문명의 흐름과 맥을 같이 하며 다시 일어설 수 있는 동력이 되고 부활할 수 있는 동기가 되어가고 있다.

이 땅의 본연의 모습이었던 그것은 바다요 산이요 강이요 벌판이요 계곡이었다. 그리고 그 자리에 그들과 함께 호흡하며 이 땅을 지켜온 당당한 그대들(장흥군민)이었다. 그렇다. 그대, 당신은 언제나 그 자리에서 장흥 땅을 지켜왔다. 해서 당신은 지금도 당당할 수 있는 것이다.

'길게 흥興하는 땅'으로 축복받은 장흥

그 흥興으로 다시 일어서며 복지(福地)가 되려 한다

당초부터 '길게 흥하는 땅'으로 축복 받았던 장흥이었다.

당초부터 축복받은 이 땅의 바다요 강이요 산이요 당신이었다. 그 축복을 우리가 여태 찾아내지 못했을 뿐이다. 이제 우리는 그것을 확인하고 찾으려 한다. 아니, 당연히 찾을 것이다. 우리의 축복이므로 당당하게 우리 것으로 만들 것이다. 그리하여 이 땅이, 그 바다가 그 강이 있고 그 산이 있어 더욱 광휘롭고, 더욱 당당한 당신이 있어 축복이니 … 기어코 그 축복으로 결실을 맺게 될 그대 당신이, 이 땅의 강과 바다가 오늘과 내일의 주인공이다.

이제는 갈등도 좌절도 딛고 일어서자. 이제는 오랜 갈등도 잊자. 눅눅한 옷일랑 훌훌 벗어 던지자. 벌거숭이가 되더라도 당당하게 바라보며 바로 서자. 그리고 함께 이해하고 함께 아파하고 함께 공유하고 공감하며 함께 환하고 맑게 웃자. 호탕하게, 말갛게 웃고 또 웃자. 그 웃음은 우리의 꿈, 길게 흥하고, 흥으로 우뚝 일어서는 우리의 꿈이 되리라.

우리는 그 희망을 놓지 말아야 한다. 희망이 우리를 살리는 길이다. 그 희망의 의지로 한 마음이 되고 동체가 되는 것이다. 방관자가 아닌 주인이 되는 것이다. 그 희망과 우리 모두가 공유하는 빛나는 꿈이 있기 때문이다.

강과 호수, 바다와 산 …, 그 자리에 당신이 밝게 웃고 있어 우리의 희망은, 우리의 꿈은 현실이 되리라. 그 희망도 지속 가능한 희망이 되고 찬연한 비전으로 밝혀져 우리와 함께 영원하리라. 당신이 있어 이 땅의 바다가 더욱 정겹고 이 땅의 산들이 더욱 광휘롭고 자존 넘치는 당신의 모습도 아름다운 것이다. 축복도 희망도 자존도 함께 나누고 공유하는 바다가 되고 산이 되고 당신이 되길 기도한다. 영원히.

2022년 7월

『장흥 談論 -그 향(香), 여전히 향(香)이다』를 펴내며

장흥군 안양면 삼비산 기슭인 신촌마을에서 태어나 유소년 시절, 초등·중학교까지의 학창 시절을 장흥에서 보낸 후, 1969년 광주로 고등학교 유학을 떠났고, 이후 내내 광주, 서울 등지에서 살다 1997년 12월 '장흥신문'을 인수하면서 장흥으로 귀향, 이날까지 장흥에서 살고 있으니 올해(2022년)로 나의 '장흥살이'가 26년째이다.

장년 이후 가장 역동적인 시기를 고향 장흥에서 살아오고 있는 것이다.

장흥으로 귀향은 1997년 12월, 장흥신문을 인수하면서였으나, 기실 장흥과의 질긴 인연은 1992년 2월 '장흥신문' 창간 때부터였으니 '장흥인연'은 6년을 더하면 32여 년 째이다.

'장흥신문' 창간부터 1997년 12월 신문 인수 때까지, 필자가 줄곧 서울에서 매월 2회씩(당시 장흥신문은 격 주간으로 발행했다), 장흥에서 우편으로 부쳐온 기사들을 다듬고 정리·편집하고 인쇄하여 장흥으로 보냈으니, 장흥과 실질적인 인연은 1992년부터였다고 해도 지나침은 없다.

'장흥신문'과의 인연은, 1992년 창간부터 이른바 '편집 대행역(재경 향우들 취재 포함)'으로 참여하며 시작되었다. 이후 장흥신문이 신평근 사장의 장기 외유로 폐간 위기에 몰리게 되었고, 부득불 필자가 장흥신문을 인수한 후 장흥으로 귀향, 1997년 12월 사장으로 취임하여 신문을 운영해 왔다. 그 후 급성뇌질환으로 2001년 2월 전남대병원에 입원하면서 신문 운영에서 손을 뗐지만, 2003년 1월부터 '장흥신문 법인 준비위원장'으로 다시 참여하게 되었고, 동년 8월 14일 법인신문으로 출범과 함께 대표이사로 취임하여 ㈜장흥신문을 운영하게 되었다. 2004년부터는 김창남, 최정옥 씨 등을 연이어 대표이사로 선임하고 편집인으로 재직하다 2018년 1월 장흥신문을 떠나면서 장흥신문과의 질긴 인연이 종결됐다.

이후 2018년 5월 장흥의 인문지지(人文地誌) 성격의 '장흥투데이'를 창간, 오늘에 이르고 있다.

필자는 올해로 만 칠순이다. 옛날 같으면, 사는 마을에서 제법 장수노인으로 긴 수염이나 매만지는 노익장(老益壯) 역할을 했을 법한 나이다. 그러나 그 칠순의 세월이 무색하게도 여전히 지금도 마음만은 50 줄이다.

일전에 한승원 선생이 망구(望九)임에도 자서전 《산돌 키우기》를 펴내고 지금도 소설 출간을 준비 중이라는 말에, '저 나이쯤엔 나도 한 선생의 반만큼이라도 된다면 무척 다행이리라'는 생각을 했지만, 요즘 들어 부쩍 '이젠 나도 칠순 노인이구나'는 맥없는 생각에서 벗어나질 못하고 있다.

그래서였을까, 그동안 30여 년 간 몸담았던 '장흥신문' '장흥투데이'에서 내 흔적의 일부나마 정리해야겠다는 생각이 들었다. 그동안 전혀 생각도 해 보지도 않았는데….

돌아보면, 장흥에서 30여 년은 '불민(不敏)한 신문편집자'로 살았던 힘겨운 세월이었다. 2001년 전남대학병원에서 6개월 입원했다가 퇴원한 후 마동욱 씨와 러시아를 한 달 다녀온 뒤, 아내의 '로비 덕'으로 직분이며 대우도 생각 밖으로 훨씬 나은 일터에서 일 할 수 있었지만, 그렇게 힘겨웠던 '장흥살이'를 끝내 잊지 못하고 다시 장흥으로 내려와 아내와 2, 3년간 거의 절연하다시피 했다.

그동안 장흥살이 하며 '신문편집자'로 숱하게 써왔던 글들은 더는 빼고 더할 수도 없는 나의 홍건한 '장흥 살이'의 흔적들이다. 그 흔적들 중, '신문편집자'로서 주로 필자의 의견과 생각이 더해진 글들(사설·칼럼)만 모아 그 일부를 2권의 책으로 출간한다.

글을 모으다 보니, 절로 부끄러워지고 많이 겸연쩍고 망설여지기도 했다. 신문과 관련된 지난 일들이 되새겨지며 후회스럽기도 하고 자괴감도 들고, 앞으로 해야 할 숙제들을 떠안게 되기도 했다.

그럼에도 그런저런 글들이, 내가 장흥에서 '신문편집자'로 살아온, 그러나 한 치 더하고 한 치 뺄 수도 없는 내 유일한 흔적임에는 분명하므로 (이미 記錄으로 남겨졌으므로), 그 '허술하기 짝이 없었던 장흥 26년의 삶'(여기에 '칠순의 삶'의 의미도 더해서)의 일단을 정리한다는 마음으로, 부끄러움을 무릅쓰고 세상 밖으로 훌훌 내보낸다.

이번 '장흥담론①②' 출간이 내 삶에서 보다 진득한 성찰로 이어지기를 기대하고 있다. ('장흥담론③'은 장흥 인물 편으로 준비하고 있다).

장흥의 '신문편집자'로 살아온 기자의 '나의 생각과 고뇌의 흔적들'이 다소나마 몇몇 지인·선후배·이웃들과 공유되고, 그들의 장흥인으로서 당당한 삶의 그 깊이와 넓이에 한 톨의 도움이나마 보태지기를 바랄 뿐이다. 더불어, 동시대를 살아가는 모든 장흥인의 당당한 꿈이 더욱 환하게 성취되길 기원한다.

"동시대 모든 장흥인이여, 당신을 사랑합니다!"

-억불산 기슭에서

2022. 7.

隱草 金善旭

차례 _ 장흥 談論

1장 ·
역사

2장 ·

역사인물

4장 ·

사회

5장 •

행정 1

6장 ·

행정 2

7장 ·

종합

1장
역사

원감국사 조명 학술심포지엄 개최해야 한다

— 원감국사 진영, 보림사 봉안에 부쳐

— 장흥투데이/2021.06.24.

가지산문의 보림사 역사에서 그 첫 출발은 784년 당나라로 가 37년 동안 남종선의 조사선(祖師禪 : 중국 선종 제6조 혜능)을 수행하고 귀국한 제1조 도의(道義, ?~821)로부터 비롯된다. 도의로부터 법통을 이은 이가 제2조 염거(廉居, ?~844)이었고, 염거로부터 다시 법을 전수받아 보림사를 개창한 이가 제3조 보조선사 체징(體澄, 804~880)이다.

그러므로 보림사는 체징이 보림사(당시는 '가지산문') 산문을 개창하였지만, 보림사의 법통은 체징 이전 도의에서 비롯, 염거로 이어져 체징대에서 '보림사 개창'이라는 결실을 얻기에 이른 것이다. 즉 중국 강서의 선맥(禪脈, 남선종)이 신라 승려 도의에게 이어지고, 도의로부터 다시 염거선사 → 보조선사 체징으로 이어져 그 선맥이 보림사에서 만개되며 비로소 보림사가 한국 선종의 뿌리를 내리는 계기가 된 것이다.

그러나 고려조에 들어와 천태종이 성세하며 구산선문은 자연 쇠퇴하기에 이르렀고, 여기서 보림사도 예외일 수 없었다. 그러나 고려 말에 이르러 구산선문 중 보림사만큼은 크게 흥성하게 된다.

체징 이후 보림사는 체징의 제자로 사무외대사(신라말 모든 이들의 존숭을 받던 고승들로 이들 중 이른바 '사무외대사'라 불리던 4인의 고승과 도선道詵이 있었다. 사무외대사로 통칭된 4인의 고승으로 진철眞澈, 이엄利嚴, 대경大鏡, 여엄麗嚴, 법경法經, 경유慶猷, 선각先覺, 형미逈微가 있었다)의 한 분이었던 선각대사(先覺大師) 형미(逈微, 864~917년) 스님

시대에 이르러 보림사는 전성기를 맞이했다. 고려조에 와 천태종이 선종보다 더 성세하는 중에서도 가지산파의 한 분으로 당대 선종의 대표적 인물이며 왕사도 역임한 원융 국사 학일(學一, 1052~1144년) 스님이 주석하면서 보림사는 다시 전성기를 맞이했다. 그리고 이후 다시 보우 선사가 주석하면서 보림사의 선풍을 크게 일으킨다.

보우 선사가 보림사에 주석했을 때 그의 명성은 이미 전 고려에 떨치고 있었다. 이는 보우선사가 원나라에 들어가 임제종(臨濟宗, 당 나라 임제의현臨濟義玄에 의해 창시된 중국 불교 선종 5가家의 한 종파로 그 법맥은 혜능의 남종선南宗禪을 계승한 남악회양南嶽懷讓·마조도일馬祖道一·백장회해百丈懷海·황벽희운黃檗希運으로 이어지고 이러한 법맥에 따라 선사상은 '육조단경六祖壇經'의 선사상을 계승하고 있다)의 적손인 당대 고승 석옥청공(石屋淸珙, 1272~1352)선사로부터 법맥을 이어왔고, 원나라에서 보우와 교우했던 공민왕이 왕위에 오른 후에는 왕사, 국사로 추대했다.

그렇잖아도 불문에 들어 첫 수행처가 보림사라는 인연이 있었던 보우는 보림사 주지가 된 이후 보림사에서 단절되다시피 한 가지산문을 크게 일으켰고 다시 임제선풍(臨濟禪風)을 크게 드날렸다. 통일신라 때 개창됐던 보림사는 고려 말 태고 보우에 의해 크게 성세하게 된 계기가 마련된 것이다. 이러한 까닭으로 가지산 보림사는 산문 개창의 주역이었던 제1조 도의, 제2조 염거, 제3조 체징대사와 이어 보림사의 중흥조였던 태고 보우선사까지 4인이 보림사 조사전에 봉안하게 된 것이다.

그런데 얼마 전 보림사 그 조사전에, 원감국사 충지 스님의 진영도 봉안됐다. 보림사에 주석하지도 않았고, 생전에 보림사와는 큰 인연이 없었던 원감국사였음에도 그분의 진영이 보림사에 봉안된 것은 큰 의미가 있다.

원감국사는 역대 장흥 출신 승려로 대선사이며 선승이었다. 특히 역대 장흥인 중 고대 문학사에서 원감국사만한 문학적 위업을 남긴 이가 없었다. 원감국사는 삼국시대 이후부터 조선조 초기까지 우리나라 대표적인 문학작품을 수록한《동문선》에 승려로서 가장 많은 작품이 수록되어 있다. 이런 사실 하나만으로 고려조까지 원감국사는 고려조에 불교문학의 최고봉에 이르렀던 인물이기도 했던 것이다.

그동안 우리가 그 원감국사를 기억해 낼 수 있는 곳은 송광사 국사전이 유일했다. 그곳에는 송광사 16국사 진영이 봉안돼 있는데, 6세조인 원감국사 진영도 거기에 봉안돼 있기 때문이다.

이제는 보림사 조사전에도 국사의 진영이 봉안돼 있어, 누구라도 어느 때이던 국사를 참배·참례할 수 있다. 해마다 5월 2일에 봉행하는 보림사 조사 다례에 참여하여 4분의 선사와 함께 원감국사도 함께 참례하며 그를 기억할 수 있게 될 것이다.

원감국사에 대한 기억과 조명… 여기서 그쳐서는 안 된다. 이제 불교신자가 아니더라도, 굳이 장흥 위씨 종인이 아니더라도, 장흥인이라면 그 누구든지 간에 그분이 남긴 그 위대한 업적을 되새기고 기억하며 길이 기려야할 것이기 때문이다. 그러므로 이제 우리가 할 일은 그분의 문학적 위상과 업적을 조명하는, 그분의 문학세계를 조명하는 학술세미나를 개최해야 하는 일이다.

실로 장흥 출신 원감국사의 문학은 장흥 고문학의 자랑이요 긍지요 자부가 아닐 수 없다. 그러므로 '문학의 고을 장흥', '문림의향의 메카 장흥'이 할 일이란 바로 이것이 아닐 수 없다 하겠다.

군영구미의 해창, 역사 속에 묻혀버릴 것인가, 되살릴 것인가?

— 오직 장흥 군수 의지 여하에 달려 있다

— 장흥투데이/2020.12.16.

과거에 장흥의 자원과 문화를 거의 무관심으로 고사시키거나 아예 남에게 빼앗겨 버린 경우가 몇 번 있었다. 그 첫 번째의 경우가 장흥의 고인돌로, 유네스코 세계문화유산 등재에서 탈락이었다.

1989년 목포대박물관의 지표조사 때 장흥 고인돌 분포 수는 파괴된 113기를 포함 2,364기로 밝혀져, 국내에서 지자체 단위로 장흥의 고인돌이 가장 많은 곳으로 확인되었다. 이에 따라 당초 한국고인돌선돌협회와 전남도가 1997년 10월부터 한국 고인돌의 '세계문화유산 등록'을 추진하였을 때, 그 대상 지역은 장흥과 화순이었다. 장흥군의 고인돌은 당초부터 세계문화유산의 잠정 등록이 돼 있었던 것이다. 그러나 얼마 후에 장흥 고인돌은 잠정등록 목록에서 제외되었고 화순 고인돌만 세계문화유산 등록으로 추진하여 화순 고인들은 고창, 강화 고인돌과 함께 2000년 11월 30일 세계문화유산으로 등재되기에 이른다.

그런데 왜 장흥군 고인돌만 탈락되었을까. 장흥군 행정 당국의 무관심이 그 원인 중 하나였다. 1998년 4월, 전남도가 장흥의 고인돌이 화순의 고인돌과 함께 세계문화유산 잠정등록 신청추진 계획을 발표했을 때, 장흥군도 발벗고 나섰어야 했다. 그러나 장흥군은 거의 무관심으로 일관했다.(화순의 경우, 담당 공무원이 전남도에 살다시피 하였다고 한다).

또 유네스코 조사단이 관산읍 방촌 고인돌 유적 현장을 둘러보고는 "고인돌 유적 가운데를 소로가 가로지르고 있어 원형이 훼손되었다"면서 원상복귀를 권했는데도 장흥군은 이 권고를 듣지 않았던 것이다.

두 번째 경우는 안양 학송리·신촌리 뒷산인 '삼비산'의 지명을 보성군의 '일림산'이라는 이름으로 빼앗긴 경우였다. 이 산 지명논쟁의 시작은 보성이 삼비산 너머 용추계곡에서부터 삼비산 정상까지 개발하면서 산 정상에 일림산 표지석을 세우면서부터였다. 삼비산의 꼭지점은 당연히 장흥군의 영토였다. (학송리 산 1번지). 그리하여 본래 장흥에서는 당초 삼비산으로 불리었으므로 당연히 삼비산이라는 이름을 고수하려고 하였고, 보성군 역시 삼비산의 차봉이었던 '일림산' 이름을 그대로 가져와 삼비산 정상부의 지명을 '일림산'으로 개명하고자 하여, 결국 전남도 지명위원회의 결정으로 판가름나기에 이르렀던 것이다.

여기서 중요한 것은 보성 쪽에선 담당 부서가 총동원되어 광주 등지의 지명위원들을 일일이 찾아다니며 홍보도 하고 이른바 '로비'라는 것도 하면서 직위도 내걸었다고 한다. 이에 비해 장흥은 어땠는가. 담당 부서가 바뀌어 가며 서로 책임 회피하기만 급급한 상태였고 군수까지도 큰 관심을 갖지 않았다. 그런 연후에 끝내 2005년 8월 25일 전라남도 지명위원회의의 최종 선택에서 산 이름이 일림산으로 결정되고 말았던 것이다.

세 번째의 경우가 전남도의 '이순신 수군 재건로 사업'에서 '군영구미=해창리'를 '회천면=군학리'한테 빼앗겨버린 일이었다고 할 수 있다.

전남도는 2012년 이순신의 백의종군로(구례~순천)를 조성한 후, 2013년 이순신 수군재건로를 복원, 정비하여 소위 '이순신 길'을 개발, 관광 상품화하기에 이른다.

이순신 수군 재건로를 개발하기에 앞서, 전남도는 전남도립대학교에 '남도 이순길 길 조선 수군로 고증 및 기초 조사'의 용역을 맡기는데, 이 용역에서 용역 팀은 보성-장흥(회령) 구간에 대한 연구에서 노기욱 씨 등의 연구 성과를 수용하게 된다. 즉, 노기욱 씨 등은 '군영구미=회천면 군학리'로 비정하였던 분들이었고, 이러한 결과에 의해 백사정 및 군영구미는 사실과 달리 해창이 아닌 '회천면 일원'이었다는 역사의 왜곡이 이루어지게 된 것이다.

그런데 이에 앞서, 2012년 당시 회진면장으로 재직 중이었던 백형갑 씨는 지역 역사와 문화자원을 관광 상품화하여 지역 경쟁력을 확보한다는 전제로, 이순신 장군과 회진면을 재조명할 수 있는 '이순신 장군, 시작의 바다 회진'을 기치로 '삼도 수군 통제사 취임의 고장, 충무공 이순신 장군 역사공원 조성 사업'을 구상하여 장흥군에 건의하였다. 백 면장은 국도비 확보를 위해 전남도 문화관광국(당시 국장 정인화)을 방문하여 사업계획을 설명하던 중, 현재(당시) 추진 중인 조선 수군 재건 사업 용역에 이를 반영하면 좋겠다는 의견을 듣고, 그 용역 중간 보고회를 회진면으로 유치하였다. 그리고 용역 발표 현장에서 전남도립대학교 박창규 교수 등 용역 팀에 본 사업 계획을 반영해 주도록 적극 건의를 하였다. 그러나 이 건의는 기어이 받아들여지지 않았다

이후 백 면장은 장흥군에 이순신 역사 공원 조성사업을 수차 건의했고, 전남도 정인화 국장도 이순신 공원 조성의 재원을 균특비로 지원해준다고 했는데도, 당시 장흥군 문화관광과의 우선 순위 사업에 떠밀려 이순신 역사공원 사업은 끝내 추진되지 못한 것으로 알려졌다.

반면, 당시 보성군은 이순신 마케팅에 열을 올렸다. 역사를 왜곡해서까지 입맛에 맞는 학자들에게 용역을 주어, "백사정과 군영구미는 보성 회천면 일원이다"는 연구 결과를 얻어냈고, 그것을 토대로 "군영구미는 군학리다'는 거짓된 역사를 오늘에 재현할 수 있었다.

당시 장흥군 담당자들도, 결코 전남도의 수군 재건로 추진 사업을 몰랐

을 리 없었다. 또 그 수군 재건로 사업에서 장흥이 제외되고 있음도 몰랐을 리 없었다. 백형갑 씨가 이순신 수군 재건로와 관련해 이순신 역사공원 조성을 수차 건의했고 그 재원도 전남도에서 균특비로 지원해주겠다는 것도 알았지만, 장흥군은 그 재원의 용처를 우선 순위에서 밀쳐놓았던 것이다.

거듭 밝히거니와, 당시 보성군은 '이순신 마케팅'에 한창 열 올릴 때였다. 그러나 장흥은 침묵했고 무관심했던 것이다. 그렇게 장흥군이 '이순신 마케팅'에 눈감고 있는 사이, 결국 '군영구미의 해창리'가 '회천면 군학리'로 둔갑돼 버리게 된 것이다.

그나마 다행이라면, "회천면 군학리가 군영구미였다"는 연구에 일조했던 이수경 박사가 이제라도 생각을 바꿔 "군영구미=회천면 군학리는 틀렸다 …군영구미는 안양면 해창리(선소)다"고 뒤늦게나마 논문을 발표한 것이다. 이제야 고작 한 사람의 학자가 보성의 역사 왜곡을 용기 있게 지적하고 나선 것이다.

이제는 우리가 나설 차례가 아니겠는가? 여기서도 우리가 침묵한다면 '군영구미=해창리'는 역사 속으로 아주 묻혀져 버릴 것이다.

그건 절대 아니 될 일이다. 늦었지만 이제라도 장흥군이 눈을 뜨고 '군영구미=해창리'를 되찾아오는 게 순리요 당면 과제인 것이다.

우선 역사적 재조명이 필요하다. 그것부터 해야 한다. 즉 '군영구미=해창리'에 대한 사실성(史實性)의 확보, 객관성 확보가 중요하다. 그 객관성으로 인해 우리는 잃어버렸던 '군영구미=해창리'를 당당히 찾아올 수 있기 때문이다.

보성에 빼앗겨버린 '군영구미=해창' 되찾아와야 한다

— 전문가 그룹 학술심포지엄, 연구 용역 … '의향 해창 관광지화' 추진해야

— 장흥투데이/ 2020.12.10.

안양면(당시는 안양방安養坊)에 속한 해창은, '장흥부에서 30리 在府三十里' -《與地圖書》, 1759~1765), 또는 '동남으로 20리 東南二十里' -《大同地志》, 1865)에 있었던 나루(항만)가 있는 어촌이었다. 그리고 여기에는 '수군 병선이 있었다 在安良有戰兵船' -《長興都護府邑誌》, 1868)는 등의 기록이 사서에 나온다.

이러한 해창이 보다 구체적으로 소개된 것은 《장흥읍지》(丁卯誌, 1747)에서였다.

"(해창은) 안양방 남쪽 입구에 있다. 장흥부에서 조세로 바치는 쌀을 저장하는 곳으로, 바다를 통해 경창으로 운반한다. 물 건너 실어 나르는 배는 포천지(浦村誌)에서 예시한 섬의 상선이나 혹은 경강선(京江船 : 전라도와 충청도에서 오는 세곡을 실어 나르던 배)을 쓴다. 부선소(附船所 : 해창진에 부속되어 있는 선소)는 (해창의) 창고 앞에 있다. 선창(船艙 : 배가 닿는 곳 즉 부두)은 매년마다 부역하는 민정(民丁)을 동원하여 땅을 판다. 대선 1척, 병선 1척, 사후선(적의 형편이나 지형 따위를 살피는 배) 1척이 모두 좌수영에 소속되어 있다. 전선저치미(戰線儲置米 : 전선에 쌓아두는 미곡)는 3,201석, 13두, 4승, 9합, 4작, 3리, 4푼이다. 在坊南口 儲本邑稅米, 海運京倉, 漕稅例用浦,村誌, 島商船, 或京江船, 附船所: 在倉前, 有船(倉), 每歲役民丁掘土, 大船一, 兵船一, 伺候船一, 俱屬左水營, 戰線儲置未, 三千二百伯一石十三參斗四升九合四夕三里리四分"('안양방' '창고' 편)

정유재란 때 이순신이 백의종군으로 잠행하며 수군을 재건하는 과정에서 구례·보성을 거쳐, 장흥부 회진(회령진)에 도착하기 전날, 장흥부 관할 '군영구미'에서 1박을 한다. 그런데 당초 전남도가 이순신 수군로 재건 사업에서 이 장흥부 관할의 '군영구미'를 회천면 군학리(당시 회천면도 장흥부 관할)로 비정(批正)한 후, 이곳에 안내간판 등 시설을 대대적으로 구축하고 관광지화 했을 때, 장흥의 향토 사학자들이 크게 반발하면서 "군영구미는 회천면 군학리가 아니라 안양면 해창이었다"고 논지를 펼 때나, 지난 11월 25일 이수경 박사가 "과거 군영구미를 회천면 일원으로 비정한 것은 착오였다" "군영구미는 안양면 해창(선소)로 비정한다"는 새로운 논지를 펼 때도 해창에 대한 역사적 근거는 모두《정묘지》(장흥읍지) 등에 준하는 기사가 거의 전부였다.

그런데 이번에 확인된《장흥읍지》(무인지)의 사실(史實)(위성 향토학자의 확인)에서, 비로소 당시 해창진의 규모와 기능, 구조가 한층 확장, 강화된 기사를 확인하게 된 것이다. 이로써 우리는 '군영구미=해창진이었다'는 사실(史實)에 보다 근접할 수 있는 계기가 되었다.

《장흥지》(戊寅誌,1938년) - '長興誌續卷之一 / 倉庫 / 將官廳'에 기록된 그 사실을 더 보자.

"장관청(將官廳)인 해창진에는 장(군장)의 숙소가 있다. 세관기가 세워져 있고 세관의 숙소가 있다. 병선은 1척이고 세금을 내고 일하는 사람이 삼백 명이다. 좌수영에 속하고 수군 조련을 한다. 징선(세금을 싣는 배)은 1척이고 선창에 상시 정박해 있으며 쌀 운반 때 사용한다. 將官廳 在海倉鎭將宿所捧稅官寄 宿所. / 兵船 一隻 稅役民三百名附屬 屬于左水營水軍操鍊. / 徵船 一隻常泊于船倉米運送時使用"

-《장흥지》戊寅誌(1938년) - '長興誌續卷之一 / 倉庫 / 將官廳

당시 장흥부의 인구는 5천 5~6백 명이었던 것으로 알려지고 있고, 해창진에만 군역 3백여 명이 상주했다는 데서 우리는 당시 해창진의 그 대단한 규모와 구조, 기능 등을 능히 가늠할 수가 있게 된다.

해창의 수군, 조운창 등의 규모나 그 기능의 중요성으로 인해 근대에 와서도 이곳에는 안양면에서 처음으로 경찰주재소가 설치되기도 했으며(1910년), 1914년에는 헌병파견소가 설치되기도 했고, 1914년에는 안상면과 안하면이 통합되면서 면사무소가 이곳에 존치되기도 했다.

《안양면지》 기록에 의하면, 1940년 해창진의 하루 물동량이 무려 100여 톤이 반출되었고, 용산면 남쪽 지방을 왕래하던 관문이었으며, 관산 대덕 상인들이 해창을 통해 용곡리 독곡재나 수락리 저날재를 넘어 회천장을 왕래하였다고 한다. 당시만 해도 해창 앞 바다는 2백 톤 급 대형 선박이 드나들 수 있을 만큼 수심도 깊었다고 한다.

그동안 위성 양기수 이병혁 등 장흥 향토 사학자들은 이순신이 머물렀던 '군영구미'가 해창이었다는 논지를 수차 밝혔었고, 특히 위성 씨는 개인적으로 회천면 군학리를 군영구미로 비정한 전남도에 반대 의견의 민원을 2회나 제출, 시정을 요구하기도 했으나 끝내 성사시키진 못했다.

장흥 학자가 아닌 외부 학자로 지난 2017년 10월 13일, 김덕진 교수(광주교대 사회교육과)가 "군영구미는 안양면 선소(해창)로 추정한다"고 발표한 이후, 전남도 이순신 수군 재건로 사업 추진 당시 '군영구미는 회천 군학리였다'는 역사적 근거를 제공했던 이수경 박사(전남대문화재학 박사)가 지난 11월 15일 기존의 자기 논지를 바꿔 '군영구미는 해창(선소)으로 비정한다'고 발표했다. 그리고《장흥읍지》에 의해 해창리 해창진의 규모와 기능, 구성이 새롭게 확인되었다.

이제 어찌해야 하는가.

그동안 장흥은 1597년 정유재란 때의 회령진과 10여 척의 배를 인수받아 회진에서 기포한 이순신의 역할에만 집중했었다. 보성군이 군영구미를 회천면 군학리로 비정하고 관광지화 하는 등 이순신 장군을 이른바 '의향 보성'의 중심으로 끌어드릴 때도 침묵하던 장흥군이었다.

결국 이유야 어찌됐든, 장흥군은 보성군에 군영구미를 빼앗긴 꼴이 돼버렸다. 그런데 알고 보니 어거지로 보성이 보성군의 구미에 장단을 맞춘 몇몇 학자들을 중심으로 하여 '군영구미=해창'을 '군영구미=군학리'로 빼앗아가 버린 것이다. 이제는 반드시 다시 찾아와야 한다. 그것이 후인들인 우리의 몫이며 역할이고, 역사적 진실이기 때문이다.

우선 '군영구미=해창' 설에 대한 객관성 확보가 시급하다. 외지 전문가들의 역사적 연구 결과 등이 전제돼야 한다는 것이다. 이미 외부 학자 2명이 '군영구미=해창' 설에 동조하고 나섰다. 이제는 장흥군이 서둘러 나서야 한다. 국내 최고 권위의 학자들을 초청, '군영구미=해창' 설 근거의 학술 심포지엄도 개최하고, 이를 바탕으로 호남학연구소나 대학교 연구기관 등에 '군영구미=해창' 설을 뒷받침해줄 수 있는 연구 용역을 추진하고, 이어 '해창=군영구미'에 대한 역사 관광지화를 서둘러 추진해야 한다.

역사의 진실은 감출 수는 없다. 언젠가는 그 진실이 밝혀지기 마련이기 때문이다. '해창=군영구미' 설이 점차 명명백백히 밝혀지고 있는 지금, 이제는 장흥군이 보다 적극적으로 나서, 보성군에게 빼앗겨버린 '군영구미=해창'을 하루 속히 되찾아주길 간곡히 당부 드리는 바이다.

‘조선 수군 재건로’ 재조명·재정립 운동 본격 추진되길

— 이수경 박사의 ‘백사정·군영구미 위치 검토’ 논문 발표에 즈음하여

— 장흥투데이/2020.11.19.

장흥문화원이 오는 11월 25일, 이수경 박사가 ‘난중일기의 백사정과 군영구미의 위치 검토’라는 주제의 강좌를 갖는다. 이 강좌에서 이수경 박사는 전남도가 2013년에 추진한, 이순신의 ‘조선 수군 재건로’ 사업 중 하나였던 장흥부 소속의 ‘백사정’과 ‘군영구미’의 위치에 대한 그동안의 연구 성과를 밝힌다. 이 박사는 이미 발표된 논문에서 당시 장흥부 ‘백사정’과 ‘군영구미’는 지금의 ‘보성군 회천면 일원’이 아니며 ‘백사정은 장흥 탐진강변’이고 ‘군영구미는 안양면의 선소’로 추정된다고 밝힌 바 있다.

‘이순신 길 조선 수군 재건로’ 조성 사업에서 전남도는 ‘군영구미=회천면 군학마을’ 비정을 토대로 본 사업을 추진했다. 이에 대하여 장흥의 향토사학자 위성 씨는 이를 ‘역사의 왜곡’으로 주장하고, 군영구미의 지명을 ‘안양면 해창마을’로 변경해 줄 것을 요구했지만, 이 요구가 받아들여지지 않았다.

이후 장흥군 문화계에서도 이 사안에 관심을 가지고 지속적으로 문제를 제기해왔다. 특히 장흥문화원에선 지난 2017년~2019년 인문학 강좌를 통해 ‘이순신 수군 재건로’와 관련된 주제의 강좌를 4회나 개최한 바가 있었다. ①2017.4.24. - ‘회령포 문화축제의 방향과 이순신 조선수군 재검토’/박형상 ②2017.10.13. - ‘조선 수군 재건과 회령포, 명량대첩 12척의 기적을 일구다’/김덕진 교수 ③2018.9.20. - ‘난중일기…이순신 조선 수군 재건로 현장 답사’/이수경 박사 ④2018.9.21. - ‘조선 수군 재건과 회령포 – 명량대첩 12척의 기적'/박형상 등이 그것이다.

그런데 이 4강의 강좌에서 설득력이 있고 구체적인 논거로 문제점을 지적한 강좌는 별로 없었다. 장흥출신 박형상은 ①④의 강좌에서 '군영구미=회천 군학리'설의 부당성, 전남도 이순신 수군 재건로 고증자 노기욱 씨의 '군학리-회령포 향선 직진설'에 대한 허구성 등을 지적하고 '군영구미=안양 해창'설을 주장했지만, 설득력이 미흡하고 논거도 미약한 부분이 있었다. ②의 강좌에서 김덕진 교수도 '장흥부 백사정=율포 백사정'으로, '군영구미=안양면 선소'로 추정하며 이 부분을 극히 약술하고 말았다. ③의 강좌에서 이수경 박사도 백사정이나 군영구미의 지명, 군학리에서 향선 이동설 등은 아예 언급하지 않았다.

그러므로 그동안 장흥문화원의 인문학 강좌의 이순신 수군 재건로 관련 강좌에서 '군영구미는 장흥 땅이었다' 등의 구체적인 논거는 제대로 제시되지 못했다고 할 수 있다. 이에 비하면, 위성 씨의 이른바 '노기욱이 대변하는 보성군 측의 고증' 등에 대한 문제 제기는 논리적이고 반박의 논거도 보다 설득력이 있다.

장흥 쪽 논자들이 주장하는, '신에게는 배 12척이 있습니다(今臣戰船尙有十二)'의 장계를 올렸다는 열선루와 회천 군학리에서의 향선 이동설 등의 역사적 허구성은 차치하고, 가장 핵심이라 할 수 있었던 '군영구미(軍營龜尾=軍營仇未)=회천 군학마을'에 대한 위성 씨의 구체적인 반박 논거만 보도록 하자.

회천 군학리는 당시 장흥부 회령방에 속했으며 1914년에 비로소 보성군 회천면이 되었다. 그러므로 군학리는 1914년 이전 기록에선 장흥읍지에만 나온다.

'군영구미'는 모든 역사서, 향토자료, 고지도 등에도 출전하지 않는다.

‘구미’를 군사가 주둔한 지역을 표현했다고 할 때, 당시 보성만에 접한 장흥부에서 군사가 주둔한 ‘구미’는 회령진(회진면)과 해창 뿐이다. 더구나 이순신의 목적지는 회령진이었으므로 회령진은 ‘군영구미’가 아니었다. 결국 ‘군영구미’는 해창 뿐이다. 이순신이 배설에게 회령진으로 가기 위해 군영구미로 배를 보내라고 했다. (보내지 않았다). 이 말에서 알 수 있는 것은, 군영구미는 배가 정박할 만큼 수심도 깊어야 한다는 것이다. (군학리 일대는 전선이 정박할 만한 장소가 없다).

노기욱은 “지역민들이 가져온 행선으로 양곡과 8월 15일 말 4필에 실은 보성의 군기물자, 병사(120명)를 싣고 군학에서 바다로 출정하였다”고 주장하며 군학마을을 군영구미로 비정하였다. 그런데 그 근거는 어디에서도 찾을 수 없다.

“장흥 땅 백사정에서 점심을 먹고 군영구미로 가니 장흥의 군관 감관(監官), 색리가 군량을 모두 훔쳐갔다 …군영구미에서 잤다”(《난중일기》)의 이 대목이 군학리로 지칭되려면, 당시 군영구미에는 군량을 저장하는 창고도 장군이 머물 수 있는 객관도 양곡·색리를 관장하는 감관도 있고, 배도 정박할 수 있는 바닷가 선창도 있어야 한다. 그런데 보성 회천면 군학리에서 군사가 주둔하고 창고도 있고 선창도 있다는 기록이나 이를 지정학적으로 실증할 수 있는 곳은 한 군데도 없다. 군학마을 끝 조금 튀어나온 듯한 축대 같은 흔적도 있어 이곳을 ‘구미영성’이라고 하고 회령폐현으로 추정된다고 했지만, 기록에 의하면 회령폐현은 내성을 축성하지도 않았고 회령진성(회진면)에만 내성을 축성하였다.

그런데 해창은 어떠한가. “장흥부의 세미(세금을 걷는 곡식)를 보관했으며 바다를 통해 서울창고로 운반했다. 선소(船所)는 창고 앞에 있었다. 선창은 매년 부역하는 민정을 동원하여 땅을 팠다. 대선 1척, 병선 1척, 사후선 1척이 있어 모두 좌수영에 소속되어 있다. (1747,《정묘지》) 또

1872년 장흥부 고지도(규장각 소장)에도 아주 소상하게 해창과 전선 3척, 그리고 창고가 그려져 있다.

이처럼 해창은 당대에 세미를 걷고 감관을 두고 보관 관리하였으며, 대선을 이용하여 그 세미를 경창으로 운반하여 국고를 충당하였던 곳이었다. 또 전라좌수영 또는 우수영에 편재된 수군도 주둔하였다. 또 선창도 있었다. 그러므로 군영구미는 바로 해창이었던 것이다.

이순신은 정유년 8월 18일, "군영구미에서 늦은 아침(晩潮)에 회령포로 갔다"고 했다. 군학마을에서 회령포까지는 거리가 너무 멀다. 그렇지만 해창에서 회령포까진 늦은 아침에 갈 수 있는 거리다.

이항복은 《백사집》에서 이순신이 통제사로 다시 제수된 뒤 "한 마리 말로 달려 회령포에 이르러 單騎馳到會寧浦 경상우수사 배설을 만났다"라고 적었다. 이밖에도 "순신이 한 마리 말로 달려 배설을 만나다 會寧浦舜臣單騎馳見楔 - 윤휴《백호집》", "회령포에 한 마리 말로 이르다 會寧浦單騎馳到 - 안방준《은봉전서》" 등 여러 기록에서도 밝히고 있듯, 이순신은 회천의 군학에서 향선으로 해로를 통해 회령포에 갔던 것이 아니다. 안양면 해창서 말을 타고 달려 회령포에 이르렀던 것이다. (날랜 군사와 수종꾼들도 이런 장군을 뒤따랐을 것이었다).

이것이 위성 씨가 밝힌 '군영구미=해창'설의 논거였다.

이제 며칠 후엔 이수경 박사가 군영구미와 백사정에 대한 연구 논문을 밝힐 것이다.

이를 계기로 장흥 학자들이며 장흥 문화계에서도 '이순신 수군 재건로'에 대해 더 깊이 있는 연구와 그 방향성에 대한 조율과 공유가 뒤따르고, 군이나 장흥의 문화계에서도 정유재란 때의 장흥과 관련된 이순신 수군 재건에 대한 보다 확실한 조명 운동 그리고 이로 인한 장흥 향토사의 올바른 정립이 이뤄지길 기대해 본다.

학자적 양심이 '역사 진로' 바꿀 수 있는 계기 주었다

— 장흥투데이/2020.11.12.

한 학자의 새로운 학설, 즉 이순신 수군로 중 '백사정·군영구미, 장흥에 있었던 것으로 추정한다'는 학설은 한 학자의 대단한 용기에서 나왔다.

이미 2013년 전남도가 '조선수군재건로' 조성을 추진하며 '이순신 길'을 개발할 때부터 당시 '장흥부의 백사정·군영구미' 위치를 '지금의 보성군 회천면 일원'으로 비정하였다. 이때 '이순신이 회천면 군학리 앞바다에서 12척을 이끌고 바다를 통해 장흥 회령포로 건너왔다'는 이른바 이순신 수군로의 사실(史實)을 굳히는 데 관련 학자들과 함께 일조하였고, 이후 2016년 전남대학교대학원 석사학위 논문인 '이순신 역사문화자원의 콘텐츠 활용방안 - 보성군을 중심으로'라는 논문에서도 결정적으로 '장흥부 백사정·군영구미는 보성군 회천면 일원'이라고 고증하는데 일조를 했던 학자가 있었다.

그런데 이번에 그 학자가 6, 7년 전의 자기 학설과 연구를 완전히 뒤집는 결과로서, "장흥부의 백사정·군영구미는 회천면 일원이 아니었고, 백사정은 당시 장흥부 예양강 둔치로, 군영구미는 안양면 선소(船所)로 추정된다"는 연구 결과를 한 학술지에 논문으로 발표했다.

현재도 당시 '백사정과 군영구미는 보성군 회천면 일원이었다'는 학술적 근거에 앞장섰던 몇몇 학자들이 시퍼렇게 생존해 있는 데다, 향후 선배들이기도 한 이들 학자들과 특히 보성군 측으로부터(자신의 이번 학설 발표로 인하여) 어떤 불이익이 닥쳐올 지도 모르는 것을 전혀 예상하지 못했을 것이 아닌 데도, 과감히, 오로지 진솔한 학자적 양심으로 과거 자기 연구를 뒤집었을 뿐만 아니라 당시 동료 학자들의 연구까지도 의문시하는 일대 혁신적인 연구 결과물을 발표한 것이다.

그 주인공이 바로 전남대학교의 이수경 박사이다.

그는 오는 11월 25일 장흥문화원에서 개최하는 인문학강좌에 초빙되어, 이번 자기의 새로운 논문을 중심으로 "백사정은 당시 장흥부 예양강 둔치로, 군영구미는 안양면 선소(船所)로 추정한다"는 새로운 학설을 발표한다고 하니, 향후 그의 행보가 더욱 주목이 된다. (여기서 그의 그 새로운 학설, 즉 '장흥부의 백사정·군영구미는 회천면 일원이 아니었고, 백사정은 당시 장흥부 예양강 둔치로, 군영구미는 안양면 선소船所로 추정된다'는 연구에 대한 구체적인 내용은 소개하지 않기로 한다. 얼마 후에 그로부터 직접 들을 수 있어서이다).

그동안 전남도가 '이순신 길'을 개발하면서 재야 학자 등으로부터 많은 논란과 말썽을 빚었다. 특히 보성군의 주장, 즉 '백사정과 군영구미는 보성군 회천면 일원이었다'는 주장에 동조했던 몇몇 학자들은 다소 인위적인 보성군 위주의 향토사 등을 근거로 '백사정과 군영구미는 보성군 회천면 일원이었다'는 학설에 편승, 보성군 회천면 일원이 이순신의 주요 수군로였다는 사실(史實)에 동조하였을 뿐만 아니라, 전남도와 보성군이 군학리 등에 이순신 관련의 관광 시설을 구축하는 데도 크게 기여하였다.

이에 장흥군에서는 많은 재야 향토학자들이 크게 반기를 들었다. 양기수, 위성, 박형상, 김상찬, 정길상 등이 그 주요 인물들이었다. 그러나 그들의 반기는, 지역신문이나 지방의 학술지 등에 반론을 제기하는 수준일 수밖에 없었다. 아쉽다면, 그 이후 행정당국이나 장흥문화원 등에서 왜 학술발표회 한 번 개최도 못한 채 침묵만 했는지… 알다가도 모를 일이다.

본지에서도, 본란을 통해 보성군이 역사 왜곡까지 서슴치 않으면서 '의향 보성'으로 상징화하는데, 왜 장흥군은 침묵만 하고 있느냐며 수차 질타하곤 했었다. 또, 지난해 전남도의 남도의병공원 유치 공모 때, 침묵만 하고 있는 장흥군에게 장흥도 속히 남도의병 공원 유치에 뛰어들라고 주문하기도 했고, 보성군이 장흥 출신 의병들까지 보성 출신 의병으로 둔갑시키며《보성의병사》발간에 열을 올리고 있을 때, 장흥군의 무관심을 지적하며 장흥문화원의《장흥의병사》발간 추진 예산 전액을 삭감한 군의 문화행정을 질타했었다.

이제 우리는 또 지금 보성군이 이순신의 수군 재건로 구축과 관련, 그들이 주장하는 전적지(회천면 일원)에다 그 표식을 남겨 역사 관광지화하고 있다고 하더라도 우리는 그것과 상관없이, 이번 이수경 박사의 새로운 논문을 근거로 우리 장흥군도 전국적인 규모의 '이순신 수군로와 그 전적지 조명의 학술대회'며 관련 책자의 발행도 추진해 나가야 한다. 나아가 백사정으로 추정되는 탐진강변과 군영구미로 추정되는 안양 해창리 선소(船所) 자리 등에 뚜렷한 표식이며 역사 관광 시설화도 추진하고, 서둘러 회령진성 복원 사업과 병행해야 한다. 그리하여 장흥이 진정으로 '문림의향의 메카임을 입증케 하는 다방면의 역사 문화적 마인드를 구축해 달라'고 다시 당부드리고자 한다.

한 학자의 양심적인 고백일 수 있다. 한 학자의 진심이 담긴 연구 결과일 수 있다. 그러므로 우리는 그의 그 양심과 진실한 학구적 연구를 이대로 묻혀 둬서는 안 된다. 이를 계기로 하여, 16세기, 임진·정유재란시 장흥이 제1의 의병의 고장이요 제1의 의향이었을 재조명하고, 재증언하여 명실상부 장흥이 문림의향의 메카임을 입증해야 한다.

차제에 '장흥에서의 이순신'의 조명 운동과 그 이순신을 있게 만들었던 임란의 영웅 반곡 정경달 선생에 대한 조명 및 선양 사업도 보다 역동적으로 추진되길 바라는 마음이다.

마지막으로, 다시 한 번 이수경 박사의 그 용기와 결의, 학자적 궁구(窮究) 정신에 박수를 보낸다.

장흥인의 사표 되는 장흥 위인의 선비정신

— 무계(霧溪) 선생의 그 공익정신이 절실히 요구되고 있다

— 장흥투데이/2020.08.14

'인걸(人傑)은 지령(地靈)'이라고 한다. 덕지(德地)·복지(福地)로 불리울 정도로 산자수려(山紫水麗)한 장흥의 땅, 전남의 최남단부에서 유일하게 근 8세기 동안 부사고을로 입지했던 장흥 역사에서 그 찬란한 역사적 전통에 걸맞게 수많은 위인이요 명인 명사들이 대대로 배출되었다.

우리가 흔히 위인이라고 하면 평화시대에는 덕인(德人)이요 학문적 업적이나 걸출한 관료로서 위명을 떨친 인물과 국란 때 의병으로 순직하거나 국란극복에 위명을 떨친 분들로 나눌 수 있을 것이다.

장흥 역사에서 위인은 평화시대의 위인들이 더 많았다.

통일신라 때 오늘날 한국 대표 불교종단인 조계종의 시원이던 구산선문 종찰인 보림사를 개창한 보조선사 체칭(體澄, 804~8800)을 첫 번째 장흥의 대표 위인으로 꼽을 수 있다.

고려조에는 장흥임 씨와 장흥위 씨, 장흥마 씨 가문에서 수많은 위인들이 배출되었다. 장흥임 씨로 고려조 인종 왕비 공예태후(1109~1194)를 비롯 재상의 반열에 오른 임의, 임원숙, 임원후 등 10여 명의 임 씨 인물들이 배출되었다. 장흥위 씨로 대문신이요 대문장가인 위계정(魏繼廷, 1038~1107), 240여 편의 시를 남긴 원감국사 위원개(魏元凱, 1226~1293) 등이, 장흥마 씨로 조선조 초 전라도병마절도사를 지낸 마천목(馬天牧, 1358~1431) 등이 있었다.

조선조에 와서는 장흥 고문학(古文學)의 선구자요 성리학자였던 천방 유호인(劉好仁, 1502~1584), 한국 기행가사문학의 효시 기봉 백광홍(白光弘, 1522~1556), 대문장가였던 옥봉 백광훈(白光勳,1537년~1582), 호남의 4대 실학자로 위명을 떨친 존재 위백규(魏伯珪, 1727년~1798), 장흥동학혁명 때 남도장군으로 유명했던 이방언(李芳彦, 1838~1895) 등이 위명을 떨친 장흥의 위인들이었다.

국가 위란인 임진란(정유재란)과 병자호란 때는 의병장으로 창의하거나 순직했던 위인들이 많았다. 대표적 인물로는 반곡 정경달을 비롯해 풍암 문위세와 문기방, 마하수, 정명세, 위대기, 김응원 등이 있었다. 구한말에서 일제강점기에는 정노수, 위석규, 김재계, 무계 고영완 등이 독립운동가로 활동, 장흥의 위인 반열에 올랐다.

근대사가 시작된 해방 전후에 최옥삼 가야금 유파를 탄생시킨 음악가 최옥삼을 비롯, 초대 전남대학교 총장 최상채 박사, 한국 의학박사 1호 김두헌 박사 등이 위명을 떨친 위인이라고 할 수 있다.

이밖에도 굳이 거명하지 않았지만, 더 많은 명인 명사들이 당대에 위명을 떨치고 찬란한 위업을 일구었다. 이 선인들은 끊임없는 탐구정신과 부단한 노력으로 학문을 연구하고, 또는 문장(문학)을 익히고, 탁월한 지혜와 경륜으로 범상치 않은 특별한 행적을 일구며 자기 일생을 빛내고 향토와 후인들에게 모범을 남기고 삶의 위대한 지표를 남긴 분들이었다.

고대 때의 인간의 지고한 가치는 선비(군자)정신이고 선비정신을 투철히 실행한 이는 선비였다. 선비(군자)는 한 마디로 불의·부정과 타협하지 않고 인(仁, 덕행)을 추종하고 이를 실천하는 사람이었다. 위인들 중에 선비로서 모범적인 지표를 남기거나 당대의 학문(유학, 성리학 등)의 궁구에 매달리며 뛰어난 업적을 남기기도 하였다. 한편으로 덕행이며 당대의 최고의 가치인 인(仁)을 실천한 위인, 즉 군자의 도리로서 후학이나 독지

행(篤志行)이나 구휼행(救恤行), 지금 같으면 '더불어 살기 위한 베풂행' 에도 큰 관심을 갖는 위인이 더러 있었다.

공자의 지고한 가치는 인(仁)이었다. 하여 공자는 "인(仁)이란 내가 이룬 것은 남도 함께 이루도록 해주고, 내가 아는 것은 남에게도 알려주어 함께 하는 것이다. 내 주변에서 '함께 하기'를 실천할 수 있다면 그게 '인'을 이루는 방법인 것이다 夫仁者, 己欲立而立人, 己欲達而達人. 能近取譬, 可謂仁之方也已"고 강조했다.

전국시대, 공자의 사상을 계승 발전시킨 맹자도 《맹자(孟子)》 '진심편(盡心篇)'에서 "군자에게는 세 가지 즐거움이 있으니 君子有三樂, 천하의 왕이 되는 것은 여기에 넣지 않는다 而王天下不與存焉. 양친이 다 살아 계시고 형제가 무고한 것이 첫 번째 즐거움이며 父母俱存 兄弟無故 一樂也, 우러러 하늘에 부끄럽지 않고 굽어보아도 사람들에게 부끄럽지 않은 것이 두 번째 즐거움이고 仰不愧於天 俯不怍於人 二樂也, 천하의 영재를 얻어서 교육하는 것이 세 번째 즐거움이다 得天下英才 而教育之 三樂也"며, 이른바 후학과 교육을 세가지 즐거움의 하나로 정의하기도 했다.

즉 맹자는 세 번째 즐거움으로 자기가 갖고 있는 남과 다른 것(학식)을 다른 사람에게 베푸는 것, 즉 자기의 학식을 혼자만 차지하는 게 아니라 남과 공유하는 일을 군자의 도리로 설파한 것이다.

지난 호 본란에서, 논자는 역사상 위인 중 더욱 평가받을 수 있는 위인으로, 선비로서 자기 학문의 궁구는 물론 후학의 양성과 당대의 사회발전을 위한 공익정신을 실행한 분들이라고 했다. 이러한 위인이야말로 진정으로 후인들에게 본보기요 사표(師表)가 되는 분들이라고 정의했던 것이다. 그리고 이러한 위인으로 후학 양성에 주력한 천방(天放) 유호인(劉

好仁)과 무계(霧溪) 고영완(高永完) 선생을 지적한 바 있다.

천방공 외에도 유학자 이민기(李敏琦, 1646~1704)도 생원 시절에 지금의 사학기관이던 연곡서원 설립을 주도하며 후학 양성에 주력한 위인이었다. 한말 때 장평 두봉리 출생의 의금부사 전상률(全相律, 1887~?)과 일제강점기 독립운동가 정노수(丁魯壽, 1877~1965)도 흉년 때 가난한 집에 구휼미를 나누어주었던 인물이었다.

그리고 지난 호 본란에서, 논자는 장흥의 근현대사에서 일신의 명예의 성취뿐만 아니라 지역민을 위한 후학과 지역사회 발전을 위해 공헌한 대표적인 위인으로 무계 고영완을 언급한 바 있다.

선생은 정치권에서 활동할 때는 결코 불의·부정과 타협치 않는 기개 있는 신념의 정치가였으며, 향리에서는 지역의 후학 사업과 '더불어 사는 세상'을 위해 헌신한 교육자요 독지가였다.

무계 선생이 농촌의 주거환경 개선을 위해 1,600평의 전답(현 시가 8억원 상당)을 희사하였을 때 당시 집안의 경제사정은 막내아들을 대학교에 입학시키지 못했을 정도였다고 한다. 큰 아들이 언젠가 부친(무계)에게 당시 집안 형편이 아들의 학업을 중단할 만큼 어려웠는데, 왜 마을에 전답을 희사하였느냐고 묻자 "더불어 잘 살아야 하지 않느냐"고 대답했다고 한다.

공유와 나눔이 절실히 요구되는 오늘날의 시대 상황에서 우리 모두에게 한 시대를 빛낸 선인들의 학문 궁구의 정신이 요구되고 있다.

특히 인(仁)을 베풀던 선비정신, 특별히 지역민을 위해, 지역사회를 위해 나눔과 베풂으로 '더불어 사는 세상'을 위하여 헌신하였던 '무계의 그 인(仁)의 선비정신'이 절실히 요구되고 있다.

회령진성 학술조사 - '회령진성 복원 추진' 동력 얻었다

— '장흥=의향' 학술적 조명운동도 적극 추진해야 한다

— 장흥투데이/2020.07.16.

최근 장흥군의 역점적인 군정 구호의 하나가 '문림의향의 메카'이다. 그런데 이와 관련, 최근에 발생한 두 가지 사안 중 하나는 장흥군에겐 부정적인 의미를, 다른 하나는 긍정적인 의미를 부여한다고 할 수 있다.

전자는 장흥군이 전남도의 '남도의병 역사공원' 후보 대상지 선정에서 탈락한 것(7월 6일, 1순위 나주시, 2순위 보성군 우선 협상대상자 선정)이다. 이 결과는 그동안 장흥군이 자찬하며 주창해 온 '장흥군=문림의향', '장흥군=의향'의 수식어·상징어가 별 의미 없는 수식어였음을, 보다 정확히는 장흥군이 의향으로서 경쟁력이 없다는 사실을 간접적으로 증명하였다고 할 수 있어 우리에겐 아쉽기 그지없는 결과이다.

그러므로 자칫 장흥군의 4메카 중 하나인 '의향의 메카'라는 구호 역시 우리만의 구호에 그칠 수 있다는 우려마저 낳을 수 있다.

후자는, 장흥의 회령진성은 '장흥=의향'과 아주 밀접한 관련이 있는데, 전남문화관광재단이 지난 6월 26일 발표한 '장흥 회령진성' 학술 조사에서, 이순신 장군의 명량대첩 신화 속의 '장흥 회령진성'의 역사적 가치가 재평가되었다는 사실(史實)이다.

이는 특히 향후 회령진성의 복원과 이순신 관련 역사·유적·문화 관광지, 이순신과 관련한 역사테마 관광 명소로서 개발에 동력을 얻는 계기가 되었다는 것이다.

그런데 여기서 중요한 것은, 후자의 경우는 역사적 사실(史實)을 확인한 것으로, 회령진성 복원과 회령진성의 역사·유적·문화 관광지 개발에 대한 타당성을 확인해주었다면, 전자의 경우는 장흥군의 문화 행정력의 부실과 허점을 고스란히 보여준 결과였다는 점에서 우리에게, 장흥군에게 시사해주는 바가 자못 크다는 사실이다.

알다시피, 회령진성과 회령포구는 조선시대 선소와 선창이 있던 곳이다. 정유재란 때 칠천량해전 패전 후 경상우수사 배설이 피신했던 곳이며, 이후 백의종군을 끝내고 삼도수군통제사로 복귀한 이순신 장군이 이곳 회령진성에서 난파 직전인 12척(10여척)의 배를 수리하여 133척의 왜선을 물리친 명량대첩의 신화의 계기가 된 역사적인 장소이다.

그런 이유로 장흥군에서도 지난 2018년부터 명량해전 기포지로서의 회령진성의 역사적 이미를 조명하기 위한 '회령포 문화축제'를 개최해 오고 있으며, 본지에서도 특별기고 등을 통해 수차 '회령진성 복원'을 주창하고 촉구해 왔다.

이번 학술 조사를 마친 주순선 전남문화재단 대표이사는 "이번 발굴조사 결과를 바탕으로 체계적인 학술 조사와 고증을 거쳐 '이순신 호국·관광벨트 조성사업'과 연계해 장흥 회령진성을 전남의 대표적인 역사테마 관광 명소로 개발할 수 있도록 노력할 것"이라고 밝히기도 했다.

이제는 장흥군이 보다 적극적으로 나서야 한다. 전남도 예산 확보 여부만 따지지 말고 장흥군의 최대 현안으로 국도비 확보를 위해 나서야 한다.

남도의병공원은 이미 물 건너 간 희망이 되었으니 회령진성 복원이라도 최우선적으로 적극 추진하고, 나아가 장흥의 의병사 조명의 학술대회 추진 및 학술서 발간도 적극 추진하여 학술적으로도 장흥이 의향이었다는 정체성을 규명하는 등 '장흥=의향의 메카'에 대한 토대를 구축해야 한다.

장흥이 진실로 '문림의향의 메카'임을 내세우려면 최소한 의향 부문에서 회령진성의 복원과 함께 장흥군이 의병의 고을이었고 의향이었음을 고증해 내는, 역사학적 조명이 이루어져야 하는 것이다.

특히 회령진성 복원과 관련, 지역의 사학계에서는 회령진성의 사적지화도 추진하기를 주장하고 있으며(위성 향토사학자), 회령진성 내에 임란호국영령(壬亂護國英靈)을 달랠 무명용사(無名勇士)의 비(碑)를 아무것도 세기지 않은 '백비(白碑)'로 세우자고 주장하기도 했음(양기수 향토사학자)을 기억해 주길 당부드린다.

'의향 장흥, 의병 고을 장흥' 위상 찾아 세워야 한다

— 남도의병공원 유치 상관없이 '장흥 의향' 증명해 내야 한다

— 장흥투데이/2020.06.04

장흥군은 최근 스포츠, 의향, 안전, 친환경을 중심으로 한 '4(four)메카 장흥'을 만들겠다고 천명하고 나섰다, 이들 4가지 핵심 동력을 장착하여 군민 행복시대를 열어가겠다는 포부도 밝혔다.

4메카 중의 하나가 '의향의 메카'이다.

'의향 장흥' 이전에 장흥은 자칭 '문림의향'으로 불리어져 왔다. '문림'은 바로 '장흥문학'을 말하는 것이고 '의향' 역시 이순신 장군의 명량해전 시발점인 회령진성을 비롯하여 정경달 장군의 반계사, 동학농민혁명 기념관과 동학 최후 격전지인 석대들 등 다양한 역사적 자산과 의향으로서 역사적인 정체성을 가지고 있다. 거기다가 항일독립운동가로 우리나라에서 첫째로 존경받는 안중근 의사의 위패와 영정을 모신, 전국 유일의 인중근 사당의 해동사가 장흥군 장동면에 위치하고 있다. 특히 장흥군은 해동사에 총 사업비 70억 원 투입의 '안중근 의사 역사·문화체험 공간 조성사업'을 추진 중이다.

이러한 의향으로서 자산과 그 정체성을 바탕으로 이를 체계적으로 구성하여 역사와 문화가 어우러진 '의향 메카 장흥'을 만들겠다며 장흥군이 야심찬 구상을 하고 있는 것이다.

그런데 장흥군이 '의향 장흥'의 슬로건을 내세운 시점과 맞물려, 전남도가 지난 해 추진하다가 중단했던 '남도의병역사공원' 조성사업을 재개한다고 발표했다.

그러고 보면 우리는 늘 한 발 늦은 것 같다는 생각이다. 차라리 지난해 전남도 추진의 남도의병공원 유치전을 전후하여, 군이 주요 역점사업으로 '의향 메카' '의향 장흥'의 슬로건을 내세우고 이의 실현을 위한 구상을 진척시켰다면 어떠했을까. 지난해 남도의병공원 유치전이 펼쳐졌을 때, 장흥군도 뒤늦게나마 유치전에 뛰어들며 의욕을 보이긴 했으나 의병공원 유치가 연기되면서 흐지부지되어 버리고 말았다. 물론 남도의병공원 유치전을 계기로 일본 상품 불매운동이 전개되었을 때 장흥이 의향이요 의병의 고을임을 증거하기라도 하듯 여기저기 '장흥의향' '장흥의병' 슬로건이 담긴 플래카드 수십 장이 장흥읍 곳곳에 나붙기도 했다.

그렇지만 거기서 그만이었다. 장흥문화원도 한참 뒤늦었지만, 다행히 지난해 말 '의향 장흥'에 대한 조명운동에 뛰어들었다. 올해 장흥의병 학술 세미나 개최와《장흥의병사》발간을 추진하고 나선 것이다. 그런데 장흥의병 학술세미나는 예산이 확정되어 올 3월 27일 개최 예정으로 준비를 할 수 있었지만,《장흥의병사》발간 예산은 전액이 삭감되어《장흥의병사》발간을 추진할 수 없게 되고 말았다. 그나마 의병학술 세미나라도 예정대로 개최되었다면, 장흥의병에 대한 전문 학자들의 조명이 이뤄질 수 있었을 것이다. 그러나 불행히도 코로나 19로 인해 올 10월로 연기할 수밖에 없었다.

그리고 최근 전남도의 남도의병공원 유치전 공모가 재개되기에 이른 것이다.

장흥군이 문림의향이요 의향의 고을임은 분명하다. 그 역사적 사실이나 자원으로 봐 타지에 비하여 분명히 비교 우위의 경쟁력도 갖추고 있다. 그런데 구슬이 서 말이라도 꿰어야 보물이 되듯 그 역사적 맥을 제대로 전승하지 못한 것 또한 사실이다. 왜 의향이라고 자처하면서도 회령진성의 복원을 진작에 해내지 못했을까. 왜 성웅 이순신에 이어 임진란의 영웅인 반곡 정경달 선생을 무관심 속에 묻혀 뒀을까. 왜 손쉽게 추진할 수 있었던 의향 장흥을 조명하는 학술대회며 《장흥의병사》 간행도 추진하지 못했을까.

이제 전남도에서 남도의병공원을 조성하려고 그 유치를 시군 지자체 대상으로 공모하고 여기저기서 너도나도 '우리가 의향이요, 우리가 의병의 고을이다' 면서 유치전에 뛰어들게 되면서 장흥문화원도 제정신 차리게 되어서였는지 비로소 장흥의향 조명운동을 추진하게 되었다. 그렇지만 그것마저 운이 따라주지 못했고(코로나19 때문에 학술대회 연기), 의병사 간행 같은 것은 군 당국 담당자의 무관심으로 시도조차 못하고 말았지 않았는가.

알려진 바로는 남도의병공원 유치전에서 가장 경쟁력을 가진 곳은 함평, 나주, 보성군으로 알려졌다. 이번 남도의병공원 유치전에 장흥군도 뛰어들긴 했지만, 그 열기가 넘칠 정도인 다른 몇몇 지자체와는 사뭇 다르다는 게 솔직한 표현일 듯싶다.

그럼에도 불구하고 장흥이 의향이요 의병의 고을임을 누구도 부인할 수 없는 게 역사적 사실이다. 그러므로 이제 남도의병공원 유치와 상관없이 장흥의 역사를 바로 계승하고 의향의 고을로서 장흥의 정체성을 바로 알아간다는 면에서 이제부터라도 장흥 의향의 정체성을 조명하고 그 정신을 계승해 가는 일에 적극 나서야 할 것이다.

역사는 늘 증명되기 마련이다. 그러나 그 증명은 거짓으로 또는 어거지로 되는 것이 아니다. 사실(史實)의 바탕 위에서 사료 정비와 정리를 통해서 조명하고 다시 재확인하면서 전승되어야 하는 것이다.

안중근, 하얼빈서 장흥으로 내려와 장흥서 꽃 피운다

— 안중근의 성지 추진사업에 부쳐

— 장흥투데이/2018.11.30.

장흥군이 '안중근 의사 사당 관광자원화 사업'(이하 '안 의사 성지화사업')을 추진한다.

본 사업은 2019~2002년까지 추진하는데 안중근 의사 체험교육관, 안중근 의사 애국 탐방로, 안중근 의사 메모리얼 파크 조성 등을 주요 내용으로 하고 있다.

장흥군의 '안 의사 성지화 사업'은 국내에선 유일하게 안중근 의사 사당이 장흥에 있어 그만큼 안중근과 인연이 크므로 그 의미 또한 크다.

지난 2008년 3월 24일에는 전라북도는 전주시 덕진동에 '안중근 장군 전주 기념관'을 개관했다. 이 기념관에는 안 의사 유묵 20여 점과 관련 사진들이 전시돼 있는데, 안 의사 기념관으로는 서울 남산공원에 있는 안중근 기념관에 이어 두 번째 기념관이다.

안 의사 동상은 전국에 10여 개가 세워져 있지만 최근에도 곳곳에 계속 건립되고 있다. 지난 2018년 11월 22일 의정부시가 역전 근린공원에 세운 안중근 의사 동상이 대표적이다. 안중근 이름을 딴 공원도 있다. 부천시의 옛 중동공원으로 2009년 하얼빈에서 안중근 의사 동상이 부천으로 반입되면서 '안중근 공원'으로 바뀌었다. 2010년에는 이 공원에 안 의사 일대기를 테마 별 스토리를 조각으로 표현한 부조 벽화들을 추가 설치하고 10여 개의 안 의사 유묵비도 세워 전국에서 유일한 안중근 공원으로 조성했다.

장흥이 추진하는 '안 의사 성지화 사업'은 이처럼 전국에서 단편적으로 조성되는 기념 시설이나 동상 조성 등과 달리 전국에서는 유일하게 종합적으로 안 의사를 추모하고 기념하는 안중근 성지화 사업이어서 그 의미는 더욱 각별하다고 할 수 있다.

이를테면 지금의 사업 계획안이 1차 계획안이라면 향후에도 단지동맹 기념비를 포함한 안 의사의 유묵비(20여 개) 단지를 조성한다든지, 안 의사 관련의 국내외 모든 도서·학술논문·영상물을 비치해 전시하는 특별전시실을 만든다든지, 앞으로 철거 위기에 놓일 수 있는 하얼빈 조린공원의 유묵비를 반입해 온다든지 하는 식으로 안의사 관련 기념사업을 추진할 수 있을 것이다.

지난 2018년 8월 12일 자《전남일보》'전일시론'에, 이건상 대기자(현재 총괄운영본부장)가 발표한 '광주전남에 안중근 루트가 있다고?'라는 칼럼 중에 다음과 같이 제언한 내용이 있었다.

"…남도의 안중근 기념물은 특이하게도 의거 현장인 중국 하얼빈 역과 일직선에 위치한다. 자오선 축선으로 동경 126도다. 하얼빈은 동경 126도 38분으로, 장흥 해동사(126도 56분), 정남진 동상(126도 58분), 함평 안 의사 동상(126도 28분), 장성 상무대 동상(126도 37분), 광주공원 옛 숭모비(126도 54분)가 한 축선에 자리한다. 장흥 정남진에서 정북 방향으로 직진하면 하얼빈역이다. …범상치 않은 동경 126도의 항일 인연이랄까. 항일 영웅 안중근 의사, 그를 품고 있는 곳이 바로 의향 광주·전남이다. 동경 126도, 안중근 항일 루트를 만들면 어떨까. 안 의사의 항일 투혼과 웅혼한 동양평화의 비전을 공유하는, 새로운 역사관광 자산을 만들었으면 한다"고.

이건상 대기자의 생각도 미래를 예견한 것이었을까. 그의 제안대로 안중근의 의거지인 최북단 하얼빈에서 직선거리로 한반도 최남단인 정남진 장흥에서 안 의사 성지가 조성된다. 시대적 요청에 따른 역사의 필연일 것이다.

역사상 국란의 위기 순간에 영웅들이 나타나 위란 극복을 선도하여 나라가 바로설 수 있었다. 조선조 가장 위대한 인물은 성웅으로 불리는 충무공 이순신이었다. 그 성웅의 명량대첩의 신화를 일군 전진 기지가 바로 장흥에 있었다. 바로 조선함대의 12척(10여척)으로 조선수군 재건 육로의 종점이자 수로의 시작점이 된 회령포가 그곳이었다. 장흥에 그 회령포가 있어 영웅 이순신의 신화가 탄생한 것이다.

영웅 이순신을 만들어낸 호국의 영지가 입지했던 장흥에 또 한 사람의 근현대사의 영웅인 안중근 사당이 있는 해동사 일대가 안중근의 성지로 개발된다. 이 사업 즉 '안중근 의사 문화특화 개발'이 회령진성의 복원사업과 연계된다면, 장흥은 가히 명실상부 '애국·호국의 영지'로서 '민족과 역사의 체험교육의 메카'로 자리 잡게 될 것이다.

이 사업으로 안중근의 '하얼빈의 의거 정신'이 대한반도 최남단 정남진 장흥으로 내려와 안착한다는 의미가 있다. 지난 1955년 국내에서는 유일하게 안 의사의 위패를 모시며 해마다 안 의사를 제향해 온 사당을 존치했던 그 장흥으로 그 창대한 '안중근 정신'이 내려온다는 것이다.

그리하여 안중근의 하얼빈의 정신과 그 위업은 최남단 장흥에서 더욱 찬연히 빛나며 다시 대한반도를 넘어 만주의 하얼빈·간도·연해주까지 넘치고도 남을 것이다. 그리하여 이 영웅의 정신과 위업과 뜨거운 인류애는 오래도록 기리어질 것이다. 이를 위해 이 영웅을 참배하고 그 격동의 시대와 그 암울한 역사 체험을 위해 학생들이, 육·해·공군 사관생도들이, 중국과 일본의 안 의사 추앙객들이 떼로 몰려들 것이다. 그리하여 머잖은 미래에 장흥은 안중근의 애국·호국의 영지로 새롭게 자리매김 될 것이다.

동학혁명 유족 등록사업 재개, 폄하해서는 안 된다

— 장흥투데이/2018.10.06

124년 전 부패정치와 외세에 맞서 일어난 동학농민혁명의 참여자와 그 후손의 명예회복을 위한 '유족등록사업'이 다시 추진되기에 이르렀다.

동학농민혁명 참여자 명예회복 심의위원회(이하 '심의위원회')는 2004년 제정·공포된 '동학농민혁명특별법'에 따라 국무총리 소속기관으로 2009년까지 5년간 일차로 3천644명의 동학농민혁명 참여자와 1만 567명의 유족을 등록하고 활동을 종료했다. 그러다가 2017년 12월에 개정된 '동학농민혁명 특별법'에 따라 문체부장관 소속으로 심의위원회가 다시 꾸려지면서 지난 9월부터 유족 등록사업을 재개하게 된 것이다.

'동학농민혁명 특별법 일부개정안'으로 통칭되는 이 법안은 동학농민혁명 참여자와 유족의 등록기한의 연장, 명예 회복심의위원회를 문체부 소속으로 변경, 기념사업의 종류에 동학농민혁명 기념공원 명시, 기념공원 조성 사업의 조속한 추진을 위한 공유재산의 무상양여 및 정부 주도 사업 추진의 근거 마련 등의 내용을 골자로 하고 있다.

이에 따라 이제는 소속이 변경된 심의위원회가 2007년 7월로 종료된 유족 등록 신청사업을 계속할 수 있게 되면서 동학혁명 참여자와 그 유가족의 명예회복이 새로운 전기를 맞게 됐다. 또 동학농민혁명 기념재단이 기념공원 조성사업을 원활하게 추진하기 위해 국유재산이나 공유재산의 무상 양여가 가능하도록 근거 규정을 마련하면서 유가족들의 동학농민운동기념공원 조성 사업도 탄력을 받을 것으로 전망되고 있다.

그런데, 다른 지역도 아닌, 동학농민혁명의 최후의 격전지로서 '동학'이 유별난 의미를 가지고 있는 장흥지역에서 장흥의 모 지역신문사가 '동학혁명 유족 등록사업'의 의미를 폄하하고 폄훼하면서 그 사업을 부당성을 주장하는 듯한 보도를 하여 물의를 빚고 있다.

지난 9월 초 동학혁명 유족등록사업이 시작되었을 때 조선일보와 문화일보 등 소위 보수언론 2, 3개 매체에서 이 사업의 부당성을 제기한 일이 있었다.

그리고 모 주간신문에서 이 사업에 대해 양비론적인 관점에서 보도하였는데, "124년 지난 일인데…동학농민운동유족 등록 논란", "유족 명예회복일 뿐 보상금 소문 사실 아냐"vs"호남표 의식한 포퓰리즘 정책"이라는 제목의 기사가 그것이었다.

그런데 이 보도 내용을 뜯어보면 실제로는 양비론적인 기사도 아니었다. 기사 말미에 찬성 측 인사의 인용은 전혀 제외한 채 철저히 전형적인 보수 논객들의 주의 주장만을 인용하여 이 사업의 부당성을 강조한, 이른바 유족등록사업을 부정시하고 반대한 보도에 지나지 않았다.

그런데 지역의 모 신문사가 동학혁명 유족 등록재개사업과 관련하여 기자의 취재 보도기사도 아니고 그 주간지의 기사를 그대로 전재, 장흥지역의 독자들에게 혼선을 주면서, 그 기사의 암묵적인 주장인 동학혁명에 대한 폄하, 폄훼의 주장을 그대로 표출했다는 데 문제점이 있다.

주지하다시피 장흥동학은 각별한 역사적 함의를 담고 있다.

특히 장흥동학의 석대들 전적지는 정읍 황토현전적지, 공주 우금치전적지 그리고 장성 황룡전적지와 더불어 동학농민전쟁 4대 전적지로서 역사적, 학술적 가치가 높다. 특히 동학의 최후격전지로 의미를 가지고 있으며, 지난 2009년 국가지정문화재 사적 제498호로 지정되기도 했다.

장흥동학은 이같은 사실(史實)로서 각별한 의미뿐만 아니다. 당시 동학군과 맞서 장흥부성을 수성하다가 순절한 장흥부사 박헌양 등 관민 96인이 있었고, 지역에서도 관군의 후예들이 이들의 충절을 기려 영회당을 마련하고 해마다 제를 지내게 하였던, 다른 지역과 사뭇 다른 역사와 정서가 면면히 흘러 온 지역이었다.

한편으로 최후의 격전지여서 일본 헌병대가 일제강점기까지 장흥에 상주하며 동학군을 색출, 사살하는 등 극심한 압제가 있었다. 이러한 지역의 정서가 그대로 전승되면서 실로 동학혁명 후 1세기가 지나도록 동학군과 관군 측 후예가 화해하지 못한 채 갈등·대립이 지속돼 오기도 했으며, 이로 인해 특히 동학 후예들은 철저히 은둔하거나 압박 받는 수난의 생활을 해 오기도 했고 동학 후손들에게는 한 맺힌 세월을 건너오지 않으면 안 되었던 곳이 장흥지역이었다.

이러한 장흥에서, 모 지역신문사가 이번 이 건과 관련 이 사업을 부정하는 듯한 주장을 표출한 기사를 그대로 전용한 것이었다. 그렇다면 모 지역신문의 주의 주장도 이와 다를 것이 없다는 것인데 이는 사실이 아닐 것으로 믿는다.

그런데 만에 하나라도 그러한 속셈이 있었다면 이는 매우 부당한 처사라 아니할 수 없다.

이제라도 정식으로 사설 등의 논지를 통해 동학혁명 유가족 등록사업에 대한 분명한 입장을 보다 확실한 주의 주장으로 밝혀야 할 것이다.

장흥동학농민혁명 사료집 발간에 부쳐

— '우선봉일기' '좌선봉일기'의 국역화 사업도 추진해 주길

— 장흥신문/2007.01.31.

장흥동학농민기념사업회가 모처럼 매우 의의 있는 큰일을 해냈다. 《장흥동학농민 혁명 사료집》(이하 사료집) 발간이 그것이다. 만시지탄이긴 하지만, 그럼에도 불구하고 적당히 기존의 자료만 집대성한 단순한 사료집이 아니라 전혀 새로운 장흥동학사를 기술한 글도 실었고, 특히 경탄해 마지않은 것으로 귀한 사실(史實)을 발굴해 실었다는 점에서 의미 있는 성과물을 만들어냈다고 평가해도 전혀 지나치지 않는다 할 것이다.

이번 사료집에서 장흥동학농민기념사업회는 그동안 까맣게 책장 속에 깊이 잠들어 있던 이두황의 진중일기와 약사(요약본)이긴 하지만 당시 동학군과 양민을 벌벌 떨게 만들었던 동학군 토벌대의 일지를 입수, 번역해 실었다.

그 일지는 1996년 역사문제연구소의 '동학혁명 100주년 기념사업회 추진위원회'에 의해 발간된 영인본《동학전쟁사료 총서 30권》의 제15권으로 발간돼 있었다. 그런데 어찌된 일인지, 아니 기이하게도 그동안 동학이나 장흥동학을 연구해온 그 수많은 학자들도 이를 발견해내지 못했다. 아니다. 이번 사료집 발간을 위해 그동안 꼭꼭 숨어 수많은 학자들의 눈을 피해 왔는지도 모른다. 그리고 기념비적인 사료집 발간을 위해 112년 만에 장흥사람(김동철)의 눈에 띄었는지도.

어쨌든 이번 사료집으로 장흥동학은 더 한층 최후의 격전지로서의 위상과 역사성에 걸 맞는 가치성을 인정받게 되었다는 것은 의심할 여지가 없다. 그동안 동학혁명 때 사망했거나 전투에 참여했던 농민군이 1백여 명에 불과하여 동학 최후의 격전을 치른 장흥동학 위상정립에 적지 않은 걸림돌이 되었다.

수성군의 순직자가 96명이었는데도 농민군은 대동소이한 100여명에 불과했기 때문이다. 석대전투 전후로 1만여 명, 또는 3만여 명이 운집했다는 등의 기록들이 무색해질 수밖에 없었다. 그런데 이두황의 진중일기에서 최소한 1천5백여 명의 동학군이 참살되었다는 기록이 드디어 세상에 드러나게 되어 '장흥동학'의 그 위대한 혁명사를 증언하기에 이른 것이다.

당시 이두황 부대는 토벌과정에서 현장 즉살의 권한도 갖고 있었고 수많은 동학군이 토벌 현장에서 살상되었음을 기록했다. 그러나 이들에 대한 명단이나 숫자는 군이 밝히지 않고 있어 기록상으로 나타난 숫자 외에 실제로 얼마나 많은 동학군이 참살되었는지는 아무도 모른다. 그러므로 기실 이두황 일기에 나타난 동학군 사망자 숫자는 기록만으로 나타난 숫자를 훨씬 상회하고 남았을 가능성이 크다.

당시 이두황의 우선봉 부대는 1894년 12월 20일 장흥에 진주, 동학군 토벌에 들어갔고 그 이전에는 이규태가 이끄는 좌선봉부대가 12월 12일에 장흥에 들어와 18일까지 동학군 토벌작업을 착수했다. 그리고 이규태의 좌선봉일기도《동학전쟁사료 총서 30권》15권에 들어있다고 한다.

그러므로 이제는 이규태의《좌선봉일기》도 입수, 번역 발간함으로써 보다 명확한 장흥동학사가 쓰여져야 한다. 따라서 보다 완벽한 장흥동학 혁명사는 이규태의《좌선봉일기》를 통해서 가능해질 것이다. 그리고 이것이 아직도 미진한 장흥동학의 정체성을 명쾌하게 정립하는 데 크게 기여할 수 있게 될 것이다.

장흥 동학과 관련하여 한 가지 덧붙이자면 최근 알려진 바에 의하면 지난 17일, 장흥동학 성역화 사업에 대한 용역의 중간발표회가 장흥군의회 회의실에서 있었다고 한다. 그동안 군에서는 장흥동학성역화 사업 추진을 위한 사업의 타당성과 종합적인 프로젝트 등의 기초 자료를 위해 지난 2005년에 장흥동학 성역화사업 용역비로 3천만 원의 예산을 세워 지난 해 8월 전남대 고건축전문가에게 본 사업의 용역을 의뢰했다고 한다. 그리고 그 용역의 중간발표회가 며칠 전에 열렸다는 것인데 이 용역에 대해 미덥지 못한 부분이 적지 않다.

장흥동학 성역화 사업은 당연히 역사성이 바탕이 되어야 한다. 그러나 결국 그 사업은 문화 상품성까지 함유되어야 한다. 그런데 고건축 전문가에게 의뢰한 용역이라고 하는데, 그 용역에서 문화적 마인드까지 신뢰할 수 있느냐는 것이다. 혹자는 이 용역과 관련하여 당초 2005년에 본 사업 용역비로 5천만 원을 책정해 놓았지만 기념사업회 측의 수차 당부에도 불구하고 이월시켰다가 2006년 8월경에서야 3천만 원으로 수의계약 용역을 급조하듯 추진, 졸속 용역이 아니냐며 이에 대한 당국의 장흥동학에 대한 무관심을 지적하기도 한다.

장흥동학을 조명하는 사업 그리고 장흥동학의 성역화 사업을 추진하는 일은 이제 거스를 수 없는 시대적인 요청이며 장흥역사의 중요한 핵이 아닐 수 없다.

이제《우선봉일기》의 완전 번역이 추진되어야 한다. 그리고《좌선봉일기》의 번역도 추진,《우선봉일기》와 합본 발간을 추진하는 일을 올해라도 당장 추진할 일이다. 그리고 장흥동학 성역화사업에 대해 군 당국의 확고한 의지가 선행되고, 이와 함께 차근차근 연차적인 계속사업으로 추진하여 장흥동학의 정체성을 시급히 확립해야 한다.

옛 장흥에는 어떤 사람들이 어떻게 살았을까?

— 장흥신문/2003.10.7

장흥 땅에 지천으로 널려있는 고인돌을 보면, 그러니까 까마득한 기원전 2500~1000년 경에 축조되었을 고인돌을 보노라면, 청동기 시대 한반도에서 가장 많은 사람들이 장흥 땅에 몰려들어 살았을 것으로 추측할 수 있다. 선사시대의 유물인 고인돌이 전라남도는 물론 대한반도에서 가장 많이 분포되어 있고, 그 중에서도 장흥에 가장 많이 분포되어 있기 때문이다.

고인돌이 장흥 땅에 가장 많이 분포되어 있다는 사실은 당시 장흥 지역이 최적의 삶의 환경을 지닌 땅이었다는 사실에 다름 아니다.

그로부터 5천 년이 흐른 지금 우리가 두루 살펴봐도, 장흥 땅은 농경과 수렵, 어로활동이 유일한 생활양식이었을 선사시대에 삶의 경쟁력이 가장 강한 땅이었음을 거듭 확인하게 된다. 가죽옷을 입고 사냥과 채집을 하며 동굴이나 막집 생활을 하던 그 시절, 수 많은 짐승이 살았을 큰 산과 깊은 계곡과 고기가 풍부했을 큰 강과 바다는 첫째가는 삶의 유일한 수단이요 생활조건이었을 것이다.

2개 읍과 3개 면을 연한 득량만은 관두더라도, 장흥의 산하는 경이로울 정도다. 장흥은 남해에 연한 지역으로서 해발 500m가 넘는 산이 무려 15개나 된다. 한반도 남부 영호남에서 이런 높은 산들이 산재한 곳은 장흥이 유일하다.

이를 타 지역과 비교하면 더욱 확연해진다. 군 경계의 산을 포함하더라도 강진, 보성, 영암, 고흥, 화순 등지는 해발 500m 이상의 산들이 많아야 2, 3개 더 많으면 3, 4개에 불과했다.

산이 높으면 계곡도 깊고 종내는 큰 강도 만들어낸다. 장흥의 북서로는 탐진강이, 동북으로는 보성강 지류가 흐르고 남부로는 수문천·남대천·대덕천 등이 흐르면서 장흥의 땅을 기름지게 했다.

여기에 남녘의 온화한 기후와 맑은 공기, 풍성한 햇볕으로 기름진 들녘이 천혜의 자연조건을 만들어낸다. 수많은 선사인(先史人)들이 이러한 장흥의 산과 강과 바다를 이웃하여 살았고 더러는 많은 사람들이 인근 지역에서 장흥 땅으로 모여들었을 터이니, 바로 이러한 흔적들이 장흥의 고인돌이다.

더구나 이러한 장흥의 자연·생태환경은 옛날 사람들이 무리지어 세속을 잊고 숨어사는 데도 최적의 환경을 제공함으로써 장흥에 본관을 둔 성씨들이 많아지게 된 원인이 되었을 것이다.

상고(上古) 때부터 한말에 이르기까지의 문물제도를 총망라하여 분류, 정리한《증보문헌비고》에 의하면, 전라도에서 나주 다음으로 성씨의 본관이 많은 곳이 장흥이다.《…문헌비고》에 장흥에는 우리가 잘 아는 임(任)·마(馬)·위(魏)·고(高)씨 등 주요 4개 토성(土姓) 외에도 장흥본관의 성씨가 오씨(吳)를 비롯하여 정(鄭)·조(曺)·주(周)·김(金)·임(林)씨 등 6개나 있었다. 또한 장흥본관 외에도 인천(이씨)·영광(김씨)·남평(문씨)·수원(백씨) 등에서 분파 되어 장흥에서 집성, 세거(世居)한 성씨도 많아 장흥은 가히 '성씨의 고을'이라 불릴 만했다.

인근 지역들 곧 보성·강진·고흥·해남·화순·영암 등지에서 토성이나 본관을 합해 봐야 고작 2~4개에 불과한 사실을 보면, 많은 성씨들이 장흥에서 세거했음을 알게 된다.

물론 고려 중기부터 장흥이 지부사로 승격되며 조선조 말까지 8백여

년 간 호남 서남부의 중추적인 고을이 된 게 토성이나 본관들이 성세하게 된 원인이 되었을 것으로 생각된다. 알려지다시피 임(任)·위(魏)·마(馬)씨 등은 그 이전부터 장흥의 토성으로서 세거했던 것으로 전해지고 있어 이러한 장흥 토성들의 번성은 장흥이 지정학적으로 자연 친화적인 환경과 전혀 무관하지는 않았을 것으로 추정된다.

왜 장흥이 문림(文林)의 고을로, 의향(義鄕)으로 불리는가. 조선조 가사문학에서, 가사문학의 고을로 불리는 담양보다 더 많은 문인·문사(文士)들이 장흥에서 배출되었다. 탐진강을 중심으로 정자문화가 유달리 발달했던 고을도 장흥이었다. 또한 임진난·정유재란·병자호란 등 국난을 맞아 창의하고 의병에 참가했던 충의 정신과 철종조 장흥민란과 갑오동학혁명 등으로 이어지는 의로운 정신이 그 어느 곳보다 활기 있게 구비치며 흘러왔던 곳도 장흥이었다.

이 역시 장흥이 부사고을이라는 정치적인 환경에서 보다 큰 동인을 찾을 수도 있을 것이다.

그러나 여기에 한 가지 동인을 보탠다면 장흥의 천혜의 자연환경이다. 오늘날 '바다의 작가' 한승원 씨가 득량만의 바다에서 살았던 원초적인 체험을 가졌기에 바다를 소재로 한 그 많은 명작들을 창작해 낼 수 있었을 것이다. 당시에도 수많은 문사·선비들이 탐진강이 있고 그 많은 유려한 풍광의 정자들이 곳곳에 있었기에 그곳에서 자연과 인생을 노래하고 시를 짓고 문장을 엮어낼 수 있었을 것이다.

조선조 장흥의 선비들은 그 탐진강에서, 그 높은 제암산이며 천관산에서, 그 끓며 넘치는 남해 바다에서 삶의 지혜와 덕성을 배우고 그 산수의 조화 속에서 문학을 태동시키고 위대한 충의의 가치를 체득할 수 있었을 것이다.

'장흥동학군·수성군'간 화해 이제부터이다

— 장흥신문/2004.08.26.

지난 2월 9일 국회에서 통과된 '동학농민혁명 참여자 등의 명예회복에 관한 특별법'(이하 '동학특별법')이 오는 9월 6일 발효된다. 이제 동학혁명 이후 '비적(匪賊)' '역적'으로 몰렸던 동학농민군과 그 후손들의 명예가 완전히 회복되고 그와 관련된 다채로운 기념사업들도 가일층 탄력을 받게 될 것으로 예상된다.

동학혁명 유적지 등이 있는 해당 시 군에서도 관련 조례 제정을 통해 기념사업을 활발하게 추진될 것으로 전망된다. 기념사업도 관련자료 조사 수집 연구 보존 전시는 물론 유적지 발굴과 복원도 가능하게 됐다.

그러므로 9월에 개회되는 장흥군 의회에서는 반드시, 조속히 동학특별법 관련 조례를 제정, 동학혁명 참여자의 명예회복과 동학관련 기념사업들이 활발하게 추진될 수 있도록 해야 할 것이다.

올해로 동학혁명 110돌이다. 그동안 정읍이나 전주 등지에서는 숭고한 그 동학혁명정신의 계승과 역사발전의 동력으로 삼으면서 활발하게 기념사업들을 펼쳐왔다. 그러나 동학혁명의 최후의 항쟁지였던 장흥군에서만큼은 동학이 철저히 외면당하면서 그 상흔마저 아물지 않은 채 지내왔다. 다른 어느 지역과 달리 수성군의 세가 강했던 탓이었다.

그 이유를 더 살펴보자. 동학군이 장흥성을 점령할 때 당시 박헌양 부사 부부를 비롯해 관리 등 97(박헌양 부부+ 관군 95인)명이 순절했고, 그 후예들은 선조들의 이같은 충성에 의미를 두고 96명의 신위를 모신 '영회당'을 만들어 제례를 모셔왔다. 그 이후 영회당을 중심으로 한 수성군 측은 대낮으로 나와 조명 받는 대신 농민군 후예들은 음지에서 목숨을 부지하며 살아올 수밖에 없었던 것이다.

이러한 양측 간의 보이지 않은 갈등과 한이 1백여 년을 두고 화해하지 못한 채 오늘에 이르게 된 것이다.

동학농민군을 추모하는 장흥동학혁명기념탑은 지난 1992년에야 세워졌다. 그리고 갖은 우여곡절 끝에 12년만인 지난 4월 25일에야 공식적인 제막식을 가질 수 있었다.

이날 제막식에는 동학군 유족은 물론 관군의 후손과 한동안 영회당 당제에만 참석했던 군수 등 기관단체장들도 대거 참석, 비로소 장흥동학의 화해의 자리가 마련되기도 했다.

이제 장흥동학군과 수성군 측의 후예 간 화해의 잔치를 시작 할 때이다.

이 화해의 잔치를 장흥군의 발전 동력으로 삼아야 할 것임을 물론이다. 이것이 장흥동학이 우리에게 남겨준 교훈의 하나인 것이다.

누가 장흥 동학을 외면하는가

— 장흥동학은 忠·義, 義·忠이 공존한 전국 유일의 문화유산

— 장흥신문/2003.05.13.

지난 해(2002년) 본지 8월 26일 자 신문에서, 지역의 한 문화인의 '장흥의 문화·관광 자원화 방안'이라는 장문의 원고가 한 지면을 독식하며 게재된 적이 있었다. 한편의 논문이라고 해도 과언이 아닐 정도였던 이 글은 누가 봐도 기고자만이 가질 수 있는 장흥문화관광 분야의 노하우를 십분 발휘한 장문의 글이었다.

기고자는 이 논고에서 구체적으로 장흥의 문화관광의 비전을 제시하였고, 장흥문화관광 자원으로 역사와 문화 유적권, 탐진강문화권, 유교문화권, 문학관광권, 도자문화권 등 10여 가지를 내세웠다. 권역별 자원에서도 무려 30여 가지의 크고 작은 자원들을 소개했다. 그러나 아쉽게도 이 기고자는 이 글에서 장흥역사의 중요한 한 흐름이었던 '장흥동학'을 문화자원으로 외면하고 말았다. 장흥문화와 역사에 통달한 이 기고자가 결코 실수했을 리는 없다. 일부러 외면했을 것이다.

지난 해(2002년) 3월 17일, 장흥읍 탐진강 변에서 10만 마리의 연어치어 방류행사가 있었다.

탐진강 연어치어 행사는 이때가 처음 시도된 것으로 주최 측은 이 행사에서 동학농민군 및 희생된 관군의 넋을 달래는 이애주 교수(서울대)의 진혼굿을 강변 석대들에서 펼쳐 회귀하는 탐진강 연어 방류의 의미를 더했다.

당초 주최 측은 이애주 교수의 갑오 동학군에 대한 진혼굿을 펼치기로 계획하면서, 기왕에 동학기념탑과 영회당 두 곳에서부터 화해와 상생의 씻김굿으로 시작하여 탐진강 변에서 107년 만에 국내 제일 춤꾼을 통해 '화해의 갑오 진혼굿'을 보여준다는 계획이었다. 그러나 지역의 일부 인사들이 강하게 부정시해 결국 석대들 앞에서 장흥 동학 관련 걸게 그림을 세워 놓고 진혼굿을 펼치는 것으로 행사를 진행하고 말았다.

지난 4월 29일 중간보고형식으로 발표된 '장흥비전 2010 개발계획'의 문건에서도 장흥동학은 철저하게 외면당해 있었다. 이 장흥의 비전에서 '주요연계 관광자원 정비방향'의 하나로 제시한 '북부 산악권·장흥향교 활용방안'이라는 내용에서도 장흥향교를 활용한 관광 육성책이 제시되었지만 장흥동학은 언급되지도 않았다.

이들에게 장흥동학은 애써 기피할 수밖에 없는, 우리 장흥군이 극복해야 할 '미신 같은 것쯤'으로 치부되고 있는 지도 모른다. 다른 이들도 아닌, 평소에 장흥을 가장 잘 안다고 자부하는 이들이 왜 장흥동학을 기피하는가.

장흥동학에서는 의(義)와 충(忠)이 공존한다. 해서 쉽게 남들처럼 의(義) 하나만 조명할 수 없을 것이다. 타지에서야 의(義)만 있었으므로 그 의가 쉽게 조명되었고 진작부터 문화상품으로까지 빛이 날 수도 있었을 것이다. 그렇다고 언제까지 의와 충이, 충과 의가 상충되어 있을 수는 없다. 의와 충, 충과 의는 절대로 상반된 가치가 아니기 때문이다. 이 둘은 때로 서로 상충되지만 때로 서로 보완하고 수수(授受)하는 상호적 가치이다. 또한 주종(主從)의 상대적인 가치개념도 아니며, 단지 경우에 따라 우선순위의 개념일 뿐이다. 어느 때는 충이, 또 어느 때는 의가 앞서는 전도(前途) 가능한 가치일 뿐이다.

당대는 불가피하게 서로 상충된 가치로 존재했지만, 이제는 서로 보완하고 수수(授受)하는 가치로 거듭날 때이다. 장흥동학의 중요성, 그리고 장흥동학이 충분히 전국적인 문화자원이나 문화관광 상품으로 빚어질 가능성이 큰 것은 바로 장흥동학에서 충과 의가 공존했기 때문이다.

역사는 있는 그대로 수용하고 조명하여야 한다. 이러한 진실한 역사 앞에서만이 비로소 '장흥은 장흥다운 장흥'으로 존재하게 된다. 더구나 그 역사의 한 페이지가 전국의 어느 동학에서도 볼 수 없는 충과 의가 공존하는 동학인 바에야 어찌 이를 외면해야 한다는 말인가. 그것도 감히 자칭 '장흥의 선각자며 대표적인 문화인'이라 자처하는 분들이 말이다.

이제 장흥동학 정신의 맥이 흘러온 그곳을 장흥동학의 성지로 만들어 가는 일은 우리들의 몫임에는 분명하다.

더 나아가 이제부터는 영회당도 도지정문화재로 지정 받을 수 있도록 우리 모두 힘을 모아야 한다. 이제부터 전국의 어느 곳에도 없었던 '충과 의, 의와 충의 장흥동학'을 만천하에 드러내놓고, 해마다 화해와 상생의 굿판, 구천을 떠도는 우리 선조들의 혼백을 어루만지는 평화의 씻김굿판도 벌려야 한다. 우리 삶 곳곳에 똬리를 틀고 있는 갈등과 대립의 마음들도 훠이훠이 풀어내면서 장흥동학을 장흥의 신명난 문화축제로 만들어 가야 한다. 바로 이것이 갑오동학혁명으로부터 한 세기를 훌쩍 뛰어넘어 장흥 땅에 살아가는 후손들인 우리의 할 일이 아니겠는가.

장흥 동학 성지화 사업 추진해야 한다

— 천도교 교당 도지정 문화재 기념물 지정에 즈음하여

— 장흥신문/2003.04.15

드디어 천도교당이 도지정문화재(2003, 전라남도기념물 제218호)로 지정되었다. 참으로 우여곡절이었다.

장흥군 장흥읍 교촌리 25번지에 소재한 천도교 교당은 한일합병 직전인 1906년 동학의 후예들인 김재계(金在桂)·강봉수(姜琫秀)·윤세현(尹世顯) 등이 주축이 되어 천도교도들에게 모금하고 회진면에 있었던 교당을 이곳으로 이전, 건립한 것으로 일제 시대 민중계몽과 항일운동의 중심이 되었던 역사적인 교당이다. 특히 1919년 삼일운동의 중심지가 되면서 항일 독립운동의 기지로서 활용되었다. 이 건물은 원형이 잘 보존되어 왔으나 천도교세의 쇠락 등으로 일체의 수리, 보수 없이 간신히 명맥만 유지해 왔고, 근년에 이르러서는 건물 주변이 도시계획에 의한 도로가 계획되는 등 폐지 위기에 내몰리기도 했다.

이에 강수의 전 장흥문화원장, 김창남 도의원 등 뜻 있는 인사들이 이 건물의 도지정문화재 지정을 추진하기에 이르렀고 장흥군에서도 1,600년대 축조된 위성열 가옥, 위봉환 가옥의 전통가옥 지정 신청과 함께 문화재 기념물 지정을 신청하기에 이르렀다.

이에 따라 전남도에서도 지난 해 9월 김희태 문화재전문위원과 조선대학교 박강철 교수(건축공학과) 팀을 파견하여 현지 실사를 마쳐, 10월 말 열리는 전라남도 문화재 심의위원회에서 도지정 문화재로 지정받을 수 있을 것으로 기대되었다.

그러나 천도교당 주변의 도시계획도로, 연혁 등에 몇 가지 문제점이 발견되면서 도문화재위원회에서는 장흥군 측에 도시계획에 의한 군의 입장과 연혁의 미비점 등에 대한 자료를 요구했지만, 장흥군의 늑장 대응으로 결국 천도교 교당은 당시 문화재위원회에 상정조차 못하는 수난을 겪기도 했다.

이와 같은 우여곡절 끝에 간신히 이번 문화재위원회에서 기념물로 지정받은 것이다. 이제 천도교 교당은 앞으로 약 1억 원 등 일체의 유지 보수비를 전라남도로부터 지원받게 된다. 이로써 천도교당은 또 하나의 장흥의 문화유산으로 새롭게 위상을 갖출 수 있게 된 것이다.

천도교 교당은 단순히 축조된 지 1백여 년이 지난 근대건축으로 일제시대 장흥지역의 항일운동의 중심이 된 곳이라는 역사성에서만 의의가 있는 것이 아니다. 천도교당은 본질적으로는 1890년대의 장흥동학 정신의 뿌리가 이어진 유일한 문화유산이라는 데 보다 큰 뜻이 있는 것이다.

그동안 장흥동학이 역사적인 조명을 받는데 어려운 요인의 하나로 지적된 것 중의 하나는 동학혁명과 관련된 역사적인 유산이 별로 없었다는 데 있었다. 동학과 관련된 유적으로, 당시 동학군에 맞서 순절한 관군들의 넋을 위로하기 위해 지어진 영회당과 최근에 건립한 동학농민 혁명탑, 동학 후예들의 정신이 이어진 천도교 교당 뿐이었다. 장흥 동학의 유산으로 거론할 만한 장흥읍성, 벽사역, 건산리 모정등, 석대들 등은 세월이 지나면서 간 데 온 데 없어지거나 사라져버린 상황이 아닌가. 이런 실정에서 특히 장흥동학 주역의 그 후예들이 그 동학정신을 이어받아 항일독립 운동의 기치를 드높였던 천도교 장흥교구, 곧 장흥 천도교당만큼은 지금까지도 그 원형이 거의 그대로 보존되어 와 이번에 뒤늦게나마 도지정문화재로 지정 받은 것이다.

이를 계기로 우리는 천도교 교당이 단순히 도지정문화재 기념물로서 수리, 유지보수를 하는 선에서 그치지 말아야 한다. 또한 천도교 교당을 장흥동학의 성지로 삼아 석대들-동학혁명기념탑-천도교 교당-장흥향교-장흥읍 남문 터-예양공원-영회당으로 연결되는 이른바 장흥동학의 성역화사업, 또는 장흥 역사공원화가 추진되어야 한다.

이 중에 천도교당 내나 그 주변에 또는 석산부지나 예양공원 등에 장흥동학 기념관 조성도 바람직한 방안의 하나가 될 것이며 천도교당 부근을 매입하여 천도교당을 성역화 하는 사업도 좋은 방안일 것이다.

장흥의 많은 문화유산 중 근대적인 유산 중에서 장흥동학이 차지하는 비중은 매우 크다. 장흥동학은 장흥의 근대사의 중심이고 장흥이 자존심으로 여기는 의향적(義鄕的)인 맥의 중심에 서 있다. 또한 장흥의 현대문학사에서 한 흐름을 차지하는 장흥 동학문학의 기저에 닿아 있기도 하다. 그런데도 아직까지 우리들은 그 장흥동학을 관심 밖으로 내쳐놓고 있다. 그 세월이 1백여 년을 지났는데도 다들 함구하고만 있다. 안타까운 일이 아닐 수 없다.

역사는 현실에 실존할 수 있을 때만이 가치를 부여받는다. 과거에서 아무리 심대한 의미를 지녔다고 해도, 그것이 아무리 금자탑으로 휘황찬란한 위상을 지닌 것이라 해도 우리의 현실에서 관심 밖으로 내쳐지고 부정될 때 그 역사는 가치 없이 소멸되는 것이다.

이제부터라도 우리는 장흥동학에 눈을 돌려야 한다. 특히 이번에 도지정문화재 기념물로 지정받은 천도교 교당을 차제에 장흥동학의 성지로 업그레이드 시킬 수 있는 방안을 모색해야 한다. 장흥동학, 그것은 바로 결코 우리가 외면해 버릴 수 없는, 아니 외면해서는 안 되는 바로 우리들의 정신적인 뿌리이기 때문이다.

장흥 고인돌 문화의 특성을 이해해야

— 고인돌·선돌 연구회 발족에 즈음하여

— 장흥신문/2003.02.26

지난 1월 23일, '고인돌·선돌 연구회'가 발족됐다. 장흥에서는 처음으로 고인돌 연구모임이 발족했다는 점에서 큰 의미가 있다. 그러나 이번 모임을 전후해 시중에는 말들이 많았다. "왜 하필이면 지금이냐?"며 결성 시점에 대한 의혹들로부터 시작해서 연구회 주축 멤버 대부분이 광주에 적을 두고 있는 데다 참여 회원들로 밝혀진 장흥사람들마저 고인돌과 전혀 무관해 보이는 사람들이거나 그동안 사회활동에 거의 얼굴을 내밀지 않는 생소한 사람들이 많았다는 데서 비롯된 의혹들이었다. 게다가 이날 동 모임의 동기가 되고 있는, 동 모임의 중앙본부 쯤 되는 세계거석문화협회와 그 협회를 이끌고 있는 분이 바로 영암에서 내년 총선 입후보자로 오르내리고 있는 분이어서 더욱 그랬던 것 같았다.

그럼에도 불구하고 장흥의 고인돌을 사랑하고, 연구하고, 장흥의 고인돌을 지키겠다는 사람들이 모여 하나의 연구회를 결성했다는 것 자체만으로 큰 의미가 있고 크게 환영할 만한 일이었다고 여겨진다. 물론 이날 모임을 지켜보며 아쉬운 점이 많았던 것도 사실이었다.

특히 동 모임이 급조된 듯한 느낌이 강했다. 이날 모임에서는 이런저런 세간의 의혹들을 불식시키기 위해서라도 더욱 동 모임의 취지나 당위성, 그리고 활동방향 또는 장흥 고인돌문화의 문제점과 현황 등이 구체적으로 소개됐어야 했지 않았나 싶었는데, 아쉽게도 그 점에서는 많이 미흡했다.

장흥의 고인돌이 국내에서 가장 많은가. 예전에는, 적어도 10여 년 전에는 그랬다. 그러나 지금도 그럴까. 아니다. 세계거석문화협회장도 축사에서 특히 장흥군의 고인돌 분포수가 국내는 물론 세계에서 가장 많다는 점을 강조했다. 또 이날 팸플릿 대신 참석자들에게 나누어준 세계거석문화협회에서 발간한 책의 '장흥의 고인돌'이라는 제목의 내용에서도 장흥의 고인돌을 2,200여 기, 또는 2,000여 기 이상으로 적으면서 국내 제일의 장흥 고인돌 문화를 자랑하고 있는 듯했다.

거듭 말하거니와, 2,200여 기 이상의 장흥 고인돌, 그것은 벌써 10여 년 전의 일이다.

지금 현재 장흥 전역에 고인돌이 몇 기나 있는지 아무도 모른다. 아마 짐작컨대, 2,251기 중 최소 500여 기 이상은 완전히 훼손되어 버렸을 것으로 추정되고 있을 뿐이다.

불과 3년 전이었다. 그때 본지는 1989년 목포대박물관이 조사 발표한 내용을 기준으로 안양면과 용산면 두 면의 고인돌 실태조사를 했는데, 이때 두 지역에서 최소한 1백 30여기 정도 완전히 사라져 버린 것을 확인한 바 있었다. 그러므로 이제 장흥의 고인돌 2,251기는 허수인 것이다. 이 허수에만 집착, 아직도 우리 장흥군이 우리나라에서 고인돌이 가장 많은 곳으로 자랑할 수만 없다는 것이다.

그러므로 이제 장흥의 고인돌은 '분포 수 국내 제일'을 자랑하는 식으로 말해서는 안 된다. 세계문화유산 등록에도 끼지 못한 장흥 고인돌인데, 언제까지 그것도 허수에 불과한 '분포수 제일'만을 강조할 것인가. 차라리 장흥 고인돌의 특성을, 화순에도 고창에도 없는 독특한 장흥 고인돌 문화를 얘기해야 한다. 이 점에 대해서는 특히 앞으로 활동하게 될 '장흥군 고인돌·선돌연구회'측의 중요한 몫이기도 할 것이다.

장흥의 고인돌은 대개 강안을 낀 평야, 해안에 가까운 평지 그리고 얕은 구릉이나 산기슭에 분포되어 있는데, 이중 평야지에 분포된 고인돌은 농지정리 등으로 대부분 훼손되어 버렸다고 보면 될 것이다. 이미 고인돌 지키기에 늦어도 한참 늦어 버린 것이다. 앞으로 더 이상 훼손되지 않도록 감시, 관리하는 것이 고인돌 지킴이들의 또 한 가지 중요한 역할이 될 것이다.

필자가 현지 확인한 안양, 용산, 관산, 대덕의 고인돌 분포 현황만을 중심으로 얘기해 본다면, 장흥 고인돌 문화의 특성은 집안에, 또는 방안에 고인돌이 많다는 것이다.

어떤 집은 아예 고인돌을 집안에 들여놓은 채로 집을 짓기도 했다. 지금도 마당 앞에 그대로 두었다가 몇 년 전에야 땅 속에 파묻기도 했고, 어떤 집은 지금도 토방으로 또는 담으로 활용하고 있으며, 장독대로 사용하고 있는 곳들도 부지기수다.

집안에서 몇 백 년 동안 사람들과 함께 숨 쉬어 왔을 고인돌이 안양·용산면에서만 50여 기가 분포돼 있는 것으로 확인된 바도 있다. 대덕 연정리 평촌마을 백수철 씨 집의 경우, 고인돌 20여 기(본래는 32기)가 집 안팎을 둘러싸고 있다. 안방에는 고인돌 하나를 침대로 사용하고 있는 실정이었다.

가장 훼손되기 쉬운 집안에서까지 고인돌이 지금도 부지기수로 남아 있는 것을 보면, 예전에는 더 많은 고인돌이 집안에 자리해 있었으리라 유추해 볼 수 있는 것이다. 이같은 현상은 바로 삶과 죽음을 이웃처럼 함께해 왔을 우리 선조들의 초월적 삶에 대한 철학의 한 단면을 엿볼 수 있는 대목이 아니겠는가. 장흥의 고인돌 문화의 특성은 바로 이점에 있는 것이다.

장흥 동학의 의의와 현대적 계승

— 장흥 동학 심포지엄을 개최하며

— 장흥신문/1999.10.05

우리는 지난 호의 사설에서 장흥의 동학혁명을 주제로 한 동학제, 또는 동학문화제 등의 이벤트가 성공 가능한 문화상품이 될 수 있다고 주장한 바 있다. 우리는 오는 10월 16일 개최되는 '제1회 장흥예양문화제'의 한 프로그램으로 장흥대학과 공동으로 '장흥동학의 의의와 현대적 계승'이라는 주제의 심포지엄을 계획했다.

우리는 이번 심포지엄을 통해 과연 장흥의 동학이 우리가 주장한 대로 그만한 역사적인 의의나 가치가 있는 것인지를 확인하고자 하였다. 우리 스스로가 아닌 외부의 동학 관련 학자들에 의해 거의 외부에는 알려지지 않았던 장흥 동학에 대한 객관적인 사실(史實)을 공론화함으로써 '장흥 동학'의 문화 상품화의 가능성과 장흥 동학의 효율적인 계승·전승에 대한 비전을 모색해 보겠다는 취지에서 장흥 동학 학술 심포지엄 개최를 추진하였다.

이로써 이번 심포지엄을 통해 '장흥 동학'의 역사적 의의나 위상 등에 대한 객관적으로 평가와 검증이 시도될 것이다.

이번 동학 심포지엄을 추진하는 과정, 특히 주제 발표자들을 섭외하는 과정에서 새삼 장흥동학에 대한 외지인들의 인식의 정도와 이해 부족의 정도를 가늠할 수 있었다. 당초 이것은 어느 정도 짐작한 바이긴 했지만 그 정도가 심해 놀라지 않을 수 없었다. 거의 대부분의 외지 사람들은 장흥의 동학을 알지 못했다. 동학하면 그 발상지로서 고부나 정읍 그리고 동학 혈투로서 장성 정도를 떠올렸을 뿐, "장흥에 웬 동학이냐" 하는 반문을 받기 일쑤였다.

이런 까닭으로 우리는 이번 동학 심포지엄 추진의 시도가 아주 적절했을 뿐 아니라 비록 때는 늦었지만 이제라도 이런 학술 모임을 통해 장흥 동학의 역사적 의의를 조명하고 아울러 이에 대한 사실을 외지에도 홍보할 수도 있다는 확신을 가지게 되었다.

특히 이번 심포지엄에서 '동학혁명의 역사성과 장흥 동학의 위상'이라는 주제의 기조 강연자로 동학에 관한 한 최고 권위자인 이이화 씨를 초빙, 장흥의 동학을 검증받을 수 있는 계기를 얻게 되었다는 점에서 벌써부터 언론계나 관련 학자들로부터 큰 관심을 모으고 있는 실정이다.

한 마디로 동학농민 혁명은 반봉건·반외세의 가치를 들고 일어났던 동학계 농민운동(전쟁)이었다. 이 운동은 민초들, 특히 농민들이 주도된 운동 또는 전쟁으로서는 한국 역사상 처음으로 '혁명'이라는 가치를 인정받고 있을 정도이다. 그 동학혁명의 발원지와 중심지는 호남지방이었다. 물론 그 발원과 운동의 중심은 당시 고부현 등 정읍, 전주 등지에서 이루어졌다. 그러나 그 혁명 최후의 격전은 우리의 장흥 땅에서 치러졌다. 그 최후 격전에서 당시 장흥부 관군 측에서도 96인이 순사하고 석대들 최후 전투에서는 농민군 3만여 명이 가담하여 그 중 수천 명이 일본군의 포화에 희생되기도 했다.

동학혁명의 시발과 과정에서 정읍(고부현), 전주 일원이나 장성 등지가 동학 혁명사의 현장으로서 중요한 가치를 지니는 것도 사실이지만, 장흥에서도 그 혁명이 최후의 격전으로 치러지며 마무리되었던 것도 사실이었다.

어디 그 뿐인가. 당시 장흥 동학 농민군은 '이방언 장군'을 앞세우고 장성의 황룡강 전투에서 큰 전과를 올렸으며 관군·일본군 연합군이 처음으로 합동전투에 나선 공주 우금고개 전투에서도 크게 분투하는 등 동학 혁명 과정에서도 결코 그 중심부를 떠나지 않았다. 그리고 3만여 명이 가담한 1895년 1월 장흥의 석대혈전에서는 수천 명의 농민군이 일본군의 포화 속에 불꽃으로 산화했다. 결국 장흥 땅에서 동학을 마무리 지었다는 점에서, 장흥 동학 농민군의 역할 등 장흥 동학 혁명사는 한국의 동학 혁명사에서 핵심적인 가치를 지니는 것으로 평가할 수 있는 것이다.

당시 동학군과 피아(彼我)관계였던 관군 측의 96인의 순절도 당대의 윤리나 가치관으로서는 충(忠)이라는 가치로 공인되었다. 장흥의 동학에서는 이 부분도 객관적인 검증과 역사적인 의의 규명 등 재조명될 수 있는 부분이어서 장흥의 동학은 다른 어느 곳에서도 볼 수 없는 독특한 성격도 가지고 있다.

그런데도 장흥의 동학은 그 동안 제대로 조명받지 못했을 뿐만 아니라 그 역사 현장인 우리 고장에서도 거의 무시돼 왔음은 주지하는 일이다. 그런 이유에서 우리는 이번 동학심포지엄 개최를 계기로 장흥 동학이 전문 학자들에 의해 학술적이고 객관적인 조명·검증작업이 지속적으로 추진될 것으로 믿는다. 우리는 또 이를 통해 '장흥 동학'이라는 문화유산에 대한 문화상품화 가능성의 검증은 물론 장흥 동학 계승에 대한 다양한 방법도 모색하게 될 것이다. 동학 관련의 문화상품화의 창출을 계기로 아직까지도 동학군과 관군 측 후예들 간의 보이지 않은 반목을 청산짓고 양자가 화해의 악수를 해 나아갈 수 있는 길도 모색해 나갈 것이다.

특히 이번에 우리가 동학 심포지엄을 추진하게 된 본질적인 동기는 동학혁명이 장흥의 석대들 혈투에서 수천 명의 동학군이 희생되면서 마무리 되었고, 동학의 마침표가 찍혀진 이곳 장흥 땅 출신의 작가들에 의해 동학의 문학적인 형상화 작업이 이루어졌기 때문이다. 특히 지금까지 장흥동학에 대한 학술적·역사적 측면의 조명작업이라든지 위령제·동학제 개최, 기념관건립 등 종합적인 전승 작업이 한 번도 제대로 시도되지 못해 왔다는 점도 고려되었다.

그리하여 우리는 그 어느 곳에서 보다 큰 성과를 거둔 문화적인 형상화 작업에서 생략되고 간과된 부분, 즉 학술적인 조명이나 역사적인 규명작업을 비롯해 위령제나 동학제 등 문화적인 전승 작업을 감히 추진해 보고자 하며, 그 일환으로 이번에 우선해서 동학 학술심포지엄을 개최하게 된 것이다.

우리는 이번 심포지엄 개최 며칠 전인 10월 10일(일요일, 오전 7시30분부터 8시20분), 광주 KBS가 기획 특집다큐로 취재한 장흥동학이 '백년만의 화해 장흥동학'이라는 주제로 네트워크기획으로 방영된다는 점에서 새삼 우리의 동학 심포지엄의 시의성과 의의성을 확인하게 된다.

특히 KBS 측은 다른 지역의 동학 혁명이 역사적인 조명을 통해 제대로 된 동학 혁명사가 이미 자리매김 된 현실에서, 장흥에서는 아직도 의미 규정이나 재평가도 받지 못해 온 점을 주목했다. 장흥에는 지금도 현존해 온 동학의 후예와 관군 측 후예 간의 갈등이 지속돼 온 점 등을 부각시키면서 그 양자간의 화해를 모색하고 있어 이번 방영 프로에 대한 관심이 모아지고 있다.

이번 장흥 동학 심포지엄에 대해 적지 않은 사람들이 크게 못 마땅해 할 수도 있다는 것을 우리는 잘 알고 있다. 그러나 이번 행사는 시대적인 요청이며, 동학이라는 역사적 문화유산을 가지고 있는 우리에게는 한번은 필히 넘어서야 할 고비로 이해하고 대승적인 견지에서 장흥 동학에 대한 이해와 접근을 바라며 뜻있는 많은 군민들의 참여가 있기를 바란다.

'장흥동학' 문화상품화 가능한가

— 장흥신문/1999.09.19.

동학 혁명, 곧 동학농민운동은 19세기 말 조선 왕조의 전통사회가 안고 있었던 사회·경제·정치적 모순 타파와 폐정개혁을 요구하며 동학계 농민군들이 봉기한 것이다. 이는 그 운동이 일어났던 1894년 1년 동안에 무려 3, 40만 명의 희생자를 냈던 미완의 정치 개혁·혁명운동이었다. 동학혁명의 최후의 격전은 불행하게도 우리의 장흥 땅에서 치러졌고 그 과정에서 당시 관군 측에서는 96명이 순사하고 석대들의 최후 전투에서는 농민군 수천 명이 일본군의 포화에 희생되기도 했다.

장흥에서의 동학혁명은 이처럼 다른 어느 지역과 다른 독특한 성격과 역사적인 배경, 즉 96명의 순직은 충(忠)이라는 가치관으로, 동학군의 전사는 의(義)라는 가치관으로 조명될 수 있는 아주 독특한 성격을 지닌 것이다. 한편으로는 이러한 역사적인 배경으로 인하여 장흥에서는 유별나게 1세기가 지난 지금까지도 관군과 동학군 측 후손들 간의 대립과 반목이 지속되어 오고 있는 실정이기도 하다.

또한 이같은 양자의 반목은 장흥에서 동학에 관한 한 독특한 정서를 만들어 왔다.

지난 1992년에 동학혁명 기념탑이 세워지고 장흥의 동학 혁명사를 정리한 《장흥동학농민혁명사》가 발간되기는 했다. 그러나 그 기념탑에 대한 공식적인 제막식도 치루지 못했을 뿐만 아니라 동학농민군에 대한 공식적인 위령제 한 번 치르지 못한 채 1세기를 넘겨왔던 사실들이 이와 같은 독특한 장흥의 정서를 대변한다고 할 수 있을 것이다.

동학 조명사업만 해도 그렇다. 동학군 궐기의 발상지였던 정읍(고부면)에서는 해마다 동학축제가 치러지고 있다. 장흥동학과는 그 의미를 비교할 수 없는 보은군 같은 데서도 동학 사적지를 조성하고 있으며, 진도군에서는 3년 전부터 평화제라는 이름으로 동학농민군 희생자를 추모하는 천도제를 지내 오고 있다.

역사적 현장의 보존이나 역사적 사건의 의미를 조명하는 문화제전 같은 것도 중요하지만 그 '역사 정신'의 전승은 더욱 중요하다. 근대사 이후 동학에 관한 심포지엄이나 학술세미나 또는 그에 관한 학술 서적 발간 등 동학에 관한 역사적인 전승·조명작업 등이 관심 있는 분들에 의해 또는 동학 역사의 현장 등에서 활발하게 추진되어 왔다. 물론 장흥의 경우 그런 작업들에서 거의 철저히 소외돼 왔음은 물론이다.

그러나 그 동학의 정신을 문학이라는 장르로 승화·전승시킨 동학문학에서는 단연 장흥이 주도했다고 할만하다. 이른바 장흥 출신의 두 중견 작가인 한승원과 송기숙의 《동학제》와《녹두장군》이 그것이다. 결국 동학혁명이란 역사적 사건에 대한 그 정신적인 유산에 대한 형상화 작업은 정읍이나 전주 등지에서가 아니라 그 동학이 마지막 불꽃으로 산화되었던 장흥지역에서 문학으로 되살아나 계승되고 있다고 할 수 있는 것이다.

장흥에서의 동학은 이처럼 각별하고 독특한 의미를 가지고 있다. 따라서 우리가 이러한 '장흥의 동학'에 조금만 관심을 가지고 있었더라면 진작에 동학사적지나 역사공원을 조성했을 법도 하고 동학기념관이라도 세웠을 것이다. 석대들의 보존도 해 왔을 것이며 해마다 동학제 같은 축제도 정례적으로 추진해 왔을 것이다.

이제라도 우리 모두가 대승적으로 동학을 다시 볼 수 있어야 한다. 그리고 이를 우리 장흥군의 중요한 자산으로 문화자원으로 만들어야 한다. 만일 이제라도 석대들과 동학혁명 기념탑·영회당·충렬리의 천도교당·장흥읍성 그리고 이와 연계되는 여러 동학 사적지도 복원해야 한다. 아울러 동학기념관도 조성하고 여기에 더해 장흥의 동학제 같은 문화 축제로 연계되는 문화상품을 만들어 낼 수 있다면 이것은 어디에 내놔도 경쟁력을 갖춘 장흥의 문화상품이 될 수 있다고 우리는 확신한다.

여기서 우리는 다시 한 번 군 당국에 장흥군민에게 동학제를 그것도 올해가 지나기 전에 밀레니엄의 축제적인 성격을 지닌 축제로 개최할 것을 촉구하고, 당시 희생된 관군 후손 측에서도 이 행사 개최에 협조해 줄 것을 당부하고자 한다.

문명사적인 관점에서 오는 21세기는 평화공존의 시대가 도래할 것이 확실시 되고 있다. 우리나라의 새천년준비위원회 측이 천명하고 있는 모든 기념 행사의 기본 철학도 화해와 상생(相生)이다. 극단주의와 이데올로기의 대립·갈등이 주요 흐름을 차지했던 20세기의 이른바 '한 손의 시대'가 종식되고 21세기에는 화해하고 상생하는 '두 손 시대'가 된다는 점에서 화해와 상생철학을 기본 이념으로 내세우고 있는 것이다.

전국에서 한 곳 밖에 없는 장흥의 '영회당' 후손들과 동학기념탑 후손들 사이에 가로놓인, 보이지 않는 벽을 동학제를 통해 서로 대승적으로 화해의 악수를 할 수도 있다. 관군 측의 충(忠)의 정신과 농민군 측의 의(義)의 정신을 동시에 조명할 수 있는 학술세미나를 개최할 수도 있다. 또한 동학농민군과 관군, 일본군 등 당시의 모든 희생자들의 원혼들을 피아(彼我) 구분 없이 진혼하고 천도하는 위령제나 당시의 전투현장을 되살리는 각종 이벤트를 마련, 군민화합의 축제로 승화할 수 있을 것이다.

중요한 것은 1세기 전에 이 땅에서 의(義)와 충(忠)으로 상충되었던 이념을 이제는 상호 존중과 인정으로 승화하면서 화해의 첫발을 내디딜 수 있다는 것이다. 단순히 의례적이고 수사적인 축제가 아니다. 축제를 위한 조작의 놀이판이 아니다. 양측의 치열한 자기희생과 양보를 바탕으로 한 화해 정신을 기본 정신으로 하여 출범되는 동학제인 것이다. 이것은 곧 군민 화해와 평화정신으로 이어질 수 있다. 이것이야말로 바로 진정한 지역민의 축제요, 장흥군민의 큰 축제로 지속될 것이고, 경쟁력을 갖춘 장흥의 문화상품이 될 수 있을 것이다.

이와 함께 문학에서 동학의 형상화 작업이 성과를 거두었듯이 장흥의 독특한 동학문학을 주제로 한 다양한 문화·문학 이벤트를 비롯하여 그 문화유산에 대한 현장보존이나 기념관 조성, 동학문학상 제정 등의 문화행사와 연계된 관광자원화 작업을 통하여 장흥 동학정신을 오늘에 계승할 수 있다면 이는 더없이 소중한 우리들의 문화·교육의 자원이 될 수 있을 것이다.

배척과 대립의 20세기가 쏜 화살처럼 지나가고 있다. 오는 세기는 화해와 공존의 세기다. 이것은 도도한 역사적인 흐름이요 누구도 거스를 수 없는 세계 문명사적인 추세이다. 우리가 그토록 증오하던 일본의 문화가 안방에까지 거침없이 쏟아지고 있는 시대로 역사는 흘러가고 있다. 아직까지도 보이지 않는 벽을 두고 상충을 청산 짓는 계기가 그래서 더욱 필요한 것이다.

그 계기가 바로 동학제요, 동학문화제가 될 수 있음을 다시 한 번 천명하고자 한다.

2장

역사인물

불세출의 영웅 '정세운 장군'을 부활시킨다

— "정세운 장군 … 당신은 위대한, 자랑스런 장흥인이었습니다!"

— 장흥투데이/2021.01.13.

사후부터 최근까지 당신은 참으로 긴 세월 동안 장흥에선 아주 묻혀있었고 아무도 당신을 알지 못했지만, 최근에야 비로소 당신의 위업(偉業) 등 당신 관련 기사(김희태 씨가 목은 이색李穡의 '정세운 찬贊'을 필자에게 제보해 주었다)를 여러 사서에서 확인하게 되었습니다. 늦었지만 오늘 당신을 부활시켜 당신의 위업을 조명하고자 합니다. 그동안 당신을 전혀 몰랐던 저희의 무지와 부덕을 혜량하여 주시길 바랍니다.

신상 내력으로는 본관이 광주(光州)요, 출신지가 장택현(長澤縣, 장평면)이라는 것이 전부였던 당신. …아, 당신은 실로 고려 말 절체절명의 위기에 처한 고려왕조를 수호해 냈던 대장군이었으며 불세출의 영웅이었습니다. 그런 당신이 장흥 사람이었다는 사실에서 우리는 큰 자부와 긍지를 갖게 됩니다.

1359년에 4만 명의 홍건적이 압록강을 넘어 고려를 침략해 오자 서북면도순찰사가 되어 2만 명의 군사를 이끌고 반격하여 서경·정주·안주·철주 등을 차례로 탈환하였고, 1361년 홍건적이 10만 명으로 재차 침략하자 서북면군용체찰사가 되어 절영(자비령, 황해북도 연탄군과 봉산군을 잇는 고개로 원나라와 고려의 국경)의 성책을 지키다가 절영성이 무너지자 개경으로 돌아와 왕을 복주(안동)로 피난시키며 왕을 호종하였고, 그 과정에서 왕에게 속히 조서를 내려 백성을 위로하고 전국의 군사를 징발하여 적을 칠 것을 주청하였으며, 이후 총병관(총대장)이 되어 모든 고려 군사를 총감독하고 1362년 1월에 최영, 이성계 등 여러 장수와 군사 20만 명으로 개경을 함락한 홍건적을 물리쳐 고려를 구원하였던, 그렇지만 그런 당신의 공훈을 시샘하고 시기한 부하들에게 살해당했던 정세운 장군이시여!

당신은 실로 국난 위기에서 고려국을 구한 난세의 영웅이요 불세출의 영웅이었지만, 부하들의 하극상으로 비참한 최후를 맞이하지 않으면 안 되었던 참으로 불운한 장군이었습니다.

경성 수축(修築)을 의논하는 과정에서 "지금 사방에서 병란이 일어나 백성이 상처받고 굶주리고 있는데, 만일 성곽을 쌓게 되면 백성이 장차 견디지 못할 것입니다"고 충언하여, 왕의 그 역사(役事) 추진을 중지토록 하였던(知門下省事 鄭世雲…言, 四方兵起, 瘡痍饑饉, 今, 若築城, 民將不堪) 당신은 진정으로 애민정신이 투철하였던 대장군이었습니다.

요승 신돈이 국정을 문란시킬 때 신돈을 요망한 승려라며 그를 죽이고자 간언하였으며(왕이 신돈을 피하게 하였다 鄭世雲以爲妖僧, 欲殺之, 王密令避之), "성품이 충성스럽고 청렴했으며 밤낮으로 (적의 침공에 대해) 걱정하고 분개하면서 적을 소탕하여 경성을 회복하겠다고 자임하니 왕도 역시 의지하고 믿었던 性忠淸, 日夜憂憤, 以掃賊恢復自任" 당신은, 진실로 애국심으로 불탔던, 진정한 구국의 장군이었습니다.

당대의 대학자요 충신이었던 목은 이색(牧隱 李穡, 1328~1396)이 당신을 찬(贊)한 시문에서, 1018년 10만 거란대군의 제3차 침입 때 이를 무찔러 이른바 '구추대첩의 영웅이 되었던 강감찬(姜邯贊) 장군'을 예로 들고 "강공(姜公 - 강감찬 장군)은 옛날 일이지만 공(정세운)의 위대함은 그와 맞서리로다 姜公遠矣 公則儷美" 라고 표현할 만큼 당신은 고려국을 구한 위인이고 영웅이었습니다.

당신이 쌓은 공적이 그처럼 위대하였음에도 그 마지막이 너무 비참하고 불운하였기에, 포은 이색은 당신의 그 위업을 찬(贊)하는 시(詩) 외에도 당신의 불운을 한탄하는 시도 남겼으며, 삼봉 정도전(三峰 鄭道傳, 1342~1398)도 당신을 기억하며 시(詩) 1편을, 이조 때의 시인 무명자 윤기(無名子 尹愭, 1741~1826)도 불운했던 당신을 소환하며 시(詩) 3편을 작시(作詩)하기도 하였습니다.

어디 그뿐이겠습니까. 수많은 조선조 사서(史書)에도 당신의 공훈이 내내 전범(典範)으로 적시되며 회자되었습니다.

"고려 말 홍건적의 난 때 정세운은 20만의 군사로 천수문(天壽門) 밖에 결진하여 포위하고 공격함으로써 끝내 대첩을 거두었다. 當麗季紅巾賊之亂, 鄭世雲以二十萬兵, 結陣於天壽門前"《선조실록 선조 38년 9월 28일》, "옛날 홍건적의 난리에 정세운이 주장(主將)이 되자, 일시에 명장들이 구름처럼 모여들어 여러 도의 병사 20만과 연합하여 겨우 이길 수 있었다. 昔紅巾之亂, 鄭世雲爲主將, 一時名將雲集, 合諸道兵二十萬"《서애선생 별집 제3권》, "정세운의 큰 공은 나라 사람들이 모두 알았다. 鄭世雲之大功國人共知"《성호사설 제20권 經史門 三帥冤》)

… 이밖에도 당신의 위업이 《신증동국여지승람, 광산현, 인물편》, 《천동상위고, 제11권》, 《승정원일기 53책, 인조14년》, 《담암일집 淡庵先生逸集附錄卷之二, 附錄下》 등에 출전되는 등 조선조 수많은 충신과 유학자들이 당신의 '홍건적 대파'를 구국을 위한 전범으로 내세웠습니다.

저희 무지의 소치로 안타깝게 여기는 또 하나 일이 있습니다. 지난 2018년 9월 당신이 전쟁기념사업회로부터 '이달의 호국인물'로 선정되었고, 당신을 광주정씨 시조로 모시고 있는 광주정씨 수사공(水使公) 종친회장이 후손 자격으로 당신께 헌화, 분향하고 '9월의 호국인물' 증서도 수여받았다는 사실도 이제야 알았다는 사실입니다. 이점도 저희가 미처 알지 못했음을 널리 양해하여 주시기 바랍니다.

당신은 장흥인으로서 위대한 인물이었습니다. 고려조에 최정상의 관리로 또는 대문신으로 또는 유명한 선승으로 위업을 남겨《고려사》등의 여러 사서에 기록된 인물도 많았습니다. 그러나 성업(聖業)과 비운의 삶을 동시적으로 영위했던, 절체절명의 국가 위기 극복을 선도했던 인물은 당신이 유일하였습니다. 여러 유명한 시인(문인)들이 그런 당신을 기억하고 추모하며 작시(作詩)한 인물도 당신이 유일하였습니다. 하여 필자는 당당히 당신을 '불세출의 장흥인 영웅'으로 부르고 있는 것입니다.

가정법이지만 왕에 대한 충성이 그토록 극진하고 애국심이 투철하였던 당신이 건재하였다면, 고려의 역사가 바뀌졌을 것입니다. 반역자 김용이 후일 공민왕 시해 시도도 못했을 것이며 개혁을 부르짖던 공민왕도 안정된 기반을 토대로 개혁정책을 지속적으로 추진하여 '이성계의 조선'은 미처 싹트지도 못했을 것으로 혹자들은 추측하기도 했습니다. 저희 역시 이에 전적으로 공감합니다. 그런 점에서 당신의 그 불행은 더욱 안타까운 일이었고, 당신의 그 불행은 바로 고려국의 불행이 아니었을까 하는 생각입니다. 그래서 당신이 더욱 위대한 인물이었음을 새삼 깨닫게 되는 것입니다.

저희는 이제 지면으로나마, 당신의 위업을 찬하는 시(詩)와 생애 등을 조명하여 '위대한 당신이 자랑스러운 장흥인'이었음을, '당신이 장흥인으로서 고려조에 충신으로 빛나는 불세출의 영웅'이었음을 증명하고자 합니다. …지하에서나마 힘을 보태주시고 지켜 봐 주시기 바랍니다.

반곡 정경달 조명, 보성군이 앞장선다

— 반곡 정경달을 조명한다(1)

— 장흥신문/2016.07.21.

최근들어 충무공 이순신이 소설로 영화로 재조명되면서 이순신의 종사관이었던 반곡 정경달에 대한 관심이 고조되고 있다. 이순신이 투옥되었을 때 유일하게 "왕께서 이 사람을 죽이면 나라가 망합니다"며 충무공의 석방을 강력히 주장하였던 반곡에 대한 조명작업이 타지에서 활발하다.

지난 2012년 8월 23일 보성문화원이 서울대사회발전연구소(소장 정근식)와 공동으로 보성문화원 강당에서 '호남 지역사와 문화연구' 라는 주제로 학술토론회를 열었는데, 제1 섹션의 첫 주제 발표가 조선대 김경숙 교수(역사학)의 '임진왜란과 정경달 형제의 활동'이었다.

또 반곡 선생의《난중일기》가 보성군의 지원으로 한글 번역이 추진되고 있다. 고려대민족문화연구원이 보성군으로부터 번역 발간비 2천만원을 지원받아 추진되고 있는데, 이 번역본이 올해 말이나 내년 초에 발간될 예정이라고 한다. (그에 앞서 반곡 선생의 '난중일기'는 지난 3월에《반곡난중일기(상)》라는 이름으로, 전남대학교 신해진 교수 번역으로 출판사 '보고사'에서 발간된 바 있으며, 내년에는《반곡난중일기(하)》가 발간될 것이라고 한다).

경북 구미시 선산읍에는 유교문화의 메카로 부상하고 있는 '영남유교문화진흥원'이 설립되고 있다. 전통문화 계승과 보급을 위해 유교에 걸

맞게 순수 전통 한옥으로 된 20여 동의 전시관, 기념관 등을 건립하고 있다고 한다. 부지만도 20만 평에 5백억 원이 투입되는 대규모 유교 문화공간이다. 이곳에 조선조 임진·병자란의 국란을 맞아 의병장으로 활약했던 영남의 위인 20여 명의 위패를 모시는 일종의 서원도 조성 중이다. 그런데 이 서원 앞에 세운 큰 석비에 "선산부사 정경달을 주신으로 모신다"는 안내 글이 있다고 한다.

보성군 회천면 영광정 씨 세거지인 봉강리에는 '봉강 고택'(전남도 지정문화재 제261호. 2005.12.27)이 있다. 이 고택은 정경달 후손의 저택으로 문화재 지정 이전에는 폐허였는데, 문화재로 지정받으면서 전남도와 보성군으로부터 10여억 원의 지원으로 복원공사를 했다고 한다.

최근 들어 보성군이 보성군 일원에서 '충무공 이순신 장군 유적복원 사업'을 역사 왜곡의 문제(?)까지 일으킬 만큼 본격적으로 추진하면서 이 봉강 고택도 크게 관심을 모으고 있다고 한다.

지난 7월 19일 필자가 봉강 고택을 방문했을 때도 복원 공사가 한창이었다. 지난 5월부터 10월까지 기한으로 곡간채 보수를 비롯 수목·연못 정비 공사가 한창 진행되고 있었다. 또 하나의 충무공과 연관된 관광명소가 보성에 탄생되고 있는 듯싶었다.

이 봉강고택 앞 표지판에는 이 고택에 대해 "현 가옥 터 자리는 15대째 거주해오고 있는 반곡 정경달 후손의 집으로 조선 중기에 입향하였다"고 소개하고 있었다.

실제로는 정경달 직계 후손의 집은 아니다. 반곡은 6형제였다. 첫째는 용산으로, 셋째·넷째·다섯째·여섯째의 4형제는 당대 장흥부에 속했던 회천으로 분가를 나가(둘째인 반곡만 장동에 남았다), 지금의 봉강리에서 세거를 했던 이들은 실제로는 반곡의 형제들이어서 반곡과는 방계이긴 했으나 반곡 후대에 이르러 대를 달리해서 장동 반산리 반곡 본가와 봉강리 반곡의 방계 간에 상호 양자가 오가면서 봉강리도 반산리와 공히 반곡의 후손이 된 집안이었다.

지금 보성군은 충무공 유적 성역화 사업에 올인하고 있다.

여기서 보성군은 더불어 정경달의 조명사업에도 큰 관심을 가지고 있다. 반곡의 학술세미나 개최며 반곡의《난중일기》번역 사업에 적극 지원도 하고 '정경달 후손 집'인 봉강 고택의 정비 사업을 계속 추진하는 등 일련의 일들이 아마 충무공 유적 성역화 사업의 일환일 듯싶다.

봉강의 고택은 실인즉 그 내력에 의하면, 장흥에서 의병장이었던 마위룡의 사위 정일손에 의해 초가로 건립되었다가 정일손의 9대손 정각수에 의해 1890년대에 기와로 재건립되었다고 소개되고 있었다.

여튼 이 고택 정비의 시작도 임진란(이순신)과 연관되어 있다. 이 밖에도 회천면 일대에 산재한 이순신의 유적들인 조양창 김안도의 집, 박실마을 양산원의 집, 열선루(보성군청 앞), 회천 군영구미, 정경달의 별장 백사정 등도 마찬가지다.

누군가의 우려처럼 반곡 선생을 아예 보성군에 빼앗길 지도 모른다.

반곡 선생에 대해 장흥은 어떠한가. 반곡과 유일한 끈으로 남아있는 것은 반계사이다. 며칠 후면 국회의장이 된 영광정 씨 정세훈의원이 그 폐사지 같이 누추하기 짝이 없는 반계사를 방문한다고 한다.

반계사에 크지는 않지만 유물박물관을 만들고 여유 공한지도 마련해서 반곡 동상이며 석비며, 임란 때 장흥 의병장들의 동상도 세우고…. 주변도 말끔히 정비하고 낡은 시설물들은 중건도 해서, 비록 소규모일지라도 반계 성역화 사업을 추진할 만하다.

장흥에서 장흥의 후인들이 임란의 영웅 반곡 선생을 조명하고 기리지 않는다면, 보성 같은 곳에서 반곡 조명 사업을 추진할 것이고 장흥인들이 그걸 끝내 수수방관만 한다면, 우리 장흥 후인들 모두는 역사 앞에 죄를 짓는 것이나 진배없을 것이다.

늦었지만 이후부터라도 반곡 선생의 재조명 사업이며 반계사 성역화 사업 등을 통해 선생의 위업과 함께 그 역사적 의미를 재정립할 수 있게 되길 간절히 희구하는 바이다.

임진란의 영웅, 반곡 선생의 현창사업이 절실하다
— 반곡 정경달을 조명한다(2)

— 장흥투데이/2019.03.02.

임란 때 경상도 금오산에서 적을 크게 물리쳤던 인물.

1594년에는 삼도수군통제사 이순신의 종사관이 되어 가장 큰 공을 세웠던 인물.

이순신이 투옥되었을 때 왕에게 나아가 "전쟁에 나가 싸움을 미루는 것은 병가의 승책(勝策)인데, 어찌 적세를 살피고 싸움을 주저한다 하여 죄로 돌릴 수 있겠습니까?" "왕께서 이 사람을 죽이면 나라가 망합니다"며 충무공의 석방을 강력히 주장하였던 인물.

이 분이 바로 장흥 출신의 임진란의 영웅 반곡(盤谷) 정경달(丁景達) 선생이다.

반곡 선생이 정작 출신지 장흥에서 철저히 외면 받고 있을 때 인근의 보성군이 반곡 선생에 대한 조명사업을 활발히 펼치며 마치 반곡 선생이 보성 출신인 것으로 착각하게 만들었다. 선생의 후인인 장흥 사람들에게 참으로 낯을 들 수 없게 만드는 일이 아닐 수 없다.

이것 이상 장흥인을 수치스럽게 만드는 일이 또 있을 것인가.

그뿐이 아니다. 장흥에서 반곡 선생의 《난중일기》 번역을 시도조차 못했을 때인 지난 2016년에는 《반곡 난중일기(상)(하)》라는 책자 2권이 전남대학교 신해진 교수 번역으로 출판사 '보고사'에서 발간되기도 했다.

장흥과 보성 일대의 영광정 씨 문중은 1500년을 전후해 영광에서 장흥

장동면 반산리 일대로 이주한 집안이 뿌리다. 이런 이유로 반산리에는 1714년(숙종 40)에 영광 정씨 문중이 주도적으로 건립한 향사인 '반계사'가 있다. 반계사에는 이순신과 반곡의 조부 정인걸을 주벽으로 모시고, 정경달, 정명열(반곡의 子), 정남일(정명열의 子), 임진왜란 때 이순신 막하에서 큰 공을 세운 임영립을 모시고 제사해 온 사우이다.

결국 장흥에는 반곡 선생을 제사해 온 사우만 있었지 선생의 업적을 현창하고 기리고 조명하는 등 그분의 현창사업은 거의 외면해온 것이 사실이다. 경북 구미시에서는 주벽으로 추앙하고 있다. 보성군 같은 곳에서도 보성의 인물로 상징화시키고 있다. 그런데 장흥은 아직도 이렇다 할 움직임조차 보이지 않고 있다.

이제부터라도 반곡 선생을 '장흥의 영웅'으로 새롭게 시급히 재조명해야 하는 이유인 것이다.

그렇다. 장흥 출신의 반곡 정경달 선생. 그는 장흥 역사에서 유일하게 영웅 칭호를 받을 수 있는 장군이었다.

그러므로 이제라도 우리가 반곡 정경달 선생을 기리는 현창사업을 추진해야 하고, 그 일환의 사업으로 그분의 위패가 모셔진 반계사에 반곡 선생의 동상 건립이며 반곡기념관, 역사체험 교육관 등을 조성하는 성역화 사업을 추진해야 한다.

이미 지난 2017년에 장흥군은 반계사에 대한 도지정문화제 등록을 추진한 바 있으나 반계사가 복설된 지 오래되지 않았다는 등의 이유로 반려된 것으로 알려졌다. 그럼에도 불구하고 장흥군은 반계사 도지정 문화재 등록을 재추진할 예정인 것으로 알려졌으나 여러 이유 등으로 도지정 문화재 등록은 쉽지 않을 수 있는 것으로 전해졌다.

그러므로 차제에 우리는 반계사 도지정 문화재 등록과 별개로, 반곡 선생 성역화 사업 추진을 장흥군에 당부 드리고자 하는 것이다.

현재 정세균 국무총리도 몇 년 전에 장흥 반계사를 방문한 적도 있었을 만큼, 장흥 반계사와 반곡 선생에 대해 관심이 큰 것으로 알려져 반곡 선생의 성역화 사업은 지금이 호기라고 생각하는 것이다.

반계사의 성역화 사업이 추진된다면, 반계사는 해동사 안중근 의사 성역화 사업과 연계되면서 임진란의 영웅 반곡과 독립운동가요 영웅인 안중근이 연계되면서, 장흥은 보다 경쟁력 있는 애국호국 관광지지로 거듭날 수 있게 될 것이다.

반곡 정경달은 장흥의 유일한 영웅이었다

— 반곡 정경달을 조명한다(3)

— 장흥투데이/2019.03.07.

영웅은 어느 시대, 어느 곳에서나 탄생될 수 있지만 대체로 수난의 시대에 나타난다. 특히 국가와 민족이 칠흑 같은 절체절명의 위란을 맞았을 때 그 어둠을 헤치고 일어서기 위해 자신을 헌신하여 존경을 받게 되는 사람이 영웅이다.

물론 아무나 영웅이 될 수는 없다. 19세기 영국의 평론가·역사가로《프랑스 혁명사》,《영웅 숭배론》등의 저서를 남겼던 토머스 칼라일은, 영웅의 조건으로 지극한 헌신성, 성실성, 투철한 소신과 통찰력을 들었다. 그가 평생 아무것도 갖지 않겠다는 소신을 실천한 걸인 철학자 디오게네스를 영웅으로 인정하면서도 통찰력이 부족한 나폴레옹은 영웅으로 인정하지 않았던 이유이기도 했다.

영웅론 따위는 접어두자. 우리나라에선 누가 영웅시 됐는가. 우리 역사에선 이순신, 권율, 김좌진 등을 영웅시 했다.

이 문제를 지역으로 한정해 보면, 과연 우리의 장흥에는 영웅이 있었을까. 고려, 조선조 할 것 없이 많은 '위대한 인물'이 출현했지만 대부분은 고관이요 학자요 문인으로 그쳤다. 존재 위백규 선생이나 기봉 백광홍 선생이 있었지만 그분들은 영웅은 아니었다. 호남의 대실학자요 가사문학의 효시를 연 대문인으로 칭할 수 있을 뿐이다.

임진왜란이나 정유재란 등 국난의 위기에서 살신성인으로 국난 위기 극복에 앞장섰던 문위세, 마하수, 임계영 등 여러 뛰어난 의병장들이 있었긴 하지만 그분들 역시 영웅으로까지 칭하지는 않는다.

다만, 영웅이라 칭할 만한 인물이 있었다면 임진·정유재란 때의 반곡 정경달이 유일하다. 그렇다. 장흥의 영웅이라면 반곡 선생이요 정경달 장군일 것이다.

1591년(선조 24) 선산부사로 부임했던 반곡은 다음 해인 1592년(선조 25) 4월 임진란을 맞이한다. 4월 28일 상주가 함락되자 순변사(巡邊使) 이일(李鎰)은 싸움을 포기하고 달아났다. 이처럼 왜군을 맞아 모두 도망가는 수령들과 달리, 반곡은 문반 출신임에도 잠시 몸을 피했다가 산산조각으로 흩어져 있는 관군과 군민들을 모아 금오산에 진을 치고 참호를 파고 복병을 매복시킨 채 종일 적과 싸워 많은 병기를 노획하였으며 많은 왜군을 포로로 잡았다.

이러한 전공에 관찰사 학봉 김성일(金誠一)이 전공을 기리는 서찰을 보내왔고 뒤이어 창석 이준(李埈), 백사 이항복(李恒福), 임당 정유길(鄭惟吉)이 의병을 일으켜 반곡과 합세하였다. 반곡 휘하의 선산 의병은 대군이 되었고 반곡은 김성일(金誠一), 병마절도사 조대곤(曺大坤)과 함께 금오산(金烏山)을 중심으로 왜적을 크게 물리쳤다. 1593년 5월부터 이듬해인 1594년 5월까지 반곡의 선산 의병이 일 년 간 적을 죽인 숫자가 수천 명이었다고 한다.

> 명나라 군의 영남 진격에 따라 각 고을에서 식량을 공급하게 되었는데 고을마다 식량이 바닥이 났다. 그때 반곡은 금오산 도선굴에 비축하여 두었던 양곡으로 일부 명나라 군사의 군량미로 충당하여 명나라 장수 유총병(劉總兵)이 반곡을 '식리장군(識理將軍)'이라 하며 치하하는 글과 금빛 부채를 주어 선산 의병의 공적을 찬양하였다.
>
> 또 어사 윤경립(尹敬立), 순찰사(巡察使) 김근(金勤)이 선산 의병의 전

공을 나라에 알려, 나라에서 크게 치하하는 서찰을 내려 보내기도 했다.

이처럼 반곡과 선산 의병 활동은 왜군을 위협하여 조령(경상도에서 서울로 통하는 요충지)을 경유하는 주력 부대의 진출을 견제하고 후방을 교란하는 힘이 되었던 것으로 사가들은 평했다.

– 《구미 市誌》 '반곡과 선산 금오산 전공'에서

이러한 선산(지금은 구미시)에서의 전공으로 반곡 선생은 유명세를 탔다. 또 반곡의 금오산 전승은 임진왜란 당시 육지에서 왜군과 싸워 승리한 곳 중의 대표적인 승전지로 알려졌다.

1594년 당시 전쟁이 장기전이 되면서 군량미 확보에 어려움에 봉착했을 때 금오산 전승으로 잘 알려진 선산부사 반곡이 이순신의 계청과 유성룡의 승인으로, 이순신의 종사관이 되었다.

이순신의 종사관이 된 반곡은 특히 군량이나 군대 경비를 충당하기 위해 병사가 경작하던 토지인 둔전(屯田) 책임을 맡아 호남지역 여러 곳에서 둔전을 운영하여 조선 수군의 식량을 조달하고 군수물자를 성공적으로 관리하게 된다.

또 반곡은 영호남 지역과 한산도 본영 일대에서 고기잡이, 소금생산, 그릇생산 등을 추진하며 물자를 비축하여 상당한 군량으로 환원했다. 백성들에게 해운업의 길도 열어주어 피난민 중 상업가를 지휘하여 무역을 행하는 이도 생겨났다. 이렇게 군·민이 단결하여 나중에는 양곡, 어염, 포목 할 것 없이 구하지 못하는 것이 없게 돼 저장된 곡식이 수만 석에 달했다. 당시 제찰사 이원익(李元翼)이 내려와 현지 상항을 보고 크게 감명을 받을 정도였다.

반곡에 대한 이순신의 신임 또한 매우 두터워 군영을 비우고 작전을 나갈 때는 반곡이 본영의 살림과 운영을 대신 책임지기도 했다. 이순신은 반곡이라는 최고의 일류 병참 참모를 곁에 둔 것이었다.

1597년 3월 이순신이 모함으로 투옥 되자, 반곡은 조정에 나아가 탄원서를 내고 직접 선조 임금을 독대하여 그의 석방을 위해 결사적으로, 종횡무진으로 노력하였다.

이순신은 통상 성웅(聖雄)으로 지칭된다.

가장 드높은 영웅이란 뜻의 성웅은 우리나라에서는 곧 이순신을 뜻하며, 성웅이라는 말 자체가 이순신의 고유 호칭처럼 쓰이고 있다. 그런데 성웅의 존재는 반곡이 있었기에 가능했다. 따라서 문관 출신임에도 반곡은 임진란 선산의 금오산 전투에서 큰 승리를 일구었던 탁월한 지략가요 의병장이요 장군이었으며, 해전의 성웅 이순신의 종사관으로서 혁혁한 공을 세운 인물이었으니, 우리는 능히 그분을 영웅으로 칭할 수 있는 것이다.

그렇다. 장흥 출신의 반곡 정경달 선생. 그는 장흥 역사에서 유일하게 영웅 칭호를 받을 수 있는 장군이었다. 우리가 이제라도 '임진난의 영웅 반곡 선생'을 재조명하고 그분의 현창 사업을 추진해야 하는 이유인 것이다.

반곡 정경달은 조선조 한시(漢詩)의 대가였다

— 반곡 정경달을 조명한다(4)

— 장흥투데이/2019.03.14.

역대 조선조 장흥 출신 한시(漢詩)의 대가로 옥봉 백광훈을 꼽는다.

옥봉은 유고집으로 4권 2책《옥봉집》(목판본)을 남긴 대시인이었다. 옥봉은 당시 고죽(孤竹) 최경창(崔慶昌), 손곡(蓀谷) 이달(李達)과 함께 이른바 '3당시인'으로 알려지고 조선 중기의 대표적 시인으로 자리매김되었던 대시인이었다. 이러한 옥봉마저 남긴 시는 147수에 불과하다.

시의 질적인 문제를 떠나, 장흥 출신으로 당대 한시(漢詩)의 대가인 옥봉 보다 더 많은 한시 작품을 남긴 이가 있으니, 그가 바로 반곡 정경달이다.

반곡의 유고는 1793년(정조 17)에 목판으로 발행되고, 그 뒤 1815년(순조 15)에 9권 3책으로 다시 간행되었다. 반곡이 남긴 시는 이 목판본을 기준으로 오언절구 40제 53수, 육언절구 4제 5수, 칠언절구 156제 199수, 오언율시 46제 51수, 오언배율(排律) 2제 2수, 칠언율시 56제 59수, 칠언 배율 2제 2수로 모두 합하면 모두 306제 371수에 이른다.

장흥 출신의 역대 시인 중 기봉 백광홍 다음으로 많은 유작 시를 남긴 것이다. 게다가 반곡의 시들이 수준 높은 명시들이어서 장흥 출신의 대시인으로서 뿐만 아니라 능히 조선조의 유명 시인의 반열에 올려놓을 수 있을 것으로 평가받을 수 있을 것이다.

왜 그동안 반곡이 시인으로 조명 받지 못했는가. 문관 출신으로 선산부사였을 때 왜군 토벌의 큰 공훈과 이후 이순신의 종사관으로서 큰 역할에 묻혀버렸다. 또, 정작 그가 남긴 많은 유고 중《난중일기(亂中日記)》가 재평가·재조명받으면서 그의 시인으로서 업적이 묻혀버렸기 때문이다.

실학의 선구자였던 구암(久菴) 한백겸(1552~1615)의 7대손으로 다산 정약용과 막역한 친구로 문과에 급제, 벼슬이 병조판서와 한성판윤에 이르렀고 함경도 관찰사로 재직 중에 세상을 떴던 한치응(韓致應)이《반곡집》서문을 썼다. 그는 서문에서 "…공적이 정대히 드러났으나 표창이 미진한 경우는 간혹 많이 있다. 이는 멀고 외진 시골에 살아 그(반곡)의 공로가 상세히 수집되지 못하고 후손이 영락하여 그의 공적을 미처 천영(闡揚 ; 드러내어 밝혀서 널리 퍼지게 하다) 하지 못하였기 때문이니, 참으로 천고(千古) 지사(志士)가 개탄하는 것이다"라고 하면서 반곡이 남긴 공적이 크지만 세상에 드러나지 못하였던 안타까운 사실을 적시하기도 했다.

다산 정약용도《반산세고(盤山世稿)》서문에서 "…관직이 미천하고 세력이 없는데도 아름다운 시문(詩文)을 수백 년 뒤 까지도 전하는 경우는 반드시 그 가운데 묻히게 할 수 없는 것이 있기 때문이니…"라고 적으면서, 청빈한 가문 출생이요 관직도 미천하고 세력이 없었던 반곡의 시문이 유고집으로 발간되어 오래도록 전승되어야 하는 이유를 밝혀주기도 했다.

또 정약용은 '선산부사, 정경달의 난중일기(亂中日記)에 제함'이라는 서문에서 "서애(西厓) 유성룡(柳成龍)의《징비록(懲毖錄)》과 백사(白沙) 이항복(李恒福)의《임진록(壬辰錄)》은 상세하고 분명하지 않은 것이 아니다. …두 상공(相公)은…온 나라의 대세(大勢)를 논평하고 팔도의 많은 기무(機務)를 조정함에 있어서는 그 업적이 위대하지 않은 것은 아니다. 그러나 물고기도 놀라고 산짐승도 도망간 상태라든가 비바람을 맞으며

들에서 밥해 먹고 지새우는 고초에 대해서는, 생동감 있게 기록한 이 기록(반곡의 난중일기)만은 못하다.…"고 평했다. 이른바 구성이나 문장력에서 반곡이 유성룡이나 이항복보다 윗길에 있었다고 평한 것이다.

최근 반곡에 대한 역사적 재평가가 이뤄지면서 반곡의 유고 중의《반곡 난중일기》(상,하)가 2016년 '보고사'에 의해 전남대학교 신해준 교수의 국역으로 출간되었다. 그리고《반곡 정경달 시문집》(1,2권)이 고려대학교 민족문화연구원(국역자 박종우교수)에 의해 2017년 6월에 발간되었다. 특히《반곡 정경달 시문집》은 굳이 시문집이라기 보다 '반곡 유고집'이라고 해도 과언이 아닐 정도로, 반곡의《난중일기》등 목판본 반곡 유고집 9권의 내용을 다 국역해 출간하였다. 이 시문집에서 관심을 끄는 대목은 '반곡 정경달 시문집1'의 반곡의 시문이었다. '유고집 권2'를 국역한 것으로 여기에는 반곡의 306제 371수에 이른 모든 시들이 포함돼 있다,

반곡의 시를 읽다 보면 반곡의 탁월한 시적 재능과 탄탄한 시상(詩想)을 구축했던 당대 대시인으로서 탁월한 시적인 세계와 맞닥뜨리게 된다. 그는 장흥이 낳은 대시인이었으며 조선조의 유명 시인 반열에 올라서고도 남음이 있었다.

이 시문을 국역한 박종우 교수는 반곡 시의 특징을 ①경물(景物)의 즉물적(卽物的) 완미(玩味)와 친화적 교감 ②전원의 지향과 일상적 삶의 자긍(自矜) ③전장의 응시(凝視)와 역사적 정의의 희구(希求)로 분류하여 분석하고 있다.

"일상적 사물에 대한 관찰과 감동을 시로 형상화 하는 것이 전통적인 시작(詩作)의 기본적인 원리로 보았을 때, 반곡의 시도 크게 이 범주에서

벗어나지는 않는다. 다만 반곡의 경우, 많은 시인들이 즐겼던 도학의 이상적인 경물(景物)로 음영(吟詠)되는 시들과는 달리, 주위에 함께 공존하는 사물들, 지극히 평범하고도 일상적인 사물들을 시의 대상체로 보았으며, 그것도 관념적이고 추상적인 사고나 인식으로서가 아니라, 실제적 사물에 비추어진 사물의 있는 그대로의 모습을 직관하고 사유하는, 즉 즉물적(卽物的)으로 통찰하고 묘사하는 시작 태도를 보여주었다는 점에서 놀랍고, 그것은 곧 오늘날의 서정시 흐름과도 맥을 같이 하고 있다는 점에서 더욱 놀라웠다."

박종우 교수의 반곡의 시에 대한 평가이다. 실제로 그의 시를 볼 때 '영매(咏梅)'나 '상국(霜菊)' 같은 꽃을 주제로 한 시에서도 도학적 시 세계에서 흔히 발견되는 즉 사군자(四君子) 주제의 시들에서 지조니, 절개니 하는 도학적 의미가 강조되거나, 천지에 순행하는 자연 현상을 끌어내는 도식적인 것이 아니다. 반곡은 실제 주변에서 만나는 일상적인 사물을 있는 그대로 관찰하고 그 정감을 읊었다. 그리고 대상체인 사물과의 교감, 교감에 이어지는 감흥과 몰입, 그 이후 그 사물과의 친화의 단계로 이어지면서 반곡 시인의 독특한 시 세계를 형성하고 있다.

이렇게 볼 때, 반곡은 현대적으로 표현하면 이항복이나 유성룡보다 뛰어난 문장력을 보여준 대문인이었고, 당대 시인으로서도 뛰어난 시작(詩作)을 일구어낸 탁월한 서정 시인이었으며 대시인이었던 것이다.

앞으로 반곡의 시문학에 대한 재평가가 이루어지고 더 나아가, 학계에서도 반곡 시문학에 대한 조명과 평가 작업이 제대로 이루어지길 기대해 본다.

반곡 정경달에 대한 오해들…이제 불식시켜야 한다

— 반곡 정경달을 조명한다(5)

— 장흥투데이/2019.03.23.

반곡 정경달에 대한 유고집이 오늘날에 이르러 처음으로 소개되기는 1985년 이수봉 교수(충북대 사범대학 국어교육과)가《호서문화연구》제5집에서 소개한 '반곡의 난중일기 고(攷)(1)'에 의해서였다.

이후 1987년 이해준 교수(공주대학교 사학과 교수)에 의해《반산세고》(반산세고 해제)가 아세아문화사에서 간행되었고, 이후 지난 2013년 김경숙 교수(조선대학교 사학과)의 '임진왜란 초기 지방관의 수토활동—선산부사 정경달 형제의 활동을 중심으로'가《조선시대사학보 65》에 발표 되었다. (이 논문은 2012년 8월 23일 보성문화원에서 개최된 '호남지역사와 문화연구 학술심포지엄'에서 발제자의 한 사람으로 나선 김경숙 교수가 발표한 논문이었다).

이후 2016년 3월《반곡 난중일기》(상,하)가 보고사(국역 전남대학교 신해진교수)에 의해 출판된 데 이어, 2017년 6월《반곡 정경달 시문집》(1.2)이 고려대학교민족문화연구원(국역 박종우 교수)에 의해서 출간되었다.

다른 역대 인물들에 대한 연구 논문이나 관련 책자 출간에 비하면 아주 미약한 실정임에 분명하다. 이 같은 실정은 장흥군이라고 해도 크게 다를 것은 없다.

장흥군이 1995년에 발간한《청소년을 위한 향토인물열전》에서 '반곡 정경달'은 50여 명의 장흥 출신 역대인물 중 한 사람으로 4페이지 분량으로 간단히 소개한 바 있다.

또, 장흥군의 문화 역사에 대한 정체성 규명에 노력해 온 장흥문화원 발간의 연간《장흥문화》에서도 1998년 제11호에서 '반곡의 난중일기考'가 소개되었는데 사실, 이 글은 이미 이수봉 교수가《호서문화연구》 제5집에 실린 글을 이수봉 교수의 허락에 의해 그 내용 그대로 전재한 것일 뿐이었다.

또 지난 2016년《장흥문화》제38호에 김희태(전남도문화재연구위원)의 '정다산이 장흥사람에게 보낸 편지 7통'이 발굴되어 소개되었는데, 이는 정수칠 편지 등의 내용이었지(일부 편지에 반곡에 대한 내용이 나오긴 했다), 반곡 관련의 글은 아니었다.

그동안 장흥군에서는 반곡 정경달을 조명하는 학술대회 한 번 개최하지 못했다. 학술대회 등에서 정경달이 소개되기는 장흥군이 아닌 보성문화원에서 지난 2012년 8월 23일 개최한 '호남지역사와 문화연구 학술심포지엄'에서 김경숙 교수가 반곡과 그 형제의 활동상을 소재로 발제한 것이 전부였다.

이러한 형편이다 보니, 장흥 문화계의 한 원로는 "장흥사람들 중 반곡 선생을 아는 사람이 기십 명도 안 될 것이다"고 단언하기도 했다. 사정이 이렇다 보니, 장흥이 아닌 타 지역의 일부 전문가들마저 반곡 선생을 영광사람이나 보성사람으로 오해하고 있음은 당연해 보인다.

전남도 문화재전문위원인 김희태 씨도 정다산이 정수칠에게 보낸 '비를 대하여 규전에게 보이다(對雨示逵典)' 라는 시를 해제하면서 "일부 해설 자료에 '반곡'을 보성군 복내면 반곡리로 설명하고 있기도 한데, 잘못 이해한 듯하다"고 쓰기도 했다.

2000년대 들어 이순신에 대한 조명 운동이 활발해지고 이순신 일대기를 기록한 책들이 많이 발행되었다. 이 책들은 이순신 수하들을 소개하는 장면에서 정경달에 대해 출신지 등이 잘못 기록되기도 했다.《내게는 아직도 배가 열두 척이 있습니다》(김종대/북포스/2004.6.15간),《중학생이 보는 난중일기》(성낙수외/신원문화사/2002.7.30 간),《충무공 이순신 전집 1》(최두환주역/우석출판사/1999.04.28 간),《칼의 노래1,2》(김훈/생각의나무/2003.12.08간) 등의 책에서 한결같이 장흥 출신의 반곡을 '영광사람'으로 잘못 기술하였다. 반곡의 본관이 '영광'이기 때문에 이런 오해가 빚어졌던 것으로 생각된다.

특히, 사서류와 달리 소설로 각색해 '동인문학상(2001년)'의 수상작이 되고 베스트셀러가 된《칼의 노래》에서도 반곡 선생은 오기 투성이었다. 이 소설 부록 '인물지'에서 작가는 정경달을 "정경달 : 영광사람이다. 젊어서 문과에 급제했다 …1595년 이순신은 임금에게 요청하여 정경달을 자신의 종사관으로 맞아들였다…"고 기록하고 있다.

이뿐이 아니다. 소설에서는 종사관으로 정경달 대신 '김수철'이 등장한다. 1권 '바람 속 무싹' '내 안의 죽음'에 나온 '종사관 김수철'의 행적이 문관 출신으로, 김성일 막하에서 금오산에서 이긴 일, 이순신 장군이 하옥될 때 서울까지 올라가 임금을 대면하며 탄원한 일 등은 실제로 '이순신 종사관으로서 정경달'과 일치, 정경달을 김수철이라는 인물로 내세웠음을 알게 해 준다.

그런데 여기서 이름 정도야 그렇다 해도, 정경달 대신으로 김수철을 등장시켰다면 조금은 실제 모습과 닮아야 하는데 묘사가 전혀 다르다 "…김수철은 곡성의 문관이었는데 임진년에는 의병장 김성일 막하에 들어가 금오산에서 이겼다. 예민하고 담대한 청년이었다. 문광이 반듯하고 행동이 민첩했다 …"고 기록, 실제의 정경달과는 전혀 다른 사람으로 묘사했던 것이다.

반곡은 이순신보다 나이가 두 살 많았고(이순신은 당시 50세, 반곡은 52세), 문관으로 이순신에 비해 결코 지위가 낮지 않았다. 물론 이순신을 만난 뒤 수하의 한 사람으로 적극적으로 협조하지만,《칼의 노래》에서처럼 '청년 종사관'은 아니었던 것이다.

이런 오해들이 어디서 비롯되는가?

장흥군이, 장흥 사람들이 반곡에 대해 침묵하고 있었기 때문이다.

따라서 '반곡=장흥군의 임진왜란 영웅이었다' '장흥 출신 반곡=위대한 시인이었다'는 등의 인식이 먼저 장흥 사람들에게 널리 펴져야 한다. 이제부터라도 '반곡 정경달' 대한 조명 사업이 필요한 이유인 것이다.

학자들, 이구동성으로 '존재는 위대했다'

— 존재 위백규 톺아보기(1)-전주대, '존재 위백규 학술대회'에서

— 장흥신문/2011.10.14. <뉴스보도>

전주대학교 한국고전학연구소(소장 변주승)는 지난 9월 30일 오후 1시 JJ 리사이틀홀에서 전북사학회(회장 이재운)와 공동 주최로 '존재(存齋) 위백규(魏伯珪) 학술대회'를 개최했다.

이번 학술대회는 교육과학부 지원으로 전주대학교 한국고전번역원이 30년 동안 추진하는 고전번역 협동사업의 일환으로, 호남권 거점연구소로 지정된 한국고전학연구소가 첫 번째로 번역한 존재 위백규의 문집 《존재집(存齋集)》 완역을 기념하기 위한 행사였다.

한국고전학연구소 측은 "이번 첫 번째 사업으로 번역한 존재 위백규는 조선 영·정조 시대, 사람과 땅과 가문이 궁벽한 삼벽 속에서 화려하게 피어났던 호남실학의 대표요 호남 지성사를 대표했던 큰 인물이어서 한국고전학연구소에서 첫 번째 번역 인물로 선정했다"며 존재 선생을 첫 번째 번역인물로 선정했던 이유를 밝혔다.

이날 학술대회에는 장흥 위 씨 종인·지역 문화계 인사 80여 명, 광주와 서울 등지에서 향우 20여 명 등 모두 1백여 명이 참가했다.

이날 학술대회는 이재운 교수(전북사학회 회장)의 인사말, 변주승 교수(한국고전학연구소장)의 환영사, 고건 총장을 대신한 박하섭 부총장과 위두환 회장(장흥 위 씨 종중도문회장)의 축사, 이동환 원장(한국고전번역원)·이성우 선생(청유강학원)의 격려사 등으로 시작됐다.

이어진 2부에서는 ▶존재 위백규의 격물설과 역사 읽기 - 오항녕(전주대) ▶존재 위백규의 향촌 계몽활동과 그 의미 – 김건우(전주대) ▶존재 위백규의 폐정개혁론 – 서종태(전주대) ▶장흥 문화와 존재 위백규 – 홍성덕(전주대)의 주제 발표가 이어졌다. 이어진 종합토론에서는 하태규 교수(전북대) 사회로 이향배(충남대), 정석태(부산대), 김종수(군산대), 안동교(조선대), 전고필(광주문화재단 문화관광팀장) 등이 토론자로 나와 주제 발표자와 토론이 진행됐다.

지금도 사람과 땅과 가문이 궁벽한 삼벽(三僻)의 땅 장흥 출신 인물이었던 존재 위백규는 당대 벽지의 호남, 호남에서도 중앙 정계와는 가장 먼거리였던, 변변한 인물 하나 배출하지 못한 궁벽의 '장흥' 출신의 인물이었다. 또한 조선 후기 여함 신경준, 이재 황윤석과 함께 '호남 실학의 3대 인물' 운운과 달리, 당대는 거의 한 평생을 '무명의 선비'로 보냈던 분이었다. 그렇기에 그가 비록 호남 실학 연구에서 중요한 위치를 차지하고 있었음에도 그동안 학계에서 그에 대한 연구로는 농가(農歌) 등 시가문학을 중심으로 진행되었으며 유학자나 실학자로서 연구는 활발하지 않았던 것도 사실이다.

그런 그가 후대에 와서 새롭게 조명되고 있다.

이날 한국고전번역원 이동환 원장도 "학계에서 성리학과 실학이 너무 대립적 개념으로 사용된 것은 아닌가 한다. 존재 위백규에겐 성리학의 특성과 함께 존재 특유의 사색과 학문이 공존했다. 조선후기 영·정조 시대를 살았던 존재 위백규의 학문적 가치는 단순히 실학자로 보기보다 이런 연속성 속에서 보아야 더 커지지 않을까 생각한다"고 이번 학술대회의 의의를 높이 평가했다.

전북사학회 이재운 회장은 "한국고전학연구소 교수 및 전임연구원이 번역과 함께 연구논문을 발표한다는 것은 그동안 학계에서 번역하면 논문을 못 쓰고, 논문만 쓰다 보면 번역을 못하거나 등한시하는 풍토가 있었던 관행을 일신했다는 점에서 이번 학술대회의 학술사적 의미가 크다"고 말했다.

특히 이날 주제 발표에서 '장흥문화와 존재 위백규'를 주제로 발표한 홍성덕 교수는, 이번 발표를 위해 장흥을 이틀간 답사했다고 전제하고, 현재 장흥문화에서 존재 선생의 흔적이 거의 없고 존재 생애 및 사상을 지역문화 자산으로 활용되고 있지 않는 점에 아쉬움을 토로했다. 그리고 ▶존재 사상의 지역 내 보급 강화 - 장흥의 정체성의 주어로 활용 ▶방촌 전통마을의 천관산 지구로 확대 ▶존재에 대한 문화 콘텐츠 개발, 보급 ▶문학에서 역사로, 문화의 깊이를 더하는데 존재 활용 등을 주문, 이날 참석한 장흥사람들로부터 큰 호응을 받았다.

이날 학술발표회에 참가한 김기홍 전 장흥문화원장은 "2000년대 초반 전남대학교에서 존재 번역 프로젝트 사업을 추진하다가 예산이 확보되지 않아 무산된 적이 있어 큰 아쉬움을 가졌다"고 말하고 "다행히 이번 전주대학교에서 국비 지원으로 존재집을 번역, 출간할 수 있게 돼 여간 기쁘지 않다"며 "이번 존재집 번역, 출간을 계기로 존재의 생애 및 사상이 재조명받고 존재 선생이 지역 문화자원으로 크게 활용되는 계기도 이루어지길 바란다"고 말했다.

존재의 부활 그리고 장흥인의 책무

— 존재 위백규 톺아보기(2)

— 장흥신문/2011.10.14.

과거 없이는 오늘이 없다. 과거의 장흥 없이는 오늘의 장흥도 없다. 오늘의 장흥은 과거 장흥의 산물이다. 요즘 한국인의 대세로 급부상한 안철수는 지난 6일 "100년 후 사람들은 지금 현세의 다른 사람은 잊더라도 스티브 잡스만은 기억할 것"이라고 말했다. 그런데, 장흥에서 1백년도 아닌 2백년이 지난 후에, 새롭게 부활하며 기억되고 있는 인물이 있다. 바로 존재(存齋) 위백규(魏伯珪)다.

지난 6일 전주대학교에서 존재 위백규의 학술세미나가 개최됐다. 장흥도, 전라도 광주도 아닌 전주에서 존재의 삶과 사상을 조명하는 학술세미나가 장흥과는 전혀 상관없는 전문 학자들에 의해 개최된 것이다. 물론 전주대학교의 한국고전학연구소에서 그의 유고집《존재집》완역 기념으로 개최한 학술 모임이긴 했다.

여하튼, 이날 존재 공이 전주 땅에서 화려하게 부활한 것인데 이는 존재 공 사후 213년만의 일이었다.

혹자는 금세기 세계에서 가장 위대한 인물이었던 스티브 잡스가 100년 후에도 기억될 것으로 예견했지만, 2세기 전 한국의 최궁벽(最窮僻)인 전라도 장흥에서 태어났던 한 인물이 1세기도 아닌 2세기를 지나서도 화려하게 부활하며, 한국의 많은 사람들에게 더욱 깊이 있게 기억되며 새롭게 조명되고 있다는 데서 참으로 역사적 아이러니를 느끼지 않을 수 없다.

한편으로, 그의 후예라 할 수 있는 장흥의 한 사람으로서 참으로 자랑스러운, 참으로 대단한 긍지와 자부심을 가질 만한 일이 아닐 수도 없다. 그런데도 이날 학술 발표회장에 참석했던 그의 후예들인 장흥 사람들은 전문 학자들로부터 따끔한 충언과 함께 큰 수치심을 느끼지 않을 수 없었다.

"이처럼 위대한 인물을 배출한 장흥 사람들은 지금 존재 위백규를 어찌 기억하고 있느냐? 과연 지금 장흥에 존재(存齋)의 존재성(存在性)이 존재하기라도 하느냐? 그동안 장흥은 존재를 내팽개쳐왔지 않았느냐?" 라고 하는 이구동성의 질책을 받았던 것이다.

하여튼 이날 전주대학교가 존재공 부활의 불씨를 피워 올렸다.

이제 그 불씨를 살리고 더욱 화사한 불꽃으로 지펴 올리는 일, 그것은 바로 지금 장흥 사람들의 몫이 아닐 수 없다.

전문 학자들의 주장대로 오늘의 장흥문화에 존재 위백규라는 옷가지 하나를 입히는 일, 그것은 바로 지금을 살아가고 있는 장흥 사람들의 책무요 중요한 사명인 것이다.

"왜 우리가 첫 번째로 존재의 번역을 선택했느냐? 그를 과거 역사에서 호남 지성사의 최고 대표 인물로 판단했기 때문이다. …그런데 장흥에서 존재는 잊혀진 인물이었다"고 말한 어느 학자의 절규 같은 말을 우리 모두 기억해야 할 것이다.

무명의 선비에서 이젠 '조선의 별'이 되다

— 존재 위백규 톺아보기(3) -《국역 존재집》 발간에 부쳐

— 장흥신문/2013.08.23.

조선조 후기의 영·정조 때의 학자였던 존재 위백규.

당대는 미미한 이름이었다. 그런데 후대에 이르러 많은 분들이 그분이 남긴 유작 등을 통해 호남 실학의 3대 인물로 거명하며 그분을 재조명하더니 급기야 이젠 '조선의 별'이 되고 있다.

지난 7월 25일, 전주대학교(총장 고건) 한국고전학연구소(소장 변주승)와 (사)한국고전문화연구원은 고전 번역 사업으로 첫 결실을 본《국역 존재집》을 발간, 그 출판 기념식을 가졌다.

이날은 존재 선생이 '조선조 이름 없는 선비'에서 '조선조의 별'이 되는 날이었다. 총 6책으로 발간된《국역 존재집》은 전주대학교 한국고전학연구소에서 2010년부터 우리말(한글)로 번역해 출간된 존재의 유고집이다.

2010년부터 한국고전번역원이 교육부 지원으로 전주대와 한국고전문화연구원과 함께 30년간 추진하는 '고전번역 협동사업'의 첫 번째로 존재 선생을 선정, 그의 문집을 발간한 것이다. 그의 문집 국역 발간사업이 장흥군이나 그의 문중인 장흥위 씨들에 의해 추진된 것도 아니고, 엄연히 정부 지원으로 이 시대 전국의 학자들과 학문기관에 의해 추진되었다.

이렇게 하여 조선시대 호남실학의 대가였던 장흥인 존재 위백규 선생 문집이 번역 완간돼, 드디어 존재 선생의 실학이 재조명받기에 이른 것이다.

전주대학교는 지난 2010년부터 교육부 지원으로 30년 동안 추진하는 고전번역 협동사업을 추진 중이며, 이 사업을 통해 전주대 한국고전학연구소와 (사)한국고전문화연구원이 호남권 거점연구소로 지정되면서 조선시대 호남지역 유학자들의 문집을 번역 하고 있는데,《국역 존재집》이 그 첫 결실을 맺은 것이다.

《국역 존재집》은 1875년 다암 위영복(茶嵒 魏榮馥,1832~1884) 등이 임헌회(任憲晦, 1811~1876)의 편집 등을 거쳐 목활자로 간행한《존재집》초간본 24권 12책을 저본으로 하였다. 원문은 한국고전번역원(옛 민족문화추진회)에서 간행한 표점영인본(한국문집총간 243집)과 한국고전번역원 한국고전종합DB(http://db.itkc.or.kr)에서 확인 할 수 있다.

《국역 존재집》은 오항녕, 강동석, 김건우, 서종태, 이주형, 채현경 등 역사 문학 철학을 전공한 중견 학자들이 분야 별로 나누어 번역하였으며 출판사 '흐름'에서 간행하여 일반에 보급 중이다. (총 6책, 180,000원).

이날 행사는 전주대 역사문화콘텐츠학과 홍성덕 교수의 진행으로 정읍국악단장 왕기석 명창의 구수한 소리의 축하공연에 이어 조광 (사)한국고전문화연구원장, 양희산 전주대 부총장, 송하진 전주 시장, 장흥위씨 대표, 이동한 한국고전번역원장, 아당 이성수님 등의 환영사 및 축사가 이어졌다.

이날 전주대학교 사학과 전임교수이자 한국고전학연구소장인 변주승 교수는 "존재 선생은 조선 후기 신경준, 황윤석 선생과 함께 호남의 대표적인 학자로 '존재집'을 비롯, 방대한 저술을 남겨 호남 3대 천재로 불리는 분"이라고 말하고 "《국역 존재집》 출판으로 조선 후기 호남지역의 대표적인 학자인 위백규의 인물 연구는 물론 당시 시대상과 학술 경향 등에 대한 연구가 더욱 체계적이고 활발하게 이루어질 것으로 기대한다"고 말했다.

조선 영·정조 시대, 사람과 땅과 가문이 궁벽한 삼벽(三僻)의 땅 장흥에서 태어난 존재 위백규는 조선 후기 순창 출신의 여암(旅菴) 신경준(申景濬, 1712~1781), 고창의 이재(頤齋) 황윤석(黃胤錫, 1729~1791)과 함께 호남의 3대 실학자(호남의 3대 천재)로 공인받고 있는 장흥의 대표적인 인물이다.

특히 '존재집'을 비롯한 세계 지리지인 '환영지', 역사서인 '속집대명기' 등 방대한 저술을 남겼는데 그 중 '존재집'에는 사단칠정 논쟁 등 성리학 논쟁에서부터 사회 비판 개혁론은 물론 역사, 지리, 격물(格物)이 폭넓게 집적, 수록되어 있다.

이제 조선조의 별이 된 존재 위백규 선생. 자신이 남긴 《존재집》을 기본으로 해 《국역 존재집》이 출간된 7월 25일, 이날 그분은 무엇을 했을까. 참으로 오랜만에, 자신이 학문하며 강론하고 십수년 째 절대고독과 싸웠던 천관산 장천재 마루에 기대어 앉아 참으로 오래만에, 매우 흡족해 하는 표정으로 술잔을 기울였을 것이다.

그의 후인인 나, 이제라도 그분의 묘소를 찾아 참배하며, 소주 한 잔을 올리련다.

‘존재는 장흥의 대표 위인’- 장흥인의 자긍이다

— 존재 위백규 톺아보기(4) - ‘존재기념사업회’ 출범에 즈음하여

— 장흥신문/2016.12.09

장흥출신의 대표적 인물은 누구일까.

과거의 역사에서 장흥을 대표할 만한, 장흥의 표징이 될 만한 인물은 누구일까?

고려조의 공예태후, 문집《원감국사집》을 남기고《동문선》에도 시와 글이 수록된 충지 원감국사, 조선조 중기 의병장 풍암 문위세, 조선 중기 장흥 한시문학을 연 천방 유호인,《난중일기》를 남긴 이순신의 종사관이었던 반곡 정경달, 조선 중기 문신으로 기행가사 효시인 기봉 백광홍, 장흥 동학의 선구자 이방언, 독립투사 김재계 등 수많은 명인, 위인들이 출현했지만 이들 중 단 한 인물을 장흥의 대표 위인으로 꼽는다면 단연코 존재 위백규라는데 그 누구도 주저치 않을 것이다.

존재 선생. 장흥인의 평가가 아닌 객관적으로도 존재 선생이 남긴 업적은 이미 다산 정약용의 업적과 비견되고 있다. 2015년 한국실학학회가 일본과 중국 측 실학학회와 함께 내놓은 ‘동아시아 실학 사상가 99명’에 존재 선생이 포함되기도 하였다.

한국고전학연구소 변주승 박사는 “존재 선생은 조선 후기 신경준, 황윤석 선생과 함께 호남의 대표적인 학자로《존재집》을 비롯한 세계 지리지인《환영지》, 역사서인《속집대명기》등의 방대한 저술을 남겨 호남 3대 천재로 불리는 분”이라고 평가한 바 있다.

만시지탄이지만, 존재 선생을 기리기 위한 ‘존재기념사업회’가 창립된 일은 참으로 다행스러운 일이 아닌가 여겨진다. 법인체로서가 아니어서 조금은 아쉽지만, 그럼에도 단체로서 이 모임의 결성은 이제부터라도 존재 선생을 제대로 기려보자는 의지로 보여 참으로 다행스럽다 아니할 수 없다.

존재 선생은 이미 역사 속의 인물이지만 이제 우리는 존재 선생을 우리의 '찬란한 별'로서, 선생의 생애와 학문 등 모든 것을 오늘에 되살리고 그 위인의 업적을 기리고 우리 모두의 생의 지표로 삼을 수 있는 계기가 마련되었다고 할 수 있다.

잠깐 그분의 생애를 간단히 정리해 보자.

아동기부터 천재라는 말을 들으며 총명하기 이를 데 없었던 그는 어려서부터 학문에 열중하여 10대에 이미 박학의 경지에 이르렀다. 천관산에 지금도 현존하고 있는 장흥위 씨 문중 재실인 장천재(長川齋)에서 '스승도 없이 홀로' 글공부에 정진했던 그였다. 그나마 다행히 당대에서는 늦깎이로 25세 경 당대 노론 산림의 한 사람이었던 병계(屛溪) 윤봉구(尹鳳九, 1683~1767)의 문하에 나아가 수학하며 당시 유일한 입신의 길이었던 과거에 매달리었다. 그러나 글 공부 15년에 이르도록 진사에 합격했을 뿐 더 이상의 진전은 없었다. 당대의 '과거제도'가 이름 없던 선비인 그를 철저히 외면했던 것이다.

그리하여 결국 39세 때 경제적 궁핍, 고향에 남은 부모와 아내 자녀들 가족에 대한 의무감에다가 오랜 과거 시험에 지친 끝에 과거공부를 단념하고 고향 방촌마을로 귀향하기에 이른다.

당시 천재인 그가 부딪쳤던 그 현실의 벽에 대한 좌절과 절망감은 과연 어땠을까?

고향으로 내려 온 그는 이후 10여 년 동안을 농사를 지으며 사강회(社

講會) 활동을 펼치면서 어려움에 처한 문중사회를 일신하고자 노력하고 '홀로 학문'에 정진한다.

이후 50대를 넘어서면서 자식들에게 영농의 책임을 넘기고 강학저술에 몰두하게 되었는데 이때부터《봉사》《정현신보》《만언봉사》등 당대 농촌사회의 총체적인 모순을 깊이 드러내고 있는 시폐론들이나 '연년행年年行' 등 연작을 위시한 현실비판적인 한시, 후대 세계적인 지리지로 평가받은《환영지》등의 저술이 정리되고 산출되어 나온다.

죽음이 가까워 온 나이던 그의 만년 69세 때, 비로소 정조의 유일 천거책으로 조정의 부름을 받고 '만언봉사'를 올리면서, 옥과 현감을 제수 받아 그의 이상 정치를 펼쳐보려 한다. 그러나 하늘은 이 천재를 시기했음인가. 그는 끝내 기성 관료들과 마찰을 일으키는 한편 중풍을 얻어 결국 뜻을 펴 보지도 못한 채 고향으로 돌아와 와병 1년여 만에 숨을 거둔다.

선생의 이름은 당대 미미한 이름이었으며 무명의 선비였다. 그럼에도 자신의 그 '불행'을 학문 정진으로 극복해 내며 자기 생(生)의 철학과 의미의 흔적을 남긴 90여 권이라는 방대한 유작 등의 위업으로 훗날 '호남 실학의 3대 인물'로 공인받기에 이른 것이다.

'한국 정신문화의 수도'는 경북 안동시의 슬로건이다. 조선조 성리학의 대가 퇴계 이황으로 인해 성리학의 중심지가 되었던 역사가 있어 이러한 슬로건을 내세웠을 것이다.

장흥도 존재 선생으로 장흥의 실학 등 독특한 사상적인 맥을 부각할 수 있을 것이다. 이는 그동안 가사문학 등 문학 부문만 강조되어왔던 장흥의 역사에서 일대 전환점이 될 수 있다. 장흥 고유의 문학·사상 부문에서 고유한 장흥의 정체성을 확인할 수 있기 때문이다.

앞으로 존재 선생의 현창 사업에서 장흥군의 체계적이고 지속적인 지원과 전체 장흥군민이 관심이 있어야 하는 이유이다.

존재기념사업회는 지역민과 학계 등에서 270여 명이 창립회원으로 참여했다. 그리고 기실 이들 회원 중 장흥 위 씨가 많지만, 이제부터는 타성씨는 물론 장흥인이라면 그 누구든 가리지 않고 회원으로 참여해야 할 것이다. 존재 선생은 장흥인의 대표 위인이기 때문이다. 그리고 존재 선생은 장흥인의 자랑스러운 자긍이 되고 자부가 될 수 있기 때문이다.

존재 위백규를 빛내는 일은 우리 모두의 몫

— 존재 위백규 톺아보기(5) - 호남 지성사의 꽃 '존재의 날'에 부쳐

— 장흥신문/2017.04.27

강진이 내놓을 수 있는 역사 문화적 자랑거리는 별로 없다. 그런데도 18년 유배생활을 하고 간 '다산 정약용'을 내세워 '남도답사 1번지'로 만들었다.

근현대 이전 현(縣) 소속에 불과했던 강진과 비교하면 장흥은 8세기동안 호남의 서남부에서 유일한 부사고을이라는 당당하고 화려 찬란한 역사 문화적 전통을 가진 곳이다.

더구나 강진이 내세운 유배지 인물 다산이 있었다면, 장흥에는 장흥 현지의 출신 존재 위백규가 있었다. 그러나 지금 장흥인들 중 존재 선생을 아는 이가 과연 얼마나 될까.

외지인들이야 접어두고, 장흥인들이 존재의 저서를 읽는 이가 과연 몇이나 되며, 존재의 고택을 찾는 이가, 존재가 강학하고 흔적이 머물러 있는 장천재를 찾는 이가 과연 몇이나 될까.

장흥이 이처럼 존재를 거의 역사 속의 과거 인물로 방치해 버렸지만 외지에서는 달랐다.

존재를 호남의 4대 실학자로, 전대 인물 중 호남 3대 천재로 불리며 그를 연구하고 조명하여 왔다. 수많은 학자들이 존재에 대한 연구로 석·박사 학위를 받거나 연구 저서를 펴냈다.

2013년 7월에는 전주대학교 부설 한국고전학연구소에서 《국역 존재집》(6책)을 출간하고 그해 9월 30일에는 '삼벽에서 피어난 호남지성사의 꽃 존재 위백규'의 학술세미나를 가지기도 했다.

또 최근인데, 지난 3월에는 존재 선생의 풍수사상을 연구한 책이 출간되기도 했다. 전북대학교 대학원에서 한국사를 전공한 문학박사 유기상 씨가 쓴 《조선후기 실학자의 풍수사상》이라는 책이다. 특히 이 책에서 저자는 조선 민속학의 보고라 평가되는 이재 황윤석의《이재난고》를 비롯하여 특히 역대 유학자가 쓴 풍수 논문의 압권이면서도 학계에 잘 알려지지 않은 위백규의 '원풍수'와 탁월한 정책 제안이라고 평가한 '묘지제도개혁론'도 발굴, 소개한 바도 있다.

사실인즉, 장흥의 전대 인물로 전국의 전문 학자들이 그 이름과 학문을 연구 조명한 인물은 기봉 백광홍과 함께 존재 위백규(存齋 魏伯珪. 1727~1798)가 거의 대표적이다.

차가운 굴뚝에 피는 연기는 붉은 느릅나무 삶는 것이네 冷窓疎煙君赤楡
촌사람의 생활은 정말 개탄스럽고 野人生活盡堪吁
지금 나라의 곡식은 떨어졌건만 如今國乏三年積
고기에 배부른 분네들은 아무 생각이 없네 肉食諸君念也無

존재 선생의 '유근(楡根)'이라는 시다. 유근은 예전에 가난한 집에서 구황식물로 끓여먹던 느릅나무 뿌리를 말한다. 평생을 장흥 방촌마을에 살면서 백성들과 늘 가까이했던 존재는 당시 현실을 이처럼 모질게 비판하기도 했다.

존재는 70세에 이르러, 정조께 낡은 제도를 개혁하고 정치를 바로잡아야 한다는 6가지 정책을 건의한 '만언봉사(萬言封事)'를 지어 올리기도 하였다. 이에 앞서 65세에 존재는 사회모순을 비판하고 개혁방안을 제시한《정현신보》를 선보이기도 했다. 33세에 초안을 잡아 65세에 완성하였으니 필생의 역작인 셈이다.

존재는《정현신보》에서 "우리나라 전답은 몹시 좁은데도 전택의 소유 제한이 없어 세력 있는 부자는 더 많이 소유하니 부유할수록 사치하고 가난할수록 더욱 곤궁해지는 형세"라고 비판하고 "부자에게는 토지소유를 제한하고 세금을 제대로 걷을 것이며 가난한 사람에게는 잡다한 세금을 부과하지 말고 자력으로 살 수 있는 기회를 제공해주자"고 주장하였다. 요즘의 어느 진보론자보다 더 진보적인 생각을 가졌던 실학자였다.

존재는 장흥을 두고 '삼벽(三僻)'의 땅이라 하였다.

그러나 지금시대는 삼벽이 아니라 사벽일지라도 지구촌의 시대이고 일일 생활권 시대이다. 삼벽일지라도 요는 경쟁력이요 고유의 문화력인 것이다. 지금이라도 늦지 않았다. 장흥의 존재를 얼마든지 강진의 다산 이상으로 빛나게 할 수 있다. 아니 그렇게 해야 마땅한 일이다.

이는 지금 장흥을 사는 우리 모두의 몫이요 사명인 것이다. 늦었지만, 그러기에 더욱 '존재기념사업회'의 사업에 장흥군은 물론 장흥인 모두가 힘을 실어줘야 한다.

5월 15일, '제1회 존재의 날' 에 군민 모두의 성원이 넘쳐나길 기원한다.

'존재 선생에 대한 교육' …존재의 소설이 필요하다

— 존재 위백규 톺아보기(6) - 장흥 청소년들 꿈꾸기 교육을 위하여

— 장흥신문/2017.05.26.

'존재의 날' 기념식에서 윤수옥 존재기념사업회장은 "우리가 해야 할 일은 선생의 학문과 사상에 대한 진지한 연구노력이다"면서 "'존재 학숙'을 개설해서 누구나 존재의 학문을 쉽게 배움으로써 선생의 가르침이 생활화될 수 있도록 하겠다"는 내용의 말을 한 적이 있다.

장흥에서 존재 선생을 기리고 선양하고 공부하는 '존재기념사업회'가 설립된 것은 아주 때 늦은 일이긴 하지만, 이제라도 설립되면서 존재 선생의 위업을 다시 돌아보고 되새기고 공부하게 됨은 무척 다행한 일이 아닐 수 없다.

장흥의 역사에서 단연 학문과 사상에서 첫째가는 인물은 존재 선생임은 두말 할 여지가 없다. 그러므로 존재 선생은 장흥의 자랑이며, 장흥인의 자부의 정점이라 할 수 있다.

그분의 생애를 돌아보면, 그분 스스로 한탄하기 그지 없었던 '삼벽(三僻)'을 극복한 인물이기에, 후인들 특히 자라나는 청소년들에게 '가장 귀감이 되고 최고의 사표가 되지 않을 수 없다'는 점에서 더욱 그러하다.

존재 선생이 표현한 '삼벽'은 지금도 통용된다. 장흥이라는 고을이 예전 그대로이고 그런 탓으로 장흥 사람들도 이 소외된 곳에서 나고 자라고 있기 때문이다. 장흥은 전국 8도에서 가장 낙후된 전라남도이고 전남도에서도 금세기 발전과 부흥의 상징인 도시권에서 가장 원거리, 이른바 전남의 3핵3축(광주권, 목포권, 순천·여수·광양권)에서 가장 원거리에 위치해 있는 고을이어서 지리적, 지정학적, 교육적, 문화적으로 가장 소외된 고을이다. 더불어 전남도에서 가장 낙후된 고을의 하나이기도 하다.

1967년에 144,190명이었던 장흥의 인구가 반세기 후인 2017년엔 4만여 명으로 대폭 줄었다. 그 많은 인구가 이 낙후되고 소외된 고을을 벗어나 도회지 등으로 이주해 간 것이다. 장흥인 중에 많은 부모들이 자식들을 광주권의 학교로 하다못해 이웃의 능주고로 진학시키는 것 또한 이 삼벽의 비애를 벗어나기 위한 안간힘에 다름 아닐 것이다.

여전히 장흥은 삼벽의 땅이며, 장흥인들은 여전히 삼벽에 갇힌 사람들인 것이다. 외지로 도회지로 나가지 않고서 성공하기가 참으로 난망인 것이다. 그러나 이것이 절대적인 것은 아니다. 외지로 나가지도 중앙의 정계 진출도 하지 않고 삼벽에 갇혔지만, 독학하며 성심으로 자기 인생을 개척하며 이 삼벽의 땅에서 삼벽을 이겨내며 찬란한 별이 되었던 존재 선생이 엄연히 실재하였기 때문이다.

지금 장흥 삼벽에 갇힌 사람들, 특히 장흥에서 한창 자라고 있는 청소년들에게 존재 선생이 더 큰 의미로 다가올 수밖에 없는 이유이다.

청소년은 꿈이 있어야 한다. 삼벽의 장흥 청소년들에게 더욱 원대한 꿈이 필요하다. 비록 삼벽의 운명을 피할 수는 없지만 얼마든지 삼벽을 이겨내며 성공한 자기 인생을 찬란히 꽃 피울 꿈꾸기가 절실하다. 장흥 청소년들에게 존재 선생의 공부가 절실히 필요한 이유이다.

성웅 이순신도 세종대왕도 다른 수많은 위인들도 그 꿈꾸기에 큰 도움을 줄 수 있을 것이다. 그러나 최선의, 최적의 꿈꾸기는 장흥에서 태어나 장흥에서 평생을 칩거하며(말년에 3년간 외지 출입을 제외하면), 호남실학의 위대한 별이 된 존재 선생만한 이가 또 있을까 싶다. 특히 존재는 동향인이어서 그만큼 현실적인 이유도 있다.

'존재 학숙' 설립은 장흥인들에 존재를 공부할 수 있는 계기를 마련할 것이다. 또 가능하다면 누군가의 '존재 평전'기술도 같은 의미에 다름 아닐 터이다. 그런데 장흥 청소년들이 존재 선생의 생애와 학문을 공부할 수 있도록 하려면 이것만으로는 부족하다. 교육지원청 관계자, 각 학교들과 '존재 교육'에 대한 MOU 체결 등도 필요할 것이다. 존재의 날을 기념하여 개최하는 백일장과 더불어 '존재 저술 독후감' 모집도 생각해볼 수도 있을 것이다. 그리고 더 중요한 것은 존재 선생의 일대기와 학문을 평이하게 기술하는 '존재 위인전' 같은 책이나 존재 주제의 소설을 집필, 학생들에게 보급할 수 있도록 하는 일들이 더 필요하다. 특히 존재 주제의 소설은 장흥의 청소년들뿐만 아니라 일반 주민들 모두에게 존재를 공부하고 선생의 위업을 돌아보는 계기가 될 수 있다는 장점도 있다.

장흥의 대표 위인으로 공예태후, 원감국사, 백광홍, 위백규 등을 거론할 수 있다. 그러나 최상위 분야라 할 수 있는 사상가, 실학가로서 존재 위백규의 존재만큼 빛나는 이는 없다. 또 존재 선생의 생애 자체가 드라마틱한 생애여서 소설, 평전의 소재로서 충분하다. 특히 삼벽에 갇혔지만 그 삼벽을 극복했다는 특장점이 있다.

장흥의 청소년들에게 가장 최선의 꿈을 제공할 수 있는 이유이다. 과거와 현재, 삼벽의 땅에서 빛나는 인생의 성과를 거둔 이들도 많다. 조선조 기봉 백광홍 선생을 비롯 현대에서 이청준 한승원 송기숙 이승우 등 특히 문학 분야에서 전국 대표급 인물이 다수 배출되기도 했다. 삼벽이지만 인물 배출이 많았던 장흥이었다. 장흥의 청소년들에게 꿈꾸기 교육이 더욱 필요한 이유이다.

존재는 평생토록 '적폐청산', '세상 바로서기'를 추구했다

— 존재 위백규 톺아보기(7) - 존재를 다시 읽는다①

— 장흥투데이/2018.11.13.

'적폐청산(積幣淸算)'은 오랫동안 누적된 잘못되고 부정적인 것들, 즉 악습 같은 것을 깨끗히 정리한다는 뜻이다. 즉 잘못되어 있는 것들을 드러내어 살펴보고 그러한 잘못이 다시는 없도록 제도적으로 시스템화 하는 일이 적폐청산인 것이다. 이 적폐청산은 기실은 이른바 '개혁정신'으로 어느 시대든 요구되고 추진되었던 일이기도 했다.

'최순실의 국정농단은 누적된 폐단으로 이를 청산돼야 한다'는 것이 시민들의 촛불혁명으로 이어졌고 이러한 기조 위에서 탄생한 정부가 문재인 정부였다. 그리하여 문재인 정부의 첫걸음은 사회 각 분야에 켜켜이 쌓인 구체제의 적폐를 청산하고 정의롭고 새로운 체제의 기틀을 마련하는 것으로 시작되었다. 이것이 문재인 정부의 초심이었고 역사적인 소명이기도 했다.

적폐청산은, 다른 의미로 '정도(正道)의 구현'이요, 이른바 '세상의 바로서기' 운동에 다름 아니다. 이러한 적폐청산의 개혁정신은 일찍이 조선조 실학자 존재 위백규에 의해 강하게 주창된 사회개혁론이기도 했다.

존재 선생은 평생을 세상이 바로 서기를 주창했던, 장흥이 낳은 위대한 실학자였다. 정치, 사회의 개혁으로 세상이 바로 서야 한다는 이 운동을 단기간도, 일시적으로가 아니라 평생토록 줄기차게 주창했던 분은 정도전도, 조광조도, 정약용도 아니었다. 오로지 존재 위백규뿐이었다.

존재 선생은 12살(1738년) 때 "다른 사람을 보기보다 차라리 자신을 보고, 다른 사람의 말을 듣기보다 차라리 스스로에게 들어라"라는 문구를 좌우명으로 삼을 정도로 수신(修身)과 자기비판에 철저했고, 이처럼 엄정한 자기 정립과 자기 비판 위에서 세상을 투시하며 세상이 바로 서기를 추구했다.

한 일화로, 1789년 68세 때, 남해안 태풍재난으로 정조가 검교직각(檢校直閣) 서영보를 위유사(慰諭使)로 급파해, 서영보가 과객 행세를 한 채 존재의 집에서 하룻밤을 묵게 된 일이 있었다. 마침 그날 밤이 제삿날로 국법으로 밀주(密酒)를 단속할 때였다. 부인이 제주(祭酒)를 내오자 선생이 "이 술은 안 된다. 백성들이 법을 안 지키면 누가 지키느냐"면서 제주를 부어버리고 청수(淸水)를 길어오도록 했다. 이처럼 선생은 자신에게도 엄정했었다.

존재 선생은 31세 때 충청도 덕산까지 올라가 스승 윤봉구(尹鳳九)에게 성리학을 수학하면서 당대 잘못된 정치의 폐단을 지적하고 개선책을 제시한 '시폐십조(時弊十條)'를 지어 올렸다. 33세 때는 정치를 악기로 보고 새 줄로 바꿔야 한다는 의미를 함축한 '정현신보 시폐(政鉉新譜 時弊)'를 정리했다. 또 52세 때는 장흥부사 황간의 요청으로 29개 적폐를 지적한 상소문인 '봉사(封事)'를 지어 올렸고, 65세 때는 사회의 온갖 적폐를 적시한 '구폐 32조(舊弊32條)'를 정리한《정현신보(正絃新譜)》를 저술했다.

여기서 더 나아가, 선생은 70세 때 국가개조를 논하고 백성의 실상과 그 해결책을 논한 상소문인 '만언봉사(萬言封事)'를 집필했다. 선생이 정조에게 '만언봉사'를 올리자 정3품 승지 윤숙을 비롯한 사간원에서 사투리를 써서 임금의 귀를 더럽혔다고 성토했을 정도였다.

특히 사회모순을 비판하고 개혁방안을 제시, 선생의 실학사상과 개혁정신이 집약됐다고 평가되는《정현신보》는 33세 때 초안을 잡고 65세에 완성한 필생의 역작으로, 선생의 정치철학과 실학사상을 가장 잘 대변해주는 저작물로 손꼽힌다. 여기에서 선생은 학교·공거·용인·군현·관직·전제(田制)·노비·군제(軍制)·무선·조운·궁둔(宮屯)·전결(田結) 등 13조에 달하는 시폐를 설정, 당시의 부조리한 사회현상과 이에 대한 자신의 견해를 조목조목 피력했다.

본래 이 내용은 스승인 윤봉구에게 개진하였던 것으로, 윤봉구가 시폐만 논하지 말고 구폐(舊弊)도 함께 연구하라고 일렀다. 이에 시폐 13조 외에 인리(人吏)·벌열(閥閱)·호장(戶帳)·승니(僧尼)·관복(冠服)·전포(錢布)·봉수(烽燧)·금도(禁盜)·제언(堤堰)·목장(牧場)·포호(捕虎)·시전(市廛)·해도(海島)·어염(魚鹽)·우주송금(牛酒松禁)·총지(塚地)·공물(貢物)·공의(工醫)·기술 등을 합해 32 조목에 걸쳐 폐단을 구하는 방법을 논하고 있다.

'만언봉사'는 존재 위백규 선생이 백성의 참담한 실상을 정조에게 올린 상소문으로 ①임금이 뜻을 세우고 전하여 학문을 밝히는 일(立聖志明聖學) ②보필할 사람을 가려서 어질고 재능 있는 인물을 기용하는 일(簡輔弼擧賢能) ③염치를 장려하고 기강을 떨치는 일(勵廉恥振紀綱) ④선비들의 습속을 바로잡고 서로 앞 다투어 출세하려는 습관을 억제하는 일(正士習抑奔競) ⑤뇌물을 탐하는 행위를 단속하고 사치를 금하는 일(律貪贓禁奢侈) ⑥옛 제도에 따라 잘못된 정치를 개혁하는 일(由舊章革弊政) 등 6개 항목으로 나누어 논하였다.

즉, 선생은 성학(聖學)을 밝힘으로써 정도(政道)를 구현하고 사도(邪道)를 물리치는 것을 근본사상으로 하여 폐정을 광정(匡正)하고 정치제도를 개선하자고 주창했는데 이는 선생의 경세적인 개혁성을 잘 보여주는 사례라 할 수 있다.

적폐청산으로 정도(正道) 세상의 구현, 이른바 '세상의 바로 서기'에 평생을 고뇌하고 이러한 적폐를 일소하기 위해 궁벽한 장흥에서 고독한 한 생을 살았던 분이 존재 선생이었다.

물론 존재 선생의 개혁사상에서 여러 문제점에 대한 개선 방안이 향촌 중심으로 이루어지고 전체적으로 적극적인 개혁안보다 다소 소극적인 개선안이었다는 일각의 지적도 있다. 그럼에도 불구하고, 우리는 존재 선생이 삼벽(三僻)에 갇혔던 재야 선비요 재야 학자로서의 환경을 극복했던 위대한 실학자였음을 알고 있다.

즉 선생은 삼벽의 환경에서도 뜨거운 가슴에 경국제민(經國濟民)의 큰 뜻을 품고 평생을 오롯이 세상의 바로서기 운동을 추구했으며, 더 나아가서는 국가제도 개조와 문학, 세계지리, 우주로까지 눈을 돌렸던 것이다.

존재 선생의 '이 세상 바로서기' 정신이 바로 몇 세기 후의 '장흥동학'의 뿌리 같은 정신으로 이어졌다면, 필자의 지나친 상상일까.

아무튼 200여 년 전 존재 선생이 문제를 제기하고 비판하고 대안을 제기했던 적폐, 즉 사회적 모순과 부조리에 대한 극복은 여전히 현재도 진행되는, 아니 너무나 당연히 가장 절실하게 추진돼야 하는 진행형이다.

이 시대 존재 선생이 우리의 가슴을 울리는 이유이다.

우리가 더욱 존재 선생의 사상을 더 깊이 연구하며 공부하고 그분의 정신을 기리고 그분의 업적을 현창해야 하는 이유이다.

존재 위백규는 천재 시인이었다(상)

— 존재 위백규 톺아보기(8) - 존재를 다시 읽는다②

— 장흥투데이/2018.11.30

장흥의 고대 역사인물 중 대성위명(大成爲名)한 문인으로 5인을 꼽을 수 있다.

고려 때 장흥출신의 대표적인 문인은 원감국사 충지(圓鑑國師 沖止, 1226~1292), 그리고 조선 중기 한시의 대가로 장흥 고대 한시문학의 선구자였던 천방 유호인(天放 劉好仁, 1502~1584), 명나라 사신에게 시와 글을 지어주어 감탄케 하여 '백광선생(白光先生)'의 칭호를 받았으며 팔문장(八文章)의 한 사람으로 인정받았던 옥봉 백광훈(玉峯 白光勳,1537~1582), 옥봉의 형으로 시문집 《기봉집(岐峰集)》을 남겼으며, 특히 기행가사의 효시가 된 '관서별곡(關西別曲)'으로 문명을 떨쳤던 기봉 백광홍(岐峰 白光弘, 1522~1556) 그리고 조선 후기 실학자이면서 400여 수가 넘는 시문으로 문명을 떨쳤던 존재 위백규(存齋 魏伯珪, 1727~1798)가 그 주인공들이다.

이들 5인의 문인 중 우리는 백광홍과 위백규 2인을 천재 문인으로 칭할 수 있을 것이다. (백광훈은 장흥 출신임에도 해남에서 '해남의 대표적인 문인'으로 더 알려져 있어 여기서 논외로 친다).

조선조 후기 국자제주(國子祭酒)를 역임하여 문장과 학문으로 명성이 컸던 전재 임헌회(全齋 任憲晦, 1811~1876)도 《존재집(存齋集)》 서문에 적시한 위백규의 간략한 삶에 대하여 "존재는 2세에 육갑(六甲)을 외웠고, 6세에 글을 지을 수 있었으며, 8세에 '주역'을 공부했다. 10세 이후에는 제자백가를 두루 섭렵하여 천문·지리·복서(卜筮)·율력(律曆)·선불(仙

佛)·병법(兵法)·의약·관상학은 물론 배와 수레·공장(工匠) 등 온갖 기술에까지 꿰뚫어 알지 못하는 것이 없었고 모두가 높은 수준에 이르렀으니 참으로 천재였다"고 정의한 바 있다.

조선 후기 성리학자로 문장에 뛰어났고 육경·제자백가에 통달, 수차례 관직 제수에도 한사코 이를 사양, 재야 학자로 남았던 매산 홍직필(梅山 洪直弼, 1776~1852)도 '존재위공 묘지명(墓誌銘)'에서 "호남의 학문은 김인후(金麟厚)·기대승(奇大升)부터 시작하여 박광일(朴光一), 이기경(李基敬)에 이르렀는데, 존재공이 두 현인(박광일, 이기경) 의 뒤를 이어 태어나, 학문을 닦고 문장을 수련하여 그 명성과 칭송이 호남에 가득했다"고 기록했다. 그렇다면 존재 후대에 이르러, 존재의 평가 중 특히 존재 문학에 대한 평가는 어떠한가.

여기서 중요한 사실로 존재가 '실학의 천재'로 입지했지만 후대에 이르러는 오히려 문학의 천재로서 평가되고 있다는 사실이다.

존재가 남긴 시로《존재집》과《존재전서》의 모든 시들을 합산하면, 총 213 편 403 수에 이른다. 굳이 이 시를 분류하자면 가사(歌辭), 시조, 한시 등으로 분류된다. 대부분이 한시지만, 가사작품, 한글 연시조도 있어 존재 시 세계는 스팩트럼이 넓다는 것이 공통된 인식이다.

이 중 널리 알려진 시들은 '농가 9장' 외에도 보리 농사 연작시인 '죄대(罪對)'·'맥대(麥對)'·'청맥행(靑麥行)', 자연재해를 원망하고 관리들의 횡포를 고발하는 '연년행(年年行)', 연작과 회갑을 맞아 부모를 추모하는 장편가사 '자회가(自悔歌)' 등이다.

특히 존재의 시 중 최수작으로 꼽히는 '농가 9장'은 관련 학술 논문이 가장 많이 발표되었을 정도이고, 지난 2003년 대학 수능시험에서 '농가 9장' 중 '4~6장'이 출제돼 화제가 되기도 했다.

《존재 위백규 문학 연구》라는 단행본을 펴냈고, 존재 문학 연구에 독보적인 평가를 받고 있는 김석회 교수(인하대 명예교수)는 "존재는 18세기 한국문학이 드러내고 있는 스펙트럼의 최대치에 근접한 거의 유일한 문인이라 해도 과언이 아니다. 필자의 연구를 비롯한 기존의 존재 문학연구 수준은 대체로 국문 시가를 중심으로 한 파편적(破片的) 인식에 머물러 있는 상태다. 한시 전체가 온전히 조명 받지 못했고 방대한 산문 유산은 미답의 상태에 가깝다"고 평가했다.

존재 시 중 가장 많은 분량을 차지하는 한시와 산문 등은 거의 연구되지 않았는데도 '농가 9장' 등 시조와 몇몇 가사작품만으로 존재는 이미 조선조 후기 문인으로 크게 조명 받고 있음을 말한 것이다.

장흥 출신으로 한국문학의 대가이기도 한 한승원 작가·시인은 산문집 《시방 여그가 그 꽃자리여》의 '장천재 동백꽃'이라는 글에서 "존재 위백규의 시는 도회에서 살다가 잠깐 전원적인 삶을 둘러보려고 찾아온, 그래서 물 위에 뜬 기름 같은 손님의 시가 아니다. 고산 윤선도나 송강 정철 같은 분의 자연을 완상하고 도락을 즐기는 시들과도 같지 않다. 개구리처럼 뛰어노는 시골의 아이들을 가르치며 사는 선비로서의 도락과 농사짓고 사는 일의 진국 맛도 아는 특별한, 지성적인 농부의 시인 것이다. 선비도 되고 농부도 되어 자연의 순리에 알맞게 형편 따라 즐기는 가장 이상적인 참된 삶의 시인 것이다"고 평가했다.

'존재는 지성적인 농부로서 참된 삶을 시로 승화시켰다'는 한승원의 분석은 김석회 교수가 《존재 위백규의 문학연구》에서 존재의 시를 '부조리한 현실 인식으로 민생의 시, 영농체험으로 농경시, 노년기의 자의식을 형상화한 생활시' 등 존재의 시들을 대체로 생활시로 규정하고 있는 관점과 같은 맥락의 분석이다.

존재 위백규는 천재 시인이었다(중)

— 존재 위백규 톺아보기(9) - 존재는 우의寓意·우언寓言 문학의 대가였다

— 장흥투데이/2018.12.09.

존재의 명시로 회자되는 '농가 9장'에 대해 저명한 문학평론가 조동일 교수(서울대 명예교수)는 "사대부 전원(田園) 시조의 결정적 면모를 마련한 작품"이라고 평가했으며(《한국 문학통사》), 가사작품 '자회가'에 대해서 김석희 교수는 "노인의 삶을 이 정도로 탁월하게 묘사해 형상화하고 있는 작품은 최근 박완서의 단편을 제외하고는 한국 문학사상 그 유례가 없어 보인다"고 격찬했다. 특히 존재의 어휘 구사를 "한문의 구기(口氣)가 전혀 느껴지지 않는 감각적인 일상 어구들을 자유자재로 구사함으로 말미암아 사대부의 작품으로 여기지 않을 만큼 평이하고 진솔한 느낌을 준다"고 높이 평가했다.

존재를 오래도록 연구해 온 위정철 씨는 "존재는 천재적인 문학도였다. 존재는 한시를 비롯해 연시조, 가사, 시나리오까지 다양하게 구사했으며 표기도 국한문 병용이었다. 작품은 다양하고 유연하다. 송강 정철을 가사문학의 1인자로 여기지만 그의 작품은 연군(戀君)을 주제로 한 목적의식의 작품이라 순수성을 잃고 있다. 따라서 순수한 작품성만으로 보면 존재의 작품을 더 높게 평가하는 학자들이 있다. 당대 존재는 주로 농촌 현장의 글을 썼다. …다산 정약용과 비교해도 다산의 한시가 내용은 알찰지라도 딱딱하지만 존재 시는 유연하고 감칠맛이 있다. 다산은 한문으로만 시를 썼지만 존재는 한글로도 가사며 '농가 9장' 같은 시를 썼다. 이 같은 기준으로 보면 존재의 문학적 자질이 훨씬 높다. 그가 과거공부나 경세적 학문을 떠나 시조나 가사작품에만 몰두했다면 조선 제일의 작품을 남겼을 것이다. …그래서 존재의 문학은 존재 문학의 전문가인 김석희로부터 무궁무진하다는 평가를 받고 있다"고 말했다. (《존재 위백규와 다산 정약용의 생애와 사상연구》)

김석희 교수도 존재의 문학에 대해 "존재 공은 보는 자가 보고자 하는 만큼만 그 실체를 드러내는 저 천고명승(千古名勝) 천관산과도 같은 존재"라고 했다.

'존재의 문학세계가 무궁무진하여 본 만큼 보여 준다'는 인식은 최근 들어 존재 문학이 다양한 시각에서 연구·고찰되고 있는 데서 잘 드러나고 있다.

현재까지 존재 문학의 연구는 다양한 분야에 걸쳐 풍부하게 이루어져 오긴 했다. 그럼에도 불구하고 그 문학세계가 그처럼 무궁무진한 데도 그 문학을 총체적으로 다루거나 분석한 연구는 다소 미흡했던 것도 사실이다. 선행된 여러 한문학 분야의 연구에서도 주로 작품의 내면에만 주목했을 뿐 수사적, 문예적 기법 등은 등한시하고 있어 존재의 한문시(漢文詩)에서 문예적 특징이나 문학적인 성과에 대한 분석은 미지의 영역으로 남아있다고 할 수 있다.

그런데 최근 들어 존재의 문학이 문예적인 측면에서 보다 다양한 시각으로 접근되고 있어 다행이라는 생각이다.

한문 문학의 한 양식으로 사물을 해석하고 자신의 의견을 서술하는 문체인 설(說) 양식의 문학이 있다. 작가는 이 설(說)에서 비유적이고 은유적인 방법으로, 즉 직접적으로 자기 의견을 표출하기보다 다른 사물에 빗대어 비유하거나 풍자하는 우의(寓意)·우화(寓話)의 표현 방법으로 표출하게 된다. 더불어 이러한 비유와 유추를 통해서 세계에 대한 통찰을 보여주는 깊이 있는 시선을 보여주기도 한다.

또 하나, 추상적인 개념을 직접 표현하지 않고 다른 구체적인 대상을 우의(寓意)로 표현하는, 이른바 작의적으로 지어낸 인물이나 상황을 통해 풍자와 교훈의 뜻을 전달하는 서술 방식인 우언문학(寓言文學)이 있다. 표현 기법 중 '상징'이 추상적인 것을 눈에 보이는 사물로 표현한다면, 우언은 보다 은유적이고 의인화된 기법으로 표현해 낸다. 대표적인 것이《이솝우화》등인데, 동양에서 우언 기법의 시작은 장자(莊子)로부터 시작되었다고 할 수 있다. 장자가 '제물론' 편에서 다룬 '호접지몽(胡蝶之夢)'·'망량문경(罔兩問景)' 이야기 등이 대표적인 우언인데, 장자는 이처럼 자기 어법의 90% 정도를 우언으로 표현했기 때문이다.

그런데 존재의 문학이 바로 근래 들어 바로 설(說) 문학과 우언문학 측면에서도 연구되고 있어 '존재의 무궁무진 문학세계'의 일단을 유추해 볼 수 있게 된다.

존재의 설(說) 문학 연구로는, 손강영의 '존재 위백규의 설(說) 연구'(계명대 석사논문, 2009), 오향녕의 '존재 위백규의 격물설(格物說)'(한림대학교 태동고전구소 28), 박동주의 '존재 위백규의 격물설(格物說) 상론(尙論) 연구 - 작품 내적 논리와 특징적 수사를 중심으로'(대동문화연구 87) 등이 대표적이다.

또 존재 문학의 우언(寓言) 문학의 연구로는 손의군의 '존재 위백규의 우언문학 연구(서울대학교 석사논문 2018)'가 대표적이다.

필자가 최근 새로운 존재의 문학 연구에서 주목하는 것은 존재의 우언문학론이다. 그동안 여러 문학 관련 연구에서 우의적 또는 우언적인 요소를 지적하기는 하였어도, 존재 문학을 전반적으로 우언문학으로 접근한 연구는 없었기 때문이다.

'격물설상(格物說上)'은 존재의 노년기 작품으로, 천지(天地)부터 음양·오행 등 여러 개념부터 각종 짐승들과 벌레 등 사소한 사물에 이르기까지 다종·다양한 대상에 대한 특징적 표현과 역사 인물평, 인간 사회에 대한 비평으로 구성되어있는 대표적인 우언문학 범주에 드는 존재의 작품이다.

'수지설(手指說)', '병마설(病馬說)'은 존재의 격물을 중시한 가치관을 잘 드러낸 작품으로 우언문학으로서 유려한 산문 성격이 강한 작품이다.

척소주황문하(斥蘇州黃文下), 책귤유문하(責橘柚文下), 양송충문하(禳松蟲文下), 제유매문하(祭柳魅文下), 유의문하(諭蟻文下), 애용추문하(哀龍湫文下) 등도 작가가 사물을 대상화함으로써 작가의 절실한 감정을 표현한 우언문학이라는 공통점을 지니고 있다.

'연어(然語)' 역시 존재가 자기를 자화(子華)라 하고, 매화를 가상의 지기(知己)로 설정하여 매군(梅君)이라고 칭하면서 그와의 대화록과 한시 창수(七言律詩)를 적어놓은 작품이다. 특히 존재가 자기 삶에서 지친 마음을 추스르며 내적인 성찰을 이루는 과정에서 매화와의 화해가 중요한 매개가 되었다는 점에서 우언적 성격이 강한 작품이라고 할 수 있다.

'죄맥(罪麥)', '맥대(麥對)'도 농사짓기 체험 중 가난한 사람의 음식을 상징하는 보리와의 대변(對辯)을 다루고 있어 전형적인 우의적 구조를 갖추고 있는 우언문학이다.

이처럼 존재는 격물설에서부터 여러 산문에 이르기까지 우의적 수법의 우언문학을 일구면서 '탁월한 우언문학의 대가'로 입지했음을 여실히 확인하게 된다.

존재는 천재시인이었다(하)

— 존재 위백규 톺아보기(10) - 생활시를 작시(作詩)했던 큰 시인

— 장흥투데이/2018.12.14.

존재는 이미 5세 때부터 천재 시인로서 비범한 문학적 소양을 여실히 보여준다.

"산 위의 달은 촛불처럼 밝은데 山月皎如燭 / 서릿바람이 때로 대나무를 흔드는구나 霜風時動竹 / 밤중에 깃든 새들이 놀라는데 夜半鳥驚栖 / 창가에 사람이 홀로 잠자는구나 窓間人獨宿"

이 시는 당나라 동포자(同褒子) 위응물(韋應物)이 지은 '가을 집에 홀로 묵다 秋齋獨宿'라는 오언절구의 유명한 한시다. 이 시에 대해 불과 5세에 불과했던 어린 존재는 기승전결(起承轉結)의 구(句)를 바꿨으면 좋겠다' '승구(承句)와 결구(結句)를 맞바꾸면 더 잘 어울릴 수 있다'는 자기 생각을 개진한다.

존재공의 말처럼 이 시구를 바꾸니, "산 위에 달은 촛불처럼 밝은데 山月皎如燭 / 창가에 사람이 홀로 잠자는구나 窓間人獨宿 / 서릿바람이 때로 대나무를 흔드는데 霜風時動竹 / 밤중에 깃든 새들이 놀라는구려 夜半鳥驚栖"가 되며, 또 다른 의미의 다른 시가 된다.

물론 이렇게 명시를 바꾸면 좋겠다는 존재의 생각은 잘못된 것이긴 했지만, 이로써 어린 5세의 존재가 시를 이해하는 능력과 통찰력이 이때부터 비범했음을, 그의 시에 대한 천재적 능력이 5세 때부터잠재돼 있었음을 잘 보여주는 예가 아닐 수 없다.

이처럼 어릴 때부터 천재 시인으로서 소양을 여지없이 보여주었던 존재는 비로소 8세 때 '영등화 詠燈火', 9세 때 '관산사를 출발하여 發跡冠

山寺'라는 2편의 시를 지어 세인들을 놀라게 하며 '천재 시인'으로서 강한 면모를 확실히 보여주었다.

"영등화詠燈火 : 사물을 비추어 보이지 않는 곳이 없으니 照物無欺暗 / 붉은 마음 본래 스스로 밝았구나 丹心本自明 / 홀로 방안을 대낮처럼 만드는데 獨作房中晝 / 창밖은 삼경이 지나는 구나 窓外過三更" - 8세 때의 시.

"관산사(천관사)를 출발하여 發跡冠山寺 : 관산사에서 걸음을 시작하여 發跡冠山寺 / 허공을 사다리 삼아 봄 하늘로 올라 梯空上春旻 / 인간세상을 굽어보니 俯視人間世 / 티끌이 덮인 삼만리라 塵埃三萬里" - 9세 때의 시.

성인이 되어 쓴 시조·한시·설(說) 등에서 존재는 자기의 지고지순(至高至純)한 정도(正道)의 세상 세우기를 여과 없이 녹여내는 대문호요 대시인으로서 면모를 확실히 보여주었다. 대부분의 문학 작품에서 그는 부조리한 세상을 비판하고, 개혁해야 한다는 가치관을 자기 작품에 투영시킨 것이다.

"비둘기 집 뒤져 똥을 먹고 온종일 울어대며 探鵓嗜糞聲十二 / 솔개와 어울려 까치를 시기하여 온갖 나쁜 짓 黨鳶猜鵲百無良 / 오직 人災를 즐거워하여 까옥까옥 우는데 但喜人災啼霍霍 / 누가 다 잡아 죽여 멸종된 새 되게 하랴? 疇能盡殺絶群翔?" - (《存齋全書》下, 383면)

이 '조(烏)'라는 작품은 까마귀를 세세히 관찰하고 그 얄미운 습성을 따끔하게 꾸짖고 있는 작품이다. 1·2구는 남의 집을 차지하고 더러운 똥을 좋아할 뿐만 아니라 사나운 새와 무리지어 다른 새를 질시하기도 하는 까마귀의 불량성을 가감없는 표현으로 폭로하고 있다. 행동거지가 가증스러운 까마귀와 같은 일부 세속 사람들의 어질지 못함을 나무라는 것으로 읽힌다. 그러나 "기분嗜糞(똥을 즐긴다)", "진살盡殺(모두 다 죽임)" 등 학자로서는 엄두도 못 낼 비속하고 상스러운 표현들을 보면, 이 작품 역시 존재가 자신의 작품에서는 당시 정통 사대부의 시풍과는 확실히 이질적인 작품을 구가했음을 확연히 엿보게 된다. 심지어 결구에서 "누가 와서 이 성가신 녀석들을 모조리 없앴으면 한다'면서 격한 투의 표현도 서슴치 않은 점에서도 더욱 그렇다. 존재는 학자이기 전에 이미 '철저한 진보적 생활시인"이었던 것이다.

"언문에 분(똥糞)을 구리다고 하고 그 냄새를 구린내라고 하니 명명의 뜻은 어찌 기이하지 않은가? 또는 악취 종류를 일컬을 때 구린내[求理]·자릿내[自理]·지린내[叱理]·고린내[古理]·비린내[鄙理]·노린내[老理]라고 하는데 모두 '리[理]'자가 쓰인다. 어찌 처음 명명할 때 모두 고의로 한 것이겠는가? 이와 같은 경우는 비록 우연히 된 것이겠지만, '리(理)'자가 스스로 암암리에 부합하니 또한 기묘하도다. 살아가면서 이 여섯 가지의 '리'라고 하는 악취[理臭]를 면할 수 있는 자가 예나 지금이나 몇몇이나 될까? 모두 하나의 '리[理]'자로 그 밝음을 가려 죽으니 동[銅]은 마침내 사람의 똥이 되었다. 슬프도다! '雜說', 諺謂糞爲銅, 謂其臭爲銅臭, 命名之意, 豈不異哉? 且惡臭之類, 求理·自理·叱理·古理·鄙理·老理, 皆用理字, 豈命名之初, 皆有意而爲之歟? 此類雖偶然而然, 理自暗符, 亦妙矣, 生能免六理臭者, 今古幾人? 皆爲理一字蔽其明以身殉, 銅遂爲人糞, 悲矣!" -(《存齋全書》上, 196면)

위 글은 존재의 우언문학의 대표작의 하나라고 할 수 있는 '잡설(雜說)'로 한문을 소리로 읽지 않으면 의미 파악이 어려울 만큼 고유어의 한문 음차가 이 작품의 주 소재가 되어 일종의 '음성으로 의미를 찾는 인성구의(因聲求義)' 의미가 함유되어 있다.

먼저 똥[糞]을 '동(銅)'자로 표기했으며, 그 냄새를 동치=똥취[銅臭]라고 표현했다. 동취(銅臭)는 동전에서 나는 냄새로 대체로 금은보화만 추구하고 인정이 없는 사람을 비하하는데 쓰는 표현이다. 이런 '동취(銅臭)'의 고유한 의미를 '분(糞)'과 연관시키면, 존재는 '돈의 냄새=똥의 냄새'라고 강조하고자 했음을 알 수 있다. 즉 이 작품은 욕심을 부려 명리만 좇다가 온 몸에 똥취[銅臭]가 풍기는 자를 그 동음을 이용하여 빗대고 조롱했던 것으로 이해할 수 있다.

이 작품에서 특히 구린내[求理]부터 자릿내[自理]·지린내[叱理]·고린내[古理]·비린내[鄙理]·노린내[老理]등 악취를 의미하는 말에 모두 '리(理)'를 썼는데, 여기서 우리는 존재의 문학적 수사기법의 천재성을 엿보게 된다. 어찌 보면 이 부분은 참으로 절묘한 '언어유희(言語遊戲)'라고도 할 수 있는데, 여기서 우리는 이처럼 고유어를 한자로 음차하여 생활 속에서 떠오르는 수상(隨想)을 진솔하게 기록하는 존재의 작문 특징, 곧 그의 지고한 문학적 성숙도를 엿볼 수 있다는 점에서 큰 점수를 줄 수 있을 것이다.

3장

경제

장흥 남부 해안권역이 크게 변화된다

— 장흥투데이/2019.07.18.

장흥군의 3개 읍 7개 면이 남부해안권역으로 장흥군 절반의 인구와 절반의 면적이 속해 있다. 예전부터 남해안권역의 개발, 수산업의 발전 등은 장흥군의 주요 현안이 되어왔지만, 늘 재정적 투자 한계와 관심 결여, 개발에 대한 지속적인 추진의 결핍 등으로 지지부진해 온 실정이었다.

그런데 최근 들어 남해안권역도 지속적인 투자와 관심으로 개발 추진 등의 변화가 크게 일어나면서 남해안권역에 희망시대를 기대하게 하고 있다. 특히 민선 7기 들어 남부 해안권역의 개발이 활발히 추진되고 있어 희망적이다.

그동안 남해안권역의 주요 개발로 ①천관산권(대덕·관산) 개발 ②정남진 전망대 등 우산지구 개발 ③노력항 개발 ④용산 남포-장재도 연륙교 ⑤수문항 랜드 블루투어 개발 등이 거의 전부였다.

이중 노력항의 경우 뱃길 중단이 이어지면서 노력항의 추가 개발이 요구되었고 우산지구 역시 삼산간척지 중심의 추가 개발이, 안양 수문권역시 장재도 중심의 추가 개발 등이 장흥의 주요 현안으로 급부상한 상태였다.

그런데 지난 3월 6일 노력항의 노력도가 해수부 추진의 '어촌뉴딜사업지구'로 확정되어 올해부터 내년까지 2년 동안 총 88억 원(국비 61억6천, 지방비 26억4천)을 투입, 항만 접안시설 등의 규모화·현대화 사업을 본격 추진 중에 있어 뱃길 재개는 물론 노력항의 연안항 지정도 탄력을 받게 될 것으로 전망되고 있다.

본 사업으로 노력항이 비로소 여객·화물 운수가 함께하는 다기능 연안항으로서 역할을 할 수 있게 되면 노력항은 그동안 중단돼 있던 여객선 운항 재개를 위한 제반 기반을 조성하게 된다. 또 지난 2015년 10월에 중단된 노력항~제주간 여객선 재취항도 쉽게 이뤄지고 현재는 잠정 보류 상태에 놓인 연안항 지정의 행정절차에도 가속도가 붙을 것으로 전망된다.

그동안 남부권역의 최대 현안은 관산읍 삼산 간척지의 활용과 우산 전망대 주변의 관광지 개발이었다. 이에 장흥군은 우산도와 연결되는 삼산 간척지 일원을 '경관농업 6차산업단지'로 조성, 우산도 관광 지구를 전국 최대 규모의 '농촌체험 관광지'로 조성하는 개발을 확정하고, 이 사업을 적극 추진해 오고 있다.

지난 2007년부터 추진해 온 사업은 총 300여억 원을 투입하고, 간척지 403,358㎡(122,000 평) 내에 민간자본 유치로 농촌 체험형 관광단지(농어촌 자원과 연계한 체험관광 4개 분야 18개 사업 등)를 조성한다는 방침이다. 본 사업은 레저테마문화, 아열대체험관, 숲 힐링 테마관, 가족 체류형 숙박시설 등이 추진된다. 본 사업이 계획대로 완료되면 우산도 관광단지는 인근의 천관산 일원, 방촌마을, 정안사 등과 연결되는 남부권 최고의 관광지로 급부상하게 되고, 이로써 남부권 지역경제 활력의 전기가 마련될 것으로 기대되고 있다.

지난 '2010 비전'에서 장흥의 대표 관광지로 거론됐던 수문·장재도권역이 지난 2018년 6월, 100억 원대 규모의 '어촌개발 권역단위 거점사업' 지역으로 선정되며 올해부터 2023년까지 장재도 주변 마을인 사촌·율산리 등의 마을 개발이 본격 추진되고 있다. 이 사업 역시 어촌지역의 체계적인 개발로 어촌의 인구 유입과 지역별 특화 발전을 유도하는 사업으로 이 지역의 경제 활기에 힘을 불어넣어 줄 것으로 기대되고 있다.

또 장재도 권역은 지금 공사가 한창 진행 중인 남포·장재도 연륙교 건설과 안양 수문 랜드 블루투어 조성 공사 등으로 인해 장재도 수문권역의 관광권을 더욱 확충하게 될 것으로 여겨진다.

안양 '수문 랜드 블루투어 조성 사업'은 50억 원을 투입하여 캠핑장과 산책로, 진입도로 등을 조성하는 사업으로 2020년 1월에 완공된다. 특히 본 공사가 완료 되면, 다도해와 수문 앞 바다가 펼쳐지는 수문리 뒷산 기슭에 해안 경관이 수려한 '해안 캠핑장'이 입지해 많은 캠핑 관광객들이 몰려들 것으로 기대되고 있다.

국가어항인 장흥 회진항에 통항 어선의 안전성 확보와 선박 접안 편의를 위해 추진한 '회진항 유지 준설공사'가 지난 6월에 완료됐다. 이 공사는 여수지방해양수산청이 지난 2018년부터 올 6월까지 공사비 10억 원을 투입해 완료한 공사이다.

장흥군은 또 회진면의 주요 현안 사업이기도 한 '회령진성 복원·정비' 사업이 김영록 전남도지사 취임 이후, 향후 전남도가 추진하려는 '호국·관광벨트 조성' 사업의 하나로 선정은 되었지만, 실시 계획이 국비건의 요청에 그쳐 있는 점을 고려, 앞으로 전남도와 함께 국비 확보에 노력, '회령진성 복원, 정비사업'을 적극 추진한다는 계획이다.

이처럼 현재 추진 중이거나 추진될 계획인 남부권 계발 계획은 장흥 남부권역에 활기를 불어 넣으면서 어느 만큼은 장흥의 균현발전과 장기 발전을 담보 받을 수 있을 것으로 확실시 되고 있다.

장흥의 미래는 바다에 있다

— 수산업 육성, 활성화에 더욱 집중해야 한다

— 장흥신문/2017.11.27

많은 장흥 사람들이 왜 장흥에는 보성 율포나 강진 마량 같은 경쟁력 있는 바다 관광지가 없느냐고 따져 물을 때, 필자는 보성이나 강진은 율포나 마량 등 한곳에 집중적으로 투자해 올 수 있었지만, 장흥의 경우 해안선이 2개 읍 3개 면에 걸쳐 있어 어느 한 곳에만 집중적으로 투자할 수 없었기 때문이라고 설명하곤 한다.

어쨌든, 장흥 바다에는 해양관광지로서 보성 율포나 강진의 마량 같은 곳은 없지만, 전체 연안에서의 바다 산업의 경쟁력을 비교할 때 장흥의 바다가 훨씬 경쟁력이 있음은 분명하다.

그동안 득량만의 전체 수산물을 놓고 볼 때도, 키조개와 매생이를 비롯하여 미역, 낙지, 고막, 바지락 등 각종 수산물이며 어패류는 단연 장흥 바다가 이들 이웃군보다 풍부한 경쟁력을 갖추고 있었다.

20~21세기 들어와 세계는 바다가 '미래자원의 보고(寶庫)'로 인식하면서 바다가 미래의 향방을 좌우한다고 믿어 왔다. 또 바다를 통해 새로운 미래를 설계하고 인류의 번성을 이루고자 노력해 왔다. 바다의 자원이 인류에게 주는 혜택이 그만큼 거의 절대적이기 때문이다.

우리도 오래 전부터 바다를 벗 삼아 살아온 민족이고, 식탁에는 생선이 늘 올라와 불포화지방산인 DHA 및 EPA가 다량 함유된 양질의 단백질을 공급받아 왔다.

그만큼 우리 국민에게도 바다와 바다에서 나는 수산물이 중요하다.

2개 읍 3개 면의 바다를 가지고 있는 장흥이어서 장흥의 미래는 바다에 있다고 해도 과언이 아니다. 무엇보다 바다 산업의 활성화가 중요한데, 최근 들어 우리 군에서도 이점에 착안하여 바다를 미래 동력으로 삼으려 노력하고 있어 무척 다행스럽다.

우리의 바다에 대한 과제라고 한다면 2개 읍 3개 면에서 각각 내항의 재개발을 통해 새로운 '해양관광벨트'를 구축하는 일과 수산업의 증대 및 활성화일 것이다.

또 어민들에게 직접적 소득이 되는 수산업의 활력은 더욱 중요하다. 그 점에서 최근 장흥군이 장흥 바다에 대해 전국 최초로 '청정해역 갯벌생태산업특구'로 지정받은 일은 그 의미가 아주 크다고 할 수 있다. 득량만 해역에서 생산되는 수산물의 브랜드 가치를 높이고 이를 통해 지역경제 활성화를 도모하기 위한 우리 군의 노력이 결실을 맺을 수 있게 되었기 때문이다.

이번 특구 지정으로 장흥군은 생태복원사업, 생산기반 확충사업, 유통 및 체험활성화 등 3개 분야 10개 단위 사업을 추진할 예정이라고 한다.

장흥 바다인 득량만은 청정해역으로 잘 알려져 있다. 득량만 해역 수질은 1~2등급 수준으로 인근 바다에 비해 우수하고, 퇴적물에 의한 유기오염지표 또한 매우 양호한 것으로 알려져 있다. 장흥산 매생이와 완도산 매생이가 질적으로 차이를 보이는 것도 이 때문이다.

매생이는 환경에 아주 예민해 태풍으로 바닷물이 뒤집어지거나 오·폐수가 유입되면 자라지 못하고 녹아버리기 때문에 남해안에서도 장흥 바다와 같은 청정해역에서만 볼 수 있는 완전 무공해 식품이다. 장흥산 매생이가 가장 품질이 우수하다는 점도 뜻하는 바가 크다.

장흥은 또 전국 최초로 산(酸)을 사용하지 않는 '무산김' 양식으로 인해 바다환경이 획기적으로 개선되면서 주요 수산물인 낙지, 매생이, 미역,

키조개 등의 생산량이 20~30%까지 증대하고 있으며 수산물의 소득도 갈수록 증대되고 있는 것으로 보고되고 있다. 올해 3,000억 원 규모의 어업 생산소득도 오는 2021년에는 4,850억 원까지 높아질 것으로 전망할 정도이다.

수산업은 단순 생산에서 그치지 않는다. 수산물의 3차 산업화, 또는 6차 산업화가 중요한 이유이다. 그 점에서 최근 매생이의 가공공장이 준공된 점은 사사하는 바가 크다.

그동안 매생이 주산지는 장흥군이었다. 강진군에도 마량면 신마, 숙마, 하분마을 등지에서 매생이가 생산되고 있다. 그런데 장흥과 달리 강진에서는 일찍이 매생이 가공공장을 조성, 어업인들의 소득을 보장할 수 있었다. 즉 매생이 전문 가공·유통 기업체인 '삼덕수산개발(주)'에서 '갯푸른 전라도 매생이'라는 브랜드로 매생이를 활용한 다양한 제품을 출시해 인기를 누려왔던 것이다.

장흥 옴암 등지의 매생이는 강진 매생이, 완도 매생이보다 질이 좋기로 정평이 나 있다. 이제나마 장흥산 매생이를 냉동 매생이와 동결건조 매생이 등으로 가공하여 상품으로 출시하는 가공공장이 문을 연 것은, 이를 계기로 장흥군도 본격적으로 수산업 발전의 토대를 구축했다는 점에서 매우 고무적인 일이 아닐 수 없다.

무산김에 이어 매생이도 가공공장이 들어섰으니, 이제는 여기서 한 걸음 더 나아가 키조개 가공공장이며 장흥산 어패류 가공공장 등도 추진해 볼만 하다.

장흥의 미래는 바다에 있다. 장흥의 바다 산업, 득량만 수산업의 발전이 실제적으로 장흥 미래의 동력이 될 수 있게 되기를 바란다.

청정 해역을 지키는 일은 수산인의 몫이다

— '청정해역…특구' 지정과 관련하여

— 장흥신문/2017.10.13.

장흥군이 전국에서 처음으로 '청정해역 갯벌생태산업특구'로 지정됐다.

이로써 장흥군은 장흥의 연안과 맞물려 있는 득량만 해역에서 생산되는 수산물 상품 가치를 배가시키고 이를 통해 지역경제를 활성화할 수 있는 계기가 마련됐다고 할 수 있다.

득량만 해역의 수질은 1~2등급 수준으로 인근 바다에 비해 전반적으로 우수하고, 퇴적물에 의한 유기오염 지표 또한 매우 양호한 것으로 알려져 있다.

득량만의 수산물이 이처럼 청정지역 생산물로 평가 받기는 키조개 양식업 때부터이다.

장흥산 키조개는 거의 전량이 일본으로 수출되면서 청정지역의 수산물로 공식 인정받았다. 키조개 이후 장흥산 매생이도 청정지역 수산물로 공식 인정받았다. 이어 전국에서 처음으로 산(酸)을 사용하지 않는 '무산김' 양식을 시작하면서 장흥의 바다 환경은 더욱 획기적으로 개선됐다는 평가를 받았다. 이리하여 장흥군의 바다환경이 갈수록 개선되면서 장흥바다의 수산물인 낙지와 매생이, 미역, 키조개 등의 수산물 생산량이 20~30% 높아진 것으로 알려졌다.

이번에 지정받은 특구가 '청정해역 갯벌생태산업특구'이다.

그러므로 앞으로 이와 관련하여 펼칠 사업이 무궁할 테지만, 우선 이번

특구 지정을 계기로 수문 여다지 갯벌(개펄)의 정비 등 갯벌생태체험 관광 명소로서 시설 투자가 우선되어야 할 것이다.

또 장흥 앞바다에서 나는 모든 수산물의 상품화에서 '청정해역 갯벌생태산업특구'라는 명칭을 활용한 통일된 브랜드 이미지 및 로고 작업이 선행되어야 한다는 것이다. 그리하여 장흥 앞바다에서 생산된 모든 수산물에는 이 통일된 로고 등이 부착되어 '청정해역 장흥 앞바다'에 대한 이미지 제고와 상품 가치가 재창출 될 수 있도록 해야 할 것이다.

또 장흥 군청 직원들을 동원해 인터넷을 통해서 '청정해역 갯벌생태산업특구'를 널리 홍보할 수 있도록 해야 할 것이다.

마지막으로 더욱 중요한 것으로, '청정해역 갯벌생태산업특구', '청정해역 장흥 앞바다'를 지키는 몫은 결국 장흥군민이라는 사실이다.

바다 청소 등 청정해역 지키는 일을 비롯해 수산물의 가치 상승, 청정 수산물을 생산해 내는 몫은 장흥 수산인의 몫이다. 이러한 역할을 온전히 수행했을 때만이 장흥 수산물에 대한 가치 상승과 경제적 수익 등 장흥 수산업의 활성화가 이루어질 것이다.

실천 가능한 '통합의학 메카' 로드맵 세우자

— 박람회장 주제관, 통합의학센터 등 유대 연동시켜야

— 장흥신문/2016.11.17

'2016장흥국제통합의학박람회'가 성료 됐다. 120만 명이 넘는 관람객 숫자가 말해주듯 장흥국제통합의학박람회는 크게 성공했다. 이제 이러한 성공을 바탕으로 박람회 이후 보다 실천적이고 구체적인 박람회 이후 추진사업이 과제로 남았다.

그동안 김성 군수도 국제통합의학박람회를 통해 "장흥을 건강의 1번지, 치유의 1번지로 자리매김해서 장흥이 건강과 치유의 고장으로 발돋움하고자 한다. 국제통합의학박람회를 통해서 장흥을 의료관광 산업과 건강휴양산업을 미래성장 동력산업으로 삼아서 전국에서 가장 살고 싶은 명품장흥으로 건설하겠다"고 밝힌 바 있다.

또 박람회를 계기로 국가지원의 통합의학의 특구지정을 희망사업으로 제시했다.

"장흥을 시범적으로 특구로 지정해 주면(이번 박람회 기간 동안 서양의학, 한의학, 보완대체의학 의료행위가 합법적으로 인정되지 않아 중국이나 여러 나라에서 왔는데 의료행위를 할 수 없어 어려움이 많았다), 장흥에서만큼은 보완대체의학이나 한의학, 서양의학의 협진이 합법화 되어야 한다. 그래야만 세계에서 가장 질 좋은 의료 서비스를 받기 위해 장흥으로 몰릴 수 있을 것이며, 이로써 장흥은 통합의학의 새로운 패러다임을 제시하는 명실상부 통합의학의 메카가 될 것이다. 통합의학을 특화하는 단과대학도 설립됐으면 좋겠다"

또 김성 군수는 향후 통합의료산업의 예산 등 추진 계획에 대해서 "통합의학센터가 올 연말에 준공되고 내년 개원한다. 이후 장흥은 통합의학센터를 중심으로 통합의학 연구와 교육기관으로 성장하고 로하스타운, 편백 숲 우드랜드, 토요시장 일대를 주축으로 장흥을 통합의학 클러스터로 구성해 통합의학 메카로 성장시켜 갈 것이다. 통합의학의 필요성과 중요성이 강조되면 국가적 예산 지원 등은 어려움이 없을 것이다. 국비가 지원 되면 도비와 군비를 투자해서 통합의학을 장흥의 미래 먹거리 산업으로 집중적으로 육성해 갈 생각이다"고 밝혔다.

또 김성 군수는 11월 10일 남도일보에 기고한 칼럼에서 "장흥은 올해 박람회의 성공을 발판삼아 대한민국 건강 1번지로의 도약한다는 구상을 하고 있다"고 밝힌 바 있다.

"… 장흥군이 국내는 물론 국제적으로도 통합의학의 발상지로 위상을 높인 만큼, 앞으로는 관련 산업 발전을 위한 노력을 더욱 구체화하는 작업이 남아있다. …장흥의 기름진 옥토 위에 통합의학이라는 씨앗을 뿌렸으니 잘 가꾸고 발전시켜서 풍성한 열매를 맺는 일이 남았다. 여기서 얻은 소중한 열매를 잘 가꾸고 다듬어서 우리 장흥은 물론 대한민국의 모든 후손들에게 잘 물려주어야 하겠다"

그런데 장흥군은 그동안 박람회장의 주제관 활용에 대해서 뚜렷이 제시하지는 못했다. 물론 인재양성기관 및 명상센터, 태교원 등 여러 방안을 고민하고 있는 것으로 알려졌지만 활용방안에 대해 확정한 것은 없다. 또 내년에 개원되는 통합의학센터의 위탁기관의 선정도 아직 안된 상태이다.

그러나 하루 속히 통합의학과 관련한 모든 사업들을 모두 일통시켜서 장흥이 통합의학 메카로서 우뚝 자리매김 될 수 있는 로드맵이 제시되어야 한다. 즉 장흥이 국제통합의학박람회의 성공적인 개최를 기반으로 장흥의 통합의학의 자원을 유기적으로 연계시키고 이들의 효율성을 극대화시킬 수 있는, 장흥을 명실상부 통합의학 메카로서 육성을 위한 구체적인 로드맵이 제시돼야 한다는 것이다.

그동안 장흥군이 수차에 걸쳐 밝혔듯 "현재 장흥에 위치한 천연자원연구원, 장흥군버섯연구소, 한방산업진흥원 등 3개 연구소와 유기적인 관계와 협조체계를 구축해 통합의료의 메카를 굳혀가겠다. 여기에 우드랜드, 토요시장 등을 연계해 장흥을 통합의료 클러스터로 구축해나갈 계획이다"라는 식의 막연하고 두루뭉술한 방법이어서는 안 된다.

우선적으로는 박람회장 주제관 등의 활용방안을 서둘러 구체화시켜야 한다. 여기서 중요한 것은, 박람회장의 사후 활용은 물론 통합의학센터의 위탁기관 선정 그리고 장흥을 통합의학의 메카로 육성하기 위한 구체적인 실천방안 등에 대해서 먼저 공청회 등 지역민과의 의견수렴과 합의가 선행되어야 한다는 것이다. 그리고 이후 전문기관에 용역을 추진하는 방안도 좋을 것이다.

통합의학의 산업화는 장흥군에 절대적인 호기다. 앞으로 건강만큼 중요한 주제는 없다. 또 건강은 건강 100세 시대의 절대적인 시대적인 요청이기도 하다.

또 통합의학은 21세기 대한민국의 새로운 패러다임이 될 것이 확실시된다. 즉 장흥은 21세기 통합의학의 구심점이 될 수 있는 것이다. 더구나 또 해마다 대한민국통합의학박람회도 장흥에서 열리게 될 것이므로, 이러한 장흥에서 장흥군이 통합의학을 매개로 한 건강 수호의 군으로 이미지가 굳어진다면 이것만큼 장흥군의 활력과 발전의 새로운 동력은 없을 것이다.

국제통합의학박람회, 장흥의 일대 명운 걸렸다

— 장흥신문/2016.01.21.

'2016 장흥국제통합의학박람회' 개최로 인한 생산유발 효과가 2,365억 원이며, 부가가치 유발효과 968억 원, 고용유발효과 3861명이라고 한다. 정확한 예측 수치인 지는 모르겠으나, 여하튼 성공적으로 개최되면 말 그대로 대박일 것이다. 아니 대박이 되도록 해야 할 것이다. 장흥군 개군 이래 가장 큰 규모의 행사이므로 실로 장흥군의 명운이 걸려 있다고 해도 과언이 아니기 때문이다.

군에서도 박람회 개최로 지역 브랜드 가치 향상, 지역 특산품 판매 증가, 의료 및 휴양 인프라 확대 등 유무형의 효과가 나타날 것으로 전망하고 있다.

김성 군수는 "여성 친화도시, 그린시티, 문학특구, 생약초 한방특구 등으로 지정된 장흥군은 건강과 자연을 중심으로 한 지역 마케팅이 매우 중요하다 …올해 국제통합의학박람회를 성공적으로 개최해 대한민국 최고의 건강과 휴양의 도시로 도약하겠다"고 강조한 바 있다.

다 제쳐두고 박람회 관람객 유치목표가 95만 명이니 박람회가 개최된 올해 장흥을 찾는 관광객은 최소 1천5백만 명 이상이 될 것이다. 박람회를 제외하면 최근 장흥의 관광객은 8백만여 명에 이르고 있는 것으로 추산되고 있기 때문에 여기에 9백만 명(해마다 치러지는 통합의학 박람회 50만 명이므로 이를 950만 명에서 제외하면)을 추가하면 그렇다.

여수시나 순천시의 경우 박람회가 성공적으로 치러지면서 박람회 개최 이후 1천만 명 이상의 관광 도시로 부상했다.

박람회의 성격상, 관광객 수치 비교는 될 수 없을지 몰라도, 또한 1천만 명 이상을 상회한 여수, 순천 보다 못할지라도 박람회 이전의 기존 관광객은 장흥이 여수나 순천 보다 앞서 있었다. '전남 관광 방문객 추이(2008-2010)'에 따르며, 이 3년 동안 장흥을 방문한 관광객이 해마다 7백만 명으로 당시 여수 6백만 명, 순천 5백만 명보다 1, 2백만 명이 많았던 것이다.

따라서 우리는 박람회 이후 관광객은 최소 1천만 명을 돌파할 것으로 확신하고 있다.

장흥군이 총력을 기울이고 장흥군민 전체가 한뜻으로 마음과 힘을 모아 이번 박람회를 필히 성공시켜야 하는 이유인 것이다.

장흥 무산김 - 관리, 홍보 더 강화해야

ㅡ 장흥산 아닌 타지 김이 무산김으로 둔갑되는 일 없어야

ㅡ 장흥신문/2015.02.11

설 명절을 앞두고 장흥에서 무산김을 생산하는 손길이 분주한 것은 전국에서 주문이 쇄도하기 때문이다. 왜 무산(無酸) 김이냐? 말 그대로 산(酸)을 사용하지 않아 산이 없는 김이라는 뜻이다. 그렇다면 일반 김은 왜 산 처리를 하느냐?

김 양식은 우리나라의 서해와 남해에서 이루어진다. 김은 씨앗(포자)을 김발에 붙여 바닷물 속에서 키운다. 이게 김 양식이다. 한데 자연 상태에서 자라기는 하지만 자연산 김은 없다. 김 양식은 두 가지다. 수심이 얕고 밀물과 썰물의 차가 큰 바다에서는 지주식(支柱式)을, 바다가 깊고 조수간만의 차가 작은 바다에서는 부유식(浮遊式)으로 재배한다. 지주식은 전통적인 김양식이고 부유식은 개량방식이다.

부유식 김은 지주식 김에 비해 맛이 떨어지는 것으로 알려져 있다. 지주식은 간조 때 김발을 물 밖으로 노출하여 햇볕과 바람을 맞게 함으로써 자연 상태에 가까운 조건을 형성해주기 때문에 맛이 깊다는 것이다. 장흥에는 부유식이 많지만 타지와 달리 독특하다. 즉 부유식 김 양식법을 사용하지만 김발을 물 밖으로 노출시키는, 이른바 지주식 방식도 혼용하기 때문이다.

김 양식에서 지주식이든 부유식이든 양식 과정에서 미역, 매생이, 감태 등 각종의 '잡조류'가 부착되기 마련이다. 그래서 이 잡조류를 제거하기 위해 산을 뿌린다. 농사로 치면 농약이다. 염산을 치다가 크게 말썽이 일어 이제는 거의 유기산으로 바꾸었다.

장흥의 김 양식에서는 유기산조차 쓰지 않는다. 부유식으로 김을 생산하지만 바다에 떠 있는 김발을 수시로 뒤집어 공기 중에 노출함으로써 '잡조류'의 부착이나 잡태·갯병도 막고 있기 때문이다. 김은 햇볕과 바람을 이기지만 '잡조류'에는 쉽게 고사된다. 그래서 장흥에서는 평균 4일에 한 번씩 김발 뒤집어주기 작업을 한다. 새벽에 나가 공기 중에 노출되도록 뒤집었다가 오후에 다시 바닷물 속으로 집어넣는 뒤집기 작업을 계속한다.

이렇게 하여 산을 뿌리는 것보다 인력과 배 기름 값이 더 들긴 하지만, 이처럼 산 처리를 하지 않아 장흥의 김은 무산김이 된 것이다.

미식가들은 요즘 김에는 예전의 그 맛과 향이 없다고 불만을 터뜨린다. 진짜 미식가들은 이에 대해 많은 사람들이 이른바 '맛김'에 입맛이 길들여졌기 때문이라고 한다. 좋은 김은 불에 굽기만 하면 향이 잘 살아나는데 비해 기름을 바르고 소금 치고 하여 향을 다 죽인 상태에서 김을 먹는다는 것이다. 그러므로 좋은 김과 나쁜 김의 구별이 생기지 않는다고도 한다.

예전 어머니들은 밥상을 차리면서 김을 그 자리에서 바로 구워내 간장에 찍어 먹어 김이 맛있었지만, 요즘에는 맛김에 길들여져 천연의 김 맛이 없어졌다는 것이다.

무산김은 맛에서도 깊은 향과 바삭한 식감을 자랑한다. 한 번 무산김을 맛본 사람들은 다른 일반 김은 찾지 않고 무산김만 찾는다. 장흥 무산김이 일반 김보다 향도 깊고 맛도 깊은 것은 당연하다. 김발을 자연의 햇빛과 해풍에 노출시켜 잡태와 갯병을 제거하는 '자연 친화적 방식'으로 생산되기 때문에 김 고유의 향과 맛이 그대로 살아있는 셈이다. 이처럼 산으로 처리하지 않은 무산김은 장흥에서만 생산되며 '무산김'이란 '최고 김'으로서 자리를 지켜오고 있다.

2013년 8월 21일 소비자고발로 KBS2와 MBC에서 장흥 무산김을 집중 조명한 바 있었다.

이때 KBS2는 현장 취재 결과 장흥 무산김은 산을 쓰지 않는 '자연 그대로 방식으로 생산되는 무공해 김'이라고 결론을 내렸다. 또한 MBC에서는 김의 '음용수 사용 편'을 집중 조명하면서 대부분의 김 공장들이 김 가공에서 사용하는 세척수가 음용수 기준에 부적합한 물을 사용하지만, 장흥 무산김의 생산 공장에서는 보건환경연구원의 음용수 기준에 적합한 음용수를 사용고 있다는 사실을 보도, 무산김의 신뢰성을 확보해주기도 했다.

또 지난 2013년 3월 8일, 채널A의 '먹거리X파일'(57회)에서는 "친환경 양식 선언! 장흥의 무산 착한 김을 찾다"라는 제목으로 무산김에 대한 방영이 있었다. 이 보도에서도 장흥 무산김은 염산을 쓰지 않고 햇볕과 바람, 정성으로 만들어진 착한 김이라는 사실을 확인해 주었다.

장흥에서 무산김을 가공하는 공장은 20여 개에 이르며, 모든 공장에서 '무산김'이라는 상표로 상품을 내놓는다. 우리는 장흥산 모든 김은 장흥 해역에 생산한 무산김으로 가공된 것으로 믿고 싶다. 그러나 들리는 바에 의하면, 최소 한두 군데에서는 해남, 고흥 등 타지 해역에서 생산된 김을 가져와 무산김으로 가공하고 있는 것으로 알려지고 있다. 장흥 무산김을 지키려는 군민들의 의식과 철저한 관리가 요구되고 있는 이유이다.

청태전, 세계적인 명차 될 수 있다

— 청태전의 산업화에 관심, 투자가 필요하다

— 장흥신문/2015.01.29.

장흥군은 그동안 1천 년 역사가 담겨있는 우리나라 전통 발효차의 효시라고 할 수 있는 장흥 '청태전(靑苔錢 : 돈차)' 복원에 노력해 왔다.

특히 청태전이 2012년부터 향토 산업으로 선정된 이후 정부로부터 지원까지 받으며 품질 고급화와 표준화, 신제품 및 문화 콘텐츠 개발, 홍보·마케팅 등에 집중 투자해 올 수 있었다.

이제 청태전은 국내에서 유일한 전통 발효차로 그 가치와 명성을 확보하고 있다.

이제 국내뿐만 아니라 세계적으로도 그 가치를 인정받고 있음은 상식이 되고 있다. 특히 지난 2013년에는 국제 슬로푸드 재단에서 주관하는 '맛의 방주'에 선정된 이후 2014년 5월에는 '슬로푸드 프레시디아(Presidia)'에 선정되며 대내외로 그 가치를 입증받았다.

'슬로푸드 프레시디아'는 슬로푸드 국제본부와 국제 생명다양성재단 '맛의 방주'에 등재된 1,500개 품목 중에서 국제적으로 보존 가치가 있는 400개 품목을 선발해 '프레시디아'로 선정한다. 국제 슬로푸드 재단 국제 실사단이 2014년 5월 23일부터 2일간 장흥 지역의 자생차 단지, 청태전 생산농가, 청태전 시음 등 현장을 직접 방문해 엄격한 심사를 거쳐 프레시디아 인증을 받게 되었던 것이다.

프레시디아 인증은 청태전을 전 세계에 널리 알릴 수 있는 전기를 마련하였다는 점에서 그 의미가 있다. 무엇보다 국제 네트워크를 통한 홍보와 마케팅, 다양한 컨설팅 지원을 받을 수 있어 청태전의 브랜드 가치는 물론 장흥 청태전 산업의 활성화에 일대 전기를 마련했다고 할 수 있기 때문이다.

또 지난해 9월에는 제7회 대한민국 차(茶) 품평대회에서 장흥의 청태전 제다업체들이 '떡차' 부문의 제다업계를 석권하기도 했다. 서울 코엑스와 보성 한국차문화공원에서 열린 이 대회는 국내 차 품질 인증기준의 확립과 차 시장 수입 개방에 따른 우리 차의 경쟁력 향상 방안을 확보하기 위한 취지에서 마련했던 대회였다. 장흥에서는 이 대회에 총 147점의 청태전을 출품해 26점이 입상하는 등 쾌거를 이룬 것이다.

청태전이 항염증 효능에도 탁월하다는 연구결과가 최근 밝혀졌다. 지난 1월 15일 '장흥 청태전 산업자원화 클러스터 육성 사업'을 추진해 온 전남한방산업진흥원 측에 의하면, 청태전의 항염증 효능을 구명했으며 7건의 블랜딩 차 제품을 개발한 것으로 알려졌다. 한방산업진흥원은 청태전의 항염증 효능 연구에서 청태전의 추출물에서 프로스타글란딘 E2(PGE2)의 생성을 억제할 수 있는 효능을 동물 실험을 통해 확인했다. 또 염증 반응, 종양 형성, 자가 면역 질환을 유발하는 것으로 알려진 NF-κB의 활동도 억제한다는 사실도 밝혀냈다.

이와 함께 한방산업진흥원은 과일 차와 접목한 블랜딩 청태전과 진피, 갈근, 대추 등과 복합한 한방차 등을 개발하였다. 청태전이 고유의 맛과 향을 유지하면서도 어떠한 소재와도 잘 어울리며 그 특성을 상승시켜주는 등 무한 변신이 가능하다는 사실도 확인했다.

한방산업진흥원은 청태전 산업화와 보편화를 위해 현재 다양한 형태의 제품을 개발 중에 있으며 이미 7건의 특허출원도 한 것으로 알려졌다. 또 청태전 추출물의 항염증 효능 구명에 대해 국내 특허 출원은 물론 전문학술지 등에 게재할 방침으로 알려졌다.

청태전은 이제 명차로서 국내뿐만 아니라 세계적으로 그 명성을 확보할 수 있는 전기를 마련했다. 이는 앞으로 우리가 지속해서 다양한 연구개발 노력을 기울인다면 지역 소득 창출 등 부가가치를 높일 수 있는 전기를 마련했다는 의미에 다름 아니다.

현재도 장흥군에서는 청태전 명품화 사업을 꾸준히 추진해오고 있긴 한다. 구체적으로는 청태전 품질 고급화와 표준화, 문화 콘텐츠 개발 등에 대해 주력해오고 있다는 것이다.

그러나 이것만으로는 부족하다. 즉 이러한 청태전 명품화 전략과 함께 필요한 것이 산업화이다. 산업화 추진에 대한 성과 없이는 지역경제 활성화와 성공적인 문화상품으로서 확보는 장담할 수 없기 때문이다. 무엇보다 보다 많은 국민들이 청태전을 접할 수 있도록 해야 한다. 상품개발에서도 고급종과 함께 다양한 대중적인 보급종 개발 보급이 필요한 이유이다. 또 청태전의 극대화된 효용성을 홍보하기 위해 '청태전의 날' 제정이나 시음 축제를 만들 수도 있을 것이며, 청태전 기념 학술대회를 개최할 필요도 있을 것이다.

장흥의 청태전이 한국의 대표적인 기호식음료로서 뿐만 아니라 건강식음료로서 자리매김 되고 나아가 세계적인 명차로 그 명성과 가치를 인정받게 되기를 기대한다.

장흥군 농업지도 변화해야 한다

— 장흥신문/2011.12.27

최근 기상청국립기상연구소 연구보고서에 따르면, 우리 세대가 탄소 배출량을 줄이지 않고 현재 추세대로 유지하면 2050년께 우리나라 연평균 기온은 섭씨 3.2도 정도 오르게 된다고 한다. 이를테면 내륙지방을 제외한 전국이 고온다습한 아열대 기후대로 변화된다는 것이다.

최근 들어 여름철에 집중호우 빈도가 점점 많아지고 있고 열대야 현상도 30일 이상 지속되고 있으니 아주 무시할 수 없는 예측일 터이다. 이러한 기후의 변화는 당연히 농산물 재배와 밀접한 상관이 있어 관련 산업에도 큰 변화를 가져올 것은 분명하다.

2011년의 쌀 생산은 지난해 대비 15% 감소하고 사과재배 면적은 무려 66%가 줄어들어 생산 기반이 무너져, 고랭지 배추 등 채소의 생산도 급감할 것으로 전망되고 있다.

그동안 이러한 형태의 기후변화 예측은 수도 없이 연구보고 되고 지적되었다. 물론 정부도 이러한 흐름을 반영, 내년부터 매년 1,300억 원을 농림수산업 분야의 기후변화 대응 연구개발에 투자하는 등 2020년까지 1조 원을 투자하는 내용을 골자로 한 '농업 분야 기후 변화 종합대책'을 세웠다고 한다. 이를테면 생태계 기후 변화 통합감시망을 구축하고 망고, 골드키위 등 아열대 작물을 적극 보급하고, 또 농업분야의 온실가스를 감축하고, 벼 무 배추 등 소비가 많은 품목에 대해 고온다습에 잘 견디도록 품종개량을 추진하고, 유리온실이며 비닐하우스·식물공장 등 시설 투자도 대폭 늘려 기후 변화에도 농산물을 안정적으로 생산할 수 있도록 한다는 것이다.

그러나 분명한 것은 갈수록 기후변화는 현실적인 현상이 되어가고 있다는 사실이다.

80년대만 해도 보성에서만 재배하던 녹차가 이제 강원도 고성까지 그 재배지가 북상했고 제주도의 한라봉도 이제 장흥이나 전남 고흥 등지에서도 재배할 수 있게 된 현상이 이를 잘 말해주고 있다.

이처럼 변화무쌍한 기후변화에 대해 우리 군도 철저한 대비책을 강구해야 할 것이다. 이른바 고온다습한 아열대 기후에서 재배가 가능한 고소득 특작물 개발은 물론, 기후변화에 대처하려는 정부 당국의 정보를 신속히 파악, 기본 농법 대신 저탄소 농법 개발에 나선다든지, 장흥지역의 지형적 특성을 고려한 품목을 개발한다든지 하는 대처방안 등이 적극 모색하는 등 우리 군의 새로운 농업지도를 그려야 할 것이다.

한미 자유무역협정(FTA)으로 농업의 위기감이 높아가고 있다. 전국농민회총연맹이 "한국 농업에 사망선고를 내렸다"고 발표한 성명처럼 FTA로 한국 농업이 무너지게 됐다는 분노의 목소리가 크다. 아무튼 바야흐로 무한정한 외국 농산물에 대한 문호가 활짝 열리는 시대가 곧 도래할 것이다. 값싼 외국산 농산물이 무차별적으로 한반도를 공략할 것이다.

낙관론자들은 이를 불가피한 현실로 받아들이고 이 위기를 기회로 반전시키는 차선책도 가능하다고 주장한다. 또 FTA가 농민들에게 훨씬 더 넓은 시장과 경제영토를 제공해주고 있으므로 잘만하면 개방의 시련을 딛고 튼튼한 농업으로 환골탈태시킬 수 있다고 주장하고 있다. 문제는 농업의 경쟁력이며 농업의 규모화와 전문화이다. 과연 우리가 그 경쟁력을 확보할 수 있을 것이냐에 대해서는 지극히 회의적이지 않을 수 없다.

그래서 우리는 절망적이고 심히 우울하다. 더욱 우리를 우울하게 한 것은 농민, 농업을 선도해야할 '병든 농협의 실태'이다.

FTA를 맞아 농협의 역할이 강조되고 있는 것 중의 하나가 연합마케팅이다. 이는 농협이 주도하여 산지의 신선한 농산물을 하나의 자체 기획상품으로 개발하고 이를 소비자 욕구에 맞게 차별화된 포장으로 판매하는 등 이른바 농협의 산지유통사업인 것이다.

쪽파는 장흥 관내 159개 농가가 참여해 220ha에 재배하고 있는 우리 지역의 특산품이라고 할 수 있다. 그러므로 이 쪽파의 경우도 충분히 농협 주도의 일정부분 연합마케팅이 가능한 품목이다. 그런데 우리 지역 농협이 농민을 위한 사업에는 아예 눈감고 있다면 지역 농협으로서 역할은 끝난 것이나 진배없을 것이다. 이웃 농협의 경우 '행복한 조합원 만들기' 사업을 역점적으로 펼쳐 조합원들로부터 크게 신뢰받고 있는 것과 비교하면 매우 대조적이다.

FTA를 맞아 농협이 첫 번째로 할 일은 지금 농민의 아픔을 이해하는 일이다. 농민의 아픔을 진정으로 이해해야 한다. FTA 시대의 신농업은 바로 여기서 시작된다.

농민의 아픔을 이해하지 못하는 농협이 과연 이 험란한 FTA 파고를 타고 넘을 수 있을까. 함께 도태되는 길 외에 달리 없을 것이다.

가장 먼저 농협이 변화되어야 한다. 농민의 마음 앞으로 다가가야 한다. 그들의 아픔을 제대로 진정으로 이해했을 때만이 농협 주도의 'FTA 시대 신농업'의 활로가 나올 수 있는 것이다.

장흥 수산업, 경쟁력 더 강화해야

— 장흥신문/2011.09.08

장흥군이 최근 수산경영 평가에서 우수성을 인정받아 수산경영 대상을 수상, 이 부문 대상을 3년 연속 차지했다고 한다.

전남의 22개 시군에서 바다를 연하고 있는 곳은 16개 시군이다. 시단위로는 여수·광양·목포시가 있고, 섬으로는 신안·진도·완도 등 3개 군에 이른다. 이처럼 바다 면적과 수산업 세력에서 장흥보다 훨씬 압도적으로 강세인 여러 시군보다 수산업 행정에서 그들보다 나은 실적을 기록했고 그것도 3년 연속 대상을 차지할 만큼 수산업 경영에서 탁월한 실적을 올렸다는 것은 크게 치하받아 마땅한 일로 평가된다.

장흥의 이른바 바다 산업의 성과는 비록 무산김 생산 및 무산김 주식회사 설립 등 수산행정분야에서만 그치지 않는다. 이번 수상의 대상에서 제외되긴 했지만 해양낚시공원개발이며 노력항 개발 등 수산 관광분야 면에서도 장흥군은 큰 실적을 기록했다고 할 수 있을 것이다.

바다 산업은 21세기에 새로운 비전 있는 산업으로 각광받고 있다. 장흥군이 비록 2개 읍 3개 면을 바다와 연한 반쪽짜리의 바다 자원을 가졌지만, 바다에는 장흥의 미래가 있음도 우리는 생각해야 한다.

우리의 바다 자원으로 키조개, 매생이, 김, 미역, 낙지 등 수산물을 들 수 있다. 이 수산물의 효율적인 생산과 판매 그리고 이들 수산물의 경쟁력 제고와 산업화는 매우 중요한 과제가 아닐 수 없다. 그 점에서 그동안 무산김에 대한 산업화에 성공한 바 있고, 이어 매생이와 꼬시래기의 산업화도 추진 중인 것으로 알려지고 있다.

특히, 그동안 해산물의 가공산업 등에 적극 노력해 온 장흥군이 얼마 전 '장흥해조류 자원의 파워 브랜드화와 수산식품 클러스트 조성'이라는 제목으로 '지역 연고산업 육성사업'에 공모, 2011년부터 2014년까지 국비 18억 원을 지원받아 장흥 수산물의 산업화도 적극 추진할 수 있게 되었다고 한다. 이점 역시 더욱 고무적인 일이 아닌가 생각된다.

2030년에는 세계 인구가 90억 명이 예상되고 현재보다 50%의 식량증산이 필요하다고 한다. 지상의 식량이 부족하면 인류는 바다에서 문제를 해결해야만 한다. 21세기에 바다 산업의 중요성이 부각되고 있는 것도 이 때문이다.

장흥 연안의 수산물의 경쟁력 제고, 규모화 및 산업화는 매우 중요하다. 그 점에서 지금 장흥군의 수산 행정은 매우 바람직한 방향이 아닐 수 없다. 장흥군이 앞으로 수산물의 산업화에 더욱 관심을 가지고 수산 행정에도 집중, 장흥 수산업 경쟁력을 더욱 제고해 가야 할 시점인 것이다.

해당산단 기공식 - '장흥 희망시대' 힘찬 출발

— 장흥신문/2009.12.04. <보도뉴스>

전남 중남부권의 성장 동력을 제공하면서 '장흥의 새로운 희망시대'를 선도해나갈 장흥해당일반산업단지가 지난 1일 오전 10시 30분에 기공식 행사 개최와 함께 공사 착공에 들어갔다.

이날 해당산업단지 기공식에는 박준영 도지사와 유선호 국회의원, 김주열 전남개발공사 사장, 이명흠 장흥군수, 최정옥 재경장흥군향우회장 등을 비롯, 입주기업 대표, 지역주민 등 5백여 명이 참석한 가운데 옛 장흥동초등학교 교정에서 열렸다.

특히 이날 기공식 행사에서 장흥군은 MOU 체결업체는 물론 김봉균 (주)대한트렌스 회장 등 출향 기업인 및 출향인 수도권 CEO 50여 명을 초청, 산업단지 분양 홍보에도 심혈을 기울였다.

장흥군과 전남개발공사는 맞춤형 선분양을 추진, 입주기업에 맞춰 택지분양과 정지작업을 통해 조성사업 준공시점과 기업 입주가 동시에 이뤄질 수 있도록 공동 노력하기로 했다. 전남개발공사가 공영개발방식으로 조성하는 장흥 해당일반산업단지는 오는 2011년까지 2,203억 원을 투입, 장흥읍 해당리 일원에 291만3900여㎡ 규모에 음식료품 제조업, 화합물 및 화학제품, 조립금속 제품, 기타 기계 및 장비, 의료정밀광학기기 및 시계 등 다양한 분야의 산업을 유치할 계획이다.

이와 함께 장흥군은 산단 기반시설 착공을 위해 내년도 국비지원사업으로 91억 8,000만 원의 사업비를 확보, 산업단지 진입로, 폐수종말처리장, 공업용수 공급을 위한 사업시행을 위해 실시설계를 추진하고 있다.

특히 전체 산단 면적 중 18% 이상이 공원 및 녹지로 조성되고 전자제품, 제조업, 식료품 사업 등 친환경적 기업의 입주도 예상돼 녹색전남을 대표하는 새로운 첨단산업단지가 될 것으로 기대가 모아지고 있다.

장흥 해당일반산업단지는 앞으로 지역에 부족한 공장용지 수요를 충족시키고 장흥지역에 입주를 희망하는 기업인들에게 투자기회를 제공하게 된다. 아울러, 전남 중·남부권의 지역산업 기반을 구축하고 고용창출과 지역경제 활성화에 따른 지역 균형 발전을 도모하는 데도 큰 역할을 할 것으로 전망된다.

이명흠 군수는 "그동안 낙후의 대명사였던 장흥지역에 해당산단 조성의 성공적인 기틀을 마련, 장흥의 희망시대 개막의 단초를 마련했다"면서 "장흥군은 군민, 향우와 함께 해당산단의 성공적 조성에 주력하고 나아가 회진 임해산단조성 사업에도 박차를 가해 반드시 장흥의 희망시대를 꽃 피우도록 최선을 다하겠다"고 말했다.

전남개발공사는 이번 산업단지 조성에 따른 건설 기간 동안 고용유발효과는 연간 43만 명, 산업단지 조성이 완료되는 2011년 이후에는 고용유발인구 12만 명, 생산유발 파급효과는 연간 1조7,600억 원으로 예상했다.

이와 함께 장흥군은 4개 마을 145세대에 대한 이주를 위해 3차례 주민의견을 수렴해 이주단지 조성, 임대아파트 건립 등을 추진하고 있다. 임대 아파트는 대한토지주택공사에서 설계가 마무리됨에 따라 장흥읍 건산리에 318세대 규모로 올해 12월 착공할 계획이다.

한편 총 2,203억 원이 투입되는 장흥 해당일반산업단지는 2011년 완공을 목표로 진행되고 있으며 저렴한 분양가로 즉시 공장을 신축할 수 있도록 맞춤형 선분양을 추진할 계획이다.

유기한우 탄생 … 장흥 유기축산 선도하길

— 한창본 씨 18두, 전남에서 최초 인증 1호 획득

— 장흥신문/2008.01.21.

'영농조합법인 황소걸음'의 조합원인 한창본 씨(43)가 한우 18두에 대해 지난해 12월 18일 전라남도에서는 최초로 유기한우 인증을 획득했다. 그리고 지난 1월 초에 한창본 씨는 1두의 유기한우(비거세)를 첫 출하했다. 판매처는 카톨릭 생협조합인 대사리(홍성군 갈산면)다.

'영농조합법인 황소걸음'과 한창본 씨는 유기한우 첫 출하 기념으로 지난 1월 8일 장흥읍 신토불이에서 유기한우 시식회를 가지기도 했다.

이번에 전남에서 최초로 인증 받은 한창본 씨의 유기한우 18두(인증번호 제16-2-1호, 연령 30-32개월)는 조사료에서부터 철저하게 유기농 사료만으로 사육됐다. 한창본 씨의 경우 적토미 볏짚, 유기농 녹토미 볏짚, 무농약 총체보리, 유기농 총체호밀, 유기농 총체수단그라스 등 유기농 조사료를 사용했다. 또 곡물사료로 유기농 옥수수, 유기농 대두박, 유기농 귀리 등을 사용했고, 특식으로 유기 키위(현재까지 1마리 당 210kg 급여)를 사용해 탄생한 유기한우이다.

용산면 재송마을에 사는 한창본 씨는 귀농인이다. 올해로 서울서 고향으로 내려온 지 9년 째이다. 서울에서 유통업에 종사하다 귀향한 그는 한국농업의 갈 길은 친환경농업에 있다는 판단으로 귀농 첫 해부터 친환경농업에 주력한다. 3만여 평 농사터를 마련하여 쌀농사는 적토미를 복원하고 밭에는 배, 감(대봉), 매실 등 특작을 했으며 한우도 키웠다. 그런데 그는 모든 농사는 친환경 농업으로, 최종 목표는 유기농으로 추진한 것이다. 유기농을 시작하면서 쇠똥구리 유기농작목회도 결성했다. 현재 유기농 작목회 회장을 맡고 있는 그의 유기농은 그의 귀농 첫 해부터 시작한 것이어서 올해로 9년 째 접어들고 있다. 그 9년의 결실이 '쇠똥구리마을'(운주리)를 중심으로 탄생한 적토미이고, 지난 12월에 인증 받은 유기한우인 것이다.

현재 유기농 작목회는 쇠똥구리 마을 청년들을 중심으로 인근 지역 농민 44명이 가입돼 있다. 이 작목회에서 추진하고 있는 유기농 경종은 17 ha에 이르고, 유기한우 전단계인 무항생제 한우는 24마리다. 앞으로 5년 후면 무항생제 한우만 200여 마리에 이를 것으로 추산하고 있다. 유기한우의 경우 아직 시장이 형성돼 있지 않아 사육에는 한계가 있을 수 밖에 없다. 그러나 앞으로 유기한우 시장이 확보만 되면 얼마든지 무항생제 한우를 유기한우로 양산시킬 수 있다는 구상이다.

"유기한우는 전남에서 장흥군이 최초다. 다른 지자체에서는 유기한우에 대해 겁부터 먹는다. 그렇지만 앞으로 축산업도 국제 경쟁력에서 살아남기 위해선 유기축산으로 갈 수밖에 없다. 앞으로는 축산물 구매에서도 소비자들은 완전한 축산물을 찾을 수밖에 없다는 것이다. 그런데 장흥군이 어느 지자체보다 먼저 유기축산의 문을 연 셈이다. 이는 우리가 유기한우 브랜드로서 시장을 선점할 수 있다는 장점을 가지고 있다는 의미이다. 그러므로 앞으로 군에서도 유기축산에 대한 지원과 홍보, 판로대책 등 종합적인 대책을 세울 필요가 있다"

"… 유기축산에서 무엇보다 시급히 선결해야 할 것은 TMR 공장이나 유기사료공장 조성 등에 대한 지원 대책이다. 경종의 친환경농업에서는 직불보조금을 비롯 인증비를 지원해준다. 그러나 아직 유기축산에 대한 지원 대책은 별로다. 이번에 유기축산 인증료가 273만 원 들었는데, 이중에서 겨우 62만 원만 지원받았을 뿐이다. 현재는 군에서 유기축산 인증료를 100% 지원해준다 해도 유기축산을 할 사람이 별로일 것이다. 더구나 유기사료가 충분히 확보되지 않으면 유기축산 육성 장려에 대해서 한계점이 나올 수밖에 없으므로, 군에서 TMR공장이나 유기사료공장에 대한 지원 대책도 강구해야 한다. 그리하여 장흥의 한우 하면, 유기 한우라는 이미지가 확실하게 굳혀져야 장흥의 축산업이 사는 길이 될 것이다."

한 씨의 주장이다.

친환경농업의 궁극적인 목표는 결국 자연 순환형 농업일 수밖에 없다. 이런 측면에서 유기축산 역시 친환경 축산이 가장 바람직한 방향이다. 이런 이유로 결국 장흥군도 유기축산을 장려하고 선도해가지 않으면 안 될 것이다.

어찌 보면, 유기축산은 사실상 축산의 미래 비전일 수 있다. 장흥 축산업의 경쟁력을 높일 수 있는 분야가 축산이고, '장흥의 선진 축산'으로서 장흥군이 지향해야 할 분야이기 때문이다.

한 개인인 한 씨가 유기축산을 선도하고 있다는 자체가 경이롭다. 한 씨의 유기축산이 장흥의 유기축산업을 선도하면서 장흥 한우가 전국의 최고 명품 한우로 거듭나기를 기대한다.

녹차 산업 육성 위한 장기 프로젝트 마련해야

— '천야'에 이은 '탐진신선차' 출시와 관련하여

— 장흥신문/2007.06.12.

웰빙 열풍이 전국을 뒤흔들고 있는 가운데 단연 그 웰빙의 선두자로 녹차가 뜨고 있다. '녹차음료'를 타깃으로 몇몇 지자체들과 주요 음료 업체들 간 경쟁이 치열해지면서 녹차음료 시장도 매년 30~40% 대의 가파른 성장세를 기록하며 급성장하고 있다.

작년 한해 전체 음료시장의 규모인 3조 5천억 원대에 비하면 아직은 작은 규모다. 그러나 국내 녹차음료 시장은 2001년 90억 원대를 기록한 이후 해마다 30~40% 정도 신장세를 보이며 2004년 300억 원, 2005년 500억 원으로 신장하다가 2006년에는 60% 정도 성장하면서 800억 원대를 기록했다. 올해는 혼합차의 등장으로 다소 주춤하고 있지만 최소 20~30% 이상 성장해 1,000억 원대까지 시장 규모의 커질 것으로 예상하고 있다. 녹차의 시장이 이처럼 급성장하면서 국내 녹차시장은 원산지를 앞세운 차별화 전략으로까지 경쟁이 불붙고 있을 정도다.

전라도에서 대표적인 녹차 원조로서 경쟁하고 있는 강진과 보성 사이의 장흥군은 어떠한가.

장흥도 녹차, 전통 녹차와 관련이 깊다. 장흥의 불교계를 대표하는 천년고찰 보림사는 신라 구산선문 중 가지산파로 우리나라 선문을 열어놓은 곳이며 선다(禪茶)의 사찰로서 역사를 가진 곳이다. 보조선사창성탑비(普照禪師彰聖塔碑)에 '차약(茶藥)'이란 구절이 나올 정도다. 선다(禪茶)로 유명했을 보림사의 차와의 연관성을 제외하더라도, 호남지방에서

8세기 가까이 부사고을이자 문림의 고을이었던 장흥지역은 전통적으로 차와 관련이 깊었다.

《세종실록지리지》《신증여지승람》에는 전국의 차소(茶所) 19개소 가운데 장흥에만 13개소가 소재한 것으로 기록돼 있을 정도다. 일본인 이에이리씨가 《조선의 차와 선》에서 전남의 각 생산량을 밝힌 대목이 있는데, 여기에서 장흥지역이 광주, 순천, 곡성에 이어 4위를 기록하고 있어 일제강점기까지만 해도 장흥지역에는 야생차의 생산이 많았던 것으로 유추해 볼 수 있다. 또 장흥지역에서 야생 차밭이 많기로 잘 알려진, 부산면 관한마을 야생녹차는 옛 금장사 스님들에 의해서 식재되었다고 《대동지지》(1865년)에 기록되어 있다. 그리고 지금도 장흥지역에는 30ha의 야생 차밭이 있는데, 일제강점기 때는 일본인들에 의해 장흥지역의 차들이 공출되기도 했다.

장흥군은 또 발효차로서 돈차, 떡차로 불리는 덩어리차와는 인연이 깊은 고을이다.

이 돈차는 당나라 때 중국에서 만들어져 우리나라로 전래돼 왔고 조선조에 들어와 정약용과 초의선사에 의해 떡차 제다법이 전래된 이래 이 떡차가 보림사를 중심으로 제다돼 왔으며, 1960년대까지 보림사와 장흥해안지역을 중심으로 전승돼 왔다. 우리의 옛 선조들은 약간씩의 차잎을 따서 약탕기를 이용하여 끓여 차로 음미하는 것보다 덩어리차로 만들어 감기, 몸살, 배앓이에 약으로 복용했다고 한다.

장흥군은 이러한 역사적 사실(史實)을 근거로 청태전 제다 재현과 복원을 추진하고 있다.

이에 따라 장흥군은 지난해에 청태전이 제다돼 온 관산읍 천관산 자락의 마을을 '청태전 마을'로 지정하며 30ha에 이르는 관내 야생차 자생지를 역사성을 갖춘 야생차단지로 조성을 추진하는 한편, 청태전을 복원하고 장흥을 명차의 고장으로 발전시키기 위해 자료화와 안정적인 다원 확보, 체험 콘텐츠 개발 등 장단기 추진계획을 추진하고 있다.

또 수제녹차 상품화 추진을 위해 지난 2003년 11월부터 군비를 지원, 관한마을 6ha 정도의 야생 녹차군락지를 정비한데 이어 ▲'녹색 체험마을' 지정 ▲녹차 체험장 및 제조공장, 시음장 건립, 수체녹차 '천야' 생산, ▲'야생녹차 체험' 프로그램 운영 등 녹차 관련 사업을 관한마을을 중심으로 추진해 왔다.

이러한 실정에서 최근 '장흥녹차 영농법인'이 '탐진 신선차'라는 이름의 전통 수제차 상품을 내놓았다.

장흥군보다 차의 상품화에는 강진과 보성이 앞섰다. 그들은 일찍부터 녹차재배와 생산 그리고 가공산업을 주요 역점 사업으로 추진해 왔다. 장흥군은 이 두 지역의 중간 지대이므로 우리 군 역시 녹차 재배에 적지임에는 분명하다. 청태전, 야생차밭 등 차 문화와 깊은 역사성도 충분히 확보하고 있다. 또 '천야'에 이어 '탐진 신선차'도 출시되어 치열한 차 시장 경쟁에 뛰어들었다. 다행이 군에서도 최근 들어 '청태전'으로 인해 차 육성산업에 대해 큰 관심을 기울이고 있는 것은 고무적인 일이다. 그러나 여기서 그칠 일이 아니다. 보다 역동적으로 위기와 한계에 놓인 쌀 농업의 대체농업으로서 차 산업을 본격 생각해 볼 때이다.

차 재배지 확대, 차 재배 적지 확보, 친환경 재배에 대한 지원, 차 재배 농가 및 차 가공산업에 대한 지원 확대, 장흥산 차 상품 판매 및 홍보대책 강구 등 장기적인 면에서 본격적인 차 산업 육성 프로젝트를 마련할 때인 것이다.

키조개 가공산업 육성 의지 있는가

— 위기 맞은 수문산 키조개, 산업화 등 대책 서둘러야

— 장흥신문/2007.05.16.

안양면 수문리 어가들의 목숨 줄을 쥐고 있으며 지역경제 활력의 키를 쥐고 있는 '장흥 키조개'가 제철을 맞았으나 대일 수출 길이 막히고 가격이 폭락하고 시장에서는 서해안산이 수문산으로 둔갑되면서 시장 질서가 어지럽혀지는 등 최악의 조건으로 일대 위기를 맞고 있다. 군 당국도 속수무책이어서 위기가 더욱 가중되고 있는 것으로 알려지고 있다.

장흥 키조개의 위기는 일차적으로 대일 수출 중단과 가격 폭락. 이는 최근 엔화 가치 하락 등으로 가격 경쟁력을 잃으면서 대일 수출 길이 막히고 이에 따라 키조개가 일제히 국내 시장에 풀리면서 가격이 크게 떨어졌기 때문이다.

키조개의 제일 주산지는 안양면 수문리다. 특히 수문리와 고흥, 보성, 여수 등지에서 키조개 양식업이 이루어지고 있지만, 이들 전 지역을 포함하더라도 수문리 양식 키조개가 차지하는 비율은 60~70%에 이른다. 남해안 양식 키조개와 서해안의 바다 속에서 채취한 키조개는 양질에서 큰 차이를 드러낸다. 남해안 양식 키조개는 갯벌 속 5~6m에서 자라고 손으로 직접 체취하기 때문에 맛이 매우 진하고 육질도 부드럽고 쫀득하며 키조개를 탕으로 끓였을 때 국물이 우윳빛처럼 뽀얗고 국물의 맛이 구수하고 진하며 영양분이 매우 풍부하다. 그러나 서해안산 키조개는 수심 15~20m의 깊은 모래밭에서 자라 영양면에서 수문산에 미치지 못하고 깔꾸리를 이용해 채취해 패각이 깨지거나 쪼개져나가거나 구멍이 뚫려 있는 경우가 많아 품질면에서도 수문산과 크게 비교가 된다.

시장에서 수문산과 서해안산은 가격에서도 거의 절반가량이나 차이가 날 정도이다. 즉 수문산 키조개의 소비자 가격이 1미당 1,500원 수준이나 서해안산 키조개는 수문산의 절반 수준인 1미당 700~800원선이다. 그런데 문제는 서울시 등 전국 대도시는 물론 장흥 시장 어물전 등에서 '수문산(득량만 산) 키조개'라는 플래카드를 내걸고 서해안산 키조개를 수문산으로 속여 1미당 700~800원으로 판매하고 있다는 사실이다. 이로 인해 가격이 절반 이상이나 비싼 수문산은 시장에서 거의 외면당하고 있는 실정이지만 별 뾰족한 대책이 없는 실정이다.

더구나 이러한 사정에서 수문리 어민들은 서해안산 가격만큼 가격하락의 유혹을 강하게 받고 있는 것으로 알려졌다.

수문산도 가격을 싸게 해서 팔면 되지 않느냐는 것인데, 일단 제 가격이 무너지면 제 가격을 회복하기가 힘들다는 문제점이 있다고 한다. 이에 따라 최근에는 가격 폭락으로 인건비조차 건지기 힘들 정도이고 일부 어가에서는 키조개 채취를 못하고 있다. 이런 상황이다 보니 일부 어민들도 현재의 가격(1미당 1,500원)을 무시하며 서해안산 가격으로 팔아 대출 이자라도 갚아야겠다는 말이 나돌고 있다는 것.

결국 지금 키조개 산업이 일대 위기를 맞고 있는 것이다.

이러한 위기 타개책으로, 혹자는 저가의 서해안산에 비해 품질이 월등한 득량만 키조개에 대한 홍보를 적극적으로 펼쳐야 한다고 주장한다. 혹자는 현재 추진 중인 지리적 표시제 등록을 더욱 서둘러야 하고, 현재 4~5단계인 키조개 유통구조를 개선, 가격의 거품을 제거해야 한다고 주장한다. 또 누구는 대도시 백화점, 대형마트 등에 고정적인 판로를 확보해야 한다고 주장하기도 한다.

그러나 키조개의 전국 제1주산지로서 명성도 있으므로 최우선적인 방안은 키조개의 산업화일 수밖에 없다. 이는 공무원 초년생도 익히 아는 일이다. 그런데도 왜 우리 군에서 키조개 산업화가 이루어지지 못하고 있는지 도무지 이해할 수 없다.

물론 키조개 가공 산업을 전혀 추진하지 않은 것은 아니었다. 지난 2005년부터 장흥군은 키조개 가공 산업을 추진하기로 하고 그 사업자를 공모해왔다. 그런데 사업자를 공모하면서 총사업비 10억원 중 자부담이 5억 원이어서 이만한 자금을 부담해가면서까지 키조개 가공사업을 시도해 보려는 업자가 나타나지 않아 현재는 무산돼 있는 실정이다.

따라서 진실로 장흥군이 키조개 가공 산업에 대한 확고한 의지를 가지고 있다면, 지금까지의 지원금(5억 원)을 더욱 확대해, 하루빨리 키조개 가공업자를 선정하여 키조개 산업화를 본격적으로 추진, 키조개 소비를 안정적으로 확보해야 한다는 것이다. 매생이의 가공 산업을 강진군에 선점 당했듯이, 키조개의 가공업도 이웃의 고흥군이나 보성군 등에 그 선수를 빼앗길 지도 모른다.

전국에서 가장 많이 생산되는 장흥의 매생이를 강진군 가공업자에게 대량으로 공급해 주고 있는 현실이 참으로 우스운 현실이 아닌가. 또 자칫 2, 3년 후면 전국에서 가장 많이 생산되는 장흥의 키조개를 고흥군의 어느 가공업자에게 공급해 주는 일이 일어나지 않는다고 누가 보장할 것인가.

이런 일이 관선 군수시절도 아닌 민선군수 시절에 일어나고 있다.

장흥군이 아직도 낙후와 침체 국면에서 벗어나지 못하고 있는 이유도 바로 이러한 현실과 맥을 같이하지 못하기 때문이라면 지나친 억측인가.

매생이 산업화, 그리도 요원한가

— 장흥신문/2007.03.08. <기획>

'구슬이 서 말이라도 꿰어야 보배다'

'구슬이 서 말이라도 꿰어야 보배다' - 이는 아무리 좋은 것이라도 쓸모 있게 만들어 놓아야 가치가 있다는 말이다. 아무리 고귀하고 가치 있는 것이 많더라도 이를 상품으로 재창출하지 않으면 쓸모가 없다. 장흥군 자원의 경우도 마찬가지다. 전국 제1주산지로 가장 많이 생산되는 매생이라 해도 이를 상품화 하지 않으면 제1주산지로서 의미가 없다. 어디 매생이 뿐인가. 제1주산지로 우리가 자랑하는 낙지도 마찬가지가 아니겠는가.

'일찍 일어나는 새가 벌레를 잡는다(Early bird catches the worm)'는 격언은 우리에게 경쟁사회에서 생존할 수 있는 원칙으로서 의미를 부여해 준다. 치열한 생존경쟁의 룰 속에서 남들 보다 먼저 시작하지 않으면 패자가 될 가능성이 크다는 것은 너무 자명한 사실이다. 그런데 남 먼저 시작도 하지 않았을 뿐더러 이미 남들은 시작했는 데도 뒤늦게나마 뒤따르려 하지도 않는다면, 아니 그런 노력이라도 하지 않는다면 시작도 해보지 않고 지레 포기하는 게 아니고 무엇이겠는가.

지금 우리의 사회가 바로 그런 사회라면 우리의 미래는 진정으로 암울할 수밖에 없지 않겠는가. 문제는 이것이 가정법만은 아니라는 데 있다. 실제로 언제부터인가 우리 사회, 우리 장흥군이 그런 양태로서 모습을 보이고 있음이니 결코 가정법만은 아니다.

따라서 우리의 앞날이 심히 우려된다. 누가 제아무리 희망을 외쳐본들 그저 공허한 소리로만 들린다. 깊이 내쉬는 한숨 소리다.

매생이-외지에선 강진· 해남 특산품으로 이해

억지라고, 지나친 단견이라고 우기는가. 그렇다면 다 접어두고, 매생이의 경우만 한 번 얘기해 보자. 매생이의 주산지로서 보이지 않는 논쟁이 시작된 것은 2000년 전후로 대표적인 무공해 해조류인 매생이가 그 특유의 맛과 영양으로 새로운 웰빙 계절 식품으로 부상하기 시작하면서부터다.

특히 강진의 경우 매생이에 대한 상품화가 추진되면서 매생이는 곧잘 강진의 특산품이나 주산지로 소개되는 일이 빈번했다. 또 간혹 해남이나 고흥도 매생이가 특산품으로 소개되기도 해 왔다. 그러나 장흥수산기술관리소가 집계한 자료에 따르면, 진도·완도·강진·장흥·고흥 등의 서남해안에서 생산되는 매생이의 절반 가량이 장흥산임을 확인할 수 있게 된다. 지난 2000년 자료이지만, 장흥수산기술관리소(여수지방해양수산청)에 따르면, 장흥 2,900톤, 고흥1,200톤, 강진 450톤, 완도 900톤, 진도 690톤 등으로, 장흥이 거의 절반 이상을 차지하고 있다. 또 매생이업에 종사하는 어가의 경우만 보더라도 장흥의 대덕 내저·신리 지선이 90여 가구로 가장 많고, 그 다음인 고흥이 겨우 20가구로 집계되고 있다.

명실공히 장흥은 매생이 분야에서 타 지역과는 비교할 수 없을 정도로 절대 우위에 서 있는 '매생이의 제1주산지'인 것이다. 이처럼 변명할 여지없이 품질과 생산면에서 득량만 권역이 국내 최고의 산지이고 이의 대부분은 장흥이므로 한국의 매생이는 장흥산 매생이라고 단언할 수 있는 것이다. 최근 들어 이러한 사실 내용이 많이 홍보되어 매생이의 주산지는 장흥으로 잘 알려져 있는 실정이다.

장흥군의 매생이 브랜드화 과정

장흥군은 지난 2002년부터 매생이 주산지인 대덕읍 내저 어촌계에 6천여만 원의 군비를 지원하여 공동집하장 시설을 조성한데 이어 위생포장 및 규격출하를 실시, 유통체계를 단일화하고 지역 특산품으로 육성해 왔다. 또 장흥수산기술관리소와 합동으로 김양식이 부적합한 내만성(內灣性) 어장을 중심으로 매생이 양식장 확대 개발에 주력하면서 지역 특화품종으로 적극 육성해 왔다. 장흥수산기술관리소에서도 2003년부터 장흥산 매생이의 우량 종묘 보급과 양식 활성화를 위한 '매생이 인공 채묘 기술'을 개발해 어업인들에게 보급해 매생이의 안정적인 생산에 기여해 왔다.

장흥군이 매생이 상품화에 관심을 갖기 시작한 것은 2003년부터였다. 2003년에 장흥군은 남도대학남도식품산업연구소에 '매생이의 저장성 및 가공식품 개발을 위한 용역'을 추진한 것이다. 그러나 매생이의 상품화가 결실을 본 것은 2006년 8월이었다. 2006년 6월에 진공 포장된 매생이로 제품화한 '매생이탕' 완제품 개발에 성공한 장흥군은, 8월 수도권 전통음식 제조업체인 수원 소재의 ㈜미당과 '장흥 매생이탕' 상품의 개발과 판매, 상표권 등 공동소유에 관한 상호협약을 체결하고, 9월부터 전국 소매점을 상대로 매생이탕 제품을 출시한 것이다.

장흥의 이 매생이탕은 별 재미를 보지 못했다. 급냉 과정의 실수로 냄새가 나, 소비자들로부터 외면을 받기도 했다. 지난해 3만 속을 제품화했던 장흥군은 올해 매생이 생산량 감소 등으로 1만 속을 생산하기로 했다는데 올해가 지나면 그 결과가 나타날 것이다.

한편, 그동안 매생이 양식 어업인들이 법적 근거 없이 관행적으로 생산해 오던 매생이의 무면허 양식이 합법화된 것은 지난 2005년 3월 31일. 이도 장흥군이 아닌 해남군, 즉 해남해양수산사무소에 의해서였다. 이들의 적극적인 노력으로 3월 31일 개정된 '어업면허의 관리 등에 관한 규칙'에서 '건홍식 양식물'에 매생이를 포함시킴으로써 본격적인 매생이의 합법적인 양식이 가능해진 것이다.

장흥보다 앞선 강진과 엔존

그런데 이 매생이 진공포장 등의 상품화는 장흥군보다 강진이 앞섰음은 주지하는 일이다.

강진군은 장흥군보다 1년이 앞선 지난 2005년에 마량면 소재의 삼덕수산개발이라는 회사가 매생이의 진공포장에 성공하고 시판에 들어갔기 때문이다. 이어 강진군은 지난 2006년 1월 과학기술부 산하 한국식품연구원에 매생이 가공식품 개발을 의뢰했고, 지난 2월 25일에 시제품을 생산, 시식회를 가졌다. 이들은 앞으로 2008년까지 매생이 상품에 대한 대량생산 체제를 갖춰 본격 생산 시판에 들어갈 계획이라고 한다.

그런데 사실 장흥이나 강진보다 앞서 매생이 상품화로 유명한 업체가 있으니, 바로 부산광역시의 엔존이라는 중소기업체이다. 부산 사상구에 있는 벤처기업 엔존(NZONE)이 산업자원부의 지역혁신특성화사업(매생이의 상품화) 업체로 지정된 것은 지난 2004년. 이후 신라대학과 산학컨소시엄을 체결해 매생이에 대한 학술적 접근과 함께 동결진공포장 등의 상품화를 추진해 왔다. 2005년 6월에는 일본 후쿠오카에서 개최된 '기프트 쇼(Gift Show)'에 매생이 개발 시제품을 출품해 해조류에 관심이 많은 일본 바이어들로부터 큰 호응을 받기도 했다. (2006년부터 대일수출 시작). 이후 엔존은 2006년 초에 매생이를 연중 섭취가 가능토록 상품화한 '맑은 바다 초록 매생이'라는 브랜드로 제품을 개발, 시장에 제품을 내놓았다. 이 제품은 홈쇼핑을 비롯 군부대와 경찰청, 이마트, 백화점 등에서도 선보이며 큰 인기를 끌어 오고 있다.

특기할 만한 것은, 엔존의 김영진 대표는《매생이와 함께 가는 행복한 길》이라는 에세이를 출간할 정도로 매생이에 열정을 가지고 있다는 점이다. 이 책에는, 청정해역에서 자라는 매생이를 비롯한 우리의 해조류가 일본 밥상을 풍성하게 하고 있는 현실에서, 매생이를 지키기 위해 온몸을 던져 온 그의 열정적인 의지와 노력이 잘 나타나 있다.

"미래의 식품은 바다가 주도해 나갈 것이다. 국민 건강을 위해 일본에게 매생이만은 빼앗길 수 없다"는 일념으로 동분서주하면서 매생이의 상품화를 위해 겪은 여러 가지 에피소드를 담담한 필치로 그리고 있다. 그는 "매생이 등 해조류야말로 웰빙 건강의 보고다. 우리도 하루 빨리 일본처럼 학교 급식에서 해조류를 1가지 이상 먹도록 해야 한다"고 주장하고 있기도 하다.

우리 장흥군에 앤존 김영진 씨 열정의 10분의 1이라도 가진 공직자가 있었다면 최소 매생이의 상품화에서 장흥이 강진보다 앞서지 않았을까 생각되는 것이다.

직무유기한 사람들 많다

이렇듯 매생이를 놓고 보면, 우리보다 매생이 자원이 빈약한 이웃 강진군에 그리고 매생이의 한 올도 생산되지 않은 부산 사람들에게 그 상품화의 선수를 빼앗겼음이 분명하다.

이것은 그동안 직무유기를 한 공무원들이 많았고, 제대로 된 현실적인 인식 그리고 미래비전이 없는 군 당국의 무관심 때문이었다고 할 수밖에 없다. 지금이라도 서둘러 매생이 육성 프로젝트를 세우고 매생이의 상품화를 모색하면 되는 일이다.

지난해 경기도 성남시에서 국내 최초로 매생이를 주원료로 새로운 먹거리 메뉴를 개발하고 이를 프랜차이즈로 내세워 명성을 얻고 있는 '바다애'라는 요식업체가 등장한 일도 우리는 의미 있게 생각해 봐야 한다. 이들은 매생이 메뉴가 인기를 끌면서 올 1월 10일에는 서초점, 1월 24일에는 수원시 천전점, 2월 9일에는 일산시 장항점이 오픈할 정도였다.

장흥군은 이제라도 매생이 가공공장은 관두라도 매생이 매뉴 전문점이라도 육성해 볼 일이 아닌가 싶다.

장흥낙지 전문점 지원정책, 문제 있다

― 전문점 확대, 낙지 상품화도 본격 추진을

― 장흥신문/2007.02.06.<기획>

국내에서 낙지는 뻘낙지를 최고로 친다. 본래 전라도 뻘낙지는 영암 독천낙지, 무안낙지를 최상으로 쳤다. 그러나 지난 80년대 중반 영암호 방조제가 들어서면서 독천낙지는 완전히 사라졌다. 그 대신 '목포 세발낙지'로 알려졌던 무안 뻘낙지가 제 이름을 되찾으며 낙지의 대명사로서 전국적인 명성을 얻어왔다. 무안군에서도 이러한 무안 낙지의 명성을 위해 낙지전문점 10여 곳을 운영하는 등 집중적으로 투자해 왔다.

사양화 길 걷는 무안 낙지

현재 무안군 망운면에는 낙지 직판장이 들어서 있으며 망운면 바닷가 피서리와 목서리 일대에는 낙지 전문점이 대여섯 곳이나 들어서 있다. 무안읍 버스터미널 앞 '낙지 골목'에도 낙지 전문점이 4곳이나 되며 식당 앞과 어물전 좌판마다 갓 잡힌 산낙지가 가득하다.

무안낙지는 무안 관내에서뿐만 아니고 광주 전남지역은 말할 것도 없고, 경상도 경기도 등 전국 어디서나 낙지원조로 간판을 단 곳은 '무안낙지'일 정도로 유명세를 타고 있다. 심지어 '무늬만 무안낙지'인 곳도 부지기수다. 그만큼 무안낙지 수요는 급증하며 그야말로 상종가를 쳐 왔다. 장흥·목포·신안산 낙지가 무안낙지로 둔갑되어 팔려나갈 정도였다.

그런데 이 같은 무안낙지의 성가에 비해 최근 들어 무안낙지의 생산량은 해마다 줄고 있다. 이유인즉 갯벌의 감소, 소형 기선저인망의 수로 내 불법어업 성행, 형망어업에 의한 바지락(낙지 먹이) 연중 채취, 통발의 무분별한 어구 사용 등이 그 원인으로 분석되고 있다.

해수부 통계에 따르면, 전국의 낙지 생산량은 지난 93년 1만5천여 톤을 정점으로 찍은 이후 2007년 현재 9천여 톤 수준을 유지하고 있다. 그중에서 전남의 낙지 생산량은 전국의 57%를 차지한다. 그러나 전남 생산량도 94년 9,000 톤을 정점으로 급감해 현재는 5,000여 톤 수준에 머물러 있다.

특히 뻘낙지의 대명사인 무안낙지도 예외는 아니어서 94년 7,450 톤을 정점으로 점차 줄어들기 시작, 지난 98년에는 4,469 톤까지 떨어졌고, 이후에도 계속 감소세를 보이다가 최근 몇 년 사이에 뚜렷한 감소세를 보이면서 현재는 600여 톤 생산을 가까스로 유지하고 있는 것으로 파악되고 있다.

이젠, 장흥이 낙지 주산지

이처럼 낙지 종가인 무안낙지가 주요 생산지로서 이름을 잃어가고 있는 사이, 낙지의 새로운 주생산지로 장흥군과 신안군이 이름을 대신 내밀고 있다.

장흥군은 지난해 5개 읍면 650가구에서 낙지 1,600여 톤을 잡아 220억여 원의 소득을 올렸다. 이 생산량은 전국 낙지 생산량의 22%, 전남 생산량의 40% 정도다. 해수부 통계에 의하면, 지난해 11월까지 전남도에서 잡은 낙지는 3,732 톤(703억여 원)으로 전국 생산량의 59%다. 낙지 종가 무안군이 지난해 5개면 804가구에서 600여 톤의 뻘낙지를 잡은(소득 130억여 원) 것에 비하면, 장흥군의 낙지 어획량은 1,600 톤으로 이제는 장흥 낙지가 새로운 낙지 종가로 무안낙지를 대신하게 된 것이다.

이처럼 장흥이 무안보다 낙지가 많이 잡히는 데에는, 무안낙지가 11월~1월 사이의 동절기에 생산이 불가능한 데 비해 장흥은 사시사철 생산이 가능하기 때문으로 풀이되고 있다.

장흥군 관계자도 "무안 등 다른 지역에서는 바다가 얕아 12월부터 2월까지는 사실상 낙지가 거의 잡히질 않지만 장흥 연안은 바다가 깊어 한겨울에도 잡히고 싱싱해서 경쟁력이 높다"고 말했다.

따라서 11월부터 2월까지 겨울에 생산되는 낙지의 대부분은 장흥산 낙지라는 사실이다. 게다가 장흥 낙지가 생산량에서뿐만 아니라 품질이나 경제성도 높다는 게 수산 전문가들의 분석이다.

이에 따라 키조개, 바지락, 매생이의 최고 주산지인 장흥군은 '청정 어패류', '청정 수산물'의 고장이라는 명성을 내세워 '장흥 뻘낙지'의 명성 살리기에도 본격 나서고 있다.

장흥 낙지 전문점 추진 대책

장흥군은 최근 '장흥산 낙지 명성 살리기' 추진 계획을 수립하고, 낙지산업 브랜드화는 물론 지역 어업인 소득증대 및 지역경제 활성화에 적극 나선다는 방침이다. 앞으로 토요일마다 열리는 토요시장에 낙지요리 전문점 3개를 열기로 하고 지원 사업비 1억3천만 원을 확보(토요시장 내 5천만 원, 그 외 지역에 8천만 원 지원)했으며, 이밖에도 서울에 수산물직매장, 회진면에 낙지위판장을 열 계획이다.

그동안 장흥군은 지난 해 8월부터 올 1월 말까지 세 차례에 걸쳐 낙지 전문점 운영자를 모집하여 심사한 결과, 적격자가 나오지 않아 올 2월에 제4차 사업자를 모집한다는 방침이다.

그러나 일부 수산인들은 현재의 예산지원으로는 두 군데 정도 개점 지원 밖에 안 된다며, 추가 예산을 확보, 토요시장을 비롯 해안지역에도 낙지전문점이 몇 개 더 들어설 수 있도록 해야 한다고 주장하고 있다.

이와 관련, 회진면의 한 수산인은 "지금 군 당국이 낙지 전문점에 대한 지원 대책은 토요시장에 1곳, 그 외 지역에 1곳 정도만 열려는 한계성을 가지고 있다"고 지적하고 "요즘 군에서 낙지 본고장으로서 명성을 되찾는다 어쩠다 하고 있는데, 기왕에 장흥 낙지가 무안 낙지를 누르고 전국적인 명성을 얻게 하려면, 토요시장을 포함 장흥읍내 권에 두세 군데 정도 그리고 수문권이나 회진권 등 해안지역에 두세 군데 정도 해서, 최소 무안낙지 전문점 개수의 반만큼이라도 들어설 수 있도록 행정적, 재정적 지원을 해주어야 한다"고 주장했다.

이처럼 장흥 낙지 전문점 추진 등에 자극을 받은 무안에서는 특허청에 '무안낙지' 상표 등록을 추진하고 낙지거리 조성을 추진하는 등 낙지 본고장으로서 명성을 더욱 확고히 해 나가려 야단이라고 한다.

우리가 본받아야 할 것은 이러한 무안군의 낙지에 대한 애정이고 낙지 상품화에 대한 열정이 아닐 수 없다.

낙지 상품화도 적극 추진해야

장흥 낙지의 상품화는 이제 막 시작이다.

그러므로 첫 술에 배부를 수는 없을 것이다. 그렇다고 해서 굳이 무안낙지와 승부를 겨뤄 이겨야한다는 식의 주문은 절대 아니다.

다만 최소한 장흥을 찾아오는 미식가들에게, 장흥 낙지의 명성을 듣고 낙지를 맛보기 위해 찾아온 관광객들에게 무안낙지에 버금가는 낙지 전문점 수준 정도는 선배야 낙지 제1주산지로서 자존심이 있을 것이 아니겠는가 하는 생각인 것이다.

그러므로 차제에, 첫 출발은 단순히 한두 개 정도의 낙지 전문점 육성책으로 시작했더라도 앞으로는 보다 장기적이고 구체적으로 낙지전문점 육성책을 비롯 장흥낙지에 대한 홍보전략, 낙지 등 해산물 음식개발, 판매 유통망 강화 등의 장흥낙지 프로젝트를 세워 보다 적극적으로 장흥낙지의 상품화를 본격 추진해 가야 한다는 생각인 것이다.

토요시장 개장 -그 성공 여부는 공무원에 달려

— 장흥신문/2005.07.07.

아마 장흥군 개군 이래로 가장 많은 안파가 몰렸을 듯싶은 지난 7월 2일 정남진 토요시장 개장일. 장맛비 소식 때문에 그날 오전만 해도 뿌렸던 장대비로 모두 어깨가 무겁던 그날, 하늘도 모처럼 '길게 흥할 수 있는 장흥'의 큰 잔치를 축복이라도 하는 듯 비를 그치게 했다. 이날 오전부터 밤 축하 공연까지 몰려든 인파를 합하면 족히 3, 4만은 되고도 남을 인파였다.

이날은 서울, 부산 향우들은 물론 광주 전남 향우들도 대거 몰려들었다. 강진 군동, 병영에서도 사람들이 쏟아져 나왔다. 이날 저녁 7시부터 개장 축하 공연이 끝난 10시 가까이 장흥대교 쪽의 가도에는 서울 중심가의 출퇴근 시간을 무색케 할 만큼 차량통행이 지체되고 어지럽기도 했다.

개장잔치는 그렇게 성공적으로 끝났다. 문제는 이 잔치가 앞으로 한 달, 두 달 계속되고 아니 일년 내내 토요일마다 계속될 것이냐이다. 장흥군민 대부분은 구경꾼일 터이다. 그러나 상가 주인들이나 토요시장을 장흥의 명물로 정착시키는 데 모든 지원과 협조를 아끼지 않아야 할, 아니 직접 참여하고 시장 활성화를 리드해 가야 할 공무원들의 경우는 다르다. 상가 주인들 역시 자기 장사이므로 내내 더한 노력도 고생도 마다하지 않을 것이다.

특히 공무원들의 경우, 모두는 아니겠지만 많은 공무원들이 주 5일제 근무가 시작됐지만 토요일을 반납한 채 토요시장 현장에서 진종일 살아야 할 판일 것이다. 그렇다고 시쳇말로 돈이라도 생기는 것도 아닐 터이다. 다른 시군 공무원들은 주 5일제 근무로 신명이 나고 자기 계발 투자에 여념이 없을 터인데 우리는 무슨 고생이란 말인가, 하는 볼멘소리가 한두 달만 지나면 절로 나올 것이다.

그런 공무원들, 참으로 고생이 많다. 그러나 한 걸음 물러나 생각하면 이제부터야말로 장흥군 공무원들의 군민을 위한 진정한 공복의식, 장흥의 앞날을 우리가 책임진다는 책임감이 필요하지 않을까 생각한다.

사실을 말한다면, 5백여 장흥 공무원들이야말로 장흥군의 진정한 힘이 아닌가. …진정으로 토요시장의 성패는 바로 장흥군 5백여 공무원 여러분 두 손에 달려있다고 해도 과언이 아닐 것이다. 앞장서서 주민 참여를 이끌어내는 것도, 관광객을 유치하는 몫도, 경쟁력 있는 토요시장의 이미지를 창출해 내는 주요한 몫도, 시장 활성화를 이끌어가는 일도 당신들 공무원들일 것이다.

앞으로의 장흥군 공무원들의 책무와 역할이 더욱 중요해질 것이다. 부디 힘들고 어렵더라도, 장흥 공무원 된 책임과 봉사와 사명감으로 토요시장 살리기와 이로 인한 지역경제 활성화를 위한 그 책무 수행에 선도적 역할을 다해주길 당부 드린다.

'건강 장수촌'의 경쟁력 확보를 위하여

— 장흥신문/2005.06.29.

2020년이면 우리나라 평균 연령이 90세가 된다고 한다. 그리고 현재의 추세로 보아 2019년이면 고령사회(14% 이상)가 되고, 2020년 경에는 초고령사회(20% 이상)가 된다고 한다. 그때는 65세 이상의 노인들이 15세 미만의 어린이보다 많아지는 가분수 사회가 된다는 것이다. 젊은 사람 4명이 노인 1명을 책임져야 하고, 경제활동 인구가 그만큼 줄어드니 경제성장에 대한 전망도 어둡지 않을 수 없게 될 것이다.

고령화는 물론 세계적인 추세이다. 우리나라 고령화 현상도 선진국들의 평균 노령 인구 비율인 15.3%에 비하면 아직은 낮은 편이다. 그러나 문제는 우리나라의 경우, 초고령사회로 진입하는 데 불과 20년도 걸리지 않을 것으로 예측되면서 우리나라가 세계에서 가장 빠른 속도로 늙어가고 있는 국가에 속하게 되리라는 전망이다.

다른 나라에 비해 다소 늦은 감은 있지만 우리나라도 최근 '저출산·고령사회 기본법'을 공포하였다. 그리고 이제 그 시행령을 만들고 '저출산·고령사회위원회'도 만들어져 오는 9월부터 가동한다고 한다. 위원회는 저출산·노후생활·인구경제·고령 친화산업 등 4개 분야로 나눠 활동하게 된다고 한다.

예전에는 보통 인간의 삶을 성장기·청년기와 자녀를 양육하고 교육시키는 장년기 그리고 여생을 보내는 노년기로 나뉘었다. 그러나 이제는 인간 수명이 늘고 노년기가 매우 길어지면서 노년기는 청장년기의 인생을 다 합친 시간과 맞먹게 되었다.

이제 우리들의 인생은 성장 활동기 50년과 성장 활동 후 휴식기라 할 수 있는 후반 50년을 동등하게 생각하고 준비해야 한다는 것이다. 그러므로 노인복지도 '편안한 노후'가 아니라 보다 역동적으로 '제2의 인생'을 영위할 수 있도록 지원해주고 도와주는 식으로 접근해야 한다는 것이다.

최근 장흥군의 노인복지 정책이 일자리 창출을 중심으로 적극적으로 이루어지고 있어 긍정적이다. 또 '건강 장수촌'이라는 구호를 내세우며 '노인들이 건강하게 잘 살 수 있는 고장 장흥'으로 홍보하고 있기도 하다. 이러한 것들은 바로 장흥군의 노인복지에 대한 의지를 말하고 있는 것이나 다름없다고 여겨진다.

그러나 우리 군도 앞으로의 노인복지에서 생각해야 할 것은 '편안한 노후', '일자리가 마련되는 노후' 등의 기존 노인복지 정책에서 한 걸음 더 나아가야 한다. 즉 이제는 '6, 70 인생'에서 '8, 90 인생'을 사는, 또는 '90, 100 인생'을 사는 고령사회의 라이프 사이클에 맞도록 복지 대책을 강구, 장흥의 노인 세대가 역동적으로 제2의 인생을 창출하는 삶을 영위해갈 수 있는 프로그램을 개발하는 식으로 접근해야 한다는 것이다.

'노인세대가 행복한 장흥'이 실현되길 기대해 본다.

'정남진 장흥유통공사' 개명…사업영역 확대 기대

— 장흥표고 농수산 홈쇼핑 판매에 부쳐

— 장흥신문/2005.06.29.

중국산 표고버섯 수입이 크게 늘어 국내 표고 가격에 악재로 작용하고 있다고 한다.

마른표고는 물론, 조제 표고, 생표고 등 모든 중국산 표고버섯이 물밀 듯이 상륙, 국내 표고가격 교란을 넘어 가격 인하까지 부채질하면서 가격이 작년 수준의 30% 이하로 떨어지고 있다고 한다. 엎친 데 덮친 격으로 이번 쌀 재협상에서 표고버섯에 대한 관세를 더욱 인하하거나 아예 조정 관세 품목에서 제외하도록 노력한다는, 이른바 '이면합의'까지 했다고 한다. 이런 상황은 전국 표고생산량의 12%를 차지하고 있는 표고버섯의 주산지 장흥군으로서는 큰 위기상황이 아닐 수 없게 됐다.

이런 가운데서 지난 3월 '표고유통공사'가 '정남진 장흥유통공사'(이하 '유통공사')로 이름을 개명하고 표고버섯 외에 쌀과 키조개, 매생이 등 장흥 농수산물도 취급하는 종합유통회사로 새롭게 출범했다. 이와 함께 유통공사는 농산물 전문 홈쇼핑인 '농수산 홈쇼핑' 방송국과 표고버섯의 판매 계약을 체결하고 오는 7월 1일부터 주 2회, 월 4회 방영하게 됐다고 하니 여간 반가운 소식이 아닐 수 없다. 관계자에 의하면 홈쇼핑 방영에서 월 매출은 1억~1억5천만 원, 연매출은 9억~12억 원으로 예상된다고 한다.

이로써 표고버섯은 향후 단계적으로 일반 유통 입점 판매는 물론 대형 마트나 백화점에서의 입점 경쟁력도 어렵지 않게 확보할 수 있게 될 것이다. 나아가 '장흥 표고버섯'의 브랜드 구축과 함께 정남진 장흥의 대표 상품으로 자리매김 될 것으로 기대되고 있다.

표고유통공사가 그동안 유통과 상품화 등에서 경쟁력을 갖추지 못한 채 사실상 지지부진해 온 것은 숨길 수 없는 사실이었다. 그러다가 일대 변화를 위해 2003년에 유통전문가를 새로운 경영자로 영입하게 되었고, 거의 전면적인 쇄신과 경영이 시도되면서 지난해부터 그동안의 적자운영에서 벗어나 흑자를 기록하게 된 것은 주지하는 사실이다. 더욱 올해는 이름도 바꾸고 사업영역도 표고버섯 유통 사업에서 장흥의 전 농수특산물을 취급하는 종합유통으로 변화를 시도하였으니 더욱 그 사업에 대한 기대를 가지게 된다.

이제 장흥군도 앞으로 장흥의 대표적인 상품으로, 아니 장흥의 명품으로 성장하게 될 표고버섯을 위해 그리고 버섯자원화 단지사업과도 연계가 되는 '버섯축제' 또는 '버섯음식축제' 같은 이벤트성 축제도 추진하는 등 보다 종합적이고 생산적인 표고버섯 명품화를 위한 지원과 마인드 구축에 최대한의 지원을 아끼지 말아야 할 것이다.

'그린 어메니티' 활성화 방안 모색돼야

— 장흥신문/2005.05.31

장흥의 비전이 장밋빛으로 변할 수 있는가. 여전히 재정자립도가 최하위 그룹에 속하는 우리 군이다. 산업 환경도 여전히 열악하기 짝이 없다. 우리 군의 지명도나 이미지 역시 허약하다. 민선 출범 이후 거의 모든 지자체들이 경쟁적으로 열을 올린 문화관광 분야에서도 우리 군은 취약하기 짝이 없다.

인근의 타 지자체들도 산업 환경이나 재정자립도 면에서 우리와 크게 다를 것이 없지만, 그래도 그들은 민선 이후 그들 나름대로 문화관광 면에 많은 투자를 하며 경쟁력을 강화하고 기반을 다져와 우리보다 앞서 있음은 숨길 수 없는 사실이다.

그렇지만 민선 3기 들면서 우리 군도 많은 변화를 겪고 있다. 천관산 문학공원, '정남진'이라는 콘셉에 의해, 또는 농어촌 체험관광이나 한승원 해산토굴 탐방 등 다양한 문화관광 자원의 부각으로 이전보다 많은 관광객들이 찾고 있긴 하다.

이 중에서 기존의 관광의 자원이라고 볼 수 없는 농어촌 체험관광은 지금 우리에게 희망을 주는 요소 중의 하나라 할 수 있다. 장흥읍 평화리 전통테마마을, 용산면 운주리 녹색체험마을, 관산읍 천관정보화마을 등이 바로 그 실증적인 예이다. 여기에 수문·용곡리의 키조개정보화 마을도 1, 2년 후면 그 농어촌 체험관광 부류에 속하게 될 것이다. 우리는 최근 들어 이처럼 부쩍 장흥의 관광을 주도해 가는 농어촌체험 관광에서 우리 군의 비전이 바로 '그린 투어'나 '그린 어메니티(Green amenity, 녹색 향토자원)' 활성화에 있음을 확인하게 된다.

사실 이들 네 곳의 마을 외에도 우리 군 어느 마을이나 간에 청정 농수산물 및 생태·휴양자원 등 다양한 그린 어메니티 자원을 보유하고 있어 웰빙 시대 최적의 녹색 관광자원화를 이룰 수 있다는 사실을 우리는 인식해야 한다.

더구나 오는 7월부터 개설되는 '정남진 토요시장'이 농어촌 체험, 지역특산품 판매, 도농교류 등 그린 어메니티와 연결되면 더 할 나위 없이 우리 군의 획기적인 농어촌관광의 경쟁력은 제고될 것이다. 그러나 아직까지 이러한 '그린 어메니티'에 대한 집중적이고 체계적인 접근이 없어 아쉽다.

그러므로 이제부터라도 그린 어메니티를 활용, 희망찬 미래를 일구기 위한 방안으로 '농어촌, 산촌, 어촌 어메니티를 이용한 그린 투어 활성화 방안'이라든지 '출향인 대상으로 은퇴 후 고향에서 보내기 운동' 같은 그린 어메니티를 보다 체계적으로 활성화시키는 구체적인 방안들을 추진해야 한다.

또 각 마을 별로 독특한 주제를 꾸준히 개발해 '신성장 농촌 어메니티'의 선두 주자로 자리매김 될 수 있는 방안, 마을환경 개선과 도시민의 유치 방안 등도 모색하여야 한다. 이렇게 구체적으로 추진되는 실천 방안들에 의해 장흥에 그린 어메니티 운동이 활성화 되면서 장흥 관광을 리드하게 될 것이다.

정남진 상표권 분쟁, 대타협은 없는가

— 장흥신문/2005.03.10. <기획>

장흥군은 정남진 관련 사업을 '2003년 3월부터 관산 신동리 일대에 표지석 설치 등 소공원 조성사업을 기획, 추진하기 시작한 사업'이라고 밝히고 있다.

이는 군의회가 2003년 6월 추경예산 심의과정에서 '자료 확보 및 미확인'이라는 이유로 정남진 관련 예산 전액을 삭감한 일이 있어 사실인 듯싶다. 그러므로 장흥군은, '정남진' 개발은 2003년 6월 추경안 심의과정에서 처음으로 밝혀진 정보였고, 상표권자인 백광준 의원은 그때 군의원이라는 특정 공인 자격으로 그 정보를 취득하고 그 정보를 사유화하기 위한 목적으로 개인명의의 상표등록을 출원한 것으로 간주하고 하고 있다. 따라서 장흥군은 상표 출원권을 즉각 양도해야 한다는 입장이고 이를 불응했으므로 당연한 수순에 의해 이의 신청을 제기한 것이라는 입장이다.

그러나 백광준 의원의 주장은 다르다. 백 의원은, '장흥군이 비록 2003년에 정남진 개발 사업을 기획, 추진하고 의회와 함께 협의한 사항이긴 하지만, 정남진이라는 명칭은 관광개발과 관련하여 이미 공개적으로 거론된 용어이므로 공무상 취득한 정보라고 단정할 수 없다'고 주장한다. 따라서 '이와 관련된 상표 등의 출원은 얼마든지 개인자격으로 가능하고 또 출원 전에 공개적으로 분명히 무상양도 의사와 정남진 상표 혼선 예방을 위해 출원한다는 이유를 밝혔으므로 결코 사유화를 위한 목적이 아니었다'고 주장한다.

사실 '정남진'이라는 용어가 공식석상에서 처음으로 거론된 것은 지난 1999년 11월, 장흥신문이 주최한 '장흥동학 학술세미나'에서였다. 당시 '장흥동학의 관광 상품화와 문화유산의 연계'라는 주제로 발표했던 강원구 박사(광주시관광협회장)는 "장흥군의 회진면이 서울로부터 정남향에 있으므로 회진을 정남진으로 만들어 관광 상품화하면 관광객 유치에 큰 효과를 볼 것이다"고 주장했으며 이의 논문이 본지에 게재된 일이 있었다.

그 후 2001년 군청의 박 모 씨가 국토지리정보원 홈페이지를 통해 '정남진은 어디인가'라는 내용의 민원을 접수했고, 그 결과 2001년 4월 26일 담당자로부터 "정남진이라는 지명은 있을 수 없지만, 굳이 서울을 중심으로 정남쪽 연륙 위치를 말한다면 전라남도 장흥군 관산읍 소재의 신동리 일원으로 경도 126도 59분, 위도 34도 32분'이다"는 답변을 얻게 된다.

그리고 장흥군에서 이를 근거로 2004년부터 본격적인 정남진 개발 사업을 추진하기에 이른다.

정남진 상표권 분쟁은 결국 특허청에 의해 결정될 것으로 보인다.

장흥군은 백광준의 정남진 상표 출원에 대해 이의 신청을 하면서 '정남진 사업은 공익사업이므로 또 정남진은 유명해진 이름이므로 개인이 상표출원을 출원할 수 없다'는 이유 등을 적시한 것으로 알려졌다. 그러므로 특허청이 '정남진은 공익사업이다'는 부문의 이유에 주안점을 두어 이의 신청을 인정하면 장흥군은 상표특허를 재출원할 수 있게 된다고 한다.

그러나 정남진은 이미 유명해진 이름이므로 개인이 상표권을 출원할 수 있다는 이유로 이의 신청을 기각하면 장흥군은 물론 어느 누구도 상표특허를 재출원할 수 없게 된다고 한다.

또 장흥군의 이의신청을 기각하고 백 의원에게 상표특허출원을 인정해주면 이 문제는 더욱 복잡하게 얽혀지게 될 것으로 예상된다.

백 의원의 경우, 장흥군의 이의 신청 자체를 매우 불쾌하게 인식하고 있는 것으로 알려졌다. 이는 이의 신청 사유 부분에서 명시한 '장흥군에 손해를 가하려는 부정한 목적을 가지고 사용될 수 있다'는 내용 부문 때문이라는 것이다. 그는 분명히 상표 출원 전에, '때가 되면 무상양도 해준다'고 공언했는데도 '부정한 목적으로 사용' 운운한 것은 "감정적인 소송으로 언어도단"이라는 주장이다. 따라서 백 의원으로서는 무상양도 문제도 고려하지 않을 수 없게 될 것으로 예상된다.

백광준 의장은 "지금이라도 장흥군에서 양수받을 기반이 구축되면 바로 양도하겠다는 입장은 변하지 않고 있다"고 전제하고 "단지, 내 지적재산이므로 최소한 기증식 같은 형식은 가져야 하지 않겠느냐"고 주장하고 있다.

백광준의 상표특허를 담당하고 있는 장흥출신 변리사 김성규 씨는 사적인 견해임을 전제하고 "지역 인사들이 나서거나 해서 양측이 한 발씩 양보하고 합의하여 군에서도 소송을 취하하고 백광준 씨도 기분 좋게 양도해주는 것이 가장 바람직한 일이 아니겠느냐"고 말했다.

김 변리사의 말이 해법이다. 이제라도 양자는 누구의 잘잘못을 떠나 서로 한 걸음씩 양보, 타협과 합의로 '정남진 상표 분쟁'을 종식시켜주길 바란다. 이 길이야말로 진정으로 서로를 위하고 나아가 장흥 군민을 위하는 길인 것이다.

웰빙 시대, 친환경 농업 육성이 과제다

— 장흥신문/2004.10.20.<기획>

최근 거세게 일고 있는 웰빙 붐(Well-being-boom) 그리고 '웰빙 문화'는 우리의 일상을 여러 형태로 바꾸어놓고 있다. 그 중에서 우리의 식생활 패턴도 빠르게 바꾸면서 농업분야에도 그 영향력을 크게 미치고 있다. 서울 등 대도시의 부유촌에는 아예 친환경 농산물이 아니면 팔리지 않을 정도라고 한다.

이러한 경향은 지방 지자체들의 시책마저 변화시켜가고 있다. 발 빠른 지자체들은 아예 국민들의 웰빙 수요에 능동적으로 대처하기 위해 여러 시책들을 내놓고 있는 실정이다.

충북 서산시는 최근 '2005 시책구상'에서 정신적 풍요, 자연, 건강, 행복, 풍족한 생활 등 웰빙 라이프 구현을 위한 5가지 역점시책을 발표했다. 이 시책에는 천수만 생태공원 조성, 친환경농업 확대, 육쪽마늘 및 생강 등 지역 특산물을 활용한 약용식품 개발 등이 포함돼 있다.

당진군도 내년에는 친환경농업 종합시범단지와 친환경쌀농업단지를 조성하고 친환경농산물 품질인증 면적을 올해 200ha에서 내년에는 320ha로 확대하는 내용의 '웰빙농업 시책'을 발표했다.

태안군의 경우, 아예 내년부터 매년 5월 초에 왕새우 및 육쪽 마늘 등 지역 특산물을 이용한 웰빙 요리 경연대회와 웰빙 스포츠 대축제 등으로 짜여진 '해양 웰빙 축제'를 개최하기로 했다고 한다.

이제는 관광마저도 웰빙 문화에 초점을 맞추어져 가는 형국이다. 가히 '웰빙의 열풍'이 아닐 수 없다. 이 열풍은 최근 경기 불황으로 잠시 주춤하긴 하지만 앞으로 더욱 거세게 일 것이라는데 의심의 여지가 없다.

웰빙 시대와 농업 산업화 시대

웰빙이 새로운 소비의 테마로 떠오르면서 농촌도 이를 급하게 뒤따르고 있는 추세이다.

이러한 현상은 안팎으로 열리는 개방시대를 맞아 적극 추진되고 있는 FTA 협상 등으로 일대 위기를 맞고 있는 우리 농업의 자생력 회복과 경쟁력 확보를 위해 1차 산업인 농업을 다른 산업과 융합하가나 복합시켜 가는, 이른바 '농업의 산업화(3차·4차·5차 산업화)'와 친환경 농업확대로 나타나고 있다. 즉 농업에 문화를 결합시켜, 예전에는 '농산물=먹거리', '농업=1차 산업'이던 등식이 깨지면서, 그 '먹거리'에 여가, 오락 등 '문화'가 새롭게 가미된 것들이 새로운 관광 자원이 되고 새로운 상품이 되어 가고 있는 것이다.

농업이, 농촌마을이 체험 학습장이나 관광의 장으로 변모하면서 농업의 산업화를 강하게 유인해 가고 있는 셈이다. 더구나 웰빙 시대에 접어들며 친환경농법으로 생산한 유기농산물이 크게 각광받으면서 농업의 변화를 더욱 촉진시키고 있다.

이처럼 웰빙을 중심으로 한 우리의 생활패턴의 변화가 농업을 생산, 판매, 체험, 휴식이 가능한, 그야말로 복합 상품화로 그리고 새로운 부가가치를 창출 할 수 있는 산업으로의 변화를 부추기고 있다. 아울러 아이디어와 기술을 투입하는 '개성 있는 농업 비즈니스'의 벤처 농업도 적극적으로 육성되고 있는 실정이다.

장흥군, 농업의 산업화

장흥군이 민선 3기 들어 추진해 온 영농 정책은 생약초 사업, 버섯 자원화 단지 사업 등 이른바 '농업의 산업화'라 할 수 있다. 특히 생약초 사업은 올 2월 지방정부 산업정책 대상에 응모, 관련·지원산업 부문에서 우수상을 수상하면서 가능성 있는 농업 산업화 정책으로 공인받은 바 있다. 지난 10월 12일에는 박준영 도지사와의 대화시간에 박 지사로부터 전폭적인 지원을 확약받기도 했다. 또 그날 현장에서 바이오 벤처회사인 정우약품과 투자 양해각서를 체결한데 이어, 전남대 약학대학·동신대한방병원과 산학 협력을 체결하고 생약초 자원개발 연구소 설립과 기술을 지원받기로 해 앞으로 우리 군의 생약초 사업은 더욱 탄력을 받게 됐다.

웰빙 시대-친환경 농업 요구한다

이제 문제는 웰빙 시대가 요구하고 있는 친환경 농업이다.

친환경 농업의 확대는 우리 농업의 경쟁력 확보를 위해서도 불가피한 선택으로 받아들여지고 있다.

우리 군의 경우, 다행히 지난해 장평농협이 군 당국의 적극적인 지원으로 장평면 용산·제산지구 140여ha(42만여 평) 면적에 60여 농가가 참여하는 '친환경 농업 대규모단지 조성 사업'을 추진했는데 서서히 그 성과가 나타나고 있다고 한다. 특히 이 단지의 '두봉청정미 작목반'에서 생산된 '왕비골 탐진햇쌀'과 '두리봉 오리쌀'은 농협 하나로 클럽 서울양재점과 성남농산물유통센터에 납품되면서 상종가를 누리고 있다고 한다.

장흥군은 올 하반기에 접어들면서 '친환경 농업 육성 5개년 계획'을 수립하고 내년부터 여건이 갖추어진 지역을 친환경 단지로 확대 조성을 추진하여 우리 군을 '전남도내 최우수 친환경 농업군'으로 자리매김해 간다고 한다.

그러나 이와 같은 친환경 농업의 확대 사업은 결코 쉬운 일만은 아니다. 넘어야 할 산들이 너무 많다. 무엇보다 우리 군은 65세 이상의 노인인구가 22%로 초고령사회에 진입한 상태이다. 그리고 도회지와도 원거리에 위치해 판로 확보를 위한 체계적인 유통망 마련도 쉬운 일이 아니다.

앞으로 전국적으로 친환경 농업이 경쟁적으로 추진될 것은 뻔한 일이다. 그렇다면 친환경 농산물의 경쟁력 확보를 위해서는 저농약이나 무농약 농산물보다 유기농산물 생산이 보다 최선일 터인데, 과연 노령인구가 많은 우리 군에서 유기농산물 생산 비율이 다른 지자체들을 앞설 수 있을 것인가 하는 과제도 떠안고 있다고 보아도 무방하다.

전국의 유기농산물 생산비율은 10% 선인데 전남은 고작 4%에 불과하다고 한다. 친환경 농산물 인증 면적이 546.6ha로 도내에서 가장 높은 나주시의 경우도 저농약과 무농약 비율이 겨우 10%에 불과하다고 한다. 우리도 앞으로 친환경 농업을 추진하면서 이러한 문제들을 극복해내지 못하는 한, 우리 군의 친환경 농업의 미래 역시 불투명 할 수밖에 없게 될 것이다.

웰빙 시대의 도래와 친환경 농업, 이는 시대적 요청이 아닐 수 없다. 특히 친환경 농업의 육성은 지자체장의 강한 의지와 담당 공무원들의 헌신적인 관리 지도, 농가의 적극적인 참여 등 3위 일체가 되었을 때만이 가능해지는 일이다. 여하튼 친환경 농업은 장흥군의 미래가 걸린 일일 수 있으므로, 친환경 농업의 육성에 최선을 다해주길 당부 드린다.

장흥 부흥은 '장흥 군민의 두 손'에 있다

— '장흥비전 2010', 문제점 많다(3)

— 장흥신문/2003.12.9

미래의 장흥은 어떤 모습일까. 그에 상이한 비전이 대충이나마 '장흥비전 2010'에서 보여주고 있다. 물론 확실한 실행계획도 아니고, 확실한 투자에 대한 비전도 아니지만 어느 정도 실현 가능한 밑그림이다. 이 '장흥비전 2010'를 토대로 하여 보다 구체적이고 실행 가능한 종합적인 전략과 실행 계획을 세워 나간다면 '장흥비전 2010'이 제시하고 있는 장흥미래상 구현은 전혀 불가능한 것도 아닐 것이다. 이런 점에서 이번 군 당국이 추진한 '장흥비전 2010'의 용역사업은 적지 않은 의미가 있다고 여겨진다.

특히 전국의 지자체 중, 군 단위 지자체 중 이러한 미래의 종합적인 비전을 용역을 통해 마련한 전례가 드물다는 점에서 용역을 통한 '장흥비전 2010' 마련 자체만으로도 큰 의미가 있다고 여겨지는 것이다. 다만 기왕에 추진한 '장흥비전 2010'이었다면, 좀더 '양질의 작품'이 나올 수도 있었을 텐데 하는 점에서 아쉬움을 갖는 것이다.

이번 '장흥비전 2010'은 진도군이 최근 추진한 '아리랑 마을' 개발 계획이나 또는 보성군이 추진한 '보성의 관광개발' 처럼 단일 지구 또는 단일 부분 개발계획의 용역이 아닌 문화·관광·산업경제·행정 등 장흥군정 전반을 포괄하는 종합적 계획이었는데도 단일 부문 용역비 수준(진도, 보성의 용역비는 1억5천만 원)보다 적은 비용(1억4천여만 원)으로 용역을 의뢰해 결과적으로는 그 정도의 용역비로 그 정도의 용역을 수행해냈으니 그 자체만으로도 대단한 것이라고 할 수도 있다.

사실, 어떤 개발계획이든지 정작 중요한 것은 재원 마련이라든지 하는 구체적인 실행계획이다. 그리고 그 실행계획에 의해 본격 개발을 추진해 가는 것이고, 거기서 무엇보다 중요한 것이 해당 지역민의 협조와 참여이다.

최근 들어 우리 군에서도 개발 사업들이 지역민의 이해와 맞물려 지연되거나 난항에 부딪친 예가 적잖게 발생하고 있는데, 이는 참으로 안타까운 일이 아닐 수 없다.

그 좋은 예가 회진항 개발과 남해안 일주도로 개발 사업일 것이다. 특히 최근 거의 확정된 안양에서 수문을 경유, 보성군 회천면 전일·율포로 빠지는 남해안일주도로의 노선 결정은 우리에게 시사해주는 바가 적지 않다. 당초 그 노선 계획은 사촌리 덕산마을을 못 미친 국도에서 율산 뒷산을 경유, 안양동초등학교 뒤쪽을 통과해서 다시 신촌 아랫마을 앞으로 해서 수락리 앞으로 빠지다 용곡리 쪽으로 우회하여 용곡리를 거쳐 보성군 전일리로 빠지는 것이었다. 그런데 용곡리 주민들이 용곡 뒷산을 경유하면 바로 용의 허리(용곡 뒷산이 용의 허리에 해당된다고 전해지고 있다)를 자르게 되는 것이라며 결사 반대해, 끝내 그 노선은 수락리 앞을 지나 '저날재(전일재)' 터널을 관통해 보성군 전일로 빠지게 되는 노선으로 결정되고 말았다고 한다.

결국 지역민들의 '마을 이기주의'는 마을 뒷산을 헐고 '새길'을 나지 못하게 하는데 성공했지만, 이것이 결과적으로 수문리 전체 주민들과 장흥군에는 큰 손해를 끼치는 결과를 가져오게 될 것이 자명해지고 있다. 왜냐하면 향후 장흥군이 '장흥비전 2010'에 의해 용곡·수문리·장재도를 장흥군의 대표적인 관광 거점지구로 개발하게 될 때, 수문리를 거치지 않는 남해안일주도로는 무용지물이 될 뿐만 아니라 교통, 관광인구 유입 등에 작지 않은 장애요인으로 작용하게 될 것이기 때문이다. 그리하여 수문리는 결국 남해안 일주도로 구간에서 완전히 배제됨으로써 접근성과 관광인구 유입을 스스로 포기한 셈이 되고 만 것이다,

장흥군의 미래는 장흥군민의 책임이다. 다른 누구의 책임도 아니다. 마을을 위해, 지역을 위해, 장흥군 전체를 위해, 우리나라를 위해, 때로는 자기라는 한 개인보다 '전체'를 위해 선택하고 일하는 사회가 되었을 때 그 사회는 더욱 발전하는 것이다.

장흥의 부흥, 장흥의 발전은 우리들이 '못산다, 낙후됐다'고 탓만 할 게 아니라, 우리 모두가 사익(私益)을 버리고 '장흥군'이라고 하는 전체 이익을 생각하고 그것을 실천해갈 때만이 비로소 확보할 수 있는 것이다.

질적인 노인복지 문제 지금부터 모색돼야 한다

—'장흥비전 2010' 문제점 많다(2)

— 장흥신문/2003.11.27

지난 11월 17일 '장흥비전 2010' 최종 용역 발표 때 군의 모 인사는 용역이 문화, 관광, 농업 부문에만 집중돼 있는 점을 지적하면서 사회복지 분야에서 소홀히 한 점을 지적한 바 있었다.

물론 '장흥비전 2010' 요약본에서는 부문별 개발계획에서 '보건의료 및 사회복지' 항목으로 간단하게 언급하고는 있다. 즉 보건의료에서도 ①현재의 280평상을 386평상으로 확대하고 ②보건소와 병원의 네트워크화를 추진한다는 정도의 계획안이 제시돼 있다. 사회복지 분야에서도 ①종합사회복지관과 청소년회관을 사회복지 거점기능으로 담당케 하고 ②생약초랜드 등과 연계된 노인전문 요양시설을 설치하고 ③가정 및 지역사회 복지기능을 회복토록 한다는 계획 등이 적시돼 있었다. 그러나 이것이 전부이므로 이 정도라면 사회복지 분야의 소홀성을 충분히 지적하고도 남을 만하다.

그렇다면 요약본이 아닌 원안이 그대로 실린 548쪽의 '장흥비전 2010'도 과연 그러한가. 원안이다 보니 조금 구체적이고 자세하게 표현돼 있기는 하나 요약본 내용과 크게 다를 것은 없다.

이 정도의 복지 분야의 개혁이라면 지금의 수준에서 크게 달라질 것도 없는 내용이 아닌가. 정말 상식적으로도 이해되지 않는다. 사회복지 분야의 문제는 갈수록 긴급한 현안이 될 것임에는 두말할 여지가 없다. 갈수록 고령화가 진전되리라는 것은 삼척동자도 다 알 수 일이 아닌가.

문제는 '장흥비전 2010'의 사회복지분야에 대한 기초적인 이해도의 결핍이 아니었겠는가 여겨진다. 이들의 인구지표 설정에서부터 오류가 있어 보인다. 3군 데에서 각기 다르다. 이를테면 과거추세에 의한 인구추계에서 2010년 장흥 인구는 3만5천 명에서 3만9천여 명에 이를 것으로, 또 도시계획에 근거한 인구추계에서는 2010년 장흥군 인구는 4만5천5백여 명으로 추산하고 있다. 그런데 인구지표 설정에서는 2010년엔 5만4천여 명으로 추산하고 있다. 이 인구지표 추산은 미래 환경 중심의 가치관 확산, 지역 내 기반시설 및 주요 개발사업의 완공 등으로 인구정착과 신규인구의 유입이 이루어져 소폭 증가가 예상되어 이렇게 설정했다는 설명이다.

그러나 지금 2003년 현재 장흥군 인구 4만9천여 명이다. 그런데 과연 앞으로 7년 후인 2010년에 5만4천여 명으로 증가될 수 있을까. 과연 그만한 인구 증가 요인이 무엇인지 궁금하지 않을 수 없다.

앞으로 장흥군의 인구는 증가되기보단 감소될 가능성이 크다. 특히 전체 노령 인구는 갈수록 증가할 것이다. 거기다가 앞으로 농촌마을의 노령 인구의 도시로의 이전이나 장흥읍 등 소도시로의 유입현상도 갈수록 심해져 갈 것이다.

농촌 마을마다 거의 노령인구만 남은 농촌 마을에서 장차 일어나게 될 이러한 인구 급감의 요인도 분석이 되었는지 되묻고 싶다. 그리고 이와 더불어 읍내 등 소도시를 중심으로 노인 인구의 자연 증가 외에 이같은 요인에 의한 노인 인구의 증가 예측도 분석이 되었는지. 그렇지는 않았을 것이다. 복지문제의 소홀한 점이 그것을 잘 말해준다.

우리가 특히 사회복지 문제 중 소도시에서의 노인복지 문제에 대해 관심을 갖는 이유는 여기에 있다. 지금 우리 사회에서 노인들이 갈 곳이 없다. 노인회관이나 노인대학 등이 아니면 마땅히 소일할 곳도 없다. 노인들에게 적당한 일거리가 없는 것은 두 말할 것이 없다. 그러므로 노인들이 갈만한 문화적인 공간이 없는 것은 너무나 당연한 일인지도 모른다.

고령사회에 대한 보다 구체적인 비전이 필요하다.

노인 전문병원, 노인 요양시설, 노인 성인병원 등 노인 의료시설의 확충 문제도 긴요하다. 보건소의 방문의료사업의 확충도 마찬가지일 것이다. 그러한 것들은 지금의 복지 수준에서는 기본적인 것으로 돼 있다. 문제는 노령화가 더욱 진전되었을 때의 노인대학 운영 확대, 노인을 위한 문화 공간 확충 등 노인의 삶에서 질적인 문제 해결도 지금부터 생각하지 않으면 안 된다는 것이다.

이제부터라도 노인복지 문제나 실버문화 활성화에 대해 전면적이고 총체적으로 접근해 가야 한다. 그러므로 '2010년 비전' 같은 장기계획에서는 더욱 이 문제가 심도 있게 다루어졌어야 했다는 것이다.

이점이 간과돼 있어 참으로 아쉽다. 이 문제는 향후 군 지도자들의 소신 있는 군정 추진에 의해 해결될 수밖에 없을 것이다.

특화된 장흥 이미지 도출하지 못했다

— '장흥비전 2010' 문제점 많다(1)

— 장흥신문/2003.11.19

최근 최종 보고를 한 '장흥 2010년 개발계획(안)'은 우리 군의 미래지향적 중장기 종합개발 프로그램으로 이처럼 종합적이며 체계적인 개발계획에 대한 용역이 늦어도 한참 늦긴 했지만, 이제라도 추진돼 무척 다행스러운 일이다.

550쪽의 방대한 분량의 '장흥비전 2010'(이하 '2010')을 살펴보면서 본 용역을 추진한 관계 부서나 용역 주체 측의 노력과 정성이 여실히 들여다 보였다. 그러나 한편으로 몇 가지 부문에서는 아쉬움도 있었다,

무엇보다 아무리 타당성 검증까지는 요구되지 않은 중장기 개발 계획안이라 해도 기 추진사업을 포함한 잡다한 것들까지 죄다 포함시켜 효율성과 집중성이 결핍돼 있었다. 다만 계획안이므로 그쯤이야 용인한다 치자.

그러나 가장 아쉬운 점은 이번 용역에서 많은 군민들이 기대했던, 보다 확실하고 전국적 경쟁력을 갖는 특화된 단 한 가지의 이미지나 상품개발에 대한 것을 도출해내지 못하고 다시 우리들에게 떠 넘겨주었다는 점일 것이다. 강진은 청자, 해남은 땅끝마을, 함평은 나비, 영암은 왕인문화, 보성은 녹차 등등처럼 장흥만의 것으로 특화된 단 한 가지 문화관광 상품이나 전국적인 이미지 하나를 창출해야 하고 이것은 우리들의 가장 긴요한 과제라 할 수 있는데도 바로 이점이 간과돼버리고 말았다는 것이다. 다시 말하면, 우리는 표고버섯, 장흥문학, 생약초, 천관산, 수문관광단지,

탐진 호반, 보림사 등 다양하다. 그렇지만 이번 용역에서 그것들 중 대표적인 것 하나를 도출해내지 못함으로써 우리가 고만고만한 많은 자원 중에서 한두 가지를 다시 선정하거나 전혀 새로운 다른 것을 만들어내어 하는 고민을 다시 갖지 않을 수 없게 된 것이다.

자연·정적(靜的) 자원을 활용한 관광 개발문제부터 생각해 보자.

수문·장재도를 장흥의 대표적인 관광지로 재편하고 2개 지구를 일체적으로 개발한다는 구상은 무리가 없어 보인다. 그러나 골프장 조성이 거의 불가능해진 상태에서 '2010'에 의해 수문권이 개발된다 하더라도, 그것만으로 과연 보성 율포에 비교 우위를 점할 수 있느냐는 것이다. 이 점에서 수문권에 대한 거점관광지구 개발에 대한 성공은 난망이 아니겠는가 생각되는 것이다. 더구나 여기에서 수문과 장재도의 중간 지점인 여다지에 대한 개발전략이 제외된 것도 아쉬움을 부채질하게 만든다. 연안으로는 개펄이 조성돼 있어 위락적인 개발은 불가능하지만, 그 개펄을 생태관광자원으로 활용할 수는 있다. 즉 이곳 여다지의 개펄이 기왕에 몇 년 전부터 장흥환경연합 등에 의해 초중고생들을 대상으로 바다 생태학습 체험장으로 활용되어 왔기 때문에 이곳 일대를 바다생태학습장으로 적극 개발할 필요가 있다는 것이다.

또한 여다지가 학생들을 위한 생태학습장으로 개발될 경우 이곳에 득량만의 고유 수종과 어패류를 한데 모은 '바다 생태관' 같은 것도 조성할 수 있고, 그럴 경우 이 지역에 학생들의 체험 관광의 흡인력을 극대화할 수도 있을 것이다. 이로써 수문·장재도 권역의 장흥관광 거점으로서 경쟁력도 가일층 강화될 것이라 여겨지는 것이다.

또 한 가지 간과해버린 것은 삼비산의 관광개발이다. 특히 삼비산은 그동안 보성에서 일림산으로 둔갑시켜가면서까지 율포-용추계곡-일림산 관광개발을 적극 추진해 올 정도로 삼비산은 명산으로서 자원을 확보하고 있는 산이다. 또 장수리나 신촌리 등에서 등산할 경우, 바로 용곡리 뒷산으로 하산할 수 있고, 용곡으로 하산한 등산객들을 수문의 해수탕이나 위락시설에서 수용할 수 있으므로 그만큼 관광자원으로서 효용성도 큰 곳이다. 그런데도 이번 용역에서는 삼비산을 연계, 활용하는 개발 전략을 놓쳐버린 것 같아 아쉬웠다.

부거점 관광지구로서 남부 해양관광권의 천관산 문학공원 개발전략에서 가장 중요한 관광자원은 '장흥문학관'(문학박물관)인데 여기서는 제외 돼 있다. 다행이 최근 군에서 첨가한 2004~2008년 천관산 문학공원 개발계획에서 40억 원이 투자되는 문학박물관 조성계획이 잡혀 있었다. 다만 이것이 군의 별도 개발계획과 상관없이, '2010'에서도 검토됐어야 했지 않았나 싶었다.

마지막으로 한 가지, 서편제의 본 고장으로서 뿐만 아니라 '장흥신청' 복원 등을 통해 남도국악의 맥을 이어온 전통을 문화상품으로 창출하는 방안에 대한 고려가 없었다.

그럼에도 불구하고, '장흥비전 2010', 이것만이라도 만들어졌다는 것은, 우리 군에서는 처음 있는 일이므로 더없이 다행한 일이라 여겨진다. 또 현임 군수의 관광문화산업 육성에 대한 의지가 확고한 만큼 앞에서 지적한 문제 정도는 얼마든지 보완, 개선될 것으로 기대한다.

표고유통공사 사업, 전면적으로 재검토해야 한다

— 장기 비전 위해 전문 경영인에게 맡겨야

— 장흥신문/2003.03.13

▶표고버섯=전국 제일의 주산지(생산량 12%) ▶관내 650여 농가 재배 ▶1992년 전국 최초 제3섹터의 민관합자회사 '장흥표고유통공사' 설립(자본금 10억 원) ▶1995년 5월 장흥표고유통공사 서울직판장 개설 ▶1996년 표고음료 및 표고고추장 가공식품 개발 용역 의뢰 ▶1996년~. 흑자운영 ▶1998~99년. 매출 감소로 영업 수지 적자 ▶1999년 1월 표고음료 및 표고된장 고추장 시판 ▶1999년 1월 지방공기업경영대상 대통령상 수상기업 선정 ▶1999년 표고음료 육군에 70만 캔 납품 ▶2000년 표고 음료 연 100만 캔 일본 수출 ▶1999년 155평 규모 종균배양장 운영 ▶1999년 11월 지방공기업 경영평가 결과 '다'급 판정 ▶2000년 매출 11억 원, 5천만 원 순 이익 기록 ▶2002년 10월 지방공사 공단 등 경영평가에서 '라'급 판정 ▶2003년 1~2월 경영진단 용역 의뢰 ….

이것이 개략적인 표고유통공사의 프로필인 셈이다.

우리는 간단한 상기 내용에서 굳이 전문가적 경영진단을 빌리지 않더라도 표고유통공사는 그동안 군민 소득원 개발을 통해 오랫동안 침체에 빠져있던 지역경제의 활로를 개척해 왔음을 알게 된다. 더불어 지역민들의 소득 증대와 지역 이미지 제고에 적지 않게 기여해왔음을 충분히 짐작하고도 남는다. 그러나 한편으로는 마케팅 및 유통의 취약성과 인적, 물적 경영 규모의 취약성으로 인해 경영 상태가 크게 개선되지 못한 채

지지부진해 왔다는 사실도 더불어 인지하게 된다.

이러한 유통공사의 제반 사업 경영에 대한 진단에서 전문가들은 결코 후한 점수를 주지 않았다. 그들은 전문가들답게 냉정했다. 이러한 결과는 지난 해 10월 행자부의 지방공사 공단 62개 등의 경영 평가에서 유통공사가 최하위급인 '라'급 판정을 받은 적도 있어 어느 정도 예견된 일이기도 했다.

이번 경영진단에서 전문가들은 앞으로 유통공사는 사업 영역을 조정한 후 전문 경영인을 영입하여 1, 2년간 사업을 추진해 본 후에 사업 지속과 철수 여부를 판단하고, 사업 지속 시는 사업을 안정시킨 후에 민간으로 이양토록 권고했으며, 철수 결정시는 군 주도로 법인 청산과 해산 절차를 거쳐 사업을 종료해야 한다는 의견을 내놓았다.

다시 말하면 '군 주도로는 장기적 비전은 없다'는 게 전문가들의 일치된 의견이었다. 그러므로 일단은 음료나 장류 사업을 유통공사로 통합하는 등 사업 영역을 조종하여 전문 경영인에게 맡겨 사업을 안정시킨 후 민간인에게 이양하든지 철수하든지 하라는, 이를테면 군 주도로 언제까지 사업을 계속해서는 큰 수익이 없다는 결론을 내린 것이다. 이러한 평가에 대해 몇 년 후의 일일지라도 그동안 우리가 투자한 자금과 공력이 얼마인데 민간에게 이양하거나 사업을 철수해야 하느냐며 일부에서는 적잖은 불만을 터뜨릴 만도 할 것이리라.

그러나 치열한 경쟁시대에서 우리는 현실을 현실대로 인정하고 수용할 것은 수용해야 한다. 표고 식품사업에 대한 산업 매력도와 사업 강점의 지표가 매우 낮게 평가되고 있다는 사실도 우리는 어느 만큼 인지하고 있는 사실이다. 또 동 사업은 결국 자금력과 마케팅의 싸움이라고 볼 때, 지자체 주도만으로는 경쟁 업체들인 대기업과 맞서 싸울 수 있는 형편은 아니라는 것쯤은 익히 아는 일이다. 이러한 실정에서 성공적으로 시장에 진입하여 사업의 안정화와 사업 확대를 이루는 일이 어떻게 쉬운 일이겠는가.

차제에 이제부터라도 우리가 할 수 있는 최선이 무엇인가를 냉정하게 생각해야 한다. 언제까지 큰 수익도 없는 사업에 군이 '헛힘'만 쏟아 부을 수 없는 노릇이기 때문이다. 물론 표고식품 사업을 포기할지라도 그것은 전국 제1주산지로서 표고버섯 생산의 포기는 결코 아니다. 경영 진단에서도 제시되었듯이 톱밥배지에 의한 표고버섯 기술 개발 등은 더욱 강화, 장흥군이 지속적으로 표고버섯이나 영지버섯 등 버섯의 주요 생산단지라고 하는 위치만큼은 얼마든지 확보해 갈 수 있다. 더불어 버섯생태관이라든지 버섯축제라든지, 버섯음식축제라든지 하는 표고버섯 또는 버섯 주산단지로서의 전국적인 이미지화 노력도 능히 가능한 일일 것이다. 나아가 이러한 일련의 사업들은 생약초랜드 사업 등과 연계하여 친환경 농업 또는 생태 농업군으로서 이미지 제고에 적지 않은 시너지 효과도 거둘 수도 있게 될 것이다.

그러나 한 가지 분명한 것은 이제라도 유통공사의 제반 경영 상태는 이번 일을 계기로 냉정하고 객관적으로 검토해 봐야 한다는 것이다.

다 접어두더라도 우리가 그동안 표고버섯의 전국적인 상품화 노력에 얼마만큼 노력해 왔는가 하는 점도 자성해 봐야 한다. 우리는 그동안 흔하디 흔한 일일 수도 있는 표고버섯 음식축제 한 번 개최해 보지도 못했다. 큰 투자 없이 쉽게 추진할 수 있는 버섯생태관 조성이나 표고버섯 인터넷 홈페이지마저 구축하지도 못했다. 표고버섯을 중심으로 사업체 주체들의 일원화는 필수적인데도 유통공사, 재무과(예전은 지역경제과),

농업기술센터로 각각 분산되어 유통·홍보·마케팅 부문에 대한 경쟁력과 효율성을 극대화하지도 못했다.

그런 판국에 전국 지방공사 공단 경영평가에서 최하위급인 '라'급으로 평가받았고, 전문가들의 경영진단에서는 '군의 입장에서는 장기적인 비전 없다'여서 전문 경영인에 의한 경영 이후에 민간 이양이나 철수를 권고 받은 것이다.

당연한 결과가 아니겠는가. 전문가들의 진단대로 추진해보든지 아니면 적극적인 확대 방안을 추진하든지, 아무튼 전면적인 검토는 하루라도 늦춰서는 안 되는, 빠르면 빠를수록 좋은 일일 것이다.

어려운 지역 경제 극복에 총력 결집해야

— 핵 폐기장 가시화-키조개 불황 등 난제 많다

— 장흥신문/2003.02.12

지역경제가 바닥을 치고 있다는 느낌이다. '장흥을 뜨고 싶다'는 말도 심심찮게 흘러나온다. 사람마다 불평불만이다. 군정·의정에 대한 불만, 의원들에 대한 불만, 장흥–광주 간 4차선, 경전선 철도문제 등 지역개발 소외에 대한 불만들이 어딜 가나 화두다.

최근에는 핵 폐기장까지 덧붙여졌다. 이름을 거명하면 다 알만한 인사들도 '차라리 핵 폐기장이라도 유치해야 한다'는 식이다. '3천억 원 지원금'이 허수에 불과할 뿐임을 잘 알면서도 이제는 그것이라도 잡아야 하지 않느냐는 안타까운 마음들이다.

지금 우리에게 시급한 것은 이 '황폐해진 마음'을 반전시키는 의지의 마음이다. 이럴수록 모두가 자기를 버리고 주위의 이웃들에 관심을 가지는 일, 이웃의 어려움을 내 어려움으로 이해하려고 노력하는 일이 중요하다.

며칠 후 모 단체에서는 군민회관에서 큰 모임을 갖는다는데, 외지의 뷔페업체에게 식사를 주문했다고 한다. 효율성을 위해 그러했으리라 짐작되긴 하지만, 그래도 우리 지역의 어려움을 조금만 더 생각했더라면 충분히 지역 음식점에 주문할 수도 있었을 것이다.

강진·해남 지역이나 광주시의 물건 값이 조금 싸다고 우르르 그곳으로 물건을 구매하러 장흥을 빠져나가는 모습도 우리 지역의 어려움을 이해하려는 노력이 부족해서이다.

우리는 강진 사람들이 장흥에 무슨 볼 일을 보러 왔다가 강진 다방에

커피를 주문하고 강진 택시를 불러 타고 가는 일들은 흔치않게 목격할 수 있다. 그들 행위를 지나친 이기적 지역주의로 매도해버릴 수 없는 일이다. 우리에게도 지금처럼 모두가 어려울 때는 바로 그들 같은 '지역 사랑'이 절실한 것이 아니겠는가.

주지하다시피, 핵 폐기장 유치 문제가 또 다시 불거졌다. 본래부터 후보지로 거명되었던 용산 상발리와 남포마을 주민들이 유치 청원서를 장흥군 의회에 제출했다고 한다.

군 의회의 심의 결과와 상관없이 주민들이 핵 폐기장 유치를 희망하는 청원서를 제출했다는 그 자체에 우리는 주목하고자 한다. 물론 그 동기는 갈수록 농촌 경제가 어려워지고 농촌에 대한 희망을 기대하기 어려워 보상이라도 받고 농촌을 뜨고 싶다는 마음에서 비롯되었으리라 생각되고 그들의 사정이 오죽했으면 그리했겠느냐 이해되긴 해도, 그들은 인근의 많은 이웃들을 생각하지 못한 '이기심'이나 진배없다는 점에서 우리를 우울하게 만든다. 그들은 보상을 받고 훌쩍 고향을 뜨면 되겠지만 문제는 남는 이웃들이 문제가 아닌가. 핵 폐기장 주변 지역의 농업이나 어업은 어찌 될 것인가.

키조개 황금 어장으로 관내에서 최고의 부촌이 된 안양 수문 마을에도 요즘 수심이 깊어졌다. 주민마다 자금이 부족해 아우성이란다. 일본의 경제 불황으로 인해 키조개 수입이 절반으로 줄어든 데다 지난해는 키조개 성장률이 좋지 않아 버려지는 키조개도 많아졌다. 엎친 데 덮친 격으로 종패 구입 값이 천정부지로 치솟아 한 달 전에 개당 170~180원 하던 종패 값이 요새는 3백 원을 웃돌고 있을 정도라고 한다. 90여 어가들이 가입되어 있는 키조개 양식협회에서 공동 구매로 종패 값을 조종하려고 해도 경쟁적으로 외지 자금들이 유입되면서 단합이 깨지고 회원 간에 경쟁적인 종패 구입 현상이 벌어지면서 결국 '제 살 파먹는 식'이 되고 있다고 한다.

득량만에서 언제까지 키조개가 성시를 이룰 것이라는 낙관은 금물이다. 대일 수출 부진이나 가격하락 탓만 할 게 아니다. 이럴 때일수록 주민들이 한 마음이 되어야 한다. 서로가 양보하고 내일을 생각하며 보다 합리적인 대책을 강구해야 한다. 외부 자금 유입으로 인한 무한정의 종패구입은 결국 과다 생산으로 이어지면서 가격 하락만 부채질해 어려움만 더욱 가중시킬 것은 명약관화한 일이 아닌가.

오늘 지역경제의 어려움은 우리 모두에게 책임이 있다. 오늘의 이 결과는 결코 어제 오늘 갑자기 생겨난 것은 아니며 우리들 스스로가 만들어온 까닭이다. 그러므로 결국 우리 지역의 어려움은 우리 모두에게 공동의 책임이 있으며, 그러기에 더욱 우리 모두가 한 마음으로 이 어려움을 극복해가야 하는 것이다.

지금 우리에게 필요한 것은 불평불만이 아니다. 누구에게 책임을 전가할 수도 없다. 우리 모두의 책임이며 이 난관을 극복해 내는 일도 우리 모두의 몫이다. 그러기 위해서는 우리 모두 이기, 가식, 허울을 다 벗어 던지고 진정으로 하나 된 마음이 되어야 한다. 서로가 서로를 이해하고 양보하고 서로 돕는 마음이 되어야 한다. 공직자도 군민들도 사회단체들도 모두 합일된 마음이 되어야 한다. 그리고 머리를 맞대고 지역경제 살리기에 지혜를 짜내고 총력을 결집해야 한다. 장흥의 희망은, 우리의 희망은 누가 거저 가져다 주는 것이 아니다. 바로 우리가 만들고 장흥의 내일도 결국 우리 스스로가 만들어 가는 것이다.

장흥 특산품 매생이, 상품화할 수는 없는가

— 장흥신문/2000.11.23.

매생이는 흔히 젖은 갯바위의 표면이나 김양식장의 부체 등에 밀생하여 김의 생육에 해를 주기도 하지만, 파래보다 단맛이 있고 영양학적으로 김 못지않게 영양분이 풍부해 최근 들어 고소득 해조류로 각광을 받고 있다.

'식문화(食文化)' '음식 전쟁' 이라는 말이 흔하게 쓰일 정도로 이제는 음식마저 문화의 한 패턴으로 자리 잡고 있는 시대다. 보도에 의하면, 겨울 한철 식용만 가능했던 매생이가 서울의 한 음식점에서는 일년 내내 매생이를 끓인 국물로 차린 '매생이 백반'을 이태 전부터 팔고 있다는데, 이 백반은 남해안의 고향을 둔 남도 출향인사들 뿐더러 서울태생이들에게도 인기가 대단하다고 한다.

우리는 이제부터라도 서둘러 매생이를 장흥군의 특산 수산물로 공식화하고, 이의 상품화 대책을 서둘러야 한다. 매생이를 생산하는 지역은 진도·완도·강진·장흥·고흥 등의 남해 연안이고 이중 장흥군이 전체 생산량 50%를 차지, 거의 절대 우위를 점하고 있다. 또 무엇보다 매생이 생식조건은 청정해역으로 조류가 강하지 않은 내해(內海)이자 오염되지 않는 청정해역과 천연 개펄에서만이 제대로 된 '우량품'으로 생장하는 무공해 천연 해조류이다. 그리고 이런 최적의 조건을 두루 갖춘 곳은 장흥의 대덕읍 연안이다. 실제로 이곳에서 매생이업에 종사하는 가구 수나 생산량도 국내에서는 최고이고, 이곳 매생이의 품질 또한 국내 최고라는 게 장흥 수산기술소 한 관계자의 증언이고 보면, 가히 '한국의 매생이는 장흥의 매생이' 라고 단언할 수도 있을 것이다.

현실적으로 장흥군이 매생이의 국내 최대 생산지인데도, 다른 한편으로 장흥군에서는 이러한 매생이에 대한 생산 어가, 생산량 등 기본적인 통계 수치는 물론이고 유통구조나 상품화 등 2차적인 복안이나 대책 마련은 전무한 상태이다. 따라서 자칫 매생이가 타 지자체의 특산품으로 둔갑될 수 있다는 우려를 낳게 하고 있는 것이다.

그리하여 우리는 다음과 같은 내용의 제언을 군 당국에 드리고자 한다.

첫째, 무엇보다 먼저 매생이는 장흥군의 특산품임을 널리 홍보해야 한다. 장흥 매생이에 대한 역사적인 사실에 근거, 매생이의 영양 분석, 타지와 비교되는 생산종사 어가수와 생산량 조사, 매생이 음식요리법 연구개발, 매생이와 관련된 연구논문 수집 등 구체적이고 체계적인 조사와 연구를 통해 매생이 홍보 팸플릿이나 책자도 발간하고 군 홈페이지에 이러한 내용 등을 중심으로 매생이가 장흥의 특산품임을 널리 홍보해야 한다.

둘째, 매생이 생산 과정의 법제화 추진을 서둘러야 한다. 현재 매생이는 국내에서 공식적으로는 해조류에 등록이 안 돼 있어 매생이 생산업자들은 매생이업을 '파래 생산업'으로 가면허를 획득하여 종사하고 있는 실정이다. 그러므로 엄밀하게 따져 그들 모두 불법으로 매생이업에 종사하고 있는 셈이다. 그러므로 장흥의 매생이가 국내 특산품으로 확고하게 자리매김 되기 위해서는 매생이업이 양성화되어야 하고, 이 과정에서 불가피하게 추진되어야 일이 매생이의 해조류 등록인 것이다. 이런 일은 매생이가 가장 많이 생산되는 장흥군에서 마땅히 추진해야 하는 일이다.

셋째, 매생이 상품화에 대한 연구와 대책을 서둘러야 한다. 매생이 상품화에 가장 큰 걸림돌은 저장법과 유통구조 개선이다. 서울의 모 음식점에서는 겨울 한철에 매생이를 대량으로 구입, 일년 내내 저장해 놓고 사시사철 매생이국을 끓여준다고 한다. 이처럼 사시사철 저장할 수 있는 방법을 연구해야 한다. 전문기관·단체에 용역을 줄 수도 있을 것이다.

넷째, 매생이 생산에서는 아직까지도 김이나 파래처럼 인공양식의 방법이 개발되지 못해 나일론 계통의 김망을 이용한 재래의 김지주식 방법이 이용되고 있는데, 앞으로 매생이의 인공양식도 연구개발해야 한다. 지난해 해남수산기술관리소에서는 '매생이의 욕상인공채묘기술 세계최초 개발'을 발표했지만, 아직은 양산체제 확립이나 수익성 분석 등 몇 가지 점들이 연구과제로 남아있다고 한다. 수산기술관리소 측의 인공채묘 기술개발이 완료된다면 이는 더없이 반가운 일이지만, 이점에서 우리 군도 특별한 관심을 가지고 매생이 인공양식에 대한 자료와 연구를 추진해야 할 것이다.

매생이는 오래 전부터 우리 군민들에게 끈끈한 향수 같은 '정서'로 남아 있다. 정월 초하루 설날부터 대보름 제사상에서나 구경할 수 있었던, 옛날에는 희귀한 해조류였다. 보릿고개 시절에도 매생이국에 보리밥을 말아먹는 일은 최상의 별미요 특미였다. 이제 그 매생이 주산지 장흥은 손놓고 있는데 너도나도 자기네 특산품으로 홍보하기에 열을 올리고 있다. 사시사철 그 매생이의 별미를 맛볼 수 있는 음식점도 생겨났으며, 육상인공채묘기술을 연구하는 단계에까지 이르렀다. 그런데도 우리는 지금 무엇을 하고 있는가. 매생이마저 다른 곳에 빼앗기고 말 것인가.

4장

사회

‘작은 학교’가 살아야 농어촌이 산다

— 안양동초교 2022년 폐교 추진에 즈음하여

— 장흥투데이/2021.11.17.

그렇지 않아도 시대적 흐름인 인구 급감으로 농어촌이 위기인데, 갈수록 그 위기에 불 지피 듯 농어촌 학교가 폐교되고 있어 농어촌의 위기를 더욱 심화시키고 있다.

안양동초교가 내년에 폐교될 것으로 예상된다. 최근 2, 3년간 학생수가 10명 이하여서 지난 2020년부터 폐교문제가 불거졌고 학부모들이며 지역민 대다수도 폐교와 통폐합을 찬성하는 쪽이어서 폐교 수순은 비교적 수월히 추진되고 있는 것으로 전해졌다.

현재 장흥군의 읍면 단위 초등학교는 장흥읍을 제외하면 모두 1, 2개 학교가 존치돼 왔다. 그 중 2개 학교가 있는 읍면은 관산읍과 안양·회진면뿐이었다. 안양면의 안양동초교가 지금까지 존치돼 온 것만도 무척 다행스러운 일이었다고 할 수 있다. 그럼에도 안양동초교 폐교 현실은 지역민들이나 동창생들에겐 결코 반가운 일일 수가 없다.

학교가 없어지면 젊은층 유입을 기대하기 어렵게 된다. 학교가 없어진다는 건 그 학교 건물이 없어진다는 것이 아니고 그 지역의 교육이 사라진다는 의미다. 그러므로 학교 폐지는 결국 그 지역 마을들의 존재 가치가 유명무실해지고 더불어 그 지역사회의 붕괴도 가속화된다는 의미에 다름 아닌 것이다.

교육지원청 관계자에 따르면, 초등학교의 경우 학생 수가 30명 이하가 되면 폐교(또는 분교장화)의 권고 대상이 된다고 한다. 그러므로 학생 수 30~40명이면 당연히 폐교 위기에 놓일 수밖에 없게 된다.

장흥군 초등학교는 2021년 기준으로 모두 15개교이다. 이중 학생 수 30명 이하인 학교는 장평초(21명), 관산남초(28명), 명덕초(27명), 유치초(26명), 장동초(26명), 안양동초(6명) 등 6개교에 이른다. 이 가운데 안양동초교는 2022년 폐지 예정이므로, 향후 폐교 위기로 남아질 학교는 5개교이다.

이미 폐교가 추진 중인 안양동초교는 폐교가 불가피한 일이므로 기왕 폐교를 전제한다면, 향후 폐교 위기에 놓일 5개교에 대해 지역에서 '작은 학교 살리기' 운동이라도 추진해야 한다는 생각이다.

농촌 초중학교 폐교는 이미 전국 농촌사회에서 공공연히 벌어지고 있는 일이다.

농촌 인구의 급감과 고령화 등의 현상으로 불가피하게 맞고 있는 현상의 하나이기 때문이다.

최근 1, 2년 동안 신입생이 전혀 없어 폐교 걱정이 날로 커지는 초등학교는 전국적으로 지난해만 모두 108곳에 이르렀고 최근 들어서 해마다 비수도권인 농어촌 초등학교 백여 곳 정도가 신입생 0명을 기록하고 있는 것으로 알려졌다. 이런 추세가 이어지면서 실제로 폐교까지 하게 된 초중고교 숫자도 지난 10년 동안 4백 곳 가량 된다고 한다.

농어촌 지역에서 이처럼 초중학교의 폐교가 시대적인 흐름이라고 해도, 그렇다고 모든 농어촌 지자체들이 다 손 놓고 있는 것만은 아니다. 폐교 자체가 젊은 층 인구 유입을 기대할 수 없게 만든다는 사실에서 폐교 위기에 직면한 학교들이 '작은 학교 살리기'에 적극적으로 뛰어들어 폐교 위기에서 벗어나고 있는 지역도 상당하기 때문이다.

최근에 지역민의 노력으로 폐교 위기를 벗어났거나 현재 '작은 학교 살리기' 운동을 적극적으로 추진하여 폐교 위기를 벗어나려고 노력하는 지역의 사례 몇 가지를 살펴보자.

해남 북일면 북일초등학교는 2021년 기준으로 전교생이 18명이고 1~3학년은 4명뿐이다. 2022년에도 신입생은 없다. 이 학교도 폐교 위기에 놓인 셈이다. 이에 학교와 지역의 모든 구성원들이 발 벗고 나섰다. 북일면 이장자치회, 해남군청과 북일면사무소, 북일초·두륜중 등이 '작은 학교 활성화'를 목표로 민·관·학 거버넌스를 구축해 초·중학생 자녀를 둔 가구 및 청년층 유치계획을 세운 것이다. 이장자치회에서는 빈집 28채를 확보했고, 이 중 13채는 해남군 지원으로 리모델링까지 마치고 이주 가정에 저렴한 가격(월 10만 원 내외)으로 임대할 방침이다. 특히 이주 가정의 정착을 위해 책임지고 일자리를 알선한다는 계획이고 만 49세 이하는 100% 일자리를 보장하고, 맞벌이 가구를 위해 '온종일 돌봄 센터'도 운영할 계획이다.

또 학생들에게는 북 유럽식 교육 프로그램을 제공하고, 이주 학생에게는 ▲해외 연수 기회 제공 ▲입학생·졸업생 장학금(100만 원) ▲읽고 싶은 도서 무한 지원 등 9가지 혜택을 준다. 학부모에게는 ▲김장 김치와 향토미 제공 ▲귀농자 연간 60만 원 지원 ▲장기 LH 임대주택 및 농촌유토피아 단지 입주 ▲귀농·귀촌·귀어 성공을 위한 멘토링 사업단 지원 등 그야말로 파격적인 혜택들을 내걸었다. 이러한 학교 살리기 운동으로 지난 11월에는 500여 통의 문의전화가 걸려왔고 수도권 등지에서 10가구가 답사를 다녀갔다고 한다.

경남 함양 서하초등학교는 2019년 14명이던 전교생이 2021년 기준으로 35명으로 늘었다. 병설유치원생도 4명에서 10명으로 늘었다. 이 중 33명(73%)이 외지에서 들어왔다. 이곳도 2019년부터 '서하초등학교 살리기' 운동을 적극 추진, 자녀 전입 가정에 주택·직장을 제공하였다고 한다. 지난해까지 새로 단장한 빈집만 7채를 제공했고, 2021년 2월엔 임대주택 12채도 지었다. 2024년 완공 목표로 100가구 규모의 임대주택도 더 짓고 있으며 청년들의 농촌체험과 창업지원교육 공간인 '서하다움 청년레지던스 플랫폼'도 조성하고 있다.

경북 울산시 상북초 소호분교는 산골에 위치한다. 이 학교도 학생 수가 점차 감소, 지난 2009년까지만 해도 학생이 10명이 넘지 않아 폐교 위기에 직면했다. 그러나 2010년 '소호산촌유학센터' 조성으로 학생이 점차 늘어나기 시작해 2011년 19명, 2012년 26명, 2013년 31명, 2014년 40명, 2015년 40명 등 매해 꾸준히 늘어나더니 현재는 전교생 수가 45명에 달한다고 한다.

이처럼 폐교 위기에 직면한 학교들이 지자체와 지역민의 노력으로 그 위기를 극복한 사례들이 많다. 이는, 농어촌의 초등학교 폐교 위기도 학교·지역사회, 지자체 등의 강한 의지만 있으면 얼마든지 극복할 수 있음을 잘 보여준다.

머지않아 장흥지역에서 초등학교의 폐교 위기에 처할 수 있는 관산읍, 회진면, 장동·장평면 지역에서도 앞에서의 사례들처럼 지역의 '작은 학교 살리기 운동'을 적극적으로 추진하여 폐교 위기를 극복해나가길 기대해 본다.

마을 과소화 가속화 - '마을 지속성' 대책 절실

— 마을마다 '마을역사·문화 사진집' 발간 추진해 볼만

— 장흥투데이/2021.01.27

과소화 마을이란 공동체적인 기능을 하기 어려운 마을, 즉 마을 공동체 기능을 유지하기 어려운 20가구 미만의 마을을 말한다. '2019년 장흥군 통계연보'의 '인구 현황'에 따르면 장흥군 전체 행정리 495개 중 20호 미만의 과소화 마을은<()은 가구수> ▲장흥읍-화산(19), 성불(19) ▲관산읍-지정3(17), 산삼4(10), 고마3(16) ▲대덕읍-내동(18), 영보(19) ▲용산면-봉평(18), 월정(13), 포곡(18) ▲장평면-여의(17), 교촌(14), 삼정(19), 부정(17), 복흥(17) ▲유치면-대리(13), 조양(18), 신풍2(18) 등 모두 18개 마을이었다.

그러나 빠르면 2, 3년 늦어도 4, 5년 안에 과소화 마을이 될 가능성이 큰 마을(20호~25호)로는 ▲장흥읍-성불2(21) ▲관산읍-용전2(22), 구평(25) ▲안양면-여암(23), 덕산(22) ▲장동면-북교4(25), 만년4(25), 용곡2(24), 배산2(25) ▲장평면-장항1(24), 신정1(25), 대림(21) ▲유치-신월(25), 대천2(21) ▲부산면-성자(22), 관한(21) 등 16개 마을에 이르러, 최소 4, 5년 안으로 장흥군 전체 과소화 마을은 34개 이상의 마을에 이를 것으로 전망됐다.

그러나 현재(2019년 말 통계), 25호~30호의 마을도 10여 개 마을이나 되고 이들 마을도 '준과소화마을'로 치부할 수 있다. 이들 역시 최소한 5, 6년 안팎으로 20호 미만의 과소화 마을로 전락될 수 있는 가능성이 크다. 향후 최소 5, 6년이 지나면 장흥 전체 과소화 마을은 40~50여 개 마을이 될 것이라는 관측을 가능하게 하고 있어, 장흥군도 지금부터 과소화 마을에 대한 대책을 서둘러야 한다는 지적이다.

과소화 마을들이 급증하면 작목반 구성이나 농산품의 판로개척 등 공동사업도 위축되기 마련이다. 최근 한국농촌경제연구원의 조사 결과, 체험관광과 농수산물 직거래 등 도농교류 활동에 참여하는 비율이 일반 마을(22%)에 비해 과소화 마을은 절반(11.2%) 수준에 불과한 것으로 나타났다. 이로 미루어 과소화 마을 급증은 마을 공동체의 '붕괴'를 넘어 농촌 전반에 걸쳐 큰 위협을 줄 수 있다는 것이다.

이처럼 과소화 마을에서는 물리적 환경의 낙후, 마을 공동체 단위의 기능 축소, 공공시설의 유지·관리의 어려움 등 다양한 문제의 야기를 예상할 수 있다. 또 이러한 과소화 마을이 최근처럼 가속화 되면, 그 자체가 농촌 지역의 인구 유출과 인구 감소를 가속화 하게 되고, 더 나아가 지역 전체의 활력을 떨어뜨려 통째로 농촌 지자체의 소멸로까지 초래되는 결과가 나타날 수 있다는 점에서 과소화 마을 현상은 심히 우려되고 있다.

그러므로 이제 중요한 과제의 하나가 첫째는 마을의 지속성의 과제를 보다 현실적으로 고민하고 모색해야 한다는 것이다. 즉 마을 지속 가능한 종합적인 대책이 필요하다는 것이다. 물론 마을에서 고령화, 과소화 현상으로 인한 인구 감소는 피할 수 없다. 문제는 과소화 마을 현상에 대해 아무런 대책 없이 그대로 방치할 경우, 이러한 과소화의 가속화 현상을 더욱 촉진시킬 수 있다는 점이다.

그러므로 과소화 마을에 대한 보다 효율적인 대책을 비롯하여 인구 급감의 농촌 마을에 생기와 활력을 불어넣어줌으로써 이러한 현상을 극복할 수 있는, 즉 마을 지속성 가능성에 대한 대책을 강구하지 않으면 안 된다는 것이다.

전문가들은 대체적으로 첫째, 읍·면 소재지의 교육·복지·문화 등 중심지로서 기능 확충과 그 중심지의 다양한 생활 서비스가 과소화 마을로 전달·공유될 수 있는 체계 구축에 이어, 과소화에 활력을 주는 이른바 '농촌마을 되살리는 새로운 문화운동'을 모색, 추진돼야 한다고 주장하고 있다.

둘째, 과소화로 치달리고 있는 농촌 마을에서 그 마을의 정체성 규명을 포함하여 그 마을 질곡의 역사와 문화를 조명하고, 주민들의 삶의 애환과 추억을 담아낼 수 있는 '마을 책자'를 발간하여, 그 마을의 역사가 항구적으로 보존될 수 있도록 해야 한다는 것이다. '읍면지'나 '군지' 등에서 통째로 읍·면내 마을 전체를 통편집 하는 따위가 아니라(이 경우 분량의 제한으로 대략적인 내용일 수밖에 없는 한계성이 있다), 개별 마을 이야기를 담은 책자 발간이 필요하다는 것이다.

그런 점에서 이번 마동욱 사진가가 펴낸《월평마을 사진집》의 단행본 발간이 아주 좋은 선례요 전범(典範)이 될 수 있다. 마을마다 이러한 마을 사진집이 엮어진다면 그 마을 역사와 문화, 주민들의 삶의 애환과 추억들이 고스란히 담아지게 되어 마을 주민들의 자긍심 고양은 물론 삶의 활력소로 작용될 수 있기 때문이다. 또 그렇게나마 그 마을의 역사 문화와 삶의 현장을 기록물로 담아낸다면 수십 세기, 혹은 수세기 동안 우리의 역사, 즉 수천 년의 우리의 농경문화에서 가장 중추적인 역할을 해 온 우리 마을의 역사가 그대로 문명사에서 항구적으로 남아질 수도 있게 될 것이다.

마을이 아무런 흔적 없이 사라지게 놔두고 볼 수만은 없다. 그리되면 마을은 우리의 역사 속에서 아주 사라지는 것이 된다. 그러므로 그 마을의 역사 문화를 담아내는 일은 지금이야말로 적기가 아닐 수 없다. 그러한 의미에서도 이번 마동욱 사진가의《월평마을 사진집》이 시사해 주는 의미가 아주 크다고 할 것이다.

추석절 10일 연휴가 두려운 사람들

—'소외된 이들에게 더 많은 사랑과 관심을'

— 장흥투데이/2017.09.28.

지난 주말 장흥읍에 외지에서 온 자동차 행렬로 장흥읍 시가지가 몸살을 앓았다. 추석 연휴 1주일을 앞두고 추석 연휴 때 어딘가를 가려고 미리 추석 전에 고향를 다녀갔을 외지 사람들 때문이었다. 누군가 이번 추석 연휴 때 인천공항이나 김포공항에 가 있지 않으면, '당신은 기타 등등'이라고 했다. 추석 그리고 10일의 연휴… 이번 추석절엔 그만큼 많은 국민들이 외국으로나 하다못해 제주도라도 떠나간다는 말일 게고, 그 무리에 속하지 못한 당신은 우리 국민 중에 기타 등등에 속하는 사람이라고….

추석 연휴가 코앞으로 다가왔다. 그간 도회지에서 이런저런 삶의 스트레스와 풍파로 쌓인 피로 등을 뒤로 한 채 자주 만나지 못했던 가족과 친지들과 얼굴을 맞대며 가족의 정을 느끼며 제 뿌리인 고향의 정서를 마주할 수 있는 한가위가 눈앞으로 다가 온 것이다.

올해에도 여전히 많은 이들이 따뜻한 고향을 찾을 것이다. 언제나 그렇듯 고향에는 오곡백과가 풍성할 뿐더러 인심과 정분 또한 넉넉하다.

그런데 올 추석절은 연휴가 열흘이라는 유례없는 황금연휴여서 그만큼 여유를 가지고 풍성한 고향의 맛과 멋을 느낄 수 있는 최적기가 될 수 있을 듯싶다.

그런데 사실이 그러할까. 앞에서 언급했듯 이번 추석 연휴를 제대로 보내고자 많은 이들이 외지로 떠나는 것 같다. 그래서 고향에서의 추석절

풍경은 '다소 썰렁한', 예전과 사뭇 다를 것으로 예상되기도 한다.

추석과 길게는 10일에 달하는 추석 연휴가 곧 시작된다. 추석 연휴가 이처럼 길어지면서 추석 연휴를 맞기에 두려운 사람들도 많다.

하루 벌어 하루를 사는 최빈곤층 사람들, 혼자 물 한 모금 마시기조차 어려운 중증 장애인들이 그 주인공들이다. 이를테면 뇌성마비로 제 팔다리 중 한 발만 간신히 움직일 수 있어 물 한 모금 마시는 것도 혼자 할 수 없어 자는 시간을 빼고는 종일 활동보조 서비스에 의존해야 하는 장애인들이 부지기수이다. 이들의 경우, 이번 추석 연휴 때는 평소처럼 매일 15시간 활동 보조인을 부르면 마지막 주엔 서비스를 이용할 수 없게 된다. 공휴일엔 활동보조인 시급이 1.5배 비싸 연휴가 길수록 바우처 금액이 빨리 소진되기 때문이다.

가뜩이나 비용 때문에 도움 받는 시간도 모자라는, 휠체어를 사용하는 생활형편이 어려운 지체장애인들도 보통은 매일 8시간 활동보조 서비스를 이용하지만 이번 추석 연휴 때는 혼자 있는 시간이 더 길어져 우려되기도 한다.

이런 분들에게 바우처를 늘려주거나 자원 봉사자를 지원해 달라고 민원을 요청하겠지만, 또 연휴 일수와 상관없이 이들을 지원하는 지원활동보조 시간을 보장해줘야 하지만, 해당 부서인 보건복지부는 예산이 한정돼 있어 이들에 대한 지원 증액이 거의 불가능한 입장이라고 하니, 이번 10일 추석연휴는 이들에게는 큰 고통이 아닐 수 없다.

고용시장에도 이번 추석 연휴엔 거센 한파가 몰아칠 것이다. 청년층과 조선소 등 현장에서는 최악의 취업난에 구조조정 한파로 오히려 이번 추석 연휴가 두렵다는 장탄식이 쏟아지고 있다고 한다.

들뜬 마음으로 기다려지는 게 명절이겠지만, 미취업·미혼자들도 추석절이 두렵다. 특히 대학 입학이나 취업, 결혼, 2세 출산 등 인생의 '중대사'를 아직 이루지 못한 이들에겐 이번 추석절도 오히려 고통의 시간이 될 것이다. '준비는 잘 돼 가냐', '올해는 붙을 거 같냐', '얼른 합격해서 시집가야지', '애는 언제 낳느냐' 라는 말을 듣기가 불편하기 때문이다. 관심을 빙자해 친지들이 던지는 한 마디는 자신들에게 붙은 미취업자, 미혼자, 미자녀 부부라는 꼬리표를 더 부각시키는 것이 될 듯싶어 아예 이번 추석절에 고향 방문을 포기하게 될 것이다.

추석절이면 일부에서는 오히려 쌓인 갈등이 폭발하면서 싸움판에서 나아가 '전쟁터'로 바뀌지기도 한다. 가족방문이나 제사 문제 같은 갈등은 말다툼으로 얼굴을 붉히는 데서 끝나지 않는다. 명절에 '집안싸움'이 잇따르는 건 시대가 바뀌었는데도 명절 문화는 과거에 머물러 있기 때문이라는 지적이다.

각 가정은 갈수록 부부 중심으로 생활 패턴이 정착되고 여성의 사회적 지위가 향상되고 있지만 그런데도 아직 대가족·남성 중심의 명절 문화를 답습하고 구성원들에게 그런 역할을 강요하다 보니 다툼이 발생할 수밖에 없다는 것이다. 게다가 명절 때 가족의 행복 추구보다는 제사·벌초 등 의무에만 집중하는 과정에서 갈등이 표면화하는 경향도 있다.

'더도 말고 덜도 말고 딱 이만큼만 같아라'라는 민족 대명절인 추석절.

이번 추석만큼은 너그럽고 풍성해지는 추석, 소외된 이들에게도 더 많은 관심과 사랑이 나누어지는 추석절이 되길 기대해 본다.

장흥군, 2040년엔 소멸된다?

— 장흥군 결혼자금 5백만원 지원과 관련하여

— 장흥투데이/2017.09.18.

최근(2017.09.06) 한국고용정보원의 '한국의 지방 소멸 2' 연구 결과에 따르면 고령자 대비 가임여성을 분석한 결과 장흥군, 고흥군, 신안군 등 전남 22개 시군 중 16곳이 30년 뒤 사라질 수 있다는 전망이 나왔다.

이 보고에 의하면(소멸지수가 1.5 이상은 '소멸 저위험', 1.0 이상~1.5 미만은 '정상', 0.5 이상~1.0 미만은 '소멸 주의', 0.5 미만이면 '소멸 위험', 0.2 미만은 '소멸 고위험'), 곡성군 0.23, 구례군 0.25, 장흥군 0.24, 보성군 0.21, 함평군 0.22, 진도군 0.23, 완도군 0.26, 강진군 0.26, 해남군 0.29, 영암군 0.37, 영광군 0.33, 담양군 0.31, 장성군 0.32, 화순군 0.40 등으로 전남 지자체 16곳이 0.5 이하로 소멸 위험지역으로 분류됐다.

또 2017년 6월 20일, 한국지방행정연구원이 발간한 '저출산·고령화에 의한 소멸지역 분석' 보고서에 의하면, 고령화와 저출산으로 '인구 절벽' 우려가 커져 가는 가운데 광주 동구와 장흥군, 신안군, 고흥군 등 광주·전남지역 4개 자치단체가 향후 국내 인구 변화에 따른 인구감소 위험이 가장 큰 것으로 예측됐다. 이는 인구 감소로 인한 2040년 이들 지역이 소멸될 가능성이 높다는 것을 의미한다. 이 같은 위험지역은 전국적으로 시 4곳, 군 36곳, 구 17곳 등 모두 57곳에 달했다

결국 이래저래 여러 인구 예측 연구 보고서 등에 의하면 2040년 쯤엔 장흥군은 소멸될 가능성이 크다는 것이다.

지난 8월 성남시의 한 의원이 '셋째 자녀 출산 장려금 지원 1억원' 조례

안을 발의, 화제가 된 적이 있었다. 결국 이 조례안은 '자동 폐기'됐다.

이 조례안은 셋째 자녀 출산에 따른 장려금을 현행 100만 원에서 1억 원으로 확대 지원하는 것이 핵심 내용이었다. 우선 출산시 1,000만 원을 주고 아이가 3·5·7살이 되면 2,000만 원씩, 10살이 되면 3,000만 원을 이 기간 성남에 지속 거주한 가구에 한해 지급하겠다는 내용이었다. 또 셋째 자녀 이상에 대해서는 고교 수업료와 대학교 등록금·수업료를 전액 지원하고 시 산하 공공기관에 채용신청 때 우선 채용하거나 가점을 주는 내용도 포함됐다. 이 조례안 발의는 현재 우리나라 지지체의 인구 감소 등에 대한 심각한 고민을 그대로 보여주는 사례라 할만하다.

지난해 11월 김화자 의원과 인터뷰 하며, 현재 가장 시급한 장흥군의 현안은 무엇이냐고 물었을 때(736호/2016년 11월 28일자 신문 보도) 김 의원은 다음과 같이 말했다.

"장흥군의 생사는 인구 늘리기에 있다고 본다. 인구를 늘리기 위해서는 일자리가 많이 만들어져야 되지만 이 일은 결코 하루 아침에 해결되는 일이 아닐 것이다. 나는 장흥군 집행부에 기회 있을 때마다 건의하고 촉구했다. 장흥군 전체를 놓고 어떻게 하면 장흥군이 불멸할 수 있는가에 대해 몇 백 억을 주고라도 용역을 해 봐라. '길이 흥할 장흥'이라 했으니 분명히 방법이 있을 것이다. 50년 후, 100년 후를 보고 가야한다. 인구가 있어야 장흥이 있고, 인구가 있어야 같이 살아갈 수 있고, 인구가 있어야 무엇을 하든 할 수가 있을 것이 아닌가.

지금 현재 일자리도 인구 감소로 인해 언제 사라질 지 모른다. 그러므로 장흥군의 가장 시급한 현안은 인구 늘리기다. 이 현안에 대한 해결책은 장흥군 전체를 놓고 용역을 해서 길을 찾아보자는 게 본 의원의 주장이다"

최근 장흥군은 전국 최초로 10월부터 결혼하는 사람들에게 500만 원을 지원하기로 했다.

장흥군은 급감하는 출산율을 높이고 만혼과 비혼의 사회 분위기 반전을 위해 파격적인 결혼장려금 제도를 마련했다고 한다.

전국 최초로 결혼장려금 500만 원을 내건 장흥군은 현재 이 같은 내용을 골자로 한 '인구 늘리기 시책 지원 조례'를 입법 예고해 놓고 있다.

물론 결혼장려금 500만 원 지원에는 조건이 붙는다. 49세 이하 미혼남녀일 것, 결혼 전 1년 이상 장흥군에 거주해야 할 것, 결혼 전 한 명이라도 장흥군에 거주하면 되고 이후에도 장흥군에 주소를 계속 두고 있어야 할 것, 500만 원 일시불이 아니라 2년간 3회에 걸쳐 분할 지급된다는 등이 그것이다. 이러한 정책 외에도 장흥군은 앞으로도 과감한 투자와 선택으로 소멸 위기에 있는 장흥이 살아남을 수 있는 방안을 찾겠다고 한다. 이것 역시 장흥군의 인구정책에 대한 고민의 소산물로 보인다.

전국의 지자체 중 30년 뒤, 혹은 2040년에 소멸될 가능성이 가장 큰 군 단위 지자체 36곳 중의 한 곳이 장흥군이라는 사실은 가히 충격적이다.

이제 장흥군의 생사를 결정한 인구정책에서 발상 전환으로 보다 획기적인 정책 추진이 필요하다. 무엇보다 실제적이며 혁신적인 장흥의 인구정책으로 올인하지 않으면 안된다.

예컨대, 장흥 인구 증가를 위한 용역비 5억~10억 원, 인구증가 기금 100억 원(향우 포함) 모금운동, 귀농 귀촌자에 리모델링한 농가 빈집 장기임대, 청장년 귀농·귀촌자 직장 보장, 결혼 지원금 1천만원~2천만 원 지원 등 보다 획기적이고 놀랄 만한 인구정책이 절실한 때이다. 김화자 의원의 말처럼 인구가 감소되어 장흥군을 유지할 사람이 없으면 장흥군도 없어지는 판인데, 이러한 획기적인 정책 추진이라도 있어야 하지 않겠는가.

장흥읍 아파트 붐 - 인구·복지정책 재검토 돼야

— 장흥신문/2017.03.17.

장흥읍에 아파트 신축의 과열화가 지속되고 있다. 이상기류라 할 정도이다. 인근 지자체의 경우 아파트 신축이 겨우 한두 개 있을까말까 할 정도인데 장흥읍의 경우 지난해부터 올해까지 6, 7개 단지가 신축되었거나 지금 신축 중이다.

한 신축 아파트 분양 관계자는 "20년 이상 된 노후 아파트가 대부분인 장흥읍은 미분양이 2011년 이후에는 없을 정도로 안정성이 높다"고 말하고 있다.

이 업자의 말대로 사실상 장흥읍의 공동 주택의 경우 2000년대 이전의 아파트가 많긴 했다. 40, 50세대 이상 아파트의 경우를 보자. 70세대의 한빛아파트는 1991년에 건립됐고, 미래 1, 2, 3차 아파트(83세대, 43세대, 103세대)는 1991~1996년에 건립됐으며, 110세대 신동현 아파트도 96년에 건립된 아파트이다. 그 이전 장미연립(30세대), 대일연립(36세대), 장원연립(36세대), 삼보연립(18세대), 한국연립(18세대) 등 많은 다세대 주택들도 1983~1990년에 건립된 공동주택들이다.

그러므로 많은 공동주택 입주자들이 이제는 새로운 아파트로 갈아탈 때가 되었다는 것이다. 실제로 80, 90년대의 아파트나 연립주택에서 새 아파트로 이주한 사람들이 많고, 반면에 이전의 아파트며 연립주택들은 빈 주택이 늘고 있는 실정이다.

무엇보다 문제점은, 신축 아파트에 입주하는 사람들 중 시골 읍면 지역의 주민들이 많아지고 있다는 사실이다. 지역에서 중심부인 장흥읍으로 이주는 자연스러운 현상이긴 하지만, 반면 시골 지역은 이런 현상들이 읍면 단위 시골의 공동화를 부추기고 있다는 점에서 이런 현상은 장흥군의 인구정책, 복지정책, 농어촌 정책의 전면적인 방향 선회를 고려할 수 밖에 없는 계기를 제공해주고 있다고 봐야 한다.

장흥읍은 활기가 넘치고 반면 시골 지역은 갈수록 공동화 현상이 두드러지고 있다. 저녁 이른 시간대만 돼도 읍면 단위의 시가지 모습은 사람 그림자 하나 보이지 않을 정도이다.

특히 우리 장흥군에도 시골 읍면 지역을 중심으로 과소화 마을이 증가하고 있는 실정이다. 인구의 외부 유출로 인한 농어촌 마을의 과소화·공동화 문제는 농어촌 지역정책의 중요한 쟁점으로 대두하고 있다는 것이다.

이런 과소화 마을이나 농어촌 지역의 공동화 현상의 증가는 농어촌의 어메니티 보전과 활용, 주민참여를 통한 상향식 농어촌 정책 등 농어촌 활성화의 정책기조와 배치되는 것으로 향후 우리 농어촌 정책에 새로운 전환점을 시사해 주고 있는 것이다.

이것이 지금 장흥군의 현실이다. 군의 인구정책, 복지정책의 재검토가 필요한 시점이다.

본격적 노인복지재단기금 모금운동 필요하다

— 노인들 자발적 십시일반 동참을

— 장흥신문/2016.10.19.

장흥지역 인재를 키우기 위한 장학금 기탁이 이어지고 있다. 농협조합 등 공공단체며 여유 있는 개인들이 기탁금을 출연, 무리 없이 장학금이 모아지고 있는 것으로 알려졌다.

(재)장흥군인재육성장학회는 지난 2009년에 설립되어 2017년까지 150억 원을 모금 목표로 하고 있다. 올해의 목표는 137억 원인데 10월 17일 현재 130억 원이 모금된 상태라고 한다.

지역 내 우수한 인재를 육성하는 것은 지역의 미래를 밝히는 아주 중요한 일이어서 공적 장학금 확보는 필수불가결한 일이라 하겠다. 그런데 목표한 장학금 달성이 2, 3년 내 이루어질 것으로 보여, 이제부터는 인재 육성을 위한 장학금 못지않게 군 집행부와 지역사회가 관심을 가져야 하는 기금이 노인복지재단기금이 아닌가 한다,

장흥군 인구는 2015년 12월 말 기준 43,513명이다. 그중 65세 이상의 노인은 12,641명에 달해 전체 인구의 29%를 차지한다. 이처럼 해를 거듭할수록 노인 인구 수 증가에 따른 복지욕구에 적극적으로 대처하여 군민의 노후복지에 대한 만족도를 높이는 일도 장흥군으로서 아주 중요한 일이다. 즉 장흥군이 이미 초고령 사회에 접어들었으므로 건강하고 활력 있는 노후 생활 보장이 절실하다는 것이다.

이런 점에서 지난 2013년 장흥군의 노인복지재단 설립은 큰 의미가 있다. 이것도 전국 초유의 일이어서, 이로써 장흥군은 전국에서 특별나게

노인복지의 메카로 자리 잡을 수 있는 계기를 마련한 것이다.

사실은, 노인복지재단은 김화자 군의원에 의해 추진돼 왔다. 김화자 의원은 지난 2010년 11월 군의회에서 '노인복지재단' 설립을 발의했으며, 이어 11월 21일 제179회 제2차 정례회에서 김화자 의원이 발의한 '장흥군 정남진 노인복지재단 설립 및 운영에 관한 조례 제정안'이 만장일치로 통과된 후 2013년 10월 17일 노인복지재단 발대식을 가졌던 것이다.

그리고 장흥군도 노인복지재단 설립에 필요한 기본 재산으로 노인복지기금에서 우선 2억 원을 출연했으며, 2015년까지 10억 원의 기본재산을 연차 별로 조성한다는 계획을 세운 바 있다.

2016년 10월 현재 노인복지 재단 기금으로 총 13억5천만 원이 모금됐다고 한다. 올 해 안으로 장흥군은 노인복지기금에 대한 조례를 폐지하여 현재 기금으로 남아있는 2억8천만 원을 노인복지재단 기금으로 합한다는 계획이다. 그리되면 노인복지재단 기금은 16억3천만 원으로 늘어난다. 그러나 기금이 최소 50억 원 정도는 돼야 노인들의 눈높이에 맞는 수준 높은 다양한 노인복지 사업을 펼칠 수 있을 것이라는 지적이다.

따라서 이제는 군 집행부에서도 노인복지재단 기금에 더 관심을 가져야 한다.

이에 앞서 노인들 스스로 노인 복지재단 기금 모금에 십시일반으로 동참해야 한다는 운동이 조심스럽게 펼쳐지고 있어 아주 고무적인 현상이 아닐 수 없다.

김평환 전 노인회장도 노인복지재단 기금 운동에 솔선수범하기 위해 1백만 원을 기탁 예정해 놓았다고 한다. 또 군 산림조합 측에서도 2천만 원의 기탁 약정을 해 놓았다고 한다. 이러한 복지재단기금 약정은 10월 19일 노인의 날 기념식에 발표할 것이라고 한다.

군에서도 물론 인재육성장학금 기탁 못지않게 노인복지재단 기금의 중요성을 인식하고 노인복지재단 기금 모금 운동에 보다 적극적으로 관심을 가져야 할 것이다. 나아가 노인회 측에서도 여유 있는 어른들을 중심으로 노인복지재단 기금 모금 운동을 더욱 확산시킬 필요가 있을 듯싶고 비록 작은 규모의 십시일반의 참여도 더욱 필요할 것이다.

다음은 노인복지재단 설립에 산파역을 했던 김화자 의원의 말이다.

"노인문제는 이제 사회문제이므로 노인복지에 대해 더욱 적극적으로 대처해야 한다. 노년의 각종 질병으로부터 건강을 지켜내기 위해서는 개량화되고 체계적인 프로그램 개발로 질 높은 의료 서비스가 펼쳐져야 한다. 고독과 소외 문제를 해결하기 위해서는 전문상담을 통한 치료, 노인 상호간의 조직화, 노인권익 운동 등 여러 효율적인 방안들을 적극적으로 모색해야 한다.

노인복지에는 국가나 지방자치단체로선 한계가 있다. 자치단체에서 조금만 지원해주고 나머지는 그 조그마한 지원을 바탕으로 노인들 스스로가 복지 문제를 구현해갈 수 있는 제도적인 시스템을 만들어야 한다. 이것이 노인복지재단의 필요성이다.

자치단체와 지역인 등 모두가 힘을 합쳐 노인 어르신들에게 보다 체계적이고 현실적인 다양한 노인복지 시스템을 만들어 정말로 쓸쓸하지 않는 노년을 보낼 수 있도록 하자는 것, 바로 그런 사회공동체, 그처럼 밝고 건강한 사회를 위해 반드시 노인복지재단이 생겨야 하는 이유인 것이다. …노인복지의 사각지대를 해소하고 노인들의 다양한 복지수요에 부응하여 내실 있는 복지 서비스를 제공하기 위해 노인복지재단이 필요하고, 이를 위해서는 복지재단 운용기금의 확보가 절대적이다"

노년은 또 다른 자기 - '노인복지는 노인 이해부터'

— 소외되지 않고 고독하지 않은 우리 노년을 위해

— 장흥신문/2011.12.08.

얼마 전 충북 보은에 80세 이하 젊은이는 출입이 금지된, 80세 이상의 고령자만 드나들 수 있는 경로당이 문을 열었다고 한다. 이젠 80은 되어야 노인 취급을 받는 세상이 되어가고 있다는 뜻일 게다. 서울 강동구에서는 '100세 건강 상담센터'가 운영되고 있다. 지난 2008년부터 시작한 이 사업은 현재 구내 9개동에서 설치, 운영되고 있다고 한다.

정부에서도 올해 들어 '100세 시대 프로젝트'를 추진하고 있다. 이는 정부도 국가 정책의 기본 틀을 장기적인 관점에서 기대수명 100세 시대에 맞게끔 바꿔나간다는 계획으로 국가정책 전반에서의 노인정책에 대한 패러다임의 전환 모색이 이루어지고 있음을 의미한다.

정부의 '100세 시대 프로젝트'에서 키워드는 건강, 안전, 안정, 자아 실현 등 네 가지다. '건강'에서는 사전·사후적 건강관리체계를 구축하고 유해환경을 개선한다, '안전'에서는 범죄와 안전사고 예방을 강화하고 노년층 등 사회적 약자에 대한 학대를 예방한다, '안정'에서는 일자리 등 지속적인 소득 창출 여건을 조성하고 취약계층은 사회 안전망으로, 일반 계층은 생애에 걸쳐 자산 관리를 강화하여 안정적인 생활을 뒷받침한다, '자아 실현'은 평생교육을 통한 자기계발 강화와 자원봉사 활성화를 통한 사회참여 확대 등의 정책 방안을 강구한다는 등의 내용인 것으로 알려졌다.

이런 정부의 방침을 보면, '100세 시대'가 현실로 다가오고 있는 느낌이다. 사실 '100세 시대'라는 말은 이제는 일상어가 되어 가고 있다는 느낌이다. '100세'가 화두로 떠오른 지는 불과 2, 3년의 일이다. 100세, 초고령화가 이젠 우리사회의 이슈 정도에서 이제는 '중심 흐름의 하나'로 전환되어 가고 있음을 뜻한다.

100세와 관련, 흔히 사용되는 말로 '평균수명 100세 시대가 축복이 될 수도, 재앙이 될 수도 있다'는 말이 있다. '건강한 100세'를 살면 축복이 된다. 그러나 소외되어 자살을 생각할 정도로 고독하게 되거나 만성 질환 등으로 '많은 세월을 고통 받게 되는 삶'은 재앙이 된다는 의미일 것이다.

100세 시대는 우리가 미처 준비되지 못한 뜻밖의 결과임에 분명하다. 우리는 이 100세 시대에 대한 명확한 청사진도 대책도 없이 노후를 맞이하고 있으며, 100세 시대가 이미 도래된 것처럼 사회가 들썩이고 있는 형국이다. 그만큼 지금의 우리 사회, 우리 시대의 문명의 전환이 급속도로 이루어지고 있다는 뜻이기도 하다.

100세든, 120세든, 우리 인생에서 그 나이의 숫자는 그리 중요하지 않다.

그것들은 인생의 한 과정에서 필연적으로 맞이하는 말년의 의미를 숫자로 표기한 것에 불과하기 때문이다. 인간이 개성적·주체적 존재인 것은 그 존재 가치가 어느 한 시대, 어느 한 때만 해당되는 것이 아니기 때문이다.

인간의 '가치'와 존재 의미는 어린이로부터 소년, 청년, 장년, 노년 등 어느 경우에서든 마찬가지로 같은 의미를 지닌다. 어린아이에게 독립적인 인격이 있다면 노인도 노인으로서 인격이 있다.

노년은 인간에게 말년에 찾아오는, 자연 4계절의 순환처럼 돌아오듯 그렇게 찾아오는 과정일 뿐이다. 노인을 인간의 한 모습으로 존중하고 그 가치를 가치대로 인정해주는 것은 순리이며 자연의 이치처럼 근본적인 도리이다. 이것이 무너지고 있음은 참으로 안타까운 일이다. 이는 물론 우리 사회의 전반적인 전통과 윤리도덕이 무너지고 있는 현상과 크게 다를 것이 없을 것이다.

그동안 노인들의 복지가 문제가 되고 노인들의 처우며 권익 등이 사회문제화 된 것도 따지고 보면 본질적으로 노인 존중, 노인들에 대한 가치인정이 무너진 데서 비롯되었다고 할 수 있을 것이다.

고령시대, 100세 시대에서 아무리 사회적으로 복지 수급 등의 장치가 제도화되고 지원이 확대된다고 해도 본질적으로 노인에 대한 존중이 무너지면 아무 쓸모없게 될 것이다.

노인의 존중, 그것은 '인간의 이해', '인간에 대한 인격적 처우 보장'으로부터 시작된다. 정부 차원에서 또는 지방정부, 사회단체 등에서 노인복지 문제에 대해 관심도 깊어지고 지원도 확대된다면 그것처럼 다행스러운 일은 없을 것이다.

그러나 그보다 먼저 우리들의 윤리와 가치관에 대한 의식의 변화가 있어야 한다. 노인사회의 권익보호와 인권의 이해, 우리들의 노인들에 대한 존중이 전제되지 않으면 안 된다. 노인의 삶, 그것은 우리의 미래의 삶이며 우리 인간의 진솔한 한 모습일 뿐이다.

인간사회는 처음부터 어린이, 장년, 노년으로 구성되었다. 우리의 삶도 마찬가지다. 거기서 노년을, 노인을 부정해버리면 인간의 의미 자체를 무시해버리는, 인간 존재 자체를 부정하는 일이 된다. 그러므로 노인, 노년은 필연적으로 내가 감싸 안아야 하는 살붙이나 진배없는 것이다. 노인의 문제가 우리들의 의식의 변화에서부터 시작되어야 하는 이유이다.

장흥의 '핵폐기장 유치'와 '친환경 산업' 논쟁

— 한 점 사심 없이 전체 군민의 마음 읽어야

— 장흥신문/2005.08.11.

최근 들어 장흥에는 미래의 비전, 또는 장기 발전과 관련하여 두 가지 주장이 맞서며 충돌하고 있다. 그 중 하나는 현재 장흥군이 추진하고 있는 '친환경' 또는 '건강 장수촌'으로서의 비전이고 다른 하나는 백광준 군의회 의장을 중심으로 한 '핵 폐기장 유치' 등 외부 동력 유입으로 인한 장흥 발전상이 그것이다.

전자는 민선 3기에 접어들며 김인규 군수가 역점적으로 추진하고 있는 군정 방향이다. 이를테면 푸른 장흥운동, 생약초 및 한방사업, 버섯자원화 사업, 장수촌 사업 등이 그것이다. 후자는 지난 2003년부터 백광준 의원 등에 의해 주창되어온 핵 폐기장 등의 유치로 얻어지는 인센티브와 그와 관련된 대안사업 등으로 장흥이 발전되면서 지역경제도 크게 활성화 될 수 있다고 믿는 견해이다.

물론 그동안 후자의 논지는 물 밑에 잠긴 것이었다고 할 수 있었는데 최근 들어 공식적으로 '공공기관 유치 및 국책사업(핵폐기장 유치)유치 추진위원회'라는 민간단체를 발족, 이 문제를 주제어로서 본격 수면 위로 떠 올리며 김 군수의 논지와 팽팽히 충돌하고 있는 형국인 것이다.

특히, 이 양자의 주장 그리고 이 주장을 바탕으로 설해지고 있는 장흥의 미래 발전 전략은 바로 이 두 주자가 내년 지방선거에서 맞설 것으로 예상되면서, 정치적인 쟁점으로까지 비화될 조짐이어서 결코 간단치 않아 보인다.

추측컨대, 두 사람은 지금의 집행부와 군 의회의 수장에서 내년 선거판에서는 군수자리를 놓고 한 사람은 수성자로서 또 한 사람은 도전자로서 맞겨루게 될 것으로 예상되고 있다. 도전자인 백 의장으로서는 장흥의 핵 유치문제 등을 가장 큰 공격무기로 또는 절대적인 승부수로 띄울 게 틀림없어, 장흥의 핵 문제는 당분간 '장흥 논쟁'의 핵이 될 것으로 점쳐지고 있다.

지금도 그리고 갈수록 현행의 장흥 군정과 군정방향에 대한 불평과 불만, 불신의 목소리들이 몇몇 사람들에 의해 공공연하게 높아지고 있는 실정이다. 문제는 이러한 불만들이 대부분 김 군수의 친환경 관련 산업을 반대하고 핵 폐기장 유치를 찬성하는 그 주장과 맞닿아 있다는 것이다. 벌써부터 논쟁의 불씨는 당겨져 있는 셈이다.

물론 지금은 맞선 형국이 아니다. 김 군수의 '친환경 및 생약산업'의 물길은 이미 저만큼 줄달음치고 있는 상태이고, 백 의장의 논지는 이미 힘차게 흐르고 있는 그 흐름을 막고 다른 쪽으로 되돌리고자 뒤늦게 뛰어든 형국이기 때문이다. 또 현재 상황에서도 백 의장의 주장은 김 군수의 물길을 되돌려 놓기엔 현실적인 여러 여건 등으로 다소 버거운 입장이다.

또 김 군수의 절대적 우군이라 할 수 있는 환경단체들이 아직은 잠자고 있다는 것도 백 의장에겐 불리하다. 그러므로 어쩌면 이 논쟁은 제대로 겨뤄보기도 전에 싱거운 힘겨루기가 될 공산도 없지 않다.

그럼에도 불구하고 백 의장의 목소리는 지금 장흥의 여론의 한 축을 이끌어 가고 있음은 분명하다.

이번에 국책사업 유치 추진위 결성에서 그동안 이름 내걸기를 꺼려했던 이들도 당당히 이름들을 밝혀, 그 세를 당당하게 과시하고 있는데 그러므로 결코 쉽게는 수그러들지 않을 것이다.

여하튼, 지금 장흥에는 김 군수의 이상(理想)과 백 의장의 이상이 맞서고 있는 형국이다.

만일 이번에 김 군수의 이상이 백 의장의 이상으로 인해 한두 번 넘어지다가 후에는 더욱 단단히 탄력이 붙는 이상으로 추진될 수도 있을 것이다. 또 김 군수의 이상이 백 의장의 이상에 의해 함몰되면서 백 의장의 이상이 힘차게 날갯짓 하게 될 수도 있을 것이다.

그러나 어떤 경우에서건 단순한 긍정보다 부정을 거친 긍정이 보다 강한 긍정인 법이다. 지금은 서로가 긍정에 부정으로 맞서 있는 형국이나, 그 연후에 결정된 긍정은 보다 강하고 탄탄한 긍정이 되리라는 사실이다. 그러므로 기왕에 붙은 논쟁이라면 치열하게 덤벼 볼 일이다.

문제는 이처럼 집행부와 의회의 두 수장간의 팽팽한 논리나 논쟁이라고 해도 결국 그 선택은 군민들이 한다. 선택은 군민들의 몫인 것이다.

그러므로 이제부터 단순한 술책으로서가 아니고, 자기 합리화를 위한 공허한 논리로서가 아니고, 진정으로 장흥의 장기 비전을 위한 철학으로서 논리를 제시해주어야 할 것이다.

감정보다 이성이, 공갈 협박성의 논리가 아닌 당당하고 부끄러움 없는 논리가 중요하다. '다방 여론' 같은 음습한 여론이 아닌 정당한 주의 주장이 중요하다.

더구나 군민들의 마음이 중요하며, 군민들의 가감 없는 목소리가 중요하다. 그리고 양측은 한 점 사심 없이 그러한 군민의 마음을 제대로 읽을 수 있는 자세가 더욱 중요하다는 사실을 두 사람은 명심해야 할 것이다.

3개의 장흥 발전론이 웬 말?

— 강진·장흥의 통합론 … 진지하게 논의·숙고해 봐야

— 장흥신문/2005.07.28

전국적으로 공공기관 및 혁신도시 유치 열기가 염천(炎天) 보다 뜨겁다. 건설교통부가 지난 6월 27일 공공기관 지방이전과 혁신도시 입지선정 지침을 발표한 이래 전국의 기초자치단체들의 유치전이 뜨겁다.

각 자치단체들은 저마다 지역균형 발전과 지역경제 활성화 등을 혁신도시 유치 명분으로 내걸면서 지역의 각계 인사들을 총망라한 공공기관 유치위원회를 구성하는 등 발 빠른 움직임을 보이고 있다. 전국적인 현상이다. 전남도에서도 이점은 한 치도 다르지 않다.

박광태 광주시장과 박준영 전남지사가 혁신도시를 광주 인근 지역에 건설하기로 합의함에 따라 광주 인근 지역인 나주와 담양, 장성, 함평 등이 혁신도시의 유력한 후보지로 거론되고 있으며 해당 시군들은 이를 계기로 본격적인 혁신도시 유치 활동에 나서고 있다.

이에 뒤질 세라 광주시와 원거리에 접해있는 장흥, 강진, 보성 등도 낙후된 지역발전 탈출을 모토로 공공기관 유치전에 본격 뛰어들고 있다. 전자의 경우 광주·전남의 합의 계획에 의한 자기 지역 유치의 경쟁이라면, 후자의 경우인 광주와 원거리 지역들은 낙후도와 지역 불균형 해소라는 공통 분모를 그 이유로 내세우고 있다. 이들은 혁신도시를 광주 인근에 건설할 경우 개발이익이 모두 광주에 흡수될 것이므로 혁신도시는 낙후 지역에 건설해야 한다며 한 목소리를 내고 있다.

거의 모든 지자체들이 혁신도시 유치를 놓고 치열히 경쟁하고 있는 가운데 황주홍 강진군수와 김인규 장흥군수가 아주 이색적인 "혁신도시를 강진·장흥의 접경에 유치하기 위해 양 지역의 통합을 추진하겠다"는 합의된 주장을 천명했다. 혁신도시 유치를 전제로 기초자치단체 통합을 거론한 것은 전국에서 처음 있는 일이다.

그런데 전국에서 처음으로 기초자치단체 통합을 전제로 한 혁신도시 유치 주장을 편 장흥군에 공공기관 유치와 관련하여 2개의 단체가 더 결성되어 장흥군민을 매우 부끄럽게 만들고 있다. 이를테면 이 장흥 땅에서는 장흥의 발전을 위한 비전으로 3개의 방향점이 제시된 것이다. 그러나 이것들은 다 공공기관 유치와 관련된 분열과 대립 형태의 극점이라고 할 수 있어 매우 아쉬운 일이 아닐 수 없다.

김인규 군수 중심의 강진군과의 통합을 전제로 한 강진·장흥 접경지역의 혁신도시 유치를 추진하는 주장이 그 하나이고, 장흥군의회 부의장이 중심이 된 공공기관 장흥 유치를 추진하고 있는 '공공기관유치추진위원회' 결성이 또 하나이며, 다른 또 하나로 뒤늦게 발족한 군 의회 의장이 중심이 된 '공공기관·국책사업 유치추진위원회'의 결성이 그것이다.

물론 각기 성격도 다르고 주의 주장도 다르지만 모두 공공기관 유치 또는 핵심도시 유치가 목표점이다. 즉, 목표점은 동일한데 그 과정이 각각인 셈이다. 하나만의 길로 힘과 지혜를 집중해도 가능성이 희박하고 힘도 모자랄 판인데 3개의 길을 선택한 셈이다. 그러니 군민들의 원성이 높을 수밖에 없으며 당연히 장흥의 리더들에게 향하는 장흥 군민의 불평불만의 목소리가 높을 수밖에 없는 것이다.

장흥·강진 통합론은 혁신도시 유치를 전제로 한 것이어서 굳이 다른 길이라고 규정할 수 없기는 하다. 그런데 그와 달리 다른 두 길을 선택한 그 선도자들은 다름 아니게도 장흥군민을 대표한 군의회 의장과 부의장이어서 더욱 볼썽사나운 꼴이다.

사실상 그 세 가지 모두 가능성이 희박하기는 마찬가지다. 그렇지만 그 세 가지 중 대외적인 명분으로는 장흥·강진 통합론이 가장 그럴 듯한 모양새다. 그렇다면 장흥군은 3개의 단체 난립으로 군민들의 논쟁과 정서 불안을 부채질만 할 게 아니라, 차라리 그 통합론 후속 조치로 장흥·강진 혁신도시추진위를 구성, 통합을 전제로 한 혁신도시 유치전에 본격 뛰어들 만하다는 생각이다.

또 굳이 혁신도시 유치 전제로서가 아니라도, 이번 기회를 계기로 역사적으로나 생활·문화사적으로 거의 동일권 지역인 두 곳의 통합에 대한 논의를 본격적으로 추진해 볼만도 하기 때문이다. 앞으로 20년, 30년 후면 장흥·강진 두 곳의 인구는 합해 봐도 4, 5만 수준일 것이다. 농촌은 갈수록 황폐해지고 인구 유입 인자는 갈수록 줄어들면서 행정 구획에도 큰 변화가 찾아올 것이다. 아마 그때쯤이면, 해남·강진·영암·장흥이 하나의 행정 구획으로 통합될 지도 모른다.

2개의 장흥 발전론이나 3개의 발전론 주장은 이젠 그만 종식돼야 한다. 이제부터라도 하나로 힘과 지혜를 모으고 그 하나 된 힘으로 장흥·강진 통합을 전제로 한 혁신도시 유치전을 본격 추진해 볼 일이다. 차제에 이제부터 좀 더 진지하게 숙고하면서 장흥·강진 통합에 대한 장단점은 무엇이며, 가능성은 있는가, 이 길만이 최선인가, 하는 등의 다양한 논의도 차분하게 시작해 볼 일이다. 진정으로 이 땅의 밝은 미래를 위해서.

장흥 군내버스 공영제 추진 이전에 할 일들

— 장흥신문/2005.06.09

장흥군이 노사간 갈등, 노조의 장기파업 등으로 말 많고 문제 투성이의 군내버스 운행체제를 근본적으로 뜯어고치겠다며 칼을 빼 들었다. 이에 질세라, 그 동안 무관심으로 일관해 왔던 군의회도 서둘러 공영제 추진에 대해 성명서를 발표하고, 버스 공영제에 대한 특별위원회를 구성하며 발 빠르게 나서고 있다. 그동안의 군내버스 대책이 업자의 이해와 군 당국의 정책적 한계, 군의회의 무관심 속에 땜질식 처방으로 일관되면서 각종 문제를 고질화시켜왔던 만큼 기대가 자못 크지 않을 수 없다.

그러나 과연 공영제가 제대로 추진 될 것이냐에 대해서는 비관적이다. 왜냐하면 4자, 즉 회사측·노조·군의회·장흥군 등 각각의 공영제 추진에 대한 논리의 상충도 많고, 무엇보다 회사 측이나 노조 측이 군 당국이 추진하려는 공영제 방침에 대해 부정적이기 때문이다.

또 공영제에 대한 굳은 의지를 밝힌 장흥군의 입장이 '결론적'이어서 더욱 아쉽다는 생각이다. 그리고 그동안 장흥 교통 문제에 대해 대수롭지 않게 여기거나 또는 거의 무관심으로 일관하며 거의 방관자적인 입장을 취해오던 장흥군이나 군의회가 마치 경쟁하듯이 장흥 교통 문제를 본격적으로 수술하겠다며 나선 것인데, 일각에서는 내년 선거를 의식한 발상이라느니 하며 정치적으로 해석하기도 하는 것이다.

장흥군은 공영제 실시의 전제 조건으로 현행 노조와 사측이 갖고 있는 모든 기득권(권리행사)을 포기하는 전제를 달았다고 알려지고 있다. 이를테면 군 당국은 공영제에 대해 협상도 해보지 않고 미리 결론을 내려

버린 것이다. 이를 회사 측이나 노조 측이 쉽게 수용할 리 없는 게 아닌가.

회사 측도 할 말은 없다. 그들은 재산과 영업권은 보상돼야 한다는 주장이지만, 그동안 수 억 원의 부당 이익을 챙긴 것으로 알려진 그들인데, 이런 내용이 사실이라면 낯 뜨거운 일이 아닌가. 노조 측도 공영제를 주장하면서 쉽게 수용하지 못하리라는 공영제를 군 당국이 선수치고 나오면서 특히 고용 승계를 않겠다는 것을 전제조건으로 걸고 나오니까 이제는 그들이 당혹해 하며 뒷걸음질치고 있는 것이다.

군내버스 공영제는 나름대로 장단점을 갖고 있다. 공영제는 안정적인 서비스와 수익 및 비수익 노선에 대해 동등한 서비스가 가능하고 수입금이 더 투명해지는 등의 장점이 있다. 또 당국(군) 예산으로 운영비를 충당해 완전 무료로 운행하되, 노선은 간선도로 중심으로 단순화할 수 있고, 정시성·편의성 등을 확보할 수 있어 주민과 학생들에게 질 높은 서비스를 제공 할 수 있다.

문제는 완전 공영화와 무료운행, 노선 단순화 등이 공영제의 관건일 것이다. 이는 실로 혁명적인(?) 발상일 수 있다. 그러나 재원확보 때문에 발상 자체는 혁명적이지만 그 과정은 결코 혁명적으로 추진할 수 없는 사안이기도 하다.

그렇다고 준공영제를 도입할 것이냐. 이것도 문제는 많다. 건교부가 지난해부터 서울시 추진에 이어 올 들어서 6대 광역시에 도입을 추진 중인 준공영제는 수입금을 업체와 공동으로 관리하고 적자가 나더라도 8~10% 수준의 적정 이윤을 보장해 주는 제도이기 때문에 업체의 '도덕적 해이'만 초래하기 쉽다는 단점을 가지고 있다. 그리고 시민들의 세금으로 적자를 메워주고 이익까지 보장해 줌으로써 업체만 배불리게 해준다는 지적도 있다.

장흥군 군내버스 완전 공영화와 무료 운행이라는 이 군내버스에 대한 '혁명'을 현실화 하는데 가장 큰 걸림돌은 재원일 수밖에 없다. 장흥군이 26대 버스를 모두 인수하거나 20여대 정도로 공영버스로 운행할 경우, 단순계산으로 줄잡아 연간 10~20억 원 이상을 부담해야 한다. 거기다 무료운행까지 한다면 그 부담은 연간 수십억 원대로 늘어나 이를 감당하기가 쉽지 않을 것이다.

어쨌든 일각에서야 의혹의 눈으로 보건 말건 일단 공영제에 대한 검토는 이루어질 것으로 보인다. 그러나 공영제 추진(논의, 검토 과정 등)에서 공영제 도입 시기나 재원 조달 방법 등 우리 군에 알맞은 공영제 모델 개발을 위해서는 용역부터 실시해야 할 것이다. 이와 함께 대중교통개선위원회 같은 상설위원회를 구성, 군 의회·시민단체·버스업체 대표, 근로자 대표 등의 참여 폭을 확대한 위원회를 활성화하고 대중교통 전반에 실질적인 대안을 제시하는 기구로 운영 방안을 개선해 나가는 방안도 고려해 볼만 할 것이다.

또 완전공영화가 되더라도 버스 무료 운행은 군 재정 형평상 비현실적이라는 점을 고려, 장기 과제로 추진하되 우선 요금을 획기적으로 내려 택시와 차별화하고 노선도 개편해 대중교통 이용을 확대하는 방안을 모색하는 등 보다 현실적이고 합리적인 방안들도 검토해야 할 것이다.

그러나 우리가 공영제 검토 이전에 생각해야 할 것은 책임의식 결여에서 오는 생산성 저하, 경쟁요소 배제에 따른 비효율성으로 엄청난 재원이 소요되는 단점이 있다는 것을 고려해야 한다. 사실상 이 같은 이유로 영국, 일본, 프랑스 등 선진국에서는 완전한 공영제보다는 공영제와 민영제를 혼합한 준공영제를 시행하고 있는 추세라는 점도 고려해야 할 것이다.

수문·장재도권 농촌마을 종합 개발이 의미하는 것

— 주민참여, 기부·희사 등 주민참여의 성과 - "사소취대(捨小取大) 교훈"

— 장흥신문/2004.04.08

지난해 장흥군이 경기대학 등에 용역을 발주해 추진한 '2010 장흥비전(이하 '2010 비전')'은 장차 장흥군의 대표적인 관광지로 수문·장재지구(용곡, 수문, 율산, 사촌, 장재도)를 제시했다.

즉 수문·장재지구를 관광 거점지, 장흥읍권을 부거점지로 제시한 것이다. 이러한 용역의 결과는 민선 3기가 출범하면서 설정한 '푸른 장흥' 건설이라는 모토와 함께 민선 3기의 핵심 사업으로 설정한 '생약초랜드' 사업 추진의 주요 근거가 되었겠지만, 사실상 수문권은 장흥군의 대표적인 관광지로서 충분한 잠재력을 가진 입지였다.

장흥의 연안 중에서 유일하게 해수욕장을 가진 곳일 뿐만 아니라 해안 풍광이 수려한 장재도, 전국의 서남해안에서 습지보호구역으로 지정될 만큼 바다 생태계가 우수한 여다지 개펄, 보성군이 탐낼 만한 삼비산 등 무한한 잠재적 자원을 가진 곳이 바로 수문권이었기 때문이다.

그동안 개발권역에서 밀려난 수문권의 자원이 비로소 그 잠재적 가치를 확인받게 된 것이 바로 지난 해 장흥군이 추진한 '2010 장흥비전' 에서였다. 물론 여기에서도 용역 팀은 안양 북부에 조성될 생약초랜드와의 연계성을 염두에 두었을 수도 있겠지만, 어쨌든 이 용역 팀은 장흥군의 대표적인 관광 거점지로 수문권의 개발을 제시한 것이다.

수문권의 개발은 용역 팀 산정에 의하면, 총 911억6천7백만 원(국비 32억천5백, 지방비32억천5백, 민자 847억3천6백만)이 투입이 돼야 하는 사업이어서 대대적인 민자 투자 없이는 이루어지기 어려운 개발 사업이긴 했다. 더구나 이 개발계획에서는 가장 중심이 되는 민자 450억 원 투자의 골프장 조성을 포함하고 있었는데, 골프장 조성이 무산되면서 '2010 수문권' 개발 역시 무산되는 듯싶기도 했다.

그런데 천만다행으로 지난 2월 농림부가 선정한 '2004 농촌마을종합개발사업'에서 장흥군이 제출한, 수문·장재지구를 한 권역으로 묶어 응모한 농촌마을종합개발 사업이 최종 선정되어 70억 원의 사업비 지원을 확보하는 쾌거를 올리게 되었다.

농촌마을 종합개발은 과거의 정주권 개발과 오지마을 개발사업 이후 정부가 올 들어 처음으로 시행하는 사업이다. 이 사업은 지리적·생태적·문화적·역사적 특성을 살려 다양한 형태로 동질성을 가진 소권역 단위로 농촌지역을 종합 개발하는 사업으로 전국 지방자치단체를 대상으로 공모를 실시했다고 한다. 이 결과 최종 전국에서 16곳이 선정되었으며 여기서 장흥군의 개발계획이 최우수상을 받으며 선정되었다고 한다.

이 수문권 농촌마을종합개발은 '2010 비전'이 제시한 개발 전략과 생약초랜드 조성 계획을 모토로 해 개발 대상을 수문·용곡마을과 사촌리·장재도에서 인근의 율산리과 수락리까지 확대하고, 보다 실제적이고 구체적인 개발 전략으로 전환하여 수문권 일대를 포함하고 있다.

권역 별 개발계획을 보면 ▶율산은 현재 밤나무가 많으며 바다(여다지)와 인접해 있고 소설가 한승원 씨의 서실 해산토굴이 있는 점을 고려, 문학과 개펄의 만남의 공간, 약초욕탕, 종합관광안내소를 설치하고 ▶사촌(장재도)은 수려한 해안 경관과 황금어장을 고려, 생약초·허브공원·해양레저타운 등을 개발하며 ▶수문·용곡은 해수욕장과 연계한 민박촌을 조성하고 ▶수락마을은 삼비산을 활용한 녹색체험마을과 생약초 허브재배단지로 육성한다는 계획이다.

조재환 면장은 "이번 농촌마을종합개발은 지역 주민들의 자발적인 동참과 열정이 뒤받침 되었다. 이점은 평가단 교수들이 심사하는 과정에서도 확인되었다"면서, 주민들의 동참으로 ①주민들과 향우들의 적극적인 참여로 이루어진 종려나무 거리 ②율산리 한승원 씨의 해산토굴(사후에 군에 기부 채납) ③여다지 땅 주인(김희태 씨) 1,000평 기부 채납 ④수문도로 밑 민가, 마을에서 수용해 장흥군에 민박촌으로 기부 채납 등의 예를 들었다.

지역개발 추진의 경우, 어디서건 개발주체 측과 주민들과의 마찰이 장애 요인으로 등장되고 있음이 작금의 현실이다. 도로 하나 뚫는데 지역민들의 민원으로 예정 도로에서 우회하거나 보상비 갈등으로 중도에 무산되는 경우가 많은 것도 작금의 현실이다. 우리 군에서도 그런 경우가 수도 없이 많았다.

타산지적(他山之石)일까. 그 동안 마을 주민들의 반대로 관광 일주도로는 수문-용곡을 거치지 못하고 율산리에 신촌, 수락마을 앞을 경유해서 보성으로 뚫리게 되고 말았다. 그러나 이번에는 천만다행으로 주민들이 적극적으로 나서서 주민 제안서와 결의서를 접수하고 여러 사람들이 개발 부지를 희사하고 건물들을 기부 채납하기로 하면서 그 어려운 사업을 따낸 결과를 얻었다고 한다.

우리는 여기서 작은 것을 희생하므로 더 큰 것을 얻는다는, 작은 것을 버림으로 더 큰 것을 얻는다는 사소취대(捨小取大)의 교훈을 새삼 깨닫게 된다.

장흥 남초교 폐교 위기, 동문들이 극복해 간다

— 장흥신문/2004.03.25.

장흥 남초등학교 총동창회가 폐교 위기에 직면한 모교를 살리기 위해 발 벗고 나서고 있다고 한다. 그들은 올해 초 통학차량을 마련해준 데 이어 학교 측과 협의하여 학교의 장기발전계획도 세우고 보다 경쟁력 있는 모교로 만들어가는데 총력을 기울이고 있다고 한다.

통학차량을 마련해준 그 사실 하나만으로도 대단한 일이다. 그런데 거기서 더 나아가 학교의 장기발전을 위한 구상, 이를테면 학교를 지역의 교육·문화 공간으로 만들기 위한 구상을 하고 이를 실천해가기 위해 노력하고 있다니 더욱 대단한 일이 아닐 수 없다. 그들의 이러한 일련의 사업들이 우리에게 시사해주는 바가 매우 크다.

그 내용인즉, 학생들의 특기활동을 활성화하여 '학생들이 가고 싶은 학교'로 만들겠단다. 또 학교 내에 체험농장, 탐구·관찰장을 조성하고 학교를 공원화하고 도서관을 도서정보센터로 만들겠단다. 이 얼마나 대단한 구상이고 멋진 사업인가. 과연 이런 생각만이라도 가진 동창회가 전국에서 또 어디 있다는 말인가.

그런데 이러한 사업들이 과연 실현될 지 조금은 우려가 되기도 한다. 왜냐하면 그 투자비용이 결코 만만치 않아 보이기 때문이다. 물론 전국 각지에서 적잖게 성공한 남초교 출신 향우들이 많고 이들이 모교를 지극히 사랑하는 마음으로 적극적으로 지원에 나선다면 전혀 불가능할 것도 없을 것이다. 굳이 그렇지 않고도 수많은 동창들이 모교 살리기에 한마음이 되어 십시일반으로 돕자고 나선다면, 전 동창들이 거금의 기부금은 아니더라도 기만 원 또는 기십만 원씩으로 지원에 나서 당초 그 사업 목적의 절반만이라도 성취시킬 수만 있다면, 그것 자체만으로도 학교가 유명세도 타고 학교의 경쟁력 강화에 크게 도움을 주면서 학교가 장족의 발전을 이룰 수 있는 토대가 마련될 수도 있을 것이다.

또한 이것은 우리나라 교육부도 감히 해내지 못한 일로 특히 지역사회와 학교가 합심하여 학교와 교육을 살리는 일이므로, 두고두고 귀감이 될 것이며 칭송받아 마땅하리라는 생각이다. 그러므로 기왕에 벌린 일이라면, 동창회장을 중심으로 몇몇 동문들이 사생결단으로 추진해 볼만도 하지 않겠는가 하는 생각이다.

남초등 동창회가 구상하는 일은 학교의 환경을 획기적으로 변화시키는 일이다. 이것은 또 기존의 우리 교육의 고질적인 병폐를 극복할 수 있는 아주 이상적인 교육환경을 조성하는 일임에는 분명하다. 이러한 일을 학교의 주도가 아닌 지역사회, 그것도 동창회가 주도한다는 것이다.

체험농장 조성과 운영은 주입식 이론 위주의 교실 수업을 체험 위주의 현장 학습으로 전환할 수 있어 생동감 있는 학습활동과 함께 어려서부터 땀 흘려 일하는 보람을 느끼게 해 줄 것이다.

또 탐구·관찰장 설치와 운영 역시 체험적인 학습의 효과를 극대화시켜, 체험농장과 함께 자연과의 조화와 생명의 소중함을 인식케 하면서 정서적인 안정감을 기르고 나아가 어린 학생들의 과학적 탐구심과 자연 관찰력 배양에 크게 도움을 주게 될 것이다.

또 학교 공원화와 도서관의 도서정보화센터로의 변화는 학교가 지역사회의 휴식 공간, 체육·여가센터, 교육 정보화 센터로서의 기능을 할 수 있게 조성, 학생들과 지역민들의 건강 증진에 기여는 물론 학교와 지역사회의 유대감 증진, 학교의 지역사회의 유기적 통합 장소 제공도 가능하게 해 줄 것이다. 상황이 이렇게 변화되면, 학생 수의 증가는 물론 폐교 위기에서 거뜬히 해방되는 기쁨도 만끽하게 될 것임은 명약관화하다.

그런데 이처럼 아름다운 학교로 변화되려면 여기에 두어 가지 요소가 더 필요하게 된다고 할 수 있다. 교정의 공원화 못지않게 실내의 환경도 적절히 아름답게 변화시키는 작업도 필요할 것이다. 그리고 따뜻하고 순수하고 열정적이고 헌신적인 교육관을 지닌 교사의 힘도 뒷받침되어야 한다는 것이다. 교실에서 학생들의 교육 효과에는 실제적인 교육 설비 등 실내 환경도 중요하지만 어린 학생들의 교육의 주도는 바로 교사이기 때문이다.

또 하나, 이러한 교육 환경의 변화의 주도는 학교장의 강력한 의지 그리고 이를 믿고 따르는 교직원들과 학부모들이라는 사실이다. 이들이 학생들과 함께 학교의 진정한 주인들이기 때문이다. 다시 말하면, 경쟁력 제고를 위한 외적인 환경 조성은 동창회가 주도하여 조성해 준다고 해도 내부에서의 반응이 별로라고 한다면, 그것은 자칫 '모래 위의 성'과도 같을 수 있다는 것이다.

그런 이유로 사실 교육이란 게 참으로 어려운 것인지도 모른다. 남초등학교의 경우, 다행히 학교 측과 협의로 이러한 사업들을 구상하고 있어, 동창회와 학교가 손발을 맞추어 가리라 생각된다. 그러므로 우리는 이처럼 교육환경을 개선하고 학교의 경쟁력 배가를 위해 노력하는 그들의 노력이 자랑스럽다고 격려해주고 싶은 것이다. 우리는 또 이러한 이들의 애교심 하나만이라도 확인할 수 있어 정말 경하하고 이들 학교의 앞날을 축복하고 싶은 것이다.

의기(義氣) 넘치는 2004년 2월의 장흥

— 故 김준배 열사 민주화 운동자로 인정되다

— 장흥신문/2004.02.19.

2월의 장흥은 의기(義氣)가 충만한 땅으로 승화되고 있다.

지난 9일 '동학농민혁명 참여자 명예회복에 관한 특별법'이 국회를 통과, 동학농민혁명에 참여한 농민군과 그 유족들이 실로 110여년 만에 명예를 회복하게 되었고, 장흥동학에 대한 기념·조명운동 또한 본격적으로 추진할 수 있는 계기가 되었다. 때맞추어 오는 27일 장흥군동학유족회 등은 장흥동학농민혁명 기념사업회의 창립대회를 갖고 장흥동학정신 조명운동과 함께 그 숭고한 정신을 계승 발전시키기 위한 사업을 본격 추진한다고 하니 참으로 다행한 일이 아닌가 한다.

그들, 동학농민들은 위란에 처한 나라를 구하기 위해 분연히 봉기했다가 일본과 연합한 관군의 힘에 미치지 못하여 참담하게 쓰러져 갔다. 그리고 살아남은 자들은 일경(日警)의 손아귀로부터 벗어나기 위해 궁벽의 산 속으로 달아나 숨어살았고, 그들의 후예들도 음지를 떠돌며 간신히 목숨이나마 연명해왔다. '비적', '역적'의 후예로 불리며 그 '가혹한 운명'을 한탄해 하며 눈물로 지새워온 날이 얼마였던가.

과거 1세기 동안의 역사 속에서 그들이 당한 그 아픔은 그들의 '시대적 숙명'이었을 것이다. 그러나 그들의 그 의기(義氣)는 그 자체만으로 역사에 살아남았다. 또한 동학의 자주적 민중정신은 동학혁명에서 그치지 않고 3·1독립운동, 임시정부수립과 8·15광복, 정부수립으로 이어지고 승화되었음은 주지하는 바다. 그럼에도 불구하고 그동안 1세기가 지나도록 그 '동학'은 우리의 역사에 당당하게 수용되지 못했으며 그와 관련된 모든 것들은 역사에서 소외돼 온 것이다. 이제야 비로소 그 '동학'이 역사의 전면으로 등장할 수 있게 된 것이며 장흥동학 역시 비로소 전 군민 앞에 자랑스럽게 나타날 수 있게 된 것이다.

장흥동학의 기념사업에서 과제는 동학농민군과 관군간의 화해이다. 장흥동학이 그동안 다른 어느 곳보다 두드러지게 '어둠' 속에서 묻혀온 것은 동학과 맞선 관군의 승기(勝氣)도 유다르게 강했기 때문이다. 장흥동학의 가치는 '최후의 격전'으로서 역사적인 평가 외에도 관군의 96명이 순직, 그들의 넋을 기리기 위한 사당인 '영회당'이 존치돼왔다는 데서도 찾을 수 있다.

과거 관선 군수 시절만 해도 영회당 제일(祭日)에는 관내 기관장급 인사들이며 관내 지도층 인사들은 물론 전남도내 각 시군 지도급 인사들까지 모여들어 인산인해를 이룰 정도였을 만큼 '영회당' 후예들의 세는 당당했고 그만큼 동학농민군 후예는 숨죽인 채 몸을 움츠려야 했다.

이제 그 장흥동학이 역사 앞으로 떳떳하게 나선다. 중요한 것은 이제는 그만 갈등을 멎고 함께 역사 앞으로 나서야 한다는 것이다. 이번 국가의 특별법 제정이 동학을 승자로 인정한 것은 아니라는 사실이다. 사실 갑오농민전쟁에서 승자란 없다. 형제간 싸움에서 승자가 없듯 그 경우도 그렇다. 전에도 그랬고 지금도 마찬가지며, 이후에도 역시 마찬가지다. 세계 최후의 민족 분단 국가로 남은 우리에게 시대적인 과제는 남북의 이념적 동질성 회복이다. 그 동질성은 자주적 동학정신 속에도 함유된 가치이고 그 동질성 회복이 장흥동학 속에서 구현되었을 때 비로소 우리 모두는 승자가 될 수 있다.

의기가 충만해진 2월의 장흥에는 또 한 번 그 의기로 희생되었던 고(故)김준배 열사를 '민주화 운동자'로 다시 만나는 기쁨을 안게 되었다.

지난 2월 17일 '민주화운동 관련자 명예회복 및 보상심의위원회'(이하 '민주화 보상위원회')가 개최한 제96차 심의위원회에서 고 김준배 열사를 민주화 운동자로 공식 인정한 것이다.

고 김준배 열사는 1997년 한총련 투쟁국장으로 지명수배를 받아 은신하던 중, 같은 해 9월 15일 전남도경 형사기동대의 검거를 위한 추적을 받다가 사망한 경우로, 그동안 의문사 진상규명위원회에서는 고인이 민주화 운동으로 인한 공권력의 위법 행위로 사망하였다고 인정하고 '민주화 보상심의위원회'에서도 이번에 심의 끝에 고인을 정식으로 민주화 운동자로 인정하기에 이른 것이다.

이리하여 고 김준배 열사는 '민주화운동관련자명예회복및보상등에관한법률' 제1조·제2조, 동법 시행령 제1조·제2조에 의거, '민주화 운동자'로서 고인 자신의 명예회복은 물론 유족들이 정당하게 국가로부터 보상도 받을 수 있게 되었다.

이로써 고 김준배 열사는 광주민주화 운동과 관련 민주화 운동자로 인정받은 김옥두 의원, 송기숙 교수에 이어 세 번째로 민주화 운동자가 되는 영예를 입게 됐다. 장흥동학으로부터 비롯된 의향 '장흥의 의기'가 1세기를 뛰어 넘어 열혈 청년 김준배까지 이어진 것이다.

결코 무에서 유가 나오지 않는다. 역사도 마찬가지다. 우리가 지금 과거의 장흥의 역사를 되돌아보고 소중히 여기는 것은 바로 그 역사에서 오늘을 볼 수 있고 오늘의 역사에서 과거의 모습을 찾아볼 수 있기 때문이다. 그래서 우리에게는 장흥동학이 더더욱 소중한 것이다.

향우 자녀, 고향의 의미 찾기 필요하다

— 장흥신문/2003.10.15.

지난 6월 어느 날 김인규 군수와 인터뷰하면서 꽤 의미 있는 이야기를 들은 적이 있었다.

"지금 향우회나 동창회에 관심을 가지고 참여하는 분들은 대개 5, 60대 이상의 '향우 1세대'이다. 이들의 애향심은 남다르다. 하지만 이들의 자제들인 향우 1.5세대나 2세들은 고향에 대해 관심이 없다. 그러므로 이들의 애향심 고취를 위한 대책이 필요하다. 군에서는 앞으로 여름방학 같은 때에 향우 2세대들을 초청하여 고향에서 다양한 문화체험 등을 통해 고향에 대한 의미를 찾고 애향심도 기를 수 있게 하는 프로그램 개발을 적극 검토해보겠다 …."

김 군수의 발상은 아주 신선하고 시의적절한 것으로 생각되었다. 실제로 지난 여름방학 때 이런 일이 실현되지는 않았지만 머지않아 향우 자제들을 위한 특별한 프로그램이 실현될 것으로 믿고 싶다. 여기서 이와 관련해 몇 가지를 생각해 보고자 한다.

오는 10월 18일, 19일 양일 간에 고향을 찾는 향우들이 줄잡아 2, 3천 명은 될 것이라 한다. 천관산 억새제가 개최되기 때문이다. 개인적으로 고향도 방문하고 천관산 억새제도 참가하기 위해서일 것이고, 단체 모임의 경우 1년에 1회 정도 갖는 모임을 기왕이면 이때 가지면 천관산 억새제도 참가할 수 있으므로 일석이조의 이득을 얻을 수 있기 때문일 것이다.

장흥에서 태어나 장흥을 떠난 출향인은 어림잡아 10여만 명 안팎일 것으로 추산된다. 장흥에서 인구가 가장 많았을 때가 지난 1969년으로 당시 장흥의 인구는 14만3천여 명이었다. 1960년은 12만7천여 명, 1964년은 14만1천여 명, 그리고 1969년도를 최정점으로 하여 다시 내리막길을 타기 시작하여 1974년 13만3천여 명, 1979년 12만여 명, 1986년 8만7천여 명 그리고 최정점이던 1969년부터 30여 년이 흐른 지금은 5만여 명으로 대폭 줄어든 것이다.

이같은 현상은 말할 것도 없이 근대화 운동과 새마을 운동이 한창이던 6, 70년대부터 이농현상이 심화되면서 나타난 결과로 풀이된다. 그러므로 여러 정황으로 보아 장흥출신 출향인은 줄잡아 10만 명 이상은 될 것이라는 추론이 가능해진다.

출향인 10만여 명 중 사망자, 거동 불편한 노인세대, 친인척은 물론 선산도 없어 근거지가 죄다 없어져버린 향우를 제외시켜 버리면 얼마나 될까. 그리고 그들 중에 고향에 부모 형제가 남아있거나 선산이 있어 일년에 한 두 번씩이나마 귀향하는 사람들은 또 얼마나 될까.

재경향우회 측에 의하면, 서울 수도권에 살고 있는 출향인은 줄잡아 5만여 명이고 이들 중 마을 단위 향우회를 포함 각종 동문·향우 관련 모임에 참여하며 고향에 대해 관심을 놓치지 않고 있는 향우는 3만여 명이어서 전국적으로 향우회 활동에 참여하는 향우는 대충 4~5만 명으로 추산할 수 있을 것 같다. 그리고 이들 중 절반 정도가 해마다 한 번 이상은 고향을 찾는다고 할 수 있다.

이번에 고향을 찾는 향우들 중에는 여느 때처럼 자녀들과 함께 가족동반으로 천관산을 오르는 이들도 많이 있을 것이다. 우리가 관심을 가지고 싶은 분들은 이들, 바로 자녀와 함께 고향을 방문하는 사람들이다. 그리고 이번 경우가 아니고, 애경사 같은 집안 일 때문도 아니고 일부러 주말 같은 때나 방학 때 특별히 짬을 내어 자녀들과 함께 고향의 문화유적지 등을 탐방하기 위해 고향을 찾는 사람들이다. 그런데 보통 외지 향우들이 명절이나 애경사 같은 일로 자녀와 함께 고향을 찾는 경우가 아닌, 고향의 문화유산이나 산하를 보기 위해 자녀를 데리고 고향을 방문하기란 결코 쉬운 일이 아니다.

그런데도 제암산 철쭉제나 천관산 억새제 때 의외로 대전이나 서울 등지에서 자녀들과 함께 등정하는 향우들이 적지 않다는 사실이다. 이들이 무엇 때문에 자녀들과 더불어 고향을 찾는가. 자신에게는 태를 묻은 땅이고 자식들에게는 그들의 뿌리가 장흥이기 때문이다.

필자의 생각으론 바로 이들에게 힘을 실어주자는 것이다. 이들에게 기념품 같은 것을 만들어 준다면 부모는 더 없는 힘을 얻어 갈 것이고, 자녀들은 고향의 따뜻한 정을 오래도록 기억할 것이다. 이들 자녀들을 대상으로 고향방문기나 고향 문화유산 답사기 같은 원고 등을 수시로 공모하여 시상도 하고 후에 책자로 엮어 보내 준다면 그들의 고향 방문의 보람은 더욱 배가될 것이다.

나아가 군에서 추진하는 방학 때 출향인 2세들 대상의 고향 초청 프로그램에 참가한 향우자녀들이나 출향인 2세 자녀들을 대상으로 장흥인 2세들과 1대 1의의 결연 맺어주기 같은 프로그램을 추진하는 방안도 고려해 볼만 할 것이다. 문화는 학습과 체험을 통해 육성되는 것이다.

애향심도 마찬가지다. 추억도 체험도 없는 애향심은 마치 모래성 쌓기식이나 진배없다. 이제부터라도 출향인 2세들의 애향심 고취에 대한 진지한 모색을 시도해 볼 때인 것이다.

'명예는 스스로 지키고 만들어진다'

— 우리는 장흥의 먼 미래 위해서 '장흥 핵'을 반대한다'

— 장흥신문/2003.06.05

지금 장흥은 핵 문제로 인해 양론으로 대립되면서 민심이 어수선하다.

양자 모두 괜히 '헛힘'만 쓰고 있는 꼴이다. 정녕 이래야만 되는가. 모두가 한 마음으로 일해도 부족할 판인데 언제까지 소모전을 치룰 셈인가. 당초부터 이런 상황이 오도록 만든 장본인들에 대해 군민들은 분명히 엄정하게 책임을 물을 것이다.

지난 5월 27일 남도대학은 대학 강당에서 찬핵 측 연사들을 초빙, 이른바 '방사성 폐기물관리시설과 양성자가속기 사업 특강'이라는 것을 실시했다.

이날 공교롭게도 군 집행부는 한수원 측이 신청한 용산면 지역의 5군데 굴착행위(부지조사) 신청을 거부한 일이 벌어졌다. 그런데 더욱 충격적인 일은 군의 한수원 측 부지조사 신청 불가 방침이 결정된 후, 군의원들이 간담회에 담당 실과장을 불러들여 민원처리 거부에 대해 심하게 질책하며 강력하게 항의했다는 것이다.

한수원 측은 27일의 군 불가 방침에 불복, 29일에 또 다시 부지조사 민원을 신청하였고, 이를 군이 다시 거부한 것으로 알려졌는데 들리는 말로는 찬핵 측은 부지조사 관철을 위해 산자부 등 중앙부처까지 동원할 것이라고 한다.

즉 이 달 중으로 '핵 설명회'를 위해 산자부장관이 실국장을 거느리고 장흥을 방문한다고 하는데 기실 한수원의 부지조사 협조 의뢰를 장흥군이 반려시킨 데 대한 문책성 시위가 아니겠느냐, 장흥군에 무언의 압박을 가하겠다는 속셈이 아니겠느냐는 시각이 지배적이다.

군 의회 등의 '장흥 핵' 유치 운동 측에 맞선 반대운동 측의 움직임도 만만치 않다. 그동안 성명서 발표 수준에서 힘겨루기를 해 온 이들도, 지난 5월 20일 30여 개 시민단체와 100여 개 종교단체들로 구성된 '장흥군 핵 폐기장·양성자가속기 유치 반대 범군민대책위원회'(범대위)를 결성, 본격적으로 핵 반대운동에 돌입한 것이다. 범대위는 29일에는 장흥교 양교각 위에 각종 '장흥 핵 반대' 구호가 적힌 깃발과 만장 70장을 매달아 핵 반대 메시지를 분명하게 재천명했는가 하면, 6월 3일부터는 군청 앞에서 장흥 핵 유치를 반대하는 천막농성에 들어갔다.

이처럼 지금 장흥에는 핵 찬성과 반대 두 그룹간의 힘겨룸이 치열하게 진행되고 있는 것이다. 지금은 일년 중 가장 바쁘다는 보리 베기·모내기 철이다. 게다가 지금은 우리 지역뿐만 아니고 전국적인 현상이긴 하지만, 지역경제 상태가 악화일로에 있어 그렇잖아도 사람들마다 수심이 깊어가고 있다. 이런 판국인데 군민의 마음이 둘로 갈라져 괜한 헛심만 쓰고 있는 것이다. 그런데 문제는 핵 찬성 측의 언행이 비신사적이고 몰상식적인 점에 있다는 것이다. 담당 실과장을 불러놓고 막말까지 해대며 된통으로 호통치며 공박했다는 사실도 그렇다.

또 본지와의 경우에서도 결코 예외는 아니었다. 그들은 '뚜렷한 근거' 없이 본지를 명예훼손으로 장흥지청에 고발했는가 하면(이들의 명예훼손 고발은 장흥지청에 의해 무고로 처리됐다), 요즘은 핵 찬성 기사나 광고를 내주지 않는다며 심히 공박하고 있는 것으로 알려졌다. 그들의 말인즉슨, 왜 소수의 의견도 반영해 주지 않느냐는 주장이다. 그들이 우리에게 그리 말한다면 그것은 더욱 터무니없고 몰상식적인 처사에 다름 아니다. 그들은 정작 어땠는가. 그들은 '핵 폐기장·양성자가속기 사업'부지 조사 청원서를 가결하면서 가장 중요한 이해 당사자들의 의견도 듣지 않고 '1,080명 청원 서명'을 근거만으로 이틀만에 심의·의결하고 말았다. 군의회는 군민들의 대표기관이므로 더 많은 나머지 사람들인 '장흥의 핵'을 반대 군민들의 의사도 들어보고 이 문제를 결정해야 했는데 이 절차를 무시해버린 것이다. 그들은 여기서부터 이미 스스로 법도 상식도 무시해 버리지 않았는가.

그런 저런 이유는 접어두고, 신문 보도만을 놓고 생각해 보자. 본지는 보도기사에서 만큼은 공정성을 유지하도록 애쓰고 있으며, 핵 관련 기사 마저도 객관적이며 사실적인 보도를 견지해 왔다. 다만 사설 등 본지의 논지에서만큼은 핵 반대 논지를 견지했을 뿐이다. 이것은 어디까지나 본지의 논지일 뿐이다.

우리는 '장흥 핵'을 반대하는 다수 군민들을 위해서 그리고 무엇보다 장흥의 먼 미래를 위해서 '장흥의 핵'을 반대하는 입장인 것이다. 굳이 그런 사정이 아니더라도, 모든 언론은 '언론사 나름의 주장과 인격'이 있는 법이다. 그러므로 본지가 만일 전체적인 편집 방향에서 핵 반대 의견을 견지한다고 해도 이것은 누구도 감히 함부로 침해할 수 없는, 엄연히 본지 고유의 성격이며 인격일 뿐이다.

모름지기 지역의 대표적인 인사라 한다면 최소한 기본적인 명예만이라도 갖추어야 한다. 명예는 그 스스로 만들어 가는 것이다. 그 명예는 상식에서부터 출발된다. 상식마저 무시해버리면 '몰상식'이다. 몰상식적인 사람이 어찌 명예를 갖출 수 있을 것인가. 우리 지역에서 '명예로운 일'에 종사하는 그분들이 스스로 그 명예에 오점을 남긴다면 그것은 분명히 비극적인 일이 아닐 수 없는 것이다.

방사성 폐기장 유치, 다시 재현되는가

— 100년 후의 장흥의 미래를 생각하자

— 장흥신문/2003.04.29.

조용하던 장흥 관내 인터넷 홈페이지가 떠들썩하다. 또 다시 핵 폐기장 유치문제가 논쟁거리로 등장한 것이다. 출향인들도 가세, 논쟁이 뜨겁다. 이번에는 양성자 가속기 사업까지 끼어든 바람에 핵 폐기장 유치 찬성자들의 더해진 기세가 만만찮다. 그러나 뭐니 뭐니 해도 이번에는 이 두 사업 유치 신청에 결정적인 키를 가지고 있는 집행부 측이 반대 입장이다. 단순한 반대 입장이 아니다. '오마이 뉴스'에서 김인규 군수는 "군수 자리를 내 놓으라고 해도 핵 폐기장 유치는 받아들일 수 없다. 그게 계획이고 입장이다"라고 밝힌 것으로 보도돼, 김 군수의 단호하고 강경한 반대 입장은 분명해 보여, 이번 싸움도 진작 결판이 났다고 보아진다.

그러나 문제는 이로 인한 지역민 갈등의 심화이고 청정지역인 우리 군의 이미지 실추이다. 이미 장흥군민 1,080명이나 '방사성 폐기장 및 양성자 가속기 부지 조사 청원'에 서명했다. 그러므로 이들 1,080명 주민들은 2개 사업 유치 찬성자들이라고 해도 과언이 아니다. 이들은 이번 군 집행부 측의 반대 의견에 섭섭해 하는 사람들이고, 이들에 의해 쏟아지는 이런저런 말들은 응당 민심의 갈등을 조장하는 데 한몫을 톡톡히 하고도 남을 것이다.

본지는 얼마 전 핵 폐기장 유치 문제 보도로 인해 일부 지역민들로 명예훼손 고발을 받는 등 수모를 당한 일이 있었다. 본지의 논지는 분명히 핵 폐기장 유치를 반대하는 것이긴 하지만, 보도기사에서만큼은 사실보도 등 객관성을 견지하려고 노력한다고 했는 데도, 일부 찬성자들로부터 그러한 기사마저 부당한 기사로 취급받으며 명예훼손 고발조치를 당한 것이다.

지난 2월 12일 신문 2면 하단에서 본지는 '핵 폐기장 유치 논란 재연'이라는 제목의 기사를 보도한 바 있었다. 당시 지역주민 94명이 장흥군의회에 유치 희망 청원서를 제출하고, 이에 대해 장흥환경연합이 성명서를 발표하는 등 강하게 반발하던 내용을 기사화한 것이다,

당시 이 보도로 본지는 지역 주민들의 항의 방문을 받았고, 다음 호에서 해명 보도와 함께 핵 폐기장 유치에 대한 당위성 등에 대해 보도해줄 것을 요구하기도 했다.

그들은 본지의 기사 중 "지역 발전기금 3,000억 원 보다는 유치 운동하는 사람에게 지급되는 월 200만 원의 활동비가 탐나 장흥군을 통째로 팔아먹으려는 행태이다"라고 주장한 장흥민주연대 측의 인용보도를 문제 삼았고, "이 보도로 인해 자신들이 2백만 원을 지원 받은 것으로 용산면 지역에서 오해받고 있다"면서, 이 기사가 자신들의 명예를 훼손했다고 판단, 본지 사장을 명예훼손으로 고발 한 것이다.

그 명예훼손 건은 무고로 판결이 났지만, 본지는 그냥 조용히 넘어간다는 방침이다. 일부에서는 무고죄로 고발하라고 하지만 그럴 생각은 없다.

이처럼 찬반논쟁은 지역민들의 마음을 삭막하게 만들고 갈등을 조장시킨다. 가뭄 때 논물싸움 정도가 아니다. 알려지기로는 해당 지역민과 인근의 간접 피해 주민간의 갈등이 만만치 않다는 말도 들린다.

핵 폐기장 유치 찬성자들은 핵 폐기장 건설로 인한 각종 피해는 없으

며 오직 지역경제 발전에만 크게 도움 된다고 주장한다. 즉 농수산물의 피해도 없고 자연재해도 없는 안전한 시설인 데다, 지역경제에 크게 도움 되니 유치하자는 논리인 것이다.

어불성설이요 억지다. 아무리 안전한 시설로 건설된다고 해도 인간이 하는 일인데 어찌 단 1%의 허점이라도 생겨나지 않는다고 보장하겠는가. 농수산물의 피해가 없다는 말 역시 어불성설이다.

실제로 핵 폐기장 주변 지역의 농수산물은 큰 피해가 없을 지도 모른다. 그러나 문제는 우리 지역의 농산물 판로가 막힌다는 것이다. 우리나라 국민성으로나 정서적으로 봤을 때, '핵 폐기장 장흥군'에서 생산되는 농수축산물이 과연 판매될 수 있을까. 전혀 판매될 리가 없다.

핵 폐기장이 유치되면 덤으로 준다는 양성자가속기 사업이라는 것도 겉모양만 조금 다를 뿐 기실 일종의 핵시설에 다름 아니다. 물론 이 사업의 유치도 물론 지역경제 활성화에 적잖은 도움이 될 것이다. 그러나 우리 군은 적지도 아니고 부담도 크다. 게다가 사업비 절반이 넘는 1천억원 이상을 지자체가 부담해야 하는데, 김 군수는 분명히 예산지원 할 생각이 없다고 천명한 바 있다. 누군가의 표현처럼 결국 양성자 가속기 사업은 다른 곳에 넘겨주고 핵 폐기장 유치만 떠안게 될 지도 모른다. 재주는 곰이 부리고 돈은 되놈이 가져가는 격이 될 것이다.

그들은 양상자 가속기 사업이나 핵 폐기장 같은 국책사업을 유치하지 않으면 장흥군이 영원히 낙후에서 벗어나지 못한다는 식으로 홍보한다.

다 접어두고 장흥을 사랑하는 장흥인의 한 사람으로서 1백년, 2백년 후의 장흥군을 생각해 보자. 핵 시설이 있는 장흥군과 전통문화가 숨쉬는 생태계의 보고로서 '청정 문화고을 장흥군'의 모습을.

지정학적 '소외', 개발 '낙후'에서 벗어나기 힘드는가

— 투명하게 장흥의 오늘과 내일 직시하자

— 장흥신문/2003.01.27

새해이므로 꿈을, 희망을 노래해야 그럴 듯할 것이다. 그러나 아무리 둘러봐도 희망이 보이질 않는다. 시간이 조금 지나면 하늘이 휑하니 허옇게 뚫릴지 모르지만 지금은 온통 먹빛에 갇혀있는 느낌이다.

연말부터 장흥의 총체적인 분위기는 지난 IMF 때의 분위기를 방불케 한다. 어딜 가나 '아임엠에프 때 보다 더하다'고 아우성이다. 설 경기마저 살아날 기미조차 없다. 키조개·물김 가격도 크게 하락, 어업인들을 더욱 상심케 하고 소 값도 하락하며 축산인들을 더욱 우울하게 한다.

지난 한 해 장흥군과 강진군에서 스스로 목숨을 끊은 사람이 34명으로 지난 2001년의 24명보다 40%이상 늘었다고 한다. 또 장흥지역의 자살자 21명 중 18명은 노총각이나 이혼 등으로 혼자 사는 40~50대 남자들이라고 하는데, 이것은 이 지역 농촌경제의 침체가 큰 영향을 끼쳤기 때문이라는 것. 또 장흥지원 관내에서 지난 한 해 동안 협의 또는 재판으로 이혼한 건수는 675건이나 되며, 군 관내에서 결혼 적령기를 지나서도 결혼하지 못한 노총각은 310명에 이른다고 한다.

이러한 사례들은 장흥지역의 경기침체의 정도가 이미 위험 수위에 육박하고 있음을 단적으로 말해주고 있다고 할 수 있다.

호구지책마저 해결하지 못해 급증하는 자살자, 이혼과 노총각 증가 등의 현상은 바로 '농촌 붕괴는 발등의 불로 다가오고 있다'는 표현에 다름 아니다.

지난 연말부터 제기된 장흥지역의 현안은 장흥-광주간 4차선 직선화 개설 문제와 목포-장흥-보성 간 철도건설 문제다. 이 두 현안은 장흥군의 미래의 비전과 직결되는 사안이긴 하지만, 군민들의 소원대로 쉽게 해결될 사안이 아닌 '해결 난망'인 것으로 알려져 군민들의 수심을 더욱 부채질하고 있다.

국도 4차선 개설 문제는 운주사-유치 용문 간의 지방도 817호와 820호 구간의 도로가 국도로서의 승격 문제가 선결로 남아있고, 이것도 5년 후의 국도노선정비 때나 그 가능성을 볼 수 있어 아직은 섣불리 무산된 것으로 단언할 수는 없지만, 여러 정황을 고려하면 결코 쉽게 해결 될 수 없을 것으로 예상되고 있다.

목포-장흥-보성 간의 경전선 철도 역시 장흥군의 바람대로 안양 수문-율포를 걸치는 노선 변경이 해결 난망인 것으로 알려지고 있다. 철도청에서는 철도 공사 기본 단계에서 발주청이 기본 계획을 수립할 때는 관계 행정기관의 장과 미리 협의하여야 한다는 규정에 따라, 이미 장흥군과 2차례 걸쳐 협의를 했던 것으로 확인되었다. 이 과정에서 철도청은 장흥군으로부터 기본 노선에 대한 이의 제기나 노선 변경의 요구가 없어 장흥-장동-보성을 거치는 기본 노선을 확정한 후 타당성 조사를 마친 상태이며 실시설계도 올해까지 완료, 내년부터는 공사 시공을 추진할 것으로 알려져, 장흥군민들의 소원인 남해안 쪽으로의 노선변경은 억지 주장이나 진배없는 것으로 볼 수 있다.

결국, 미래에서도 장흥은 여전히 지정학적인 '소외', 개발의 '낙후'에서 벗어나기 어려울 것으로 예상된다.

장흥 산업의 근간인 농업과 어업은 갈수록 경쟁력을 상실해 갈 것이다. 더불어 갈수록 위력을 더해 갈 문화관광부문에서도 낙관하기 어렵게 되었다. 마인드마저 턱없이 취약한 실정인 데다 경쟁력 확보가 가능한 그 어떤 자원도 눈을 씻고 또 씻고 봐도 보이지 않고 있으며, 그렇다고 인공적인 자원의 창출마저 군 당국의 의지가 없어 가능해 보이지도 않기 때문이다.

결국 우리는 이대로 주저앉고 말 것인가.

정녕 희망은 보이지 않는가.

이제라도 우리 모두 마음을 비우고 맑은 두 눈으로 뜨거운 가슴으로 오늘의 장흥의 현실을 직시하고 장흥의 미래를 투시해야 한다. 언제까지 두 '실질적 리더'들의 보이지 않는 대립이 계속될 것인가. 1백 년이면 두 세대가 흘러간 세월인데, 그 긴 질곡의 세월도 뛰어넘은 지 언제인데, 아직도 동학의 두 후예간의 대립 갈등은 지속되는가.

한 마음이 되어도 한참 부족할 것이다. 전 군민의 힘과 지혜를 모아도 부족할 판이다. 그러나 이 길만이 최선이다. 정성을 다하고 결과는 하늘에 맡기는 도리뿐이다. 이제부터라도 우리 모두 한 마음이 되어 우리의 '신나는 장흥 판'을 만들어야 하지 않겠는가.

우리가 놓치고 있는 것, 이제라도 할 수 있는 것

— 유치 수몰인 이주대책 … 왜 무관심인가

— 장흥신문/2000.05.31.

장흥군과 동일한 국회의원선거 지역구인 영암군이 인구가 가장 많았을 때는 1965년도로 14만1천5백여 명이었고 지난 1999년 말에는 6만6천여 명이었다고 한다.

거의 모든 지자체가 경쟁적으로 인구 늘리기 운동을 추진하고 있음은 다 아는 일이다.

영암군도 예외 없이 '군민 7만 명 확보' 운동을 적극적으로 추진하고 있어 관심을 끌고 있다. 그 중의 하나가 바로 신북·도포면의 '문화마을' 조성이다. 이 문화마을은 영암군민들에게 분양하지만 외지인들 특히 장흥군 유치면 이주민들을 유치하기 위해 추진되는 사업이라는 점에서 우리의 관심을 끈다.

영암군, 유치 이주민 유치에 '적극적'

영암군에 따르면 도포면에는 이미 40세대 분양을 목표로 문화마을이 만들어지고 있으며 신북면 장산리 문화마을은 45세대 분양을 목표로 올가을 쯤에 본격적으로 추진된다고 한다. 특히 영암군은 장흥군이 유치 주민들을 위한 이주 문제에 구체적인 접근을 하지 않고 있을 때인 지난해 초부터 이 사업을 과감히 추진하는 행정력을 보였다.

시종면의 경우, 유치면 이주자에 대해 단독 마을 조성, 상하수도·도로 개설, 주택자금 지원, 간척답 알선 등 '사탕 같은 달콤한 조건'들을 내세우며 이주를 적극적으로 권장해 당시 유치 이주민 30세대의 농지 구입을 성사시켜주기도 했다고 한다. 그 이후로도 유치 주민들로부터 많은 관심을 끌어 현재까지 유치 주민 30여 세대가 이미 이주를 했으며 앞으로도 20세대가 이주를 목적으로 농지 등을 구입해 놓고 있는 것으로 알려졌다.

유치면과 근접지인 신북면도 인구 유입 정책에 적극적이었다. 그들은 장산리에 유치 주민들을 위한 1만8천 평 규모의 문화마을 조성계획을 추진하는 한편 '유치 이주민 유치 추진위원회'라는 별도 모임까지 구성, 유치 마을들을 일일이 방문하면서 신북면으로 이주 운동을 적극 추진해오고 있다고 한다. 이미 유치 이주 주민 20세대로부터 문화마을 분양 신청을 확보한 것으로 알려졌다. 일부 유치 주민들에 의하면 신북면이나 시종면 등지에 농지만 구입해 놓고 있는 사람들은 이보다 훨씬 많다고 한다. 현재까지 적게 잡아 유치면 70여 세대가 이미 영암군으로 정착했거나 정착을 추진하고 있다는 것이다.

여기에 영암군이 추진 중인 도포면의 문화마을도 곧 착공될 것을 예상하면 앞으로도 더 많은 유치 주민들이 영암으로 이주, 영암군의 '7만 군민 만들기'에 일조할 것으로 예상된다.

장흥군, 유치 주민 이주정책은 형식적

장흥군의 인구는 1999년 말에 5만5천608 명이었고 가장 많았던 때는 1969년으로 14만4천5백43 명이었다. 가장 많았던 때를 영암과 비교하자면, 우리 군이 3천여 명 정도 영암보다 많았지만 지금은 오히려 영암이 우리 군보다 많다. 물론 대불공단 조성이나 교통·지리적인 부문에서 유리한 점 등 불가피한 원인 인자가 있긴 하지만, 어쨌든 수치상으로는 최다 인구수에선 장흥이 영암보다 3천여 명이 많았던 것으로 나타나고 있다.

그러나 정작 중요한 것, 우리와 비교할 수 있는 것은 인구유입 문제에서 영암은 '7만 군민 확보 운동'를 추진하고 있다는 것이고, 우리는 2년 전 6만 명이 무너질 위기에 처했을 때 '6만 군민 지키기 운동'을 추진했다. 근자에는 그 운동 추진이 힘에 겨워서였는지 언제 그런 일을 추진했냐는 듯이 이제는 그런 구호 따위조차 아예 눈을 씻고 봐도 보이지도 않게 되었다는 것이다.

어디 그것뿐인가. 어차피 타지로 이주해야 할 유치 수몰주민에 대한 이주 문제를 놓고 영암군과 장흥군이 보인 행정 역시 승자는 영암군이었다. 영암군은 장흥군이 이주단지 조성에 대한 계획만 세워놓고 있었을 때인 지난해 초부터 앞서 지적했듯, 유치 수몰민에 대한 인구 유인정책을 적극 추진했다. 그러나 우리 군은 유치 수몰민을 위한 이주단지 조성 계획은 당초 5만 평에서 나중엔 3만 평 규모로 추진한다는 것이었으나 그것도 어디까지나 계획뿐이었지 실제로 추진된 것이 아니었음은 다 아는 일이다.

그 이유는 물론 여러 가지다. 입주 희망자가 없을 뿐만 아니라(단 1명만 신청한 것으로 알려졌다) 유치 주민들에게 자유 이주를 선택토록 하고 이주비를 보상받게 한 다음, 후에 문화마을로 분양받아 입주케 한다는, 이를테면 유치 면민들에게 명분을 주기 위해서였다는 것이다. 알려지기로는 군 당국이나 수자원공사 측에서 유치 주민들이 집단으로 이주하는 것보다 자유 이주로 뿔뿔이 흩어지기를 원했고(집단 이주의 경우 집단 민원 발생 등을 우려했다고 한다), 군 측의 이런 기대가 수몰민 이주단지 조성 문제 등에 소극적으로 대처하지 않을 수 없게 되었다는 것인데, 이것이 부디 사실이 아니길 바란다.

뒤늦은 이주단지 조성 등… 실효 있을지

어쨌든 장흥군도 올 들어 뒤늦게나마 부랴부랴 지금까지 미뤄왔던 이주단지 조성 등을 적극 추진하고 있기는 하다. 현재 8천 평 규모(분양 예정 30~35세대)로 착공이 진행 중인 '대천지구(암천마을) 이주단지'는 올 하반기에 분양될 예정이라고 한다. 또 조양·신풍리에 1만8천 평 규모(분양예정 68세대)의 '문화마을'도 현재 90% 정도 기공 승낙서를 받아 놓고 있어 6월 초에는 착공될 예정이라고 한다. 또 군 당국은 앞으로 6군 데에 5~10여 세대 안팎의 소규모 이주단지를 조성한다는 계획이다. 결국 유치 이주민들은 순조로워야 올 연말이나 연초 쯤에 이주단지나 문화마을에 입주할 것으로 예상된다. 군의 한 관계자도 올 12월~내년 1월 입주 예정이라고, 군 의회 질의에서 답한 것으로 전해졌다.

그런데 유치 주민들은 가물막이 공사가 완료되어 이주가 본격화 되는 9, 10월 이전에 입주할 수 있도록 이주단지나 문화마을공사 그리고 대체 농지 조성 등을 서둘러 달라고 요구하고 있다. 이들은 남들처럼(보상비 많이 받은 사람들) 외지로 나가 번듯한 전셋집 하나 얻을 수도 없는 영세 농민들이어서 실제적으로 이주 혜택을 받을 수 있도록 해 달라는 것이다. 이에 대해 군에서는 '예산 미확보'를 이유로 그것은 불가능한 일로 밝히고 있다고 한다.

지역의 일각에서도 장흥군의 이와 같은 수몰민의 이주 대책은 이미 실패한 것으로 지적하고 있다. 많은 주민들이 이미 도회지나 영암 등 타지로 이주지를 결정했거나 타지에 주택을 구입한 뒤이므로, 이제야 추진하는 이주단지·문화마을 등의 이주 정책이어서 제대로 그 실효를 거둘 리 만무하다는 지적인 것이다.

유치면 출신인 장흥군 의회 안방호 의원은 "유치면 이주민 대책은 이미 실패했다. 이제부터라도 문화마을이나 소규모 이주단지 그리고 대체 농지 조성을 하루 빨리 서둘러 타지 이주를 결정하지 못한 영세농들이라도 붙들어야 한다"면서 "예산이 없다면 차입자금을 투입해서라도 5월 안으로 어떤 구체적인 방안을 제시해야 한다"고 주장하고 있다.

아직 보상이 완료되지 않기도 했지만, 타지 이주에 대한 불안과 고뇌로 지금까지도 이주 결정을 하지 못한 채 망설이고 있는 주민들도 상당수인 것으로 알려지고 있다. 도회지의 자식들에게 더부살이 하기로 결정했거나 이미 타지 이주를 선택한 사람들이야 관두더라도, 지금까지 이주 단안을 내리지 않는 사람들 거의 모두 우리 군에서 붙잡아두는 방법은 전혀 없는 것일까.

수몰민 실효 있는 이주 대책 서둘러야

정말로 이제라도 영암군에 우선하는 보다 적극적인 '장흥으로의 이주' 대책을 세울 수는 없는 것인가.

누구는, 많은 수몰주민 중 노인세대가 많은 점을 고려, 양로원 등 실버타운 건립 추진을 주문하기도 한다. 또 누구는 군이 임차농지를 확보해 그들에게 장기 임차형식의 혜택을 부여해야 한다고 주장하기도 한다. 누구는 또 군 당국이 적극적으로 삼산간척 농지에 대한 우선적인 분양 방법을 추진해야 한다고 예시하기도 한다.

하늘의 별을 따오는 일도 아니다. 사람이 하는 일이다. 더구나 영암군도 추진한 일이다. 그런데도 어찌 좋은 방법이 없겠느냐며 '군 당국의 의지에 문제가 있다'고 지적하기도 한다.

방법은 있다. 문제는 어찌됐든 기왕 장흥을 뜨기로 한 사람들이야 그만두더라도, 지금부터라도 당국이 적극적으로 나서서 이주를 결정하지 못한 사람들을 붙잡아 앉혀 보다 많은 이들을 장흥에 남게 해야 한다는 지적에는 이론이 없는 것 같다.

겸허하게 곱씹어 생각해 볼 일이다. 이미 놓쳐버렸지만 이제라도 할 수 있는 일은 바로 그것이 아닌가 싶다. 군수나 면장이 직접 전면에 나서 이주를 권하는 영암군의 그 행정이 전범이 될 수는 없는 것일까.

'다방여론'이 장흥 망치는 원인된다

─ '말 많은 장흥, 그 소문성 말들이 좌지우지하는 장흥'

─ 장흥신문/1998.08.12

장흥은 어찌된 일인지 소위 '다방여론', '다방언론'이라는 말이 운위되어질 정도로 다방의 여론이 기세부리며 장흥의 현안들을 좌지우지하는 것 같다. 본시 시골의 다방이란 곳이 여론 집합소임에는 의심할 여지는 없다. 문제는 우리 군의 경우, '선한 말' 보다는 좋지 않는 '해악성이 강한 말'들이 다방에서 양산되고 그것이 흡사 지역의 여론인양 포장되고 기세등등히 힘을 발휘하는 여론이 되고 있다는데 있다.

지난 6.4 지방 선거에서는 '다방여론'이 위세 등등했음은 익히 아는 사실이다. 최근 들어 행정개편과 관련해서 그리고 그때가 어느 때였는데 지금까지도 그 6.4선거와 그 주역 인물들에 대해서 그리고 난데없이 누군가에 의해 불거져 나온 핵 폐기장에 대해서, 말들이 난분분하고 급기야는 지역 여론으로 승화(?)할 조짐까지 기세를 부리고 있다.

아무리 생각해도 이해할 수 없는 일이다. 장흥을 이끌어 가는 장흥의 지도급 인사들이 할 일 없이 다방에 죽치고 앉아 이런저런 말들을 만들어 내는 것은 아닐 터인 데도 요즘 들어 '다방여론'이 기세를 멈추지 않음은 어인 일인가. 다방에서 또는 구석진 방에서 술잔을 들이키거나 화투놀이 하며 말 만들어 내기를 좋아하는 사람들부터 생각을 좀 해 봐야 할 것 같다.

얼마 전 어느 다방에서 "용산에 핵 폐기장이 들어서야 장흥이 산다"는 말을 들은 적이 있었는데 그로부터 며칠 뒤인데 아예 핵 폐기장이 장흥에 들어서는 게 이미 정책적으로 확정되었고 그 대가로 4천억 원이라는 거금이 장흥으로 유입된다는 구체적으로 발전된(?) 말을 직접 들은 적이 있다.

정말로 장흥에 핵 폐기장이 들어서는가. 그 일이 이미 그렇게 결정되었는가. 아니다. 원전후보지 문제도 이제야 결정될 조짐을 보이고 있는 마당에 난데없이 핵 폐기장은 웬 말인가. 우리는 그렇게 당당히 말하는 친구가 혹시 사전에 여론 호도를 위해 모 기관으로부터 사주를 받고 장흥의 여론 작업을 하고 있지는 않는지 의심해 보지 않을 수 없다.

원전 입지 문제만 해도 그렇다. 원전 후보지가 이제는 우리 군의 현안으로 떠오를 것임은 분명해 보인다. 여러 가지를 고려할 때, 전남에서 장흥 외에 최소한 2곳 정도는 논의되리라는 전망이다. 그런데 그 적정부지를 지정하는 원칙의 첫째 조건은 주민과의 합의가 이뤄진 곳이라야 한다는 것이다. 그런데 장흥 대덕 신리의 경우, 주민 대부분이 원전 건설에 대해 찬성한다는 소식이다. 물론 그 동안 현지 주민들도 반대해 왔고 장흥군도 반대 입장을 고수해 왔음은 주지한 바다. 그런데도 어인 일인지 '다방여론'에서는 현지 주민들 대부분 찬성한다는 것인데, 사실이 그렇다면 장흥의 신리가 원전의 추가 건설 후보지로 확정될 것임은 분명해 보인다.

그런데 실제로는 현지 주민들은 반대하고 있는데 여론은 찬성하고 있다는 것이다. 여기에는 뭔가 흑막이 있는 것 같기도 하다. 그렇다면 혹시 위세 등등한 그 '다방여론'을 이용해 찬성 여론을 조작하고 있는 사람들이 있기라도 한다는 말인가.

우리나라에서 원전이나 핵 폐기장 건설은 반드시 필요하고 더 이상 미룰 수 없는 것이 사실일 것이다. 그러나 아무리 시급한 일이라고 해도 이를 일방적으로 은밀하게 몇몇 기득권층을 충동질해서 여론을 호도하는 식으로 해결할 수는 없다. 이런 방식은 오히려 정부에 대한 불신과 거부감을 증폭시킬 것이기 때문이다.

또한 정부 당국이 밝힌 대로 분명히 주민이나 자치단체와의 정정당당하고 투명한 협의 과정을 거쳐 원전 후보지를 결정해야 마땅한 것이다. 즉 정부나 한전은 여론 따위야 어찌됐든 자치단체와 주민들에 대한 충분한 설득과 대화, 절차를 거치고 합의를 거쳐 후보지가 결정되는 투명한 과정을 거쳐야 한다는 것이다.

그리므로 지극히 일부이긴 하겠지만, 다방 등에서 그릇된 여론을 조작하고 있는 사람들이 있다면 이제부터라도 분명하고 당당한 목소리를 내주길 당부한다. 정부 정책이 불가피하게 그렇게 되었다느니, 장흥의 장기 발전을 위해 원전이나 핵 폐기장 건설 유치는 당연하다는 식으로 말을 만들지 말아야 한다. 보다 균형적인 시각에서 원전 유치로 인한 피해와 효과를 비교하고, 50년 또는 1백년 미래를 내다보는 견지에서, 원전 또는 핵 폐기장 유치의 당위성을 떳떳하게 주장할 수 있어야 한다는 것이다. '다방여론'으로서가 아닌 당당한 목소리로서.

기세 등등한 '다방여론'이 바로 장흥을 망하게 하는 원인이 될 수 있음을 우리 장흥 군민은 각성해야 한다. 특히 다방여론을 호도하고 그릇되게 재생산하는 이른바 '사이비 다방여론 기자들'이야말로 장흥을 위해 퇴출 돼야 마땅하고 그 퇴출작업을 할 수 있는 사람들은 바로 우리 장흥군민임을 명심해야 할 것이다.

5장

행정 1

출산율 2위, 출산율 제고·실효적 정책 절실하다

— 장흥투데이/2021.03.11.

지난 2월 4일 통계청이 발표한 '2020년 인구동향조사 – 출생·사망통계 잠정 결과'의 '전국 시군구별 출생아 수 및 합계출산율(여성 1명이 가임 기간인 15~49세에 낳을 것으로 기대되는 평균 출생아 수)'에 따르면 ▶국내 합계 출산율 0.84 명 ▶전라남도 합계 출산율 1.15 명 ▶전국 시군구 1위 영광군 2.46 명 ▶전국 시군구 2위 장흥군 1.77 명/임실군 1.77 명이었다.

장흥군은 전북 임실군과 함께 영광군에 이어 2위를 차지한 것이다.

장흥군에 따르면, 장흥군 출생아 수는 지난 2018년부터 2020년까지 3년 연속 꾸준히 증가 추세에 있으며, 인구 4만 명 회복 운동을 위해 전략적 인구정책 방향을 구체화해 '3대 분야 50개 시책'을 선정하고 이를 본격적으로 추진해 왔다. 특히 주요 시책으로 전국 최초 결혼 장려금(최대 700만 원) 지원, 전입세대 장흥 쌀(20kg) 지원, 신혼부부 주거 지원, 출산장려금 최대 1,000만 원 지원, 공동육아나눔터 운영 대상 – 난임 치료·시술비 지원, 산모 신생아 건강관리사 이용료 전액 지원 등을 추진, 이번과 같은 합계 출산율에서 전국서 2위를 차지하는 가시적인 성과를 나타낸 것으로 알려졌다.

또 지난해의 경우, 공공일자리사업과 지역 주도형 청년일자리 사업 추진을 통해 1,085 명의 고용 창출을 이뤄냈다. 또한 여성친화도시에 이은 '유니세프 아동친화도시 인증'까지 확보하는 등 청년·여성의 정주권 향상 그리고 여성·아동의 권리 향상 및 출산의식 개선을 꾸준히 실천해 온 것이다. 이러한 노력이 합계 출산율 전국 2위라는 빛나는 결과로 이어진 것이라 할 수 있을 것이다.

합계 출산율의 전국 2위 차지는 분명히 대단한 성과요, 충분히 자랑할 만한 경사라 아니할 수 없을 것이다. 그런데 장흥군의 합계 출산율이 전국 평균치의 2배인 셈인데, 1위 영광군에 비하며 그 격차가 아주 크다.

지난해에 이어 합계 출산율 연속 1위를 차지한 영광의 경우, 1위 수성을 위해 셋째아 이상에 지원을 더욱 강화하고 특히 다둥이 가족 지원을 대상으로 신규 지원을 강화한다고 한다.

영광군은 이미 지난 2019년 1월, 전국 최초로 '인구 일자리 정책실'을 신설하고 종합적이며 체계적이고 지역 특성을 반영한 맞춤형 인구정책, 즉 일자리와 인구·청년 정책의 선순환 체계를 구축하고 팀 간 협업을 강화하여 결혼출산, 일자리 정책 추진에 큰 시너지 효과를 달성했다. 특히 '인구 일자리 정책실' 신설을 계기로 체계적이며 다양한 여성·청년지원 등 보다 효율적인 인구정책을 통해 미래 희망인 청년들이 영광을 떠나지 않고 정착하게 함으로써 영광에서 취업하여 결혼·출산하고 인구증가로 이어지는 구조의 초석을 마련하였다. 그 결과 2년 연속 합계 출산율 전국 1위를 차지한 것이다.

장흥군도 이러한 인구정책에 관한 한 수범적인 영광군을 전범으로 삼을 필요가 있다.

장흥군은 전국 최초 결혼 장려금(최대 700만 원) 지원을 장점으로 내세우고 있지만 실제로 그 결혼 장려금에 대해 부정적인 측면도 없지 않은 실정이다.

지난 2017년 전남도의회가 밝힌 자료에 따르면, 5년 동안 전남지역 22개 시·군에서 출산장려금을 받고 떠난 '먹튀 출산자'가 1천584명이고 이 기간 전남지역 시·군이 지급한 출산장려금은 737억1,950만 원에 이른다고 한다.

즉 각 지자체마다 거의 출산을 장려하기 위해 많은 예산을 쏟아 붓고 있으나 출생아 수는 해마다 줄어들고 있어 경쟁적으로 펼치는 출산장려금 정책의 효과는 거의 없고 예산만 낭비한다는 비판도 나오고 있는 실정이다.

물론 군이 출산장려금을 지원하지 않아야 된다는 주장은 아니다.

결국 출산율이라는 것도 그 지역의 출산·양육·교육 환경, 일자리 등 종합적인 경제 여건 등에 좌우될 뿐 일시적 지원금은 부수적 요소에 지나지 않는다는 것이다. 즉 현금성 지원 경쟁은 출산율을 단기간에 높여 '지방소멸'의 위기를 돌파하려는 고육책이지, 결코 지속 가능한 해법은 아니라는 것이다. 문제는 아이를 낳아 기르고, 양육하고 교육시키며, 일할 수 있는 사회 기반을 제대로 마련해주는 종합적이고 체계적인 인구정책이 보다 중요하다는 것이다.

이번에 장흥군이 '합계 출산율'에서 전국 수위권을 차지했지만, 언제까지 이 수위권이 유지되리라는 보장은 없다.

실제로 지자체마다 너도 나도 현실에 맞는 인구정책 수립으로 사업의 효율성을 높이고, 저출산·고령사회 대응기반 강화를 확립한다며 경쟁적으로 덤벼들고 있는 실정이다.

이번 장흥군의 합계 출산율 전국 2위를 계기로 장흥군의 보다 지속적인 출산율 제고를 위해서도 그렇거니와 날로 심화되는 인구 급감의 현안 극복을 위해서라도 출산에서 육아, 여성·청년 취업, 귀농·귀촌 등 인구와 직접 관련이 되는 제반 현안들을 보다 효율적이고 종합적으로 관리하고 대응해 갈 수 있는 인구정책 부서 신설을 다 시 한 번 제안드리고자 한다.

장흥군 청렴도 꼴찌, 특단의 종합대책 세워야

— 지자체 청렴도는 지자체의 경쟁력을 좌우한다

— 장흥투데이/2018.12.14.

국민권익위원회가 해마다 발표하는 '공공기관 청렴도 조사'에서 2009년에는 기초자치단체 1위, 2010년에는 전국 159개 시·군 기초자치단체 중 3위(전남 1위)를 차지하는 등 2년 연속 청렴도 최상위를 차지하였던 장흥군이 2018년 청렴도 조사에서 최하위권을 차지했다.

그동안의 장흥군 청렴도를 살펴보면, 최상위권이던 2009, 2010년 이후부터 2, 3년 동안 점차 청렴도가 하락하다 2012년부터 2016년까지 중하위권인 3, 4등급으로 떨어졌고, 2017년에는 최하위권(종합청렴도 꼴찌서 2위, 내부청렴도 최꼴찌), 2018년에는 전국 최하위(종합청렴도 최꼴찌, 외부청렴도 최꼴찌, 내부청렴도 최꼴찌서 2위)라는 수모와 불명예를 당하고 말았다.

2009년부터 2018년까지의 장흥군 청렴도 추이를 살표 보자.

▲2009년=전체 기초자치단체(159개) 중 1위 ▲2010년=전체 기초 자치단체(159개 구·군)에서 3위 ▲2011년(82개 군)=종합청렴도 2등급(8.46)/외부청렴도 2등급(8.88)/내부청렴도 3등급(7.69) ▲2012년(〃)=종합 〃 4등급(7.15)/외부 〃 5등급(6.99)/내부 〃 3등급(7.92) ▲2013년(83개 군)=종합 〃 4등급(7.17점)/외부 〃 4등급(7.28)/내부 〃 3등급(7.69) ▲2014년(82개 군)=종합 〃 3등급(7.29)/외부 〃 2등급(7.63)/내부 〃 4등급(7.26) ▲2015년(〃)=종합 〃 4등급(7.21)/외부 〃 4등급(7.18)/내부 〃 4등급(7.67) ▲2016년(〃)=종합 〃 4등급(7.23, 꼴찌서 11위)/외부 〃 3등급(7.78)/내부

〃5등급(6.80, 꼴찌서 3위) ▲2017년(〃)=종합〃5등급(6.71, 꼴찌서 2위)/외부〃4등급(7.05, 꼴찌서 10위)/내부〃5등급(6.32, 꼴찌) ▲2018년(〃)=종합〃5등급(최꼴찌)/외부〃5등급(최꼴찌)/내부〃5등급(최꼴찌서 2위) <〃은 '청렴도', ( )안의 숫자는 10점 만점의 청렴지수>

이러한 결과로 보면, 장흥군 청렴도 하락은 1, 2년 또는 2, 3년 전부터 시작된 것이 아니다. 상기 연도 별 청렴도 측정 결과에서 보듯 종합청렴도가 4등급으로 떨어진 2012년부터 청렴도가 점차적으로 떨어지면서 결국 2017년, 2018년에는 최하위로 곤두박질쳤다는 것을 알게 된다. 결국 2012년부터는 점차적으로 그 이전의 탄탄한 청렴문화가 철저히 붕괴되면서 오늘날 '청렴도 최하위 군'이 되고 만 것이다.

청령도 1등급 상승이나 하락은 쉽게 이루어질 수 있어도 2등급 이상의 상승이나 하락은 쉽지 않은 일이다. 그러므로 장흥군의 청렴도 최하위는 이미 2016년부터 시작되었다고 볼 수 있다.

특히 2018년은 상반기의 군수선거에 이어 신구 군수의 교체기 등 이른바 '군정 과도기'와 맞물려 기강 해이가 이어지고, 신임 군수의 다소 일사불란한 통제력 미흡 등으로 청렴도 한 등급 상승이라도 만들어내지 못했다. 오히려 하락(외부청렴도 1등급 하락)하면서 종합청렴도 최꼴찌를 면할 수밖에 없었다고 추정된다. 그렇다고 하여도 민선 7기 '2018년 장흥군 청렴도 최하위' 책임은 벗어날 수 없다. 그러한 '군정 과도기'에서도 청렴도 등급 상승을 이루거나 최소한 현상 유지를 한 지자체도 상당하기 때문이다.

그러므로 장흥군은 이제부터라도 청렴성 강화를 위한 특단의 종합대책을 강구해야 한다.

하다못해 전문기관에 용역을 맡기거나 '전문 청렴 TF'를 특별 운용해서라도, 청렴도 최하위의 주요 원인과 문제점 등을 냉정하고 철저하게 분석할 필요가 있으며, 그에 따른 보다 효율적인 개선 대책을 추출해 내면서 실천의지를 굳혀야 한다는 것이다.

한편으로, 전국의 '청렴도 최우수 자치단체'를 벤치마킹할 필요도 있을 것이다. 또 멀리 갈 것도 없이 지난 2009년, 2010년 때의 장흥군 청렴문화 강화 대책을 참고할 필요도 있을 것이다.

당시 장흥군은 2008년 들어 '부정부패 척결의 원년'으로 삼아, 공무원 사회의 정화운동을 본격적으로 추진하였다. 특히 공무원 부패 방지 종합대책을 세워 강력한 의지로 실천하는 등 다각적으로 청렴성 강화와 부패방지 운동을 적극적으로 추진한 결과 2009년, 2010년도에 전국 최상위의 청렴군으로 자리매김할 수 있었다.

이밖에도 가장 중요한 것 중의 하나가 ▲행정 서비스·민원인 업무 만족감 제고 ▲청렴의 날 지정 운영·청렴대상 시상 등 공직자와 군민이 함께 공감하고 참여하는 청렴 문화 확산(외부 청렴도를 위해) ▲공직자의 청렴도 향상을 위한 '자기진단 시스템' 등 자기정화 시스템 도입 등이었다.

장흥군의 미래는 결국 공직사회의 청렴성에 있다고 해도 과언이 아니다.

장흥군이 지속적으로 발전하는 길, 그것은 바로 공직사회의 청렴도 확보에 있다는 것이다. 장흥군의 공직사회가 모든 분야에서 비정상적인 부패 관행을 일소하고 청렴의 생활문화를 정착하여 전국 청렴도 상위급 회복은 물론 장흥발전의 모멘텀으로서 역할을 다 할 수 있어야 한다는 것이다. 결국 장흥의 미래는 공직사회에 달려있기 때문이다.

향우들 힘의 결집이 필요한 때, 향우 무시는 안 된다

— 정종순 군수 선거법 위반 조사와 관련하여

— 장흥투데이/2018.12.09.

지난 10월 29일부터 2박 3일 일정으로 장흥중고 7·6회 원로 동창생들이 고향 장흥을 방문, 아름다운 추억을 가슴에 가득 안고 돌아갔다.

이들 중에는 장흥문예회관 부지가 된 남산공원의 땅을 장흥군에 기부한 이도 있고, 중남미 대사를 역임하며 수집한 각종 기념품 수백여 점을 장흥군에 기증하기 위해 그 목록을 가져온 이, 중앙 부처에서 근무하다 퇴임한 이들, 한국을 대표하는 소설가, 재경·재광 향우회의 전임 임원 등이 포함되어 있었다. 팔순을 넘어 이제 구순을 바라보는 이들이 여태 살아있는 동창들을 불러 모아 고향을 방문한 것이다.

이들은 누구에게 신세지거나 부담을 주지 않기 위해 회비를 모으고 조금 여유 있는 친구들의 협찬으로 고향방문 경비를 마련했으며, 장흥군에 식사비와 버스이용 경비로 100만 원과 숙소 이용에 감사하다며 군 발전기금으로 100만 원을 군수에게 전달하였으며('보리닷되' 밴드부 부활기금), 장흥신문에서 추진하는 중학생들 해외역사탐방에도 기금을 기부하기도 하였다.

2박 3일의 고향 방문을 마치고 내년 방문도 약속하며 돌아간 뒤, 이들의 행적에 대해 전남선관위로부터 선거법 위반에 대한 조사가 시작되었다. 장흥군선관위에 누군가의 제보가 있었고, 언론 등에도 게재가 되면서 전남도선관위가 정종순 군수 등에 대해 공직선거법 위법(기부행위)에 대한 조사를 시작한 것이다. 전남도선관위는 이미 서울 동창회 대표를 비롯 비서실장 등 관계자는 물론 정종순 군수에 대한 1차 조사도 마친 것으로 알려졌다.

우리는 이번 사건과 관련, 정종순 군수의 향우들에 대한 예우는 '장흥 군수'라는 직무로 당연히 이루어진 의례적인 일이었다고 여겨진다. 다만 그 기부가 과했느냐의 판단은 제쳐두고라도, 군수 직무상의 마땅한 행위로 간주하고 싶다는 것이다. 군이 선거법에서 규정한 기부행위로까지는 볼 수 없다는 것이다. 설사 일정부분에서 기부행위가 적용된다고 하더라도, 모 지역신문 등에서 이번 건과 관련하여 정 군수가 마치 대단한 범법행위를 저지른 것처럼 예단하는 것은 지나치다고 생각한다. 물론 조사를 통해 그 결과는 지켜봐야 하겠지만 이번 건은 참으로 아쉽고 안타까운 일이 아닌가 여겨진다.

그동안 재경향우회 정기총회 등 각종 향우 관련 모임에 장흥에서 군수, 간부 등이 올라가 군정을 홍보하고 군의 특산물 등을 선물로 제공하기도 했으며, 신년하례회 등 큰 모임에 장흥을 찾은 향우들에게 숙박이며 저녁을 제공하기도 했다. 또 향우들은 고향 발전을 위한 사업 등에 기부, 협찬도 하고, 인재육성 장학금도 기탁하고, 장흥 특산물 판매에 앞장서기도 하며, 고향 벚꽃 헌수운동처럼 특정사업에 큰 도움을 주는 등 다양한 방법으로 고향 발전에 기부하고 찬조하는 등 큰 도움을 주어 왔다. 이처럼 다양한 방법으로 이루어지는 향우들과 장흥군간의 유대적인 교류와 인연 등으로 출향향우와 장흥군은 '떼려야 뗄 수 없는' 불가분의 관계에 있었던 것이다.

이번 7·6회 동창 중에도 원로 향우들이 대거 포함돼 있었고, 그런저런 사정으로 장흥군에서도 의례적으로 숙박 등 편의를 제공한 것으로 알고 있다. 말하자면 통상적이고 의례적인 일이었다는 것이다. 따라서 일각에서처럼 그 도움이 조금 과했지 않느냐는 지적처럼 조금 지나쳤다고 할 수는 있을지라도 이번 건 자체를 큰 문제로 보는 것 자체가 문제라는 것이다.

만약 이번 건이 큰 문제가 된다면, 그 동안 장흥군에서 행하는 각 행사 즉 신년하례회, 문학관련 축제 등 큰 행사에 참석한 향우들에게 제공한 숙박이며 만찬 제공 등 통상적인 일은 어찌 설명할 것인가. 또 중앙부처의 교부금 확보 등을 위해 또는 고향의 장학제도 기부·협찬금 확보를 위해 중앙부처 향우들이나 재력가 향우들을 찾아가 도움을 당부하는 일들은 또 어찌 설명해야 하는가.

침체되어 있는 장흥 발전을 위해 4만 군민은 물론 20만 향우들의 힘의 결집이 더욱 필요한 때이다. 그러므로 더욱 향우들을 무시해서는 안 된다.

향우들과 장흥군은 한 식구이다. 향우들이 특히 성공한 향우들이 이런 저런 일로, 다양한 방법으로 고향 장흥에 도움을 주고 있음은 주지의 사실이 아닌가. 그러므로 그런 향우들이 고향을 방문했을 때, 그들을 큰 손님으로 인식, 크게 대접할 수도 있지 않겠는가.

이번에 방문한 장흥중고 7·6회 향우들을 큰 손님으로 생각한 것은 장흥군의 당연스런 인식이었을 뿐이다. 따라서 그 대접이 조금 과했다고 할 수는 있어도 그 건 자체를 잘못한 일이라고 단정 지을 수는 없다는 것이다.

주는 만큼 받는 게 세상의 이치다. 크게 대접하면 그만큼 크게 돌아오기 마련이 아닌가.

아무튼 이번 건으로 향우들의 고향 장흥에 대한 실망이 있어서는 안될 것이다. 장흥군으로서는 앞으로도 여전히 향우들 힘의 도움이 더욱 절실하기 때문이다.

지자체의 청렴도는 곧 경쟁력이다

— 장흥군 청렴지수 낙후 -실천의지 강화돼야

— 장흥투데이/2017.12.21.

국민권익위원회의 '2017년도 공공기관 청렴도 조사'에서 장흥군이 전국 80개 기초자치단체(군단위) 중 외부청렴도는 70위, 내부청렴도는 80위(꼴찌), 종합청렴도는 79위(꼴찌에서 두 번째) 등 '청렴도 꼴찌' 결과를 얻은 수모를 당했다. 이 청렴도는 2016년 7월 1일~ 2017년 6월 30일까지 조사한 결과였다.

장흥군의 경우, 청렴지수 항목에서 업무지시 공정성이나 부당한 업무지시 경험 등의 항목에서 청렴지수 점수가 낮았다. 이 기간에 군 공무원 대여섯 명이 재판을 받고 있는 상황과의 연관성을 고려해볼 수도 있으나, 그 밖에도 인사업무(금품수수 향응 – 편의제공), 예산(업무추진비, 예비비등) 등의 항목에서도 점수가 썩 좋지 않은 것으로 나타났다. 또 청렴문화지수나 부패방지제도(징계, 처벌 등)에서도 전년도에 비해 점수가 현저히 하락된 것으로 나타나 결국 총체적으로 장흥군의 청렴지수는 크게 떨어진 결과로 나타났다. 변명의 여지가 없게 돼 있었다.

달리 말하면 지금 장흥군에는 청렴문화가 정립되어 있지 않았다는 것이다. 청렴지수가 높지 않다는 것은 반대로 그만큼 부패지수가 높다는 것에 다름 아닌 것이다. 그동안 수차례 청렴도 상승을 위한 교육도 받았고 청렴에 대한 실천의지를 다짐하는 결의대회를 갖기도 했지만 결과적으로 '장흥군의 청렴 행정은 실패하고 있었다'고 볼 수 있다.

공무원을 달리 공직자(公職者)라고 부른다. 공직자는 공공(公共)의 일을 보는 사람인 것이다. 삿됨이 없는, 사사로움을 취하지 않는, 오로지 공공을 위해 일하는 사람이 공직자인 것이다.

이런 공직자에게 청렴성은 첫 번째의 요건이며 절대적인 무기다. 그래서 공직자가 모여 일하는 지방자치단체의 경쟁력을 평가하는 지표 중 청렴도는 가장 중요한 지표의 하나로 평가되기도 한다. 언젠가 방영된 TVN '어쩌다 어른'에서 이재명 성남시장이 출연, 강연자로 나섰는데(2017.12.07. 방영), 그때 이 시장은 "공무원들의 태도, 의지에 따라 세상이 얼마나 많이 바뀔 수 있는지 체감했다"면서 공무원들의 역할과 사명을 강조했다. 지방화 시대에서 지역의 공직사회는 곧 그 지역사회를 리드하는 기관이고 두뇌라 할 수 있다. 그러므로 공직자의 청렴성도 그 지역사회의 변화와 발전의 척도가 될 수 있다. 즉 한 자치단체의 생존과 발전 가능성을 가늠할 수 있는 척도는 공직사회의 역할에 있다는 것이다.

현대사회에서도 공직자 청렴도가 사회에 미치는 영향력은 지대하다. 국가 청렴도 1위인 핀란드가 국가 경쟁력 부분에서도 1위인 것은 '청렴도는 경쟁력에 비례한다'는 경제·윤리학적 이론이 실제 사회에 반영돼 나타난 대표적 모델이라고 할 수 있다.

특히 각종 공직비리 의혹들로 인하여 온 나라가 시끄러운 요즘, 청렴에 대한 사회적 요구도 그 어느 때보다 높아지고 있다. 이는 시대적인 요청인 것이다. 흔히 청렴은 공직자가 어떠한 유혹에도 흔들리지 않고 항상 공명정대하게 업무를 수행하는 것을 말한다고 할 수 있는데, 그 점에 장홍군은 형편없는 것이다.

모야무지(暮夜無知)라는 고사성어가 있다. 이는 선물이나 뇌물을 몰래 주는 것을 이르는 말이다. 즉 '모야무지'는 '어두운 밤이어서 아무도 알지 못한다' 는 뜻으로 깊은 밤중에 하는 일이라서 보고 듣는 사람이 없기 때문에 알 사람이 없다는 것을 말하는데, 역으로 이 말은 남 몰래 선물이나 뇌물을 공직자에게 주는 것에 대한 경계의 뜻을 담고 있다.

《목민심서》 '율기 6조' 제2조 청심(淸心)에는 "청렴은 수령의 본무(本務)로서 모든 선의 원천이요 모든 덕의 뿌리이다. 청렴하지 않고서 목민관을 잘 할 수 있는 자는 없다"하였다. 청렴하지 않고서는 공직자로서 역할 수행을 잘 할 수 없다는 것이다.

다산 정약용은 재야에 있을 때 절박한 심정으로 부패의 모든 양상을 파헤치고 여기에 대해서 처방을 내렸다. 다산이 주창한 것은 공직의 위엄성, 공식성, 객관성이었다. 다산은 관료의 도덕적 정신무장을 끊임없이 주창했다. 선의 원천과 덕의 근원의 핵은 청렴이라고 했다. 권력자의 주변에 가족, 친척, 여러 연고자들이 모여들게 되면 공직이 본래의 목적과 달리 사적 목표로 악용되는 경우가 수 없이 존재함을 열거하기도 했다.

장흥군의 미래는 공직사회의 청렴성에 있다고 해도 과언이 아니다.

장흥군이 지속적으로 발전하는 길, 그것은 바로 공직사회의 청렴도 확보에 있다. 장흥군의 공직사회가 모든 분야에서 비정상적인 부패관행을 정상화하고 청렴의 생활 문화를 정착하여 전국 청렴도 상위급 회복은 물론 장흥발전의 모멘텀(Momentum)으로서 역할을 다 할 수 있어야 한다.

결국 장흥의 미래는 공직사회에 달려있는 것이다.

장흥군도 SNS 활용 선도에 나서야 한다

— '대한민국 SNS 대상' '페이스북 대상' 수상에 즈음하여

— 장흥신문/2017.10.25.

장흥군의 '제7회 대한민국 SNS 대상', '올해의 페이스북 대상'을 진심으로 축하한다.

이 난을 통해 그동안 장흥군의 SNS 활용의 미비와 부족을 수차 지적한 바 있지만, 이제라도 전국의 지자체들이 경쟁적으로 뛰어든 SNS 활용 정책에서 장흥군도 늦게나마 적극 뛰어 들고 있어 매우 다행스럽다는 생각이다.

돌이켜 보면 민선 5기까지 장흥군은 페이스북에 공식 홈페이지도 없었다. 그나마 민선 6기 출범 이래 장흥군도 주민과의 대화 창구로 SNS 활용을 추진하였고, 이번에는 그러한 성과가 나타난 것으로 풀이된다.

SNS 활용은 주민과의 소통이라는 점 외에도 더욱 중요한 것은 장흥군 홍보 수단에서 이만한 정책도 없다는 점에서이다.

올해 장흥군은 정남진장흥물축제, 2016장흥국제통합의학박람회 등 지역 주요 행사를 페이스북 홈페이지에서 라이브방송을 통해 행사장 현장과 각종 프로그램을 생생한 영상으로 소개해 호응을 얻은 것으로 평가되었다. 특히 '제10회 정남진 장흥 물축제'에서는 릴레이 방송이라는 새로운 기능을 활용해 현장감 있는 라이브 중계를 선보이고, 30만 명이 넘는 누적 시청자 수를 기록했다고 한다. 그러나 페이스북 활용에서 라이브 방송을 제외하면, 다양성에선 아직도 많이 미흡하다. 또 페이스북 활용을 제외하면, 즉 블로그, 트위트, 카카오스토리 등 여러 채널을 통한 다시 말해 SNS의 다양한 콘텐츠들의 활용에서는 더욱 미흡한 측면이 많다는 것이다.

그런 면에서 장흥군은, SNS 활용에서 선도적 지자체인 강진군을 벤치마킹할 필요가 있다.

강진군도 제7회 대한민국 SNS 대상 시상식에서 공공부문 기초지자체 부문 대상을 수상했는데, 이는 지난 2016년에 이어 2년 연속 대상 수상이었다.

주지하다시피, 지자체 홍보 광고에서는 강진군은 선도적이다. 특히 수년 전부터 SNS 활용에서는 단연 돋보이는 추진과 그 성과를 내 오기도 했다. 이를테면 강진군은 블로그, 페이스북, 카카오스토리 등 여러 채널을 통해 지역의 다양한 콘텐츠들을 실시간으로 전달하며 온라인에서 원활한 소통을 추진해왔다. 또 다양한 이벤트를 수시로 열어 전국적인 홍보로 활용해 왔다. 이를 위해 강진군은 블로그 전문가로 구성된 '강진군 블로그 기자'와 강진지역 주민들로 구성된 'SNS 서포터즈', 강진군청 내 자발적인 '강진알립' 등을 조직화하여 서로 간 정보를 공유하고 협력하기도 하며, SNS상의 고품질 콘텐츠를 생산해오고 있는 셈이다.

강진군의 이 같은 SNS 활용 정책으로 강진군은 여전히 남도에서 '답사 1번지', '관광 1번지', '남도음식 1번지'로서 이미지를 굳혀오고 있는 것이다.

우선, SNS에서 회원 수가 가장 많고 홍보 수단에서 최적인 '페이스북 활용'을 생각해 보자.

장흥군청 공직자 6백 명은 장흥 사회의 리더 그룹이고 장흥군청 공직자 한 사람 한 사람은 장흥군의 리더들이라고 해도 과언이 아니다. 장흥군 공직사회는 이른바 장흥 미래의 운명을 책임진 리더들이라는 것이다.

장흥군의 미래는 장흥 역사 문화자원의 홍보와 이를 활용한 관광문화 활성화에 있다고 해도 과언이 아니라고 한다면, 여기서 그 책무와 책임도 장흥군청 리더 그룹이라고 해도 틀리지 않는다. 따라서 장흥군청 공직자 모두 페이스북 회원으로 참여, 장흥에 대한 홍보와 특산물 판매 등에 적극 참여해야 한다는 것이다.

페이스북에서 각 회원은 전국적으로 자기 친구를 5,000명까지 가질 수 있다. 이 회원 중에서는 장흥 사람, 장흥 향우 등이 포함되겠지만, 이는 많아야 고작 500~2000명에 그치므로, 최소 3,000여 명은 장흥인이 아닌 외지의 전 국민이 해당된다. 장흥군청 공직자 페이스북 참여자가 500명이라면, 전 국민 15만 명의 회원을 가진다고 가정할 수 있고, 이들 회원이 가진 전국의 회원 수는 180만 명으로 기하급수적으로 늘어나게 되는 것이다.

페이스북 회원이 되어 장흥을 전국에 자연스럽게 홍보하는 일이 중요한 것은 이 점 때문이다.

이제 장흥군도 SNS 활용 정책을 적극 추진할 때인 것이다. 여기에 강진군처럼, 장흥지역 주민들로 구성된 'SNS 서포터즈'을 구성하고 이들과 유기적인 정보 공유 등을 추진한다면, 페이스북에서의 장흥의 홍보 효과는 아주 크게 나타날 것이다.

'지자체 소멸시대'를 20여 년 앞두고 있다. 따라서 미래는 관광문화 육성, 지자체 홍보 등의 마케팅에서 판가름이 난다고 해도 과언이 아니다. 장흥군이 늦었지만 본격적으로 SNS 활용 홍보에 보다 적극 뛰어들어야 하는 이유이다.

'최선의 육아환경' 조성이 필요하다

— 4년 연속 출산율 전국 1위 해남의 명암을 보며

— 장흥신문/2017.02.24.

작금의 우리 사회는 청춘 남녀들의 결혼 기피 현상에 취직도 하늘에 별 따기 식이다. 더구나 경제적으로 어려울 뿐더러 기혼자마저 아이 키우기에 벅찬 현실을 견디지 못해 아이를 늦게 갖거나 한 명만 낳거나 아예 아이를 낳지 않겠다는 분위기가 팽배하다.

옥스퍼드 인구문제연구소의 데이빗 콜먼 박사는 '한국은 인구소멸 1호 국가'로 지적하기도 했다. 이를 증명하듯 2018년이면 인구가 급감한다는 전망이 나오고 있기도 하다. 그런데 전국 평균 두 배 이상의 출산율을 기록한 해남군이 있어 단연 주목을 받고 있다.

2015년 해남의 합계출산율(가임여성 1명당 평생 낳을 것으로 예상되는 자녀 수)은 2.46명(2014년 2.433명)으로 전국 평균(1.24명)을 크게 웃돈다. 비결이야 물론 파격적인 출산장려금. 해남군은 2011년 관련 조례를 개정해 이듬해부터 첫째 출산 시 300만 원, 둘째 350만 원, 셋째 600만 원, 넷째 이상은 720만 원을 양육비로 지원해오고 있다.

그런데 '불편한 진실'이 있다. 몇 년째 전국 수위의 출산율이지만, 인구는 계속 줄고 있다. 2005년 7만3982명에서 2010년 6만5685명, 2015년 6만5184명으로 줄었다.

파격적인 장려금으로 0~4세 영유아의 순유출도 많았다. 그래서 해남의 0세는 2011년 509명에서 장려금이 대폭 늘어난 2012년 810명으로 크게 증가했다.

하지만 거기까지였다. 2013년 761명, 2014년 651명, 2015년 576명, 2016년은 543명으로 줄었다. 2011년 해남에서 태어난 아기들이 한 살 한 살 먹을 때마다 해남을 떠난다는 사실을 말해주고 있는 것이다. 이 결과 해남의 0~4세 인구는 나이가 많을수록 줄어들고 있다.

이미 자녀계획을 세운 타 지역 주민이 장려금을 탈 목적으로 출산만 해남에서 하고 있다는 것이다. 다시 말해, 이른바 '먹튀 출산', '위장 전입'이란 '진실'이 있다는 것이다.

또 한 가지, 출산 장려 정책 자체에 문제가 있음을 암시해 주는 어느 연구 조사가 있다. 즉 출산 지원 정책만으로 다자녀 출산에 큰 영향을 미치지 못한다는 것이다.

2005~2011년 전국 225개 시·군·구의 출산 장려금과 출산율을 분석한 결과, 출산 장려금의 영향으로 태어났을 것으로 추정되는 신생아는 첫째 32,038명(전체 첫째의 2.35%), 둘째 4,041명(0.4%), 셋째 763명(0.35%)으로 갈수록 효과가 떨어진 결과가 나왔다.

출산 장려금이 첫 자녀 출산을 이끌어내는 것은 어느 정도 효과를 거두지만 다자녀 출산에는 실효성이 없다는 것이다

다자녀 가정에는 출산 장려금 외에 다자녀 무주택 가구를 위한 주택 특별공급, 전세자금 대출(최저생계비 2배 이내 등의 조건 있음), 자동차 취득세 면제, 전기료 감면(월 최대 1만2,000원), 도시가스 요금 할인(월 최대 6,000원), 다자녀우대카드, 국민연금 출산크레디트 등 다양한 혜택이 주어진다. 그런데도 아이 셋 이상을 낳는 건 엄청난 '모험'으로 인식된다.

자녀 수가 많아질수록 '아이 키우기 힘든 사회 환경'을 더 절절하게 겪게 되는 것이다.

전문가들은 임신 계획을 세울 때는 이로 인한 비용과 혜택을 비교하기

마련이지만 다자녀는 실질적인 양육비뿐 아니라 직장을 포기하는 등의 기회 비용도 크게 늘어나기에 출산 지원정책만으로 다자녀 출산에 효과를 보기 어렵다고 지적하고 있다.

또 다자녀 출산까지 이어지는 실효를 보기 위해서는 보다 체계적이고 실질적인 보육료 지원이나 산전후 휴가, 육아휴직 같은 정책이 자리 잡고 확대될 수 있도록 하는 게 더 중요하다고 강조하고 있다.

그러므로 보다 중요한 것은 아이를 출산해서 양육하는 환경 조성이 보다 중요하고 이를 위한 보다 효율적이고 실제적인 장려 지원책이 있어야 한다는 것이다. 다시 말하자면, 아이 낳고 아이 기르기 좋은 환경 조성이 중요하다는 것이다.

아이를 낳는다고 해서 다 해결되지 않는다. 해남군의 '먹튀 출산' 경우처럼 아이만 낳기 위해 전입했다가 다시 아이 키우기 좋은 도시로 빠져나가는 경우가 많아질 수도 있다.

그러므로 아이 낳는데 큰 지원도 받고, 낳은 아이를 제대로 양육할 수 있는, 다채롭고 실질적인 육아돌봄 지원정책 등의 최선의 육아 환경조성이 필요하다는 것이다.

아이 부모에게 공공근로 등 지자체에서 지원해줄 수 있는 일자리 마련책에 대한 지원책도 고려해 볼만 하다.

순천시의 육아지원 전문기관인 '육아종합지원센터' 같은 출산·육아 지원 기관의 개설도 고려해 볼만 하다. '아이 낳기 아이 키우기 좋은 장흥군'이라는 이미지를 얻을 수 있는 장흥군이 되도록 '출산·육아'의 보다 효과적인 고민과 대책이 있어야 할 것이다.

행정은 주민 편익으로 펼쳐져야 한다

— 쓰레기봉투값 대폭 인상을 보고

— 장흥신문/2016.02.02.

2월 1일부터 쓰레기 종량제봉투 가격이 인상된다.

인상 사유는 많다. 첫째, 지난 17년 동안 가격동결로 주민부담률이 9% 수준에 묶여 있어 쓰레기를 버리지 않는 일반 지역민에게까지 과부담을 준다는 이유이다. 또 장흥군의 쓰레기 봉투가격은 다른 지자체에 비해 낮아 다른 지자체와의 쓰레기봉투 가격의 형평성을 맞추기 위해서라는 것. 이런저런 이유로 이번 쓰레기봉투 가격에 대한 인상은 충분히 이해가 되고도 남는다.

그런데 문제는 17년만의 인상이라고 하지만, 인상 폭이 너무 컸다는 것이다. 이번 인상 내용을 보면 ▲일반·음식물 종량제봉투 10리터 기준 130원→240원 85% ▲20리터 기준 260원→460원 77% ▲50리터 기준 640원→1,100원 72% 로, 72%~85%로 인상했다.

요즘 들어 가뜩이나 서민경제가 어렵다고 난리들이다. 그래서 물가 인상에 대해 아주 민감하다. 더욱 2016년 새해부터 여러 공공요금이 오른다는 소식 등은 서민들을 더욱 우울하게 한다. 당연히 다른 지자체와 형평성을 맞추는 일도 필요했을 것이다. 그렇다고 하더라도 일시에 거의 80% 인상은 지나쳐도 너무 지나쳤다는 반발을 사기에 충분하다. 그 이전에 조금씩 현실화 방향으로 10~20%, 또는 30% 정도의 수준에서 점차적으로 인상했어야 옳았다. 왜 이제 와서 한꺼번에 갑자기 80%로 인상하는가. 매를 맞는다면 한두 대씩 맞는다면 그리 아프지 않을 것이다. 그러나 한꺼번에 열 대를 맞는다면 어찌될까.

행정의 본질은 주민 중심이고 주민 편익에 있다. 그렇다면 이번 쓰레기봉투값 인상은 주민 중심, 주민 편익과는 아주 동떨어진 조치다. 행정자치부도 서민 물가에 직결되는 전철·시내버스·택시·도시가스·상하수도·쓰레기봉투 등 7종을 지방공공요금으로 지정해 관리하고 있다. 그러니까 쓰레기봉투 가격 인상이든, 현실화이든, 이는 지자체 맘대로 할 수 있는 것이다.

그렇다면 이번 쓰레기봉투 가격에 대한 인상문제는 장흥군 행정에서 지방공공요금 관리를 순리대로 하지 않았다는 지적을 피하기 어렵게 되었으며, 장흥군이 지향하는 '어머니 품 같은 장흥' 구현의 구호에도 아주 어그러진 행정이었다고 할 수 있을 것이다.

군수 거취 문제로 공직기강 해이해져선 안 된다

— 장흥신문/2015.12.01.

민선 6기 들어 광주·전남에서 처음으로 노희용 광주 동구청장이 공직선거법 위반 혐의로 낙마하면서 재판이 진행 중인 지역 단체장들에게 눈길이 쏠리고 있다.

현재 선거법 위반 혐의로 기소돼 재판을 받고 있는 단체장들은 장흥군의 김성 군수를 비롯 유두석 장성군수, 박병종 고흥군수, 이용부 보성군수 등 4명이다. 대법원에서 이들에게 벌금 100만 원 이상의 형이 확정되면 당선 무효가 되고 재선거가 치러지게 된다.

우리 군의 경우, 사전선거운동과 선거 공보물 허위 기재 등의 혐의로 기소된 김성 장흥군수는 대법원 최종 선고를 기다리면서 보이지 않게 활동에 제약을 받고 있는 실정이다.

김 군수는 지난 2월 2심 판결 직후 간부회의에서 "사법부의 판단을 겸허히 수용한다"면서도 "동일한 사안에 대해 1심은 무죄, 2심은 유죄로 서로 다른 정반대의 판결을 내린 것에 대해서는 대법원의 확정 판결이 필요하다"고 말했다.

그러나 결국 대법원의 결과가 반반으로 예견되면서, 일각에선 선거운동을 벌리는 등 지역의 정서가 아연 급변하고 말았다.

대법 판결이 연내에 이루어질 것이라는 당초 예측과 달리 11월을 넘기면서 내년 초로 미루어지리라는 예측이 지배적이다. 10월, 11월 중에 대법 판결이 날 경우, 군수 직위 유지로 판결이 나면 다행이겠지만 만에 하나 당선무효가 이루어지면 군수의 대행체제가 최소 6개월 이상 갈 수도 있어서 우리 군으로서는 더 큰 불행이 될 수도 있다는 점을 일전에 상기시킨 바 있다. 그런 점에서 군수 직위 유지 상실에 상관없이 대법의 판결이 내년 초에 이루어지는 것은 다행한 일이 아닐 수 없다.

최근 들어 공직사회의 기강 해이가 문제 되고 있다. 12월은 연중 가장 바쁜 기간이다. 예산안 심의와 승인, 내년도 사업 구상 등으로 하루하루 24시간이 부족할 정도로 바쁜 때이다. 많은 공무원들이 너나없이 성실히 업무에 종사하고 있음은 물론이다. 그러나 일부에서 지적하는 것처럼 군수의 재판과 관련해 복지부동 자세로 일관하는 공무원이 있다면 우리 군을 위해서 크게 불행한 일이 될 것이다.

공직자는 달리 공직자가 아니다. 오로지 군민을 주인으로 모신 자리이기 때문에 공직자인 것이다. 수장의 거취 문제와 상관없이 자기 업무에 성심과 성실을 다하는 공직사회의 풍토가 이루어지길 기대해 본다.

장흥군, 지금은 한 마음이 필요하다

— 장흥신문/2015.10.19.

장흥군수가 고등법원에서 공직선거법 위반으로 당선 무효형을 선고받은 것은 지난 2월 12일. 그로부터 무려 9개월이 지났다. 지금은 대법원의 최종 판단을 기다리고 있지만, 아직도 반반이라는 관측 속에서 '군수 아웃'으로 판단하는 사람들을 중심으로는 암암리에 사전 선거운동이 치러지기도 하고, 특히 이른바 '권력 누수'까지 이어지면서 공직사회에서의 기강 해이가 도를 넘어섰다는 지적들이 연이어 튀어나오고 있다.

이를테면 최근 장흥군 특정과 직원들이 한 달에 2차례나 감찰에 적발돼 논란이 일고 있다. 모두 실과 업무를 책임지고 있는 사무관이 연루돼 있다는 지적이기도 하다.

또 이에 앞서 지난 7월에는 군청 K사무관 등 3명은 투자유치 업무를 위해 외지로 1박 2일 출장을 간 뒤 일찍 돌아와 영암의 한 골프장에서 골프를 쳤다는 소문이 나돌기도 했는데, 최근 전남도 인사위원회에서 이들 가운데 1명은 경징계인 견책, 2명은 표창 감경을 결정했다고 한다.

또 문제의 K사무관은 그로부터 약 2주 후 부하직원 5명과 함께 물 축제, 2016년 통합의학박람회 등 장흥 이벤트 홍보를 위해 대전시 유성구를 찾았다가 국무총리실 감찰 팀에 적발됐다고 한다. 국무총리실 감찰팀은 지난 달 감찰 내용을 전남도에 이첩했으며, 전남도는 사실 관계를 조사 중이라고 한다.

요즘 시쳇말로 '군수의 영(令)이 서지 않는다'고 한다. 2016년 예산문제며, 국제통합의학박람회 준비 등 중요한 업무가 갈수록 중첩돼 가고 있어, 전체 공직사회가 한 마음으로 똘똘 뭉쳐도 모자랄 판에 이 같은 일부 공직자들의 기강 해이는 큰 문제가 아닐 수 없다.

최근 들어 한 공직자의 잇단 지방지 기고문도 일부에서 지적받기도 한다. 한 번도 아니고 수차례 이어지고 있기도 하거니와, 그게 아무리 토요시장이며 물 축제 등에 대한 건설적인 제안이요, 장흥의 주요 현안이기도 하는 문제에 대한 소견이라고 해도 묘하게 지금의 현 장흥의 시국과 관련, 자칫 오해가 충분히 제기될 수 있다는 지적이다.

내년 국제통합의학박람회를 앞두고 있는 시점이므로 하나 된 장흥군이 절실히 요구되고 있다. 우선은 공직사회가 한 마음이 되어야 하고, 군민 전체가 한 마음이 되어야 한다. 혹여 내년 4월에 재보궐 선거가 치러지더라도, 내년 2, 3월까지는 현행체제가 유지 되리라는 예상에 우리는 무게를 두고 지금은 합심하고 또 합심해야 한다.

이게 장흥군을 위한 최선책인 것이다.

거꾸로 가는 장흥군 - '물 축제장 수영장 폐쇄'…

— 선진 지자체들 일부러 간이수영장 설치하는데, 우리는…

— 장흥신문/2015.08.21.

최근 들어 각 지자체들은 주민 복지를 위해 안간힘을 쓰고 있다.

그 좋은 예가 경기도 시흥, 군포, 광명, 여주, 용인, 광명시 같은 경우인데, 여름철 각 초등학교 운동장에 조립식 수영장을 만들고, 거기에 물놀이뿐 아니라 어른들을 위한 먹거리 장터 등 다채로운 프로그램까지 운영하며 먼 곳으로 휴가를 떠날 수 없는 가족들에게 신나는 바캉스를 즐길 수 있게 하고 있다.

또 어떤 지자체에선 시군 청사에 물놀이나 피크닉이 가능하도록 시설을 꾸미고 시민들에게 개방하기도 한다. 경기도 시흥시의 경우, 시청사 야외 휴게공간에 물놀이장(수영조 1곳, 바닥분수장)을 설치, 지난 7월 28일부터 8월 23일까지 무료로 개방하는데 수영장의 안전한 운영을 위해 안전요원 2명도 배치하고 수영조 물은 상수도 물로 매일 교체하고 있단다.

용인시도 시청사 1층 광장 '하늘이 열린마당'에 야외 물놀이장을 개장했다고 한다. 유아용, 5~7세, 초등학교 1~3학년이 이용할 수 있는 물놀이 풀 3개와 5~7세, 초등학교 1~3학년을 대상으로 한 워터슬라이드 2개, 이동식 화장실·샤워실·탈의실도 갖췄으며 안전관리요원 9명과 관리자 등 12명이 물놀이장을 관리한다고 한다.

이처럼 복지에 앞서가는 지자체들이 앞 다투어 일부러 일정 기간(보통 8월 1일~23일까지) 시민과 주민을 위해 임시 물놀이장을 마련, 어린이 물놀이장을 제공하며 연일 대박을 치고 있다고 한다.

우리 장흥군은 어떠한가.

'어머니 품 같은 장흥군'을 슬로건으로 내세운 장흥군이다. 이번 정남진 물 축제가 대박을 치면서 연일 사람들을 탐진강변으로 불러들였다. 이번 축제에서 가장 큰 특징은 가족동반 관광객들이 많았다는 것. 자연스레 물 축제장에서 가장 인기를 끈 것은 자연풀장과 이번에 처음으로 조성한 워터슬라이드가 가미된 수영장이었다.

그런데 예년처럼 축제가 폐막되면서 이들 시설물들을 죄다 철거해버렸다. 앞서가는 지자체들은 굳이 물 축제가 아니어도 자체 예산으로 간이 수영장을 만들어 주민들에게 편의를 제공하고 있다. 그런데 우리는 기왕에 조성된 축제장의 수영장 시설들을 단 하루도 그냥두지 않고 다 철거를 해버린다. 실로 '어머니 품 같은 장흥군'의 구호가 무색해지는 경우가 아닐 수 없다.

안전관리요원이며 관리자 등 인력비용이 아까워서인가. 얼마 들지도 않을 터인데 꼭 그것만의 이유는 아닐 듯싶다. 비용 문제라면 일주일 사용하고자 설치비용 1억 원을 들였다는 것도 문제가 있다. 당초 축제운용계획에서 수영장을 8월 1일부터 30여 일까지 운용하기로 하고 수익금의 일정 부분을 환수 받는 식으로 민간업자에게 시설이며 운용을 위탁하였다면 어땠을까. 정히 안전이 문제된다면 안전관리 요원을 충분히 임용하는 식으로 계약하면 될 터이다. 당초 군수도 수영장을 축제 폐막 후 일정기일까지 계속 운용하는 방안에 적극 동의하였다고 하는데, 담당부서에서 안전을 이유로 극렬히 반대하였다고 한다.

사실이 그렇다면 그 담당자는 문책 받아야 마땅하다. 무슨 이유로라도, 설혹 안전을 이유로 들었다고 해도, 그 담당자의 안일한 사고, 군민 편의를 외면한, 장흥군 여름철 관광을 도외시한 그 철거 시책 결정은 변명할 여지없이 잘못된 일이기 때문이다.

전국에 수백 개의 야외 풀장이 운용되고 있다. 이제는 선진 지자체에선 간이 풀장까지 시민을 위해, 주민을 위해 설치 운영 중이다. 민간업자가 운용하는 유치 휴양림에서도 수영 시설이 운용되고 있다. 새로 군이 다른 곳처럼 간이수영장 시설을 마련하라는 주문도 아니다. 기왕에 설치된 축제용 수영장이 있었다. 그런데 축제가 끝났다고 바로 철거해버린다. 안전이 그 이유다.

아, 이게 기막힐 일이 아닌가.

물 축제가 끝났지만 축제장인 탐진강은 여전히 흐르고 있다. 축제가 끝났지만 여울목 부근의 자연 풀장에선 여전히 주민들이, 외지 관광객들이 몰려들어 물놀이를 즐기고, 그 자연 풀장 위로는 여전히 보트놀이를 즐긴다. 또 워터슬라이드가 설치된 수영장에선 여전히 많은 주민들과 어린이들이 물놀이를 즐긴다. 하루에 몇 만 명은 아니더라도 몇 천 명 정도의 외지 관광객들이 가족동반으로 장흥 탐진강으로 몰려들고 여전히 활기가 넘치고, 8월 내내 시내 음식점에는 가족 동반 관광객들이 찾아들고…. 이런 모습이 상상 속에서만 가능한 일인가.

아니다. 얼마든지 현실이 될 수 있다. 그리 되는 게 뭐 그리 어려운가. 물 축제를 거금을 들여 개최하지 않는 곳들도, 일부러 간이 수영장 시설로 주민들에게 편의를 제공해주고 있는데 말이다.

왜 우리 장흥군이 위기인가.

공직자들, 극히 일부이긴 하겠지만 공직자들이 군민을 전혀 생각하지 않고 있어서이다. 복지부동으로 오직 자리만 지키며 오로지 쉬운 일만 하려 하는 일부 공직자들이 있어서이다. 이러한 조짐이 더 크게 물들어 간다면 그야말로 장흥은 진짜로 위기 국면을 맞게 될 것이다.

강진이 뜬다 … 장흥이 뒤쳐질 판이다

— 돈도, 관광객도, 지역 활기도 다 빼앗기고 있다

— 장흥신문/2015.07.15

변해야 산다. 변하지 않으면 몰락하기 마련이다.

그동안 장흥의 토요시장 활기를 두고만 볼 수 없어 장흥 토요시장을 본 딴 '쇠고기 먹거리촌'까지 만들었던 강진이 최근 혁신적인 변화로 남도의 관광객을 거의 다 끌어 모으며 활기를 불어넣고 있다.

그 첫 번째의 변화가 지난 5월 23일 개장한 마량항의 '놀토 수산시장'이다. 이곳은 장흥 토요시장처럼 매주 토요일 오전 9시부터 오후 6시까지 열린다. 개장 한 달 만에 6만4,300여 명이 다녀갔고 3억6,000만 원의 매출을 올렸다고 한다. 매주 1차례, 토요일만 열린 점을 감안하면 하루 1만 2천 명이 찾을 정도로 인기가 급상승 중이니, 토요일 겨우 6천여 명 다녀가는 장흥 토요시장보다 훨씬 윗길이 아닐 수 없다.

이곳의 성공은 어항을 복합 공간으로 만든 미적 공간과 어항이라는 장소성에 있다.

그동안 112억 원을 들여 3곳의 방파제에 주변 경관을 감상할 수 있는 데크, 야외무대, 산책로, 야간 경관 시설을 설치했으며 '하방파제' 끝 잔교 위에는 원형 야외무대를 만들고 '중방파제'에는 소나무 동산과 시비 조형물을 건립하고 '동방파제'에는 강태공을 위해 경관을 감상하면서 낚시를 즐길 수 있는 공간을 마련하여 미항에서의 볼거리와 놀거리를 마련했다.

여기에 먹거리가 넘치는 농·수특산물 점포 37곳의 장터와 수산시장 입구에는 직접 캐온 야채, 건어물, 어패류를 판매하는 15곳 할머니장터에

다, 2006년부터 10년째 열려왔던 토요음악회도 함께 열면서 즐길거리까지 마련한 것이다. 또 남해안 어촌의 고즈넉한 풍광과 마량항 오른편 고금대교와 어우러진 경관이 마량항을 미항으로 만들기에 손색이 없어 전국에서 관광객이 몰리고 있다고 한다.

두 번째 강진의 변화는, 장흥 토요시장을 보란 듯이, 토요일에 오감통시장을 개장한 것이다.

강진군은 강진읍 시장 맞은편 부지 7,684㎡에 140억 원의 사업비를 투입해 먹거리타운, 한정식 체험관, 무명 가수촌, 야외무대 등을 조성하고 먹거리, 살거리, 볼거리, 놀거리, 쉴거리가 가득 찬 맛과 멋과 흥의 문화복합공간이라는 '강진 오감통시장'을 지난 4일 개장, 장흥 토요시장 못지않은 흥행몰이에 나서고 있는 것이다.

4, 5일 이틀 동안 5,000여 명이 다녀간 것으로 집계되었다고 한다. 아직은 장흥 토요시장만큼은 아니지만 앞으로 홍보에 따라 더욱 다채로운 볼거리 마련(음악을 곁들인 무명 가수촌을 전국 최초로 시도해 연중 노래와 음악이 흐르는 명소로 자리 잡게 한다는 방침 등)에 따라 마량 놀터 수산시장 못지않을 것이라고 한다. 이곳 역시 조만간 장흥 토요시장을 뛰어 넘을 수 있을 터이다.

강진은 앞으로 오감통시장에 장흥 토요시장 같은 쇠고기 직판점도 들어서게 하는 계획도 추진한다고 한다. 강진은 또 앞으로 초당약품 산림을 임대해 장흥의 성공사례의 하나인 치유의 숲 우드랜드 못지않은 치유의 숲을 만든다고 한다. 들리는 말로는 장흥에서 내팽개쳐버린 '전국가무악제전'을 강진군으로 유치하기 위해 신안군과 경쟁하고 있다고도 한다.

강진읍에 장사로 성공한 장흥 사람들은 없어도 장흥읍의 상가에는 강진사람들이 상당 부문을 점령하고 있다는 소문은 오래전부터 있어 왔다. 그들의 상술에 장흥이 따르지 못한다는 말이나 다름없어 우울한 소문이다.

돈도 강진 사람들이 다 가져가고, 선진문화에 이어 이제는 관광시장까지 강진이 모두 가져갈 판이다. 언제까지 장흥 토요시장이 성시하리라고 믿을 것인가. 주차 시설은 태부족이고 쇠고기 질은 갈수록 떨어진다는, 서비스 질도 갈수록 낙후돼 간다는 말이 오래 전부터 들려오기도 했다.

장흥도, 장흥사람들도 이제는 변해야 하는 이유이다. 군 당국도, 군 공무원들도 이젠 보다 멀리 내다보고 관광산업을 종합적으로 육성하는데 고민하고 또 고민해야 한다.

이게 장흥이 길게 흥하는 길이 아니겠는가.

‘정남진 물 축제’ 언론 홍보가 잠자는 사이…

— 장흥신문/2011.07.15.

홍보의 생명은 ‘타이밍’ 즉 ‘때의 맞춤’과 반복성에 있다.

이것은 홍보의 대명제이고 절대적인 수단이다. 상품의 홍보도 예외는 아니다. 특히 개최 시기가 정해지고 청중이나 관광객을 불러들이는 축제나 문화 이벤트의 경우 홍보의 타이밍이나 반복성은 더욱 중요하다.

‘제4회 정남진 물 축제’의 디-데이(D-day) 25일 째인 7월 5일, 국내에서 발간되는 종합 일간지는 물론 지방일간지, 잡지 등을 모두 검색해 보니 ‘제4회 정남진 물 축제’에 대한 기사는 단 한 건도 보이지 않는다. 그 많고 많은 전남 광주 지방지의 경우, 보통 지역의 뉴스는 자치단체의 보도 자료를 거의 100% 수용해 보도해주므로 최소 한두 건 정도 보도되었을 것으로 생각했는데 단 한 건도 검색되지 않는다.

그동안 장흥군에서 정남진 물 축제에 대한 보도 자료를 한 건도 내보내지 않았다는 것을 의미한다. 이번에 ‘정남진 물 축제’ 보다 하루 뒤 개최되는, D-데이 26일인 ‘강진청자축제’를 검색해 보니 언론 홍보 면에선 장흥과 비교가 안 된다.

‘강진청자축제- 전국 대학생 물레성형 경진대회’, ‘제39회 강진청자축제 기념 홍보 이벤트- 참여하세요!’, ‘강진군 청자축제-101개 세부실행계획 확정’, ‘강진청자축제 외국인 도예작가 팸투어’, ‘강진군, 제39회 강진청자축제 포스터 확정’ 등 주요 언론 보도가 연이어 터져 나왔다.

강진에선 장흥보다 훨씬 앞선 지난 4월부터 언론보도 등으로 청자축제를 홍보해 왔던 것이다. 하다못해 지난해 말 장흥군과 강진군이 '정남진 물 축제' '청자축제'를 연계하기로 협약한 내용마저도 언론에 홍보해, 마치 강진군이 주도해서 정남진 물 축제와 연계해 개최한다는 식의 내용으로 보도되고 있을 정도이다.

정남진 물 축제와 강진 청자축제가 이번에 처음으로 하루를 격해 개최되므로 모든 면에서 쉽게 비교가 된다. 한데 이미 홍보 면에서는 장흥의 정남진 물 축제가 강진 청자축제보다 한참 뒤쳐진 꼴이었다.

장흥의 정남진 물 축제의 언론매체 등을 이용한 홍보가 잠자고 있는 사이, 강진 청자축제는 중앙지, 지방지 할 것 없이 수차례 이런저런 내용으로 보도되며 전 국민들의 여름축제로 홍보되고 있었던 것이다.

준비와 홍보는 넘치도록 지나쳐도 좋은 것인데 홍보의 타이밍을 놓치고 있는 것은 아닌지, 무엇이 보다 중요한 것이고, 정남진 물 축제의 집중과 선택이 어떤 것이어야 하는지 간과하고 있지는 않은지.

성공적인 '정남진 물 축제'를 견인하기 위해 지금부터라도 보다 세세하게 꼼꼼히 살피고 제대로 검토해 봐야 하는 것은 아닌가.

강진 인구가 장흥보다 많아진다?

— 장흥신문/2011.07.15

'강진군의 인구가 장흥군 보다 많다'. …이렇게 말하면 필자 더러 '미친 소리 한다'고 할 것이다.

올해 초 장흥군은 '44년 만에 처음으로 인구가 증가, 지난해만 297명이 증가했다'며, 장흥의 인구증가 현황을 자랑스럽게 홍보했다. 당시 장흥군의 '인구 증가' 내용은, 2010년 12월 말 4만2,394명으로 전년 대비 297명의 인구가 증가했다는 것이었다.

장흥군은 그동안 '내 고장 인구 5만 이상 늘리기', '인구 감소 제로화' 운동 등 중장기적인 대책 추진으로 인구가 군 발표처럼 44년 만에 증가한 것은 사실일 것이다. 그런데 장흥군의 '5만 인구 늘리기 운동'에서 그처럼 '자랑스럽게 빛나는 성과'가 있었다고 해도, 다른 곳과 비교해 보면 '그 빛나는 성과'는 바로 빛을 잃고 만다.

장흥군과 거의 모든 환경과 여건이 비슷한 인근의 강진군과 비교해 보면 장흥군민으로서 자존심이 금방 구겨지고 만다.

얼마 전까지만 해도 장흥군이 강진군 보다 인구가 3, 4천 명은 더 많았다. 그래서 강진 사람들이 행정통합 운동을 주도할 때도 장흥 사람들은 코웃음만 쳤다. 옛날에는 많은 강진 사람들이 장흥으로 와 고등학교도 다녔고, 법원이며 지청이며 교도소도 장흥에만 있었다. 따라서 최소한 강진에 비해 '장흥의 자존'을 내세울 수 있었다. 그런데 상전벽해(桑田碧海)

라 했던가. 겨우 강산이 한 번 바뀔 세월인데 인구에서 강진이 장흥을 앞지르게 됐다.

행안부 '2011년 6월 현재' 주민등록 인구 현황에 의하면 장흥군 인구는 42,177명이고 강진군 인구는 42,173명으로, 장흥군과 강진구의 인구는 고작 4명 차이에 불과하다.

지난 2000년 말 기준으로 장흥 인구는 48,229명이고 강진군 인구는 44,007명으로 그 격차는 4천여 명 정도(4,222명)였다. 그로부터 8년 후인 2010년 12월 기준에서는 장흥은 42,394명, 강진은 41,624명으로, 인구 격차는 770명으로 현격히 줄어들었다.

그리고 그때부터 고작 6개월이 지났을 뿐인데(지난 6월 말 기준), 드디어 인구 차이가 4명으로 줄어들었다. 지금 추세라면 아마 7, 8월이면 인구가 역전될 것이다. 그리고 올 12월 말이면 강진 인구가 장흥보다 최소 몇 십 명은 더 많게 될 것이라는 것을 어렵지 않게 유추해볼 수 있다.

'강진이 장흥보다 더 크고 강한 군이 되는 것이다'. – 어찌 장흥 군민으로서 자존이 크게 상하는 일이 아니겠는가. '장흥군의 인구 늘리기 운동', 이제 원점에서 제대로 다시 시작해 봐야 하지 않겠는가.

'장흥 군민의 상'에 출향인 부문 추가해야

— 장흥신문/2011.06.14.

지난 '제41회 장흥 군민의 날'에 사회봉사 부문과 지역개발 부문에서 김점중·안정남 씨가 군민의 상을 수상했다.

장흥 군민의 상은 사회봉사, 지역개발, 교육문화, 체육진흥, 도의 등 총 5개 부문으로 나뉘어 군민에게 귀감이 되는 사람과 단체에 대하여 시상하는 것으로 돼 있다. 그런데 관선군수 시절 때 제정된 이 '군민의 상'도 시대 변화에 따른 재조정이 필요하다는 지적이다. 즉 지금은 지방자치시대이고 시대적 변화 등 많은 변천을 거친 때이므로 수상의 내용도 그 변화에 걸맞게 재조정되어야 마땅하다는 것이다.

지금은 지자체마다 지역 발전이나 지역 개발을 위해 그리고 지자체의 자립 향상과 경쟁력 제고를 위해서는 지자체의 재원조달을 위한 기업 유치, 인구 늘리기, 인재 육성 및 교육 환경 개선, 대외 관광 홍보 등에 총력을 경주하고 있다.

여기서 정작 중요한 것이 출향인들의 협조와 지원이 아닐 수 없다. 중앙 정부에 근무하는 향우 출신의 공직자의 활용과 지원은 두말할 것이 없다. 최근 들어 서울 수도권을 중심으로 향우회 활동이 활성화되고 있는 것도 이와 전혀 무관치 않다.

지금 출향인 모임의 주축들은 향우 1세대들로 거의 50대 중장년층 이상들로 구성돼 있다. 향우회 활동의 주역들 대부분은 젊었을 때 고향을 떠나 객지에서 나름대로 한창 때를 성공적으로 마치고 이제는 은퇴했거나 퇴직한 후 한가로운 인생의 여명기를 맞고 있어, 고향에 대한 애정과 관심이 각별할 수밖에 없다.

따라서 주로 향우들의 고향사랑운동도 바로 이분들에 의해 이루어져 왔고, 지금도 바로 이분들의 헌신과 봉사로 인해 이루어지고 있다. 이들은 고향을 위해 적잖은 기금을 희사하거나 장학금을 내놓고, 고향 발전을 위해 고향을 오가며 고향을 위해 봉사하고 있는 주역들이다.

그런데 해마다 '군민의 날'에 군민이 주는 상이라는 뜻의 '군민의 상' 부문에 향우들의 몫이 빠져 있었다. 앞으로도 이들 향우들의 지원과 도움은 절대적일 것이므로, 장흥 군민이 치하하고 격려하는 의미에서 '출향인 부문'을 추가하든지(군 조례 개정 등에 의해서) 해서 장흥 발전을 위해 크게 기여한 향우들도 '군민의 상'을 수상할 수 있게 해준다면 향우들의 고향사랑운동은 더욱 빛이 날 아닌가 싶은 것이다.

공직자의 공무의 본분과 책임을 생각한다

— '누군들 따뜻한 남쪽마을이 그립지 않으랴' 발간 등에 붙여

— 장흥신문/2006.09.06

공복(公僕)이라는 말로 불리는 공무원은 말 그대로 공적인 일을 하는 사람들이다. 보통 사람들도 매사에 공과 사를 구분하고 공적인 일에서는 사심을 버려야 한다고 강조되고 그것이 사람의 도리로 여긴다. 특히 공직자의 경우 그 공무(公務)라는 의미가 더 각별할 수밖에 없다. 그들이 바로 국민의 공복이기 때문이다.

최근 장흥군 문화관광과가 지원해 발간된《누군들 따뜻한 남쪽마을이 그립지 않으랴》(1)는 책자와 그리고 지난해 역시 같은 부서에서 지원해 곧 발간 예정으로 있는《장흥동학혁명 사료집》(2)을 비교하면 공직자의 본분과 역할, 책임을 새삼 생각하지 않을 수 없게 된다.

(1)과 (2)는 다 같이 장흥에 대한 기록물이다. (1)이 현재의 장흥의 문화, 관광 등에 대한 기록이라면 (2)는 장흥의 과거 역사, 장흥동학에 대한 역사연구의 성과물로서 기록이다. 그러므로 (1)이 가변성, 변용성도 강해서 5년, 10년 후면 별 가치 없는 기록물에 불과할 수 있는 책자라고 할 수 있다면 (2)는 10년, 20년 후에도 여전히 효용성 있는 역사기록으로 가치를 지니게 되는 책자라 할만하다.

또 (1)이 개인의 사적인 기록물이라면 (2)는 장흥동학혁명기념사업회라는 단체의 기록물이다. 문제는 (1)은 군비 2천5백만 원을 지원해서 발간했고, (2)는 고작 8백여만 원을 지원했을 뿐이라는 사실이다. 물론 (2)

의 경우, 동학혁명기념사업회에서 동학학술세미나 개최와 동학사료집 발간 등 전체 사업비로 2천만 원을 지원받았고, 그 중 사료집 발간으로 8백여만 원을 집행한 것이므로, 굳이 사료집 발간에 8백만 원만 지원했다고 단정지을 수 없지만, 기념사업회가 동학사료집 발간에 8백만 원만 사용했으므로 결국 사료집 발간에 8백만 원만 지원되었다고 말할 수 있을 것이다.

결국 두 책자에서 중요성이나 가치면에서 (2)가 (1)보다 훨씬 나은 데도 불구하고 담당부서는 가치가 작은 (1)에 가치가 더 큰 (2)보다 배 이상을 지원한 셈이다. 여기서 담당부서 또는 담당 부서장의 공무로서 공정성, 형평성 또는 부적법성을 문제로 지적할 수밖에 없다. 또 여기서 '쓰잘데 없이' 군비를 낭비한 것이 아니냐는 지적을 피할 길이 없게 됐다. 또 여기서 우리는 부서장의 사심을 의심하지 않을 수 없게 된다. 사적인 감정의 개입 없이는 감히 그러한 불공정하고 형평성 없는 일의 추진은 불가능하다고 여겨지기 때문이다.

보통, 지자체에서 문화예술의 진흥과 육성 등을 위해 예술 활동이나 창작활동에 지원하는 경우가 많다. 문학인들의 창작활동을 위해 지원하기도 한다. 그런데 그러한 경우 보통 순수 예술 활동이나 순수 창작활동에 국한된다. 예컨대 소설 창작이나 시작(詩作) 활동 같은 경우를 말하는 것이다. 그러나 그러한 순수 예술 활동이 아닌 보통 '잡문'으로도 말해지는 칼럼집이나 에세이집 등을 발간하는 데에 지원해 주는 경우는 전례가 없다. 더구나 (1)의 경우, 그 내용 대부분이 이미 모 일간지에 연재되었던 내용이었고, 특히 가변성이 강한 관광적인 내용이 많은 데도 그 책자를 군비지원으로 발간했다는 것은 담당자의 사심이 작용하지 않고서는 이루어질 수 없는 일이다.

문화관광에 대한 예산이 넘쳐나서 그리했다면 할 말이 없다. 또 앞으로 문학인들이나 다른 집필가들의 '장흥'에 대한 내용의 책자 발행은 계속해서 군비를 지원한다는 방침이 정해져서 그리했다면 또 할 말이 없다.

사실이 그러한가. 앞으로 장흥에 대한 모든 책자 발행을 지원해주기로 했는가. 그럴 일은 없을 것이다. 더구나 우리 군의 문화관광에 대한 예산은 타 지자체에 비해 턱없이 열악한 형편이 아닌가. 그런데도 불구하고 (1)의 책자 발행을 위해 거뜬히 군비를 지원했다. 상식적으로 이해되지 않는다. 그러므로 우리는 더욱 여기서 (1) 책자 발행 업무에서 담당부서장이나 담당자의 사심이나 보이지 않는 내면의 어떤 부정적인 묵계가 있었지 않았는가 하는 의혹을 갖지 않을 수 없게 되는 것이다.

아무리 연고주의가 기승을 부린다고 해도 제대로 된 절차와 원칙, 공정한 형평성이 없다면 언젠가 사상누각이 될 수 있는 것이다. 선진국일수록 절차와 원칙, 공정성 그리고 그에 따른 책임 소재가 분명하며 그런 요소들이 소위 '선진문화의 국가'가 되는 첩경의 요소인 것이다.

우리 사회의 각 분야에서 모든 국민이 우리의 후진적인 문화를 극복해야 하지만 우리사회의 리더 그룹으로 급성장한 공직사회가 더욱 솔선해야 한다. 그들은 곧 우리 국민의 공복이기 때문이다.

장흥댐 관련사업 행정부실 언제까지

— 선사유적공원, 대체 농지 사업 등도 부실행정의 표본

— 장흥신문/2005.09.29.

장흥댐 관련, 대안사업에 대한 장흥군 부실 행정의 문제성이 다시 불거지고 있다.

최근 장흥댐유치면대책위가 장흥군에 정보공개 요청으로 받아낸 장흥댐 주변지역정비사업 집행내역에 의하면, 그 예산 집행이 오류 투성이 드러나 문제가 되고 있다.

장흥군이 건교부로부터 2001~2004년간 댐주변지역정비사업 명목으로 받아 쓴 예산은 총 200억 원. 이 금액은 유치면에 148억4천만 원, 부산면에 24억2천만 원, 장평면에 18억2천만 원, 장동면에 9억2천만 원으로 분배되었다. 그런데 이 전체 총액은 정확히 들어맞는데 내용과 금액에서 중복된 항목이 있는가 하면, 시행되지도 않은 사업이 서류상으로만 시행된 것으로 기재되어 있으며, 허위 기재도 여기저기에 적시돼 문제가 되고 있는 것이다.

중복기재의 경우, 2001년 유치면 관동리 회관건립 공사에 7천만 원을 사용한 것으로 돼 있는데, 2002년에도 같은 명목으로 7천만 원을 쓴 것으로 기재되어 있다. 전체 총액이 정확히 들어맞는다는 점에서 보면 이 7천만 원은 공중으로 사라진 셈. 또 주민 반대로 사업이 진행되지도 않은 대삼농로포장공사, 내삼진입로확포장공사가 2004년도에 각각 5천500만 원과 3천800만 원의 사업비를 들여 집행된 것으로 표기됐다.

대책위에 따르면, 더구나 장흥군은 당초 이 자료를 토대로 "남아 있는 돈이 한 푼도 없다"고 밝혔다는데 대책위가 상세 내역 공개를 요구하기에 이르자 그제서야 5억 원이 남아있다고 답했다는 것이다. 장흥군은 이 5억 원에 대해 낙찰차 액을 비롯해 실제사업을 진행하면서 발생하는 오차라고 설명했다고 한다.

유치지역민들은 댐주변지역정비사업 명목으로 유치면에 교부된 148억 원에 이르는 이 예산을 다 써버린 것으로 알았다가 최근에서야 5억 원이 남은 것을 알게 된 것이다.

장흥군은 주민들을 위해 사용해야 할 예산을 그 흔한 공청회 한번 거치지 않고 군 내부의 의사결정 과정을 통해서만 집행해 버렸고, 나중에는 그것도 모자라 대충대충 총액과 용처만 맞추어 놓았다고 말할 수밖에 없지 않은가. 또 이것이야말로 말 그대로 주먹구구식의 행정 부실의 전형이라 할 만하지 않은가. 게다가 예산 총액은 정확히 들어맞았지만 뒤늦게 5만 원도, 오십만 원도 아닌 5억 원이라는 돈이 불쑥 튀어 나온 사실을 무엇으로 또 설명할 수 있을까.

사실, 장흥댐 관련 대안사업, 주변 정비사업에 대한 행정 부실성은 이번 경우만은 아니다. 각종의 장흥댐 주변 환경정비 후속사업들이 표류하고 있는 원인 중 하나도 바로 행정 부실에서 그 원인을 찾을 수 있기 때문이다.

장흥군과 수자원공사는 장흥댐을 조성하면서 수몰지에서 발굴한 고인돌과 각종 유물을 전시할 선사문화공원 조성을 비롯 수몰로 인해 접근성이 떨어지는 댐 주변 산림의 진입로로 사용할 댐 고립지 임도 개설 등 10여 개 사업을 추진키로 하고 예산을 확보하는 등 댐건설 대안사업과 주변환경정비사업 등을 본격 추진해 왔다. 그런데 그 사업 구역이 '댐 수계'

라는 이유로 환경당국이 승인을 거부하면서 이들 사업들도 전면 중단되거나 지지부진한 상태인 것으로 알려지고 있다. 이 역시 댐 관련 행정 부실의 하나로 지적할 만하지 않은가.

당초 국비 20억 원을 들여 유치면 용문리에 3만여 평 규모로 조성키로 했던 선사문화유적공원 사업이 그 대표적인 예이다. 이 사업 역시 추진해 놓고 나서 뒤늦게야 영산강유역환경관리청의 사전환경성 검토 결과 불가통보를 받아 전면 중단되었다가 최근 뒤늦게야 신풍리에 1만여 평 규모로 대폭 축소되어 재추진되고 있는 것으로 알려졌다.

3만여 평 규모의 선사문화유적공원과 고작 1만여 평 규모의 고인돌 공원, 이 차이점은 앞으로 두고두고 장흥군이 부담해야 하는 문화유적의 손실분이 아니겠는가.

또 10억 원의 사업비를 투입, 추진키로 했던 산림내 진입로 개설사업도 토지 무상사용과 임도 타당성평가 등 기초 작업은 끝난 상태지만 영산강환경관리청의 환경영향평가 결과 불가 통보를 받아 공사를 추진하지 못하고 있는 실정이라고 한다.

어디 그것뿐이랴.

지난 2002년 장흥군이 수자원공사로부터 사업비 10억8천만 원을 받아 약 5만7천400여 평 넓이로 조성한 대체농지도 최근 거의 불모지로 변해가면서 말썽이 되고 있다. 장흥댐 건설로 이주해야 하는 수몰민들에게 안정적인 삶의 터전을 마련한다는 목표로 장흥군이 추진했던 이 대체농지 조성사업은 지난 2002년 6월에 완공되어 분양되었다. 이후 지난 2003년부터 경작이 시작돼 올해로 3년째이지만 새로 조성된 많은 농지가 작물이 자랄 수 있는 환경을 갖추지 못한 척박한 땅으로 변하고 있다는 것이다.

이에 대해 군 관계자는 공사가 시작되기 이전에 대체농지를 현지 주민들과 함께 둘러보았고, 공청회 등을 통해 주민의견도 수렴했다는 식으로 대답하고 있다. 그러나 농민들은 “믿을 수 있는 군 당국이 하는 일이어서 전문적으로 하겠다 싶어 그냥 믿고만 있었다”면서 “이렇게 만들 줄 알았으면 처음부터 반대했을 것”이라고 목소리를 높이고 있다.

문제는 대체농지의 경사면을 계단식으로 처리하지 않고 조성한 것인데, 이점에 대해서 군 관계자는 그 필요성을 인정하면서도 예산이 엄청나 엄두를 낼 수 없었다는 것이다 .

예산이 문제여서 그 불가피성은 인정하더라도, 결국 이 대체농지 조성에 나타난 문제 역시 무사안일한 행정의 자세 때문이 아니었던가 싶은 것이다.

행정도 갈수록 투명해지기 마련이다. 어느 것 하나 대충대충 넘어가서는 안 된다. 나중에 다 드러나게 돼 있기 때문이다. 보다 책임지는 행정, ‘적당히’가 아니라 최선을 다하는 노력과 정성이 필요한 것이 아니겠는가.

푸른 장흥 운동, 민심을 읽어야

— 장흥신문/2003.01.27

장흥군은 '푸른 장흥' 운동의 2차 년도를 맞아 본 운동을 읍면의 마을 단위까지 확산하는 한편, 우수 추진 분야에 대한 인센티브를 부여하는 등 총 6개 분야 24건의 사업을 추진, 전 군민이 자발적으로 동참할 수 있는 실천적 추진체계로 정립시켜간다는 방침인 것으로 알려졌다.

당초 본 운동과 관련해서 일각에서는 과거의 역대 신정부 출범 초 의례적으로 추진되었던 여러 의식개혁 운동처럼 구호로만 그칠 가능성도 있다는 점에서 그리고 행정 기관의 주도로 추진된다는 점에서 그 성과에 대해 회의적으로 보는 시각들이 적지 않았다.

그러나 본 운동을 위한 전담 팀이 만들어지고 '쉽고 작은 일부터, 나부터 자율적인 참여'라고 하는 실천 과제처럼 본 운동이 쉽게 해결할 수 있는 쉬운 문제부터 접근하고 군의 강한 의지가 가세하면서 본 운동은 초기 단계부터 성과가 만만찮게 나타나고 있다.

짧은 기간이지만 이처럼 적잖은 성과를 보일 수 있었던 것은 본 운동의 동인이 변화를 바라는 대다수 군민들의 마음을 읽은 데서 비롯되었기 때문이었다. 민선 이후 내내 재정자립도 최하위권을 면하지 못했고, 지역경기 활성화를 위한 문화관광산업이라든지 군 수익 사업 등에서 부진을 극복하지 못해 실의와 패배 의식에 젖어있었던 군민들이었다.

언제까지 '가난한 군'으로만 남을 것인가. 장흥은 정말 희망이 없는가. 비로소 군민들은 오랜 잠에서 깨어나듯 변화를 갈망하게 되었고 그러한 군민의 정서는 지난 6·13 지방선거에서 여지없이 나타났다. 이러한 민심과 민의를 등에 업고 출범한 민선 3기의 장흥군이 군민들에 펼쳐 보인 민선 3기 군정의 청사진이 이른바 '푸른 장흥'운동이었던 것이다.

당초 계획대로라면, 지난 해의 분위기 확산 단계를 거쳐 올해 상반기까지는 사회 단체들이 주도하는 발전단계로 그리고 하반기부터는 전 주민들이 주도하는 범 군민 운동으로 승화 발전하여 정착하는 단계가 된다.

그런데 지금 발전단계에 돌입하고 있을 본 운동이 과연 계획대로 '발전단계'에 접어들었는가.

솔직히 이 점에 대해서는 부정적이다. 아직도 많은 군민들은 본 운동을 이해하지 못하고 있다. 전담 팀(3명)이 주도하고 있는 추진 계획과 한 단계 업그레이 된 행정의 성과가 고작 그것뿐이냐, 예산과 자리만 낭비하고 헛구호로만 그치는 게 아니냐, 하면서 지금도 본 운동을 부정적으로 보는 사람들이 많다. 특히 실천과제 대부분이 수사적, 의례적이고 관 주도의 정책위주 뿐이어서 그것들이 주민들의 실생활에서 실천되고 습관화될 것인지는 더욱 의문이다.

군민들은 아직도 변화에 목말라 있지만, 지역사회는 여전히 활기 없고 의기소침해 있을 뿐이다. 최근에는 장흥-광주간 4차선 국도 문제라든가, 목포-순천간 철도의 안양 수문 우회 등 굵직굵직한 현안들이 전에 없이 강한 목소리들로 부각되고 있지만 '해결 난망'으로 인지되면서 오히려 군민들의 피해·소외 의식만 더욱 부채질하고 있다는 인식도 상당하다.

희망도 보이지 않는다. 그래서 많은 군민들은 올해나 내년에 장흥 사회가 크게 변화되리라 기대하지도 않는다. '푸른 장흥' 운동 등으로 몇몇 분야에서 질서는 확실히 잡히고 돋보이는 몇 가지 군정 시책이 추진되기도 하겠지만, 일부에서는 민선 3기나 4대 군 의회에 걸었던 희망마저 접어야 할 지도 모른다. 내년, 아니 내후년이 되더라도 장흥사회가 신명나는 지역사회로 회복되고 '땀 흘려 열심히 일하는 사람이 대접받는 정의의 사회, 문화가 숨 쉬는 푸른 장흥'이 이루어질 것으로 기대하는 사람은 그리 많지 않은 것이다. 그러기에 더욱 내일이 불안하고 수심만 깊어가고 있다.

푸른 장흥 운동은 동기나 취지, 시기도 다 좋았지만 추진되면서 민의에 바탕을 둔 운동으로 승화하지 못하고 있다는 지적들이다. 출범은 민심을 읽은 데서 비롯되었지만 과정은 민심을 외면, 막연하고 형식적인 구호로 들릴 뿐이다. 민심과 겉돌고 있는 것이다. 실체를 아직도 보지 못하고 있는 것이다. 친환경 농업을 장려하면서도 '오리농법'으로 생산된 친환경 쌀이 한동안 판로가 꽉 막혀 있는 실정이었음에도 군은 속수무책이었다. 전남도에서 한우가 가장 많은 지역인데도 대표적인 브랜드로 통합하지 못하고 지역마다 별별 브랜드의 한우가 우후죽순이다.

장흥인의 긍지가, 동력이 살아나야 한다. 역동적인 사회, 열심히 일하는 사회가 되어야 한다. 장흥 땅에 남아 고향을 지키는 장흥인으로서 긍지를 가지고 열심히 땀 흘려 일할 수 있는 풍토가 조성되어야 한다. 그러한 사회적 분위기를 만들어주는 것이 결국 푸른 장흥의 요체요 목표가 아닌가. 그런데도 이러한 지역민의 정서에는 '푸른 장흥'이 제대로 접근하지 못하고 있는 것 같아 아쉽다.

'푸른 장흥'의 성공은 곧 장흥 발전에 대한 비전이다. 굳이 '푸른 장흥'이 아닌 다른 명명의 군정 추진이더라도 진실로 그것의 성공 여하가 장흥군 미래의 성패를 가름한다면, 민선 3기의 장흥군은 그것에 죽기 살기로 매달려야 한다. 전담 팀 전문요원 10여 명이 덤벼도 한참 부족할 판이리라. 그것이 진정으로 오늘의 장흥에 활력을 불어넣고 미래의 장흥을 살리는 길인데, 그 만큼도 못한다면 어떻게 장흥의 변화를 주도해갈 수 있을 것인가.

버릴 것을 버리지 못하면 변화는 이루어지지 않는다.

민선 1, 2기에 안주하며 길들여왔던, 적당히만 하면 되었던 사고와 의식부터 철저히 과감히 버려야 한다. 그것을 버리지 못하면 4년 후에도 장흥의 발전적인 토대 구축은 요원한 과제가 될 것이며 장흥군의 비전 역시 암울한 과제가 될 것이고 '푸른 장흥' 역시 미려한 수사의 헛구호로만 남을 것이다.

장흥군 CI사업, 발상의 전환부터

― 다시 군 CI 사업과 관련해서

― 장흥신문/2000.09.21.

장흥군 이미지통합(CI)사업이 여전히 갈피를 못 잡고 있는 것 같다. 최근 CI사업 기본 시안 2차 설명회가 있었는데 이번 모임에서도 1차 설명회에서 지적되었던 문제점들이 크게 개선된 것은 없었다고 한다. 이날 참석자들은 2차 시안에서 제시된 심벌에 대해 장흥군 이미지의 표출이 미약하고, 군의 전통성과 미래지향성의 반영도 미흡한 것으로 지적했다. 캐릭터와 관련해서도 당초 군 측의 다양한 요구가 수용되지 않았다고 평가한 것으로 알려졌다.

이에 대해 사업자 측은 군 측이 요구하는 문림의향이나 표고버섯, 천관산 등의 이미지는 상업적인 측면에서 부적절하다는 견지에서 장흥군의 이미지 제고도 고려하여 새로운 대안으로 도깨비를 상징화시켰다고 주장했다고 한다.

한편 이날 몇몇 관계자들은 표고버섯을 형상화한 표돌이, 문림의향을 형상화한 김삿갓이나 아기선비 등의 캐릭터 개발의 의견을 제시한 것으로 전해졌다.

심벌이나 로고는 앞으로 개선 과정을 거치면 거의 무난한 작품이 나올 수도 있을 것이다. 문제는 캐릭터인 도깨비 즉 깨비를 주제로 형상화한 표본 캐릭터들이 선보였는데, 도깨비 캐릭터는 이미 지난 7월 25일 서울 삼성동 무역전시장에서 열렸던 '서울 국제 캐릭터쇼'에서 한 캐릭터 전문업체가 개발해 선보였던 캐릭터이기도 했다. 물론 형상화된 이미지는 약간 다를지라도 뚝딱뚝딱, 도깨비(깨비)라는 이름의 캐릭터는 다른 업체에서 선점해 놓은 캐릭터 상품이었던 것이다. 캐릭터 업체인 캐리코드 같은 데서는 이미 캐릭터 3,000개를 보유하고 있는 것으로 알려졌다. 캐릭터는 자칫 표절에 휘말릴 수 있고, 독창성이 결여되었을 때는 그만큼 상품성도 빈약해 먼저 자료조사부터 선행되어야 함은 물론이다.

사업자 측이 이 같은 정보도 모르고 있었다면 문제는 심각하다. 김삿갓은 영월군에서 CI 작업의 캐릭터로 개발되었고, 선비의 형상화는 영주군에서 선비를 형상화해 만든 선돌이 캐릭터 때문에 고려해 봐야 한다. 표고버섯 형상화인 캐릭터 표돌이는 이미 경찰청에서 개발해 유명해진 포돌이와 발음이 유사한 점도 걸림돌이 될 듯싶다,

지자체들 경쟁적으로 토종 캐릭터 개발

최근 들어 지방자치단체들이 경쟁적으로 지역의 상징이나 특산물 등을 형상화한 캐릭터를 만들어 상표로 활용하거나 수익사업에 활용하는 사례가 늘고 있다. 이 같은 지자체들의 캐릭터는 주로 토종 캐릭터로 개발되고 있다.

예컨대 서울시 왕범이, 전남 남이·나미, 남양주시 맑음이·푸름이, 제주도 돌하르방, 충북 고드미·바르미, 경북 카우·붕가, 태안군 꽃게, 안동시 물돌이네(하회탈 형상화), 영주군 선돌이(선비 형상화), 고성군 고룡이(공룡), 김해시 해돌이, 봉화군 봉이(송이버섯), 영월군 김삿갓, 수원시 화성이, 장성군 홍길동 등이 그 좋은 예들이다.

남원시 같은 경우는 3종류의 캐릭터를 개발, 변강쇠·옹녀는 건강증진 보조식품에, 흥부·놀부는 만화영화와 애니메이션 등에 사용하고 있으며, 장성군 같은 경우는 CI 사업을 잘해 전국 자치단체의 벤치마킹 대상이 되고 있을 정도이다.

CI 사업자 측 개발 능력 의심 된다

또 최근 들어 지자체에서 개발한 캐릭터들은 기업들에게 팔려 생활용품 등에 널리 활용되는 쪽으로까지 그 활용 영역이 확대되고 있는 실정이다.

CI 사업자 측 개발능력이 의심된다.

한국산업디자인진흥원(KIDP) 측에 따르면, 수원시와 전북 남원시, 경북 청도군은 자체 캐릭터를 상품화하기 위해 캐릭터 개발 전문회사인 매스노벨티와 각각 라이센스 사업 계약을 체결했다고 한다. 매스노벨티는 남원의 춘향이, 수원의 화성이, 청도의 카우와 붕가(황소싸움) 등 기존 캐릭터를 이용해 제품을 만들 기업을 모집할 예정이다. 또 기본 캐릭터 외에 응용모델 등을 추가로 디자인해 주로 팬시업체와 관광기념품 생활용품 제조업체들을 대상으로 캐릭터 사용 권리를 팔 계획이라고 한다. 주로 지방 홍보 마스코트로만 활용되었던 지자체 캐릭터가 이제는 상품화의 영역으로까지 본격 진출하는 좋은 사례라 할 수 있을 것이다.

CI라는 용어가 "도시(지역) 이미지 단일화"의 의미로 심화하고 있는 것도 CI가 갖는 고부가 가치 때문이다. 또한 CI사업에서 개별 브랜드에 대한 시각적인 통일화 작업인 BI(브랜드 이미지통합) 작업도 함께 추진되고 있는 것도 그만큼 CI 사업이 갖는 중요성 때문이다.

더구나 문자 시대에서 기호 시대로 급변해가고 있는 것도 21세기 문화전쟁 시기에서 더욱 확대될 수밖에 없는 CI의 기능과 의미를 잘 말해 준다 할 것이다.

CI업체는 바로 이 점을 고려, 장흥군이 경쟁력을 갖도록 도와준다는 최소한의 입장에서 장흥군의 CI사업에 참여해야 한다. 우리가 우려하는 것은 기왕에 추진하는 CI 사업이 졸속화 되어 그 효과를 반감시키거나 표절 시비에 휘말려 군 이미지에 먹칠할 수도 있지 않을까 하는 점이다. 업자측에서 너무 쉽게 CI 사업을 추진하지 않느냐는 우려를 금할 수 없는 것도 이 때문이다. 1, 2차 설명회에서 지적된 문제점들을 보면 CI 전문사업체로서 능력을 의심하지 않을 수 없게 된다.

CI 사업, 업자나 군 관계자 발상의 전환을

심벌과 로고가 군 전체를 상징하는 얼굴이라면 캐릭터는 장흥군의 마케팅, 장흥군의 상품화의 얼굴인 셈이다. 백 마디 말 보다 한 컷의 이미지가 고객에게 훨씬 강한 인상을 주는 기호화의 시대에서 그 상품을 팔리게 하는 첫 인상을 결정지어주는 것이 CI이고, 캐릭터인 것이다. 아무렇게나, 그렇게 쉽게, 그렇게 간단히 개발 될 수 있는 사업이 아닌 것이다.

왜 무슨 근거에서 표고버섯의 상품화를 부정적으로만 보는가. 봉화군에서는 지역 특산물 송이버섯을 형상화한 '봉이'를 캐릭터로 만들었다.

어디에 근거를 두고 문림의향은 사업성이 없다고 보는가. 지역 인물과 전통을 형상화한 캐릭터가 수없이 많다. 영월군은 이와 유사한 김삿갓을, 남원시에는 변강쇠, 옹녀마저 캐릭터로 만들었다. 일본의 외화벌이에 효자노릇을 하며 세계 캐릭터 시장을 과감하게 파고들고 있는 포켓 몬스터의 캐릭터인 '피카추'는 국적 불명에 나이 불명, 성별 불명인 상품이다. 단지 그 이유 하나 때문에 전 세계에서 세대에 관계없이 남녀가 다 좋아하고 그 캐릭터 상품이 잘 팔린다는 것이다.

결국 문제는 발상의 전환이다. 창의력이고 자유로움의 표현력이고, 미래 비전인데 이를 창출할 수 있느냐이다. 고정관념, 기존의 가치마저 뛰어넘어야 한다. 장흥군의 CI 사업자에게, 군의 관련 당사자들에게 하고 싶은 말이다.

6장

행정 2

'100년 장흥 미래 준비한다'는 정 군수의 군정철학

— 장흥투데이/2019.07.05.

7월 1일은 민선 7기 1주년이 되는 날이며 7월 2일은 정종순 군수의 취임 2년 차를 맞이한 날이다.

7월 1일, 장흥군청 상황실에서 7월 중 업무보고회를 주재한 정종순 군수는 "앞으로 멀리 보자. 당장의 성과를 내기보다 긴 호흡으로 군정의 미래를 설계하자", "장흥의 미래 100년을 준비하겠다"고 밝혔다고 한다. 결국 정 군수는 향후 군정에서 '멀리 보겠다' '장흥의 미래 100년을 준비하겠다'는 구상을 밝힌 것이다. 참으로 의미 깊은 말이 아닐 수 없다. 이른바 '장흥의 백년대계'를 생각한다는 말이요 이것이 바로 정 군수의 기본적인 군정 철학이라고 할 수 있기 때문이다.

흔히 교육에서 '백년대계(百年大計)'라는 말을 쓴다. 교육은 미래의 사회와 나라를 이끌어갈 인재를 양성하기 때문이다. 그러므로 교육에서 현실만, 눈앞의 이익만 추구하면 안 된다는 의미에서 백년대계라는 말을 쓰는 것이다.

지금의 시대는 지방화 시대요 지방 자치제의 시대이다. 이는 그 지방, 그 지역의 행정이며 문화며 정치가 그 지역의 책임이라는 말에 다름 아니다.

그런데 그 지역의 자치 행정을 책임지고 있는 자치단체장이 민선으로 선택되고, 그 선택한 수장의 임기가 고작 4년에 불과하다. 따라서 자칫 자치단체가 추진하는 행정이 선심성으로 흐르거나 또는 차기 선거를 염두에 두면서 '보여 주기 식'의 실적 위주로 추진되거나, 임기 내 실적을 보여줘야 한다는 압박으로 졸속적, 파행적인 행정에 치우치기 쉽다. 그러다 보니 이로 인한 폐해가 고스란히 드러나는 경우도 적지 않다. 그러므로 보통 지자체장의 행정은 100년 앞을 보는 경우는 관두고라도 하다못해 5년, 10년 앞을 내다보는 경우가 거의 없다고 해도 과언이 아니다.

장흥군의 경우도 결코 예외는 아니다, 문화예술회관의 부지 입지 선정이 그러했으며, 국고 반납까지 치른 사상체험랜드 조성사업을 비롯하여 여태 유명무실해진 통합브랜드 '미셀 위' 선정, 아직도 지지부진한 로하스타운의 조성사업 등이 그러했다. 또 장흥 전통가무악제전의 폐기 등도 그러한 결과물이었다고 할 수 있다.

다시 말하자면 가깝게는 20년, 30년 앞을 내다보지 못하므로, 자칫 이런저런 구상을 꿰매듯 연결 짓는 미봉책(彌縫策)의 행정으로 추진될 수도 있었다는 것이다. 또 아랫돌을 빼내 윗돌을 괴는 식의 '임시방편'식으로 또는 즉흥적인 '하석상대(下石上臺)' 식으로 추진되기도 쉽다. 또 매우 어려운 처지에서 마지막으로 생각해 내는 궁여지책(窮餘之策)으로 추진되기도 쉽다.

그러나 20년, 30년, 50년 또는 더 멀리는 100년을 내다보는 군정이라면 어찌 될까. 1, 2년 또는 3, 4년 임기 내에 성과를 보여주려는 즉흥성, 조급성, 졸속성은 없을 것이다.

장흥의 지리적 특성이며 역사·문화적 전통이며 생태적 자원이며 타 지자체와 비교 우위의 모든 요소들을 고려하고, 현재 급변하고 앞으로도 더욱 급변하게 될 시대적 상황이며 문화적 흐름도 예측하면서 구상할 것이다. 군민이 공감하는 면까지 면밀하게 고찰하는 심사숙고(深思熟考)의 구상과 당장 2, 3년 눈앞에 보일 것만 생각하지 않고 멀리까지 내다보는 심모원려(深謀遠慮)의 구상 과정도 거칠 것이다.

특히 2, 3년 또는 10, 20년을 보는 계획이 아니라 최소 50년~100년 앞을 내다보는 계획이라면 단기, 중기, 장기 계획으로 세분화하여 추진되도록 할 것이다. 무엇보다 시대상황을 적절히 수용하여 실천과 실행이 가능한 계획으로 추진되도록 할 것이다.

이에 우리는 이러한 장흥군정 철학과 정종순 군수의 의지를 적극 지지한다.

그러나 대중의 입장은 다를 것이다. 대다수 대중은 미래보다 현실을 우선 생각하기 때문이다. 당장 눈앞에 보이는 실적이며 성과를 원하기 때문이다. 그러므로 먼 장흥의 미래를 생각하는 이러한 군정철학에 대해 장흥 군민 대부분은 쉽게 동의하지 않을 것이다.

그러므로 원칙은 그러하지만, 보다 나은 장흥의 미래를 위해서는 이것이 최선이긴 하지만, 현실은 그러하지 못하므로 이러한 군정 철학은 자칫 생각만으로 그치기 쉬울 수도 있을 것이다.

그러므로 이러한 군정철학을 보다 많은 군민이 공감해 주고 동조해 줘야 한다. 그리고 군수는 군수대로 보다 확고한 의지로 군민을 설득하는 한편으로 이러한 군정 철학을 지속적으로 유지하도록 해야 한다.

또한 장흥군은 장흥군대로 진정으로 장흥의 미래의 찬란한 비전일 경우, 10~20년의 발전 계획을 넘어 50년, 100년 후의 장흥의 미래를 투시하며 중장기 구상에 이르도록 중장기 로드맵을 보다 구체적으로 체계화하여 군민에게 적극적으로 홍보하고, 이러한 군정방향에 대한 군민의 공감대가 형성되도록 추진해야 할 것이다.

지금의 현실도 중요하지만, 보다 중요한 것은 장흥의 먼 미래이다. 먼 미래 역시 우리 후손들의 현실일 수 있기 때문이다.

장흥군 - 개군 이래 가장 빛나는 성과 일궜다

— 군민의 총화된, 간절한 기도와 힘의 결집이 필요하다

— 장흥투데이/2019.05.16.

지난 4월 26일 장흥군은 전라남도, 아이티에너지(주), 한국서부발전(주)과 '수소연료전지 발전소' 건립을 위한 양해각서(MOU)를 체결했다.

아이티에너지(주)는 장흥바이오산단에 1조 2천억 원을 투입해 국내 최대 규모의 100MW급 발전설비 2기(200MW)를 순차적으로 건립할 계획이다. 동 발전소는 2021년 착공해 2023년 준공할 계획이다. 향후 동 발전소 2년 건설 기간과 20년 운영 기간 동안 6,500여 명의 인력이 필요하게 되며, '발전소 주변지역 지원에 관한 법률'에 따라 20년 동안 주변 지역에 주민 복리를 위해 100억 원 이상이 지원된다. 또 현재 35.07% 분양률인 장흥바이오산단의 경우 1차에 이은 2차에 걸친 아이티에너지(주)의 분양이 완료되면 바이오산단 분양률은 41.3%로 높아지게 된다.

국내 최대 규모의 수소연료전지 발전소의 장흥 유치는 장흥군 개군 이래 가장 큰 투자 유치 업적이고 역대 민선 군수 중 가장 큰 규모의 외부 지원의 성과로 장흥군의 미래에 가장 확실한 장밋빛 비전을 담보 받은 성과가 아닐 수 없다.

그동안 민선 7기 출범 직후부터 정종순 군수는 일각으로부터 '행정을 모르는 군수' 등으로 치부되며 적잖은 시달림을 받기도 했다.

그처럼 일부의 부정시 하는 여론 등에도 불구하고 정 군수는 '만사는 결과와 성과가 말해 준다'는 믿음으로 그런저런 비판 등에 전혀 아랑곳하지 않고 묵묵히 '장흥의 빛나는 미래'를 위한 군정을 모색하며 장흥 군정에 심혈을 기울여 왔던 것으로 알려졌다. 이번에 수소연료전지 발전소 건설 주역인 'IT에너지(주) 김동석 회장과도 7회 정도 직접적인 만남과 수십 차례 전화로 통화하며 장흥투자를 간곡히 당부했다고 한다.

때마침 IT에너지 김동석 회장도 정부의 신재생에너지 정책 및 수소연료전지 활성화 로드맵 발표 이후, 국내 굴지의 자산운용 기업 '이지스프라이빗에쿼티'와 함께 공동으로 IT에너지(주)를 창업하고, 신재생에너지 발전 산업 육성과 기후변화 방지에 기여할 수 있는 사업 참여를 고심하던 중 정종순 군수의 수차례 당부도 있고 해서, 장흥 바이오산단 내 수소연료 전지발전소로서 적정한 부지를 확인, 장흥에 연료전지 발전소 사업에 투자를 결심하게 되었던 것이다.

정종순 군수는 이번 수소연료전지 발전소 유치 외에 대규모의 사업 2건의 유치에 전심전력(全心全力)으로 매달려 왔다. '전남 교직원 수련 휴양시설' 유치와 '대한체육회의 체육인교육센터'의 유치가 그것이다.

'전남 교직원 수련 휴양시설'은 전남도교육청이 옛 광주 도교육청 부지 매각 대금 250억 원을 투입해 건립하는데, 전남 도내 기초단체 중 장흥군을 포함, 보성·강진·영암·영광·신안군 등 6개군이 유치 경쟁에 뛰어든 상태이다.

또 국내 모든 체육인의 연수·보수교육·국가대표 혹한기 거점 훈련장소로 사용될 대한체육회의 체육인교육센터는 이미 2차 후보지 선정 평가에서 장흥군과 완도군이 최종 후보지로 압축되었다. 대한체육회는 5월 중 최종 후보지를 확정할 예정인데 이것 역시 장흥 유치가 희망적인 것으로 알려지고 있다. 특히 체육인교육센터는 국비 약 450억 원을 투입하여 2023년까지 부지면적 16만㎡, 규모 2만5000㎡ 규모로 건설된다. 교육·편의시설, 다목적체육관, 체력단련실, 운동장 등 실내·외 체육시설을 건립하는데 연인원 6만5천 명이 이용하고 연간 52억 원의 경제 효과가 예상되는 대규모 유치 사업이다.

정종순 군수는 그동안 이 2건의 장흥 유치를 위해 힘써 왔다. 특히 '전남 교직원 수련 휴양시설' 유치 브리핑에서는 정 군수가 직접 부지 예정지인 장흥 사자산의 숨겨진 비화 등을 예로 들어 설명하여 가장 많은 박수갈채를 받았을 정도로 적극적으로 장흥 유치 의지를 피력하기도 했다. '전남 교직원 수련 휴양시설'의 경우 오는 17일 쯤 최종 후보지가 선정된다고 한다.

정 군수는 이에 대해 "그동안 공을 들인 3건 사업 유치 중 가장 큰 규모인 수소연료전지 발전소는 성공하여 여간 다행한 일이 아닐 수 없다"고 말하고 "나머지 2건도 다 성사되면 그보다 좋을 것이 없겠지만, 그중 하나만이라도 장흥으로 확정된다 해도 그것 역시 좋은 것 아니겠느냐"면서 "2건 유치에 최선을 다했으므로 이제 조용히 결과를 기다릴 뿐이다"고 말했다. 정 군수의 이 말 속에는 군민의 간절한 기도가, 군민의 총화된 힘이 필요하다는 속 깊은 뜻이 담겨져 있었다.

그렇다. 이제는 그 어느 때보다, 장흥 군민의 간절한 기도와 장흥 군민의 총화된 힘이 필요한 시점인 것이다. 이제는 이를 위한 장흥 군민의 간절한 기도와 총화로 이루어진 힘이 필요하다는 것이다. 이 성과는 장흥의 빛나는 미래를 위한 찬란한 서막일 수 있기 때문이다.

세상사는 때로 간절함이 빛나는 결과를 빚어내지 않는가. 그러므로 하나 되는 장흥 군민의 힘, 하나로 결집하여 간절히 희구하는 군민의 총체적인 열망이 필요한 시점인 것이다. 빛나는 장흥의 미래의 토대를 닦는 일이야말로 지금 우리에게 가장 중요한 일이기 때문이다.

정 군수의 위법 여부는 사법부에 맡겨야 한다

— 언론매체들의 소문성 예단은 장흥발전에 위해요소이다

— 장흥투데이/2019.04.04.

장흥경찰서가 지난 3월 22일 동창회에 부적절한 편의를 제공한 혐의(공직선거법 위반)로 정종순 장흥군수와 비서실장 A 씨를 기소 의견으로 검찰에 송치한 사건이 발생, 그 귀추가 주목되고 있다. 정 군수 등은 지난해 10월 29일부터 31일까지 2박 3일 동안 고향을 방문한 장흥중고 7·6회 동창회 회원 30여 명에게 식사비 등을 대신 제공하는 등 270만 원을 부적절하게 기부한 혐의다.

경찰 측에 따르면, 해당 동창회원들이 전국 각지에 살며 정 군수에게 직접적인 선거권을 행사할 수는 없다고 하더라도 이들의 친인척 등이 장흥에 사는 만큼 선거에 영향을 미칠 수 있다고 판단한 것으로 보인다.

이와 관련, 모 지역신문이 이 사건을 대대적으로 보도하고 사설을 통해서까지 "장흥에 봄이 오고 꽃은 피지만, 힘 잃은 군수, 군민만 곤혹스럽구나!"라는 등의 소제목까지 달아가며, 마치 이 사건이 범법 행위로 결단난 것처럼, 그로 인해 군수가 힘을 잃었다는 것처럼 과장 보도한 것은 '나가도 한참 나갔다'는 생각이다.

본 사건은 검찰로 송치되었으므로 앞으로 법률적 절차에 따라 진행될 것이고 사법기관은 법리적으로 판단하여 최종 결정을 할 것이다. 그러므로 위법 예단은 금물이다. 그리고 누구도 설혹 언론매체라 할지라도, 이 과정에 관여하거나 영향력을 행사할 수 없다는 것은 상식이나 진배없다. 사법기관은 증거와 위법 사례에 입각하여 공정하고 엄정하게 판단할 것이며 결국 장흥군민도 이 절차와 최종적인 결정을 수용하게 될 것이다. 그러므로 결국 본 사건의 수사와 기소 여부는 검찰의 몫이고 최종 판단은 사법부에 있는 것이다.

다만, 이번 사건이 장흥군의 최고 수장인 군수가 관련된 사안인 만큼 장흥군민은 이 사건 경위에 대한 본질 정도는 이해할 필요가 있다는 생각이다.

먼저 정 군수의 입장을 보자. 정 군수는 군수되기 전 5, 6년 정도 장흥중고총동창회장을 역임하였다. 대부분 출향향우들은 장흥중고 동문들이기 십상이었고, 그 향우들이며 동문들이 기수 별로 또는 임원들이 고향을 방문할 때마다 정 군수는 동창 회장 자격으로 함께 자리하며, 그들에 대한 장흥군에서 행해지는 예우 차원의 식사대접이며 손수건 등 소액의 기념품 증정 등을 지켜 봐 왔을 것이다. 그러한 정 군수가 지난 해 6.4 지방선거에서 장흥군수가 되었다. 그리고 지난 해 말, 장흥 출신의 원로들로 80세 고령이 넘었던 장흥중고 선배들인 7·6회 동문들이 고향을 방문했다. 따라서 정종순 군수는 이제는 전직 장흥중고총동창회 회장 자격으로서가 아닌 장흥 군수의 자격으로 이전의 예우와 거의 동일한 수준의 '통상적이고 의례적인 차원'에서 이들 향우들에게 차량 지원이며 식사 대접 등을 지원했을 것으로 사료되고 있다.

고향을 방문했던 장흥중고 7·6회 동창들은 어떠했는가. 2박 3일 동안 고향 발전상이며 변화된 모습들을 들러보고 귀경하면서 식대를 대납한 장흥군에 식비 명목으로 100만 원, 장흥중고 보리닷되 밴드부 육성 기금으로 100만 원, '장흥신문'이 추진하는 중학생 해외탐방 기금으로 60만 원을 내놓았다. 검찰 측이 장흥군이 향우들에게 제공했다는 270만 원 보다 10만 원이 부족한 260만 원을 고향에 내놓고 귀경한 것이다.

한편, 장흥군의회는 다른 지자체에서 향우 등에 대한 의례적인 차원의 지원을 지자체 조례로 제정한 예(전국 15개 지자체에서 제정되었다)를 참조하여 장흥군도 향우들의 의례적인 차원의 지원 문제에 대해서 법제화가 필요하다는 인식으로 이와 관련한 장흥군 조례 제정을 추진해 와, 지난 3월 21일 장흥군의회에서 2건의 조례를 제정하기에 이른다.

즉 장흥군의회는 장흥군이 향우회 교류 활성화와 지역 주민에 대한 공용 차량(버스) 지원에 대한 근거를 새롭게 마련한 것이다. 즉 '장흥군 향우회 교류 및 지원에 관한 조례안'과 '장흥군 공용차량의 공익활동 지원에 관한 조례안'이 그것이다. '향우회 교류 및 지원…' 조례의 경우, 장흥군수는 출향인 및 향우회와 교류 활성화를 위해 노력하는 한편 이에 따른 행·재정적 지원이 가능하도록 했다. 그리고 '장흥군 공용차량…' 조례는 군 소유 차량의 지원 범위에서 공익 목적에 부합된다고 할 수 있는 다른 행정기관, 단체, 주민, 향우 등에게 지원할 수 있도록 해 놓은 것이다.

장흥군의회의 이같은 향우교류 지원 관련 조례 제정은 지난해 말 장흥군수가 향우들에게 행한 차량 및 식사대 등의 지원 정도는 통상적이고 의례적인 수준이었음을 간접적으로 인정한 것에 다름 아니다.

이번 사건과 관련, 우리는 이번 사건으로 본 건의 최종 재판 결과 때까지는 정 군수의 군정의 업무 수행에 한 치도 지장이 없어야 한다는 것이다. 이번 사건을 지켜보는 많은 군민들도 민선 7기의 군정이 민선 6기 때의 전철을 되풀이 밟아서는 안 된다는 데 동의할 것이다.

그리고 이 건에 대한 판단은 사법기관에 맡기고 900여 장흥군 공직자들은 이 건과 무관한 듯 여전히 소관 업무에 충실해 주길 당부 드린다. 또 언론매체 역시 단정적으로 예단하는 식의 잣대로 군수의 직무와 군정에 영향을 주어서는 안 될 것이다.

'진정한 소통'의 군정, 지속되길 바란다

— 장흥투데이/2019.02.23.

정종순 군수는 새해 신년사에서 "군민소득 두 배, 군민 행복 두 배를 목표로 더욱 낮고 겸손한 자세로 군민의 다양한 의견을 경청하면서 군민의 뜻을 받들어 나가는 '행복 장흥시대'를 열어 나가겠다"고 선언한 바 있다.

이를 위한 구체적인 실천행이 바로 군민과의 소통이었다. 새해 벽두인 지난 1월 21일부터 28일까지 '2019년 찾아가는 군민과의 대화의 시간'을 운영하고 주민여론을 수렴하는 소통의 시간을 가진 바 있다. 그런데 이후에도 정 군수의 '군민과 소통 간담회'가 연이어 이어지면서 정 군수의 행보가 새삼 주목을 끌고 있다.

이러한 소통 간담회는 민선 출범 이후 매우 이례적이며 파격적인 군수의 행보이기 때문이다. 이 모임은 주로 해당 분야의 전문가들이나 그 집단과의 간담회로 이루어진다. 여기서 정 군수는 군정의 주요업무며 해당 분야의 사업 방향과 내용 등을 설명하고, 해당 군정에 대한 문제점이나 애로 사항, 제안 등을 직접 듣고 답변하는 형식으로 진행되는데, 이러한 모임이 바로 '군민과 소통'이라는 점에서 매우 고무적이고 바람직한 군정의 하나로 평가받고 있다.

군민 소통 간담회 1회였던 다문화가정과 모임에서 다문화 가정들은, 이구동성으로 "장흥으로 시집와 몇 년을 거주하면서도 군수가 직접 참석해 간담회를 가진 것은 처음었다"고 토로할 정도로 소통 간담회는 호응이 컸다. 그들만이 겪고 있는 현실적인 아픔과 애로점을 군수가 직접 현장에서 들어줬다는 점에서 그들의 장흥 군정에 대한 호감도 클 것으로 기대하는 대목이 아닐 수 없다.

이처럼 정 군수는 각 분야의 군민들이 실질적으로 현실에서 겪고 있는 어려움과 해결 방안 등에 대해 격의 없는 대화를 통해 군정을 공유하겠다는 방침인 것이다. 이를 위해 앞으로도 주민들의 현장 목소리를 직접 청취하고 주요 군정 추진 사항을 공유하는 한편, 미래지향적인 군 발전 방향을 도출하기 위한 '소통 간담회'를 형식과 시간에 얽매이지 않고 수시로 추진할 방침인 것으로 알려졌다.

이러한 정 군수의 군정철학은 군민 존중과 애민 정신의 하나로 볼 수 있다.

정 군수는 지난 해 6.13 선거일 사흘 전인 6월 11일 장흥군청 앞에서 큰절 100배를 하며 "제게 보내준 과분한 사랑에 감사드린다는 의미를 담아 군민들께 큰절 100배를 올린다"면서 "더욱 겸손한 자세로 군민을 하늘처럼 섬기며, 군민을 위한 군정을 펼쳐나가겠다"고 선언한 바 있었다. 이 행위는 단순한 선거운동의 요식행위가 아니라 군수로서 군민 존중 정신의 발로였다고 할 수 있다. 군민의 종복으로서 군민을 섬기고 받들겠다는 정신, 이러한 군민 존중의 정신은, 실제적으로 민선 7기 첫해라고 할 수 있는 올해부터 소통 정신으로 구현되고 있다고 여겨진다.

소통은 일방통행이 아니다. 쌍방 간이 통하는 것이 소통이다. 즉 공유하고 공감을 전제로 한다는 것이다. 서로의 처지를 이해하고, 서로의 생각을 이해하고, 사정(事情)을 함께 나누는 것이 소통이다. 군민과의 소통은 군민과 생각과 처지를 공유하는 것이다. 그러므로 소통은 결국 민선 7기 군정 목표인 '장흥군민 행복시대'와 직결된다. 하나의 목표인 '장흥군민 행복시대'는 소통을 통해서 공유하고 공감되는 목표가 되는 것이다.

즉 소통과 공유에서 군민이 공감되는 '군민 모두의 행복시대'가 열릴 수 있다는 것이다. 그러므로 장흥 군민 모두가 행복해지는 시대를 열기 위해서는 먼저 군민과 소통과 공유를 이루어야 하고 그러한 소통과 공유의 바탕 위에서 공감되는 군정을 펼칠 수 있게 되는 것이다.

소통을 통해서 군민과 생각을 공유하고 함께 공감할 수 있도록 한다면, 군수와 군민이 하나 되는 일은 그리 어렵지 않을 일일 것이다. 그러므로 소통은 군민의 일체감을 이루기 위한 첫걸음이 되는 것이다. 소통은 군민의 힘을 결집하기 위한 것이며, 그만큼 군정목표인 군민이 행복시대를 열 수 있는 첫 단추 같은 것이다.

그런데 소통은 애민에서 비롯된다. 군민을 진정으로 사랑하지 않고서 어찌 소통이 이루어질 것인가. 애민은 백성의 고충과 사정을 이해하지 않고서는 이루어질 수 없다. 애민은 소통과 공유 정신에서 비롯된다고 할 수 있다.

그러므로 도식적이고 형식적인 소통이 아니라, 진정으로 공유와 공감을 전제로 한 그리고 애민정신 구현으로 이어지는 진정한 소통의 군정이, 단기간이 아니고 4년 임기 내내 지속적으로 추진되고 실현된다면, 이는 장흥군이나 장흥 군민 모두에게 더할 나위 없이 복 받는 일이 될 것이며, 이를 실현하는 정종순 군수야말로 장흥역사에 이름을 빛내는 군수가 될 것이다.

민선 6기 3주년-장흥의 빛나는 업적 일구었다

— 노력항 재개, 산단분양, 인구감소세 해결에도 최선을

— 장흥신문/2017.07.19.

고래로 '장부의 한 말이 천금같이 무겁다'는 속담도 있지만 동양 사회에서 가장 중요한 금언의 하나가 언행일치(言行一致)였다. 언행일치는 사서삼경 등 중국 고전에 담겨 있었던 교훈이나 경계의 금언으로, 올바른 언행의 실천이야말로 인격 완성의 이상적 형태인 군자의 필수 조건으로 꼽았던 것이다.

다시 말하자면 전통적인 동양 사회에선 인격 완성의 이상적 형태인 군자(君子)의 필수 조건으로서 올바른 언행의 실천을 꼽았다는 것이다. 과거에 인간 수양의 모델이 군자상(君子像)이었다면 현대사회에서의 그러한 군사상이라면 자신의 이익보다 공익을 추구하는 이른바 공직자를 지칭할 것이다.

공직(公職)은 오직 군민을 위해 존재하는 자리다. 자신의 사욕(私慾)을 다스리고 시민의 이로움만 우선해야 하는 자리이다. 그러므로 군민과의 약속한 말은 더욱 무겁게 지켜야 하는 자리인 것이다.

김성 군수는 주지하다시피, 뛰어난 달변가요 웅변가이며 탁월한 연사이다. 군수 되기 전 조선대학교에 출강하는 교수로 활동하기도 했고, 지난 2010년부터 2015년까지 5년 동안 전국을 순회하며 100회 이상 5,000여 명의 청소년들을 대상으로 한 비전특강 등 비전강사로 유명세를 떨친 일은 잘 알려져 있다.

군수가 된 이후에도 원고 없이 즉흥적인 강의식 연설도 곧잘 하는, 여전히 경쟁력 있는 달변가로 잘 알려져 있다. 그래서 장흥군민은 '말을 잘 하는 군수' '언변에 유능한 군수'로 널리 인지하고도 남았다.

그런데 최근 김성 군수는 한국매니페스토실천본부의 2017년 공약 이행 평가에서 '최우수' 성적표를 받았다. 올해의 공약 이행 '최우수'실적으로 김성 군수는 전남도에서 최초로 3년 연속 최우수(SA) 성적표를 받은 결과를 낳았다. 심사 결과에 의하면, 장흥군은 공약 이행과 목표달성 분야, 주민소통 분야에서 고르게 높은 점수를 받았다. 현재 장흥군 민선 6기의 공약 이행률은 92%로 일부 추진 중인 사업까지 더하면 96%에 육박하는 수치라고 한다. 특히, 전시·낭비 행정을 지양하고 주민 소득과 직결된 사업을 중점 공약으로 내세워 성과를 낸 것이 좋은 평가를 받은 것으로 알려졌다. 또한 주민 소통 분야에서 '군수 체험 삶의 현장', '군민과의 대화'에 초점을 맞춘 연두순방, 찾아가는 월중 업무 보고 등도 소통 행정의 좋은 예로 평가받았다고 한다.

김성 군수는 취임 초 '어머니 품 같은 장흥'을 만들겠다고 약속하였고 이를 위해 군민의 눈물을 닦아주고, 군민의 아픔을 어루만지고 약자를 배려하는 장흥을 '희망의 공동체'로, 모든 군민이 건강하고 행복한 고장으로 만들겠다고 약속했다. 이는 한 마디로 애민(愛民) 정신의 표현이었다. 애민의 출발은 소통이고, 사익보다 군민을 위하고, 군민을 우선하는 정치에서 비롯된다. 이러한 군수의 마인드에서 시작된 민선 6기… 그리고 3주년.

지난 14일 김성 군수는 기자 간담회에서 민선 6기 3주년의 성과로 ① 공약 이행률, 전남에서 3년 연속 최우수 등급 수상 ②'지방자치 행정대상' 2년 연속 수상 ③'2016 장흥국제통합의학박람회'의 성공적 개최와 '대한민국 최고의 건강과 치유의 1번지' 도약 ④2년 연속 보통교부세 증액(2016년 1,411억 원 →2016년 1,585억 원 →2017년 1,842억 원) ⑤

2014년 장흥군 채무 80억원 →2016년 채무 전액 상환 등을 열거하기도 했다.

이날 김 군수가 거론하지 않는 민선 6기 성과의 하나가 있다. 민선 6기의 최대의 성과라 평가할 수 있는 장흥군청사 부지의 무상 양여 확정이었다. 이 문제는 6개 월 간의 각고의 노력으로 추진되었지만, 김성 군수 스스로가 "군민 성공 스토리의 하나"라고 규정하였듯 김 군수의 소통의 리더십에서 일구어낸 성과여서 큰 의미가 있었다.

돌아보면, 김성 군수의 민선 6기 출범은 결코 순탄치 않았다.

군수로 취임하자마자 지방선거 과정에 허위사실 공표 등의 혐의로 기소돼 1심, 2심, 대법원까지 가는 재판이 있었고, 결국 2017년 2월 최종 벌금 90만 원으로 확정되며 군수직을 유지하기까지 2년 반 동안 장흥군은 일사불란한 행정 체계 구축에 어려움이 가중되었다.

또 민간사회에선 보이지 않는 분열과 갈등이 지속되는, 아주 지난한 어려움 속에 놓여 있었다. 오죽했으면 공직사회에서 군수의 영이 서지 않는다는 말까지 들려나오기도 했을 정도였다. 또 군민들은 군민대로, 공직자는 공직자대로 재판 결과에 일희일비하기도 하며 우려와 걱정이 지속되는 기간이기도 했다. 그런 과정 속에서 그 어려움과 고통을 이겨내며 일구어낸 민선 6기 3주년의 성과요 실적이기에 그만큼 큰 보람도 있을 것이다. 그동안의 그 노고와 그 성심에, 그 헌신에 큰 박수를 보낸다.

이제 앞으로 남은 1년- 바이오산단 분양률 제고, 인구 감소세 극복, 노력항 뱃길 재개 등 산적한 현안 해결에도 '오직 군민을 위하고, 장흥군의 미래 비전을 위하는 마음'으로, 진정으로 '어머님 품 같은 장흥' 건설에 매진해주고, 지혜와 성심을 다해 장흥 역사에 '가장 일 잘한 군수'로 이름을 빛내주길 당부 드린다.

전 군민이 일심동체로 군 발전 일로매진을 …

ㅡ김성 군수, 대법원 직위 유지 확정 판결에 대하여

ㅡ 장흥신문/2016.12.19.

공직선거법 위반으로 2심에서 당선 무효형을 받은 김성 장흥군수가 지난 15일 이를 파기 환송한 대법원의 결정에 대해 자신의 입장을 발표했다.

"재판이 진행된 지난 2년 6개월이 후회와 고통의 시간이었다. 모든 것이 나의 부덕과 신중치 못한 행동으로 생긴 일이었다. 군민과 공직자에게 걱정을 끼친 점에 대해서는 거듭 사과드린다. 장흥의 미래와 군민 행복을 위해 군정 업무가 중단되어서는 안 된다는 모두의 바람이 이같은 결과를 가져온 것으로 생각한다.

그 동안 진행 중인 재판에 답답한 시간을 보냈지만 10년, 100년 후의 장흥의 밝은 미래를 최우선에 두고, 하루도 쉬지 않고 군정에 최선을 다해 왔다. 취임 후 주어진 장흥 바이오식품산단 분양, 군 청사 무상 양여, 장흥국제통합의학박람회 등 산적한 현안 과제에 대해 군민과 공직자가 차근차근 풀어간 것에 대해서 큰 보람을 느낀다.

특히 우려와 불신을 뒤집고 120만 명이라는 관람객을 유치하며 성공적으로 막을 내린 '2016장흥국제통합의학박람회'에 대해서는 군민과 공직자의 눈물과 땀의 결과라고 생각한다. 또 공약실천 평가 2년 연속 최고등급, 기초농산물 최저가격보장, 농업인 월급제, 지방교부세 176억원 증가, 정부합동평가 전남 1위, 지방 채무 제로화 등을 큰 성과로 생각한다. 노력도 여객선 중단, 장흥 바이오식품산단 미분양, 사상의학 체험랜드 국비 반환, 2016년 인구 감소 등은 아쉬운 부분으로 생각한다.

… 이젠 저로 인해 생긴 지역민의 분열과 갈등은 깨끗이 털고 화합과 단결로 나아가자. 군민과 역사의 평가에 대한 두려움을 가지고 열정으로 군정에 임한다면 후일 바르게 평가 받을 수 있을 것으로 생각한다 ….”

선거가 끝나고 행정에 전념해도 부족할 판에 단체장이 수사와 재판에 매달리는 것은 불행한 일이다. 군의 수장에 대한 수사와 재판이 이루어지면 그만큼 행정의 차질이나 공백이 야기될 수밖에 없기 때문이다.

김 군수는 지난 해 2월, 2심 재판에서 당선 무효형이 선고되었을 때 대법원의 확정 판결이 있기까지 조금의 흔들림도 없이 군정을 운영해 나갈 것임을 밝히고 제반의 군정 현안에 대해서도 차질없이 추진해 줄 것을 당부하기도 했다. 그러나 대법원 선고가 미뤄지면서 지역 사회는 갈수록 불안 요소가 가미되었다.

대법원 상고는 지난해 2월이었지만 무려 22개월이 지난 뒤에서야 선고가 이뤄졌는데, 이처럼 22개월 째 대법원 선고가 장기간 지연되면서 지역사회는 그만큼 상당한 혼란을 겪는 등 갈등이 계속 이어지고 장흥군 행정 전반에도 상당한 악영향을 미치지 않을 수가 없었다.

공직선거법에 따르면 선거 재판은 1심 6개월, 항소심 3개월, 상고심 3개월 이내에 처리하도록 규정돼 있지만 법을 지켜야 할 사법부가 도리어 법을 어기면서 야기된 후유증이었던 것이다.

특히 동일한 사안에 대해 1심은 무죄, 2심은 유죄로 서로 다른 정반대의 판결이 내려지고 대법원의 확정 판결도 반반으로 예상이 되면서 일각에선 재선거 운동을 벌이는 등 지역의 정서가 일변하기도 하였다. 또 일각의 공직사회 기강 해이가 문제되기도 했다. 특히 복지부동 자세로 일관하는 공무원이 적지 않다는 소리가 새 나오면서 공직사회의 기강 해이가 도를 넘어섰다는 지적들이 튀어나오기도 했었다.

그런 가운데서도, 민선 6기를 맞은 지 벌써 3년째이고 그간에 재판 중이어서 진통의 시간을 보내기도 했지만 한편으로 김 군수는 나름 지역 성장을 위해 구슬땀을 흘렸다.

특히 2015년에는 '군 청사 무상 양여'라는 현안을 해결하였고, 주민 삶의 만족도 전국 군단위 1위 등 여러 부문에서 알찬 성과를 올리기도 했다.

12월 15일, 장흥군에 안개살처럼 끼어있던 불안 요소들이 일시에 가셔졌다.

이제 잔뜩 움츠렸던 허리를 굳세게 세워 한길로 더욱 힘차게 나가는 일밖에 없다. 전 군민이 한 마음이 되어 일로매진(一路邁進), 즉 한길로 곧장 거침없이 나아가는 길밖에 없다.

군수와 800여 공직자, 4만 군민 모두가 한 마음이 되고, 김 군수의 표현처럼 하나의 방향을 바라보고, 희망의 같은 꿈을 꾸며, 장흥의 밝은 미래와 희망을 노래하는 길 밖에 없다.

'한 사람의 꿈은 꿈에 불과하지만 만인의 꿈은 현실이 된다'는 말이 있다. 같은 마음, 같은 꿈을 위해서는 무엇보다 소통과 공유가 전제되어야 한다. 소통과 공유 없이 한 마음이 되는 일은 없기 때문이다.

부디 김 군수는 보다 적극적으로 군민과의 소통, 비전의 공유를 통하여 한 마음을 이끌고 하나의 꿈을 이끌어내어 김 군수가 추구하는 "우리의 밝은 미래와 희망을 노래하는 장흥군"을 만들어주길 당부하고자 한다.

채무 제로화 추진 … 큰 박수 보낸다

— 장흥신문/2016.09.08.

최선의 살림살이는 재정에 따라 운용하는 것일 게다.

계획도 재정 상태를 봐가며 세워야 온당한 일이다. 자기 재정을 무시하고 계획을 세우거나 일을 저지르면 결국 수익을 남기더라도 빚잔치로 막을 내릴 수도 있기 때문이다. 지자체장의 첫 번째 할 일은 지자체의 재정 상태를 투명하게 공개하고 나아가 재정상태, 재정확보 가능성 등을 고려하여 설혹 공약 사업을 시행하려 해도 재정이 미치지 못하면 공약 이행을 순연시키거나 시행 불가피성을 알려 지자체 주민의 의구심을 없애줘야 한다.

물론 빚 얻어 무리하게 사업을 추진할 수는 있다. 그런데 우리 사회 특히 농촌사회는 갈수록 노령사회로 깊어져가고 출산율은 더욱 낮아지고 늘어나는 것은 실업자요 노인뿐이니 빚 얻어 사업을 한들 그 많은 빚을 언제 누가 갚을 것인지도 생각해야 한다.

우리나라 지자체의 경우 '서울시 강남3구'만 빼고는 재정 자립도가 전부 미달된 상태라고 한다. 그러니 부족한 재원으로 지자체를 운용하다 보니 빚에 쪼들리고 있는 지자체들이 대부분이다. 특히 민선 지자체장의 경우 세수 확대방안도 없이 공약은 지켜야겠고 차기 재선도 생각해야 한다. 그래서 재정이 파탄이 나더라도 제 임기만 마치면 그만이라는 무책임한 생각으로 빚 얻어 공사하고 건물 짓고 복지의 이름으로 나눠주기에 급급하고…. 대부분 이렇게 지자체를 운용하기 마련이다.

빚을 없애는 채무상환 운용은 공무원들의 국내 여비나 일반 운영비에서 절감하고 긴축예산 편성 등으로 운영될 수밖에 없어 결국 방만한 경영이 아닌 뼈를 깎는 각오와 의지의 실천으로 이루어낼 수 있는 일이다.

장흥군의 현재 채무는 19억 원. 올해 안으로 그 빚을 모두 갚는다고 한다. 따라서 2017년에는 '채무 제로 원년'으로 시작한다는 방침인 것으로 전해졌다.

채무 없는 장흥군정은 분명 달라질 수밖에 없다. 우선은 중앙정부로터 점수를 따고 믿음을 주게 되면서 국비 지원 등 교부금 확보에 희망적일 수 있다.

또 예산에서 이자가 나갈 리 없으니 맞춤형 주민 복지 등 실질적으로 군민들의 삶의 질 향상을 위한 사업에도 더 신경을 쓸 수 있을 것이다. 무엇보다 군민에게 주는 자긍심이 커 국민들의 군정 협조와 동참을 이끌어낼 수 있다. 즉 '총화력'을 끌어낼 수 있다는 것이다. 이래저래 희망적이다.

김성 군수, 소통 리더십이 빛을 발했다

— 민선 6기 1년 성과를 돌아 본다

— 장흥신문/2015.07.02.

민선 6기를 출범하는 지난 2014년 7월 1일 장흥군수 취임식에서 김성 군수는 "우리 장흥을 살고 싶은 고장으로 만들기 위해 따뜻하고 열린 가슴으로 작은 목소리 하나라도 귀하게 그리고 크게 들어 함께 화합하는 군민 존중의 시대를 열어 어머니 품 같은 장흥을 만들어 군민을 잘 살고 행복하게 해드리고 싶다"고 말했다.

김 군수가 밝힌 이른바 '군민 존중 시대'는 소통에서 비롯될 것이었다. 실제로 김 군수는 이후 "모든 답은 현장에 있다"는 군정 철학으로 취임 초부터 각 지역의 생활 현장을 찾아다니며 군민의 소리를 군정에 적극 반영하려는 노력을 보여 왔다. 김 군수가 주창하는 소통을 위한 행보였던 것이다.

특히, 매월 읍면을 순회하며 지역 사회의 다양한 계층이 참여한 '현장감이 살아있는 월중보고회'와 '군정 현안 결정을 위한 토론회'는 물론 환경미화원과 쓰레기 수거, 매생이 수확·방범순찰·노인요양원 근무체험 등 농어업 생산현장과 복지시설을 중심으로 체험활동에 참여했고 나아가 민간자원 봉사대의 일원으로 봉사활동에도 직접 참여하며 현장에서 어려운 이웃의 목소리를 듣기 위한 '군민 삶의 체험'에 노력해 온 행보를 보여주었다.

이런 일련의 군정은 김 군수의 소통 리더십의 단면을 보여준다 하겠다. 이러한 소통행정으로 김성 군수는 지난 5월 28일 서울힐튼호텔에서 개최된 '2015 한국경제를 빛낸 최고경영자 대상' 시상식에서 소통행정 부문 대상을 수상하기도 했다.

소통은 일체감을 이루기 위한 첫걸음이다. 군수의 군민과의 소통은 바로 군민의 힘을 결집하기 위한 첫걸음에 다름 아니다. 그러므로 군정의 성과도 당연히 그 소통의 기반 위에서 보다 뚜렷히 나타날 수밖에 없을 터이다.

지난 6월 25일 개최된 민선 6기 1주년 기자 간담회에서 김 군수는 지난 5월 군 청사와 의회동 부지를 무상양여 받은 것에 대해 "군민과 함께 거둔 최고의 성과"로 자평했다.

실로 장흥군 청사 부지의 환원은 민선 6기의 최대의 성과라 평가할 수 있는 사안이었다.

그러나 오랜 시간이 흘러 군 청사부지 소유권 변동 내역과 법령에서 요구하는 증빙자료가 불충분한 점을 감안할 때, 무상양여 추진 과정은 결코 간단한 일이 아니었다.

이에 김성 군수는 민관 전담기구(Task Force)를 구성하고 자료의 수집과 분석, 관련법률 검토에 돌입한다. 우선 김 군수는 스스로 전남·경북 국회의원 및 자치단체장이 모인 회의에서 모두 발언을 통해 군 청사부지 무상양여의 당위성을 설명하는 등 정부와 정치권에 무상양여 문제를 쟁점화하는데 주력한다.

나아가 민관합동 전담기구도 《장흥군지》와 《장흥읍지》에서 장흥군청의 연혁에 대한 기록을 확보하고 고 강수의 씨의 '장흥 100년사' 사진에서 1949년 당시 건물 전경이 수록된 사진도 찾아내기에 이른다. 특히 이 과정에서 민간인 자문단까지 힘을 더하면서 자료 수집에 탄력이 붙고, 기어코 민간에서 소장하고 있는 자료와 군청서고와 장흥읍서고 등지에서 방대한 양의 자료가 수집되었으며 장흥군 청사가 1950년 2월 4일에 현재의 부지에 건립된 사실이 적혀 있는 결정적인 사진도 확보하기에 이른다.

그동안 기획재정부는 군 청사가 현재의 지번에 건립된 기록이 없다는 점 등을 들어 무상 양여를 거부해왔으나, 결국 공신력 있는 국가기록원의 자료 근거로 인해 전향적인 입장을 표명하기에 이르렀다. 결국 장흥군 청사부지 무상양여 추진을 위한 6개 월 간의 여정이 5월 7일 마침표를 찍기에 이르러 장흥군 청사는 마침내 장흥군으로 등기 이전까지 완료하게 되었던 것이다.

이번 군 청사 무상양여 결정은 군수와 공직자들이 전면에 나서 관계부처와 정치권을 설득하고, 군민들은 지역에서 자료수집과 여론형성을 담당하는 등 실로 민관합동의 훌륭한 모델이라는 평가를 받고 있다. 김성 군수 스스로 이번 군 청사 무상양여 확정을 "군민 성공 스토리의 하나"라고 규정하듯, 결국 군청사의 무상양여 확정도 김 군수의 소통의 리더십에서 결정되었다고 할 수 있을 것이다.

김성 군수는 지난 1년간 군정운영 성과를 바탕으로 앞으로도 바이오산단 기업유치에 총력을 기울이는 것을 비롯하여 성공적인 2016년 장흥국제통합의학박람회 개최, 전남지방공무원교육원 유치, 로하스타운 투자 선도지구 지정, 탐진강변 4차선 도로개설, 득량만 청정해역특구 지정, 유치면 100% 유기농 지역 육성, 토요시장의 업그레이드 등의 전략적인 군정을 추진한다는 방침이다.

복잡다난한 현대사회에서 소통 리더십은 가히 지도자의 최고 리더십이라 할 것이다. 앞으로도 김성 군수의 소통 리더십이 지속되며 더욱 빛을 발하여 장흥을 김 군수가 취임사에서 천명한 "살고 싶은 명품 고장"으로 선도해주길 기대한다.

김성 군수의 재판… 군민들이 자중해야 한다

— 장흥신문/2014.10.23.

광주지검 장흥지청은 10월 17일 지난 6·4 지방선거에 앞서 선거 공보물에 전과 기록 소명 내용을 허위로 기재, 공직선거법 위반 혐의로 기소된 김성 장흥군수에 대한 결심 공판에서 벌금 300만 원을 구형했다.

김 군수는 이에 앞서 선거운동 기간 출판기념회에서 인사말을 하던 중 공약을 발표한 혐의로 기소돼 벌금 70만 원이 구형된 바 있고, 이후 공보물 허위 기재 혐의가 추가로 드러나 두 사건이 병합 처리되면서 구형이 벌금 300만 원으로 뛴 것이다. 선거법 위반죄로 벌금 100만 원 이상의 형이 확정되면 김 군수는 당선이 무효가 된다.

선고공판은 오는 27일 오전 10시 광주지법 장흥지원에서 열린다. 이 같은 결심공판 사실이 드러나면서 지역의 여론이 급속히 악화되고 있다. 밑도 끝도 없이 근거 없는 소문들이 잇따르고 있는 실정이다. 이러한 여론에 휩쓸려 자칫 공무원 사회가 동요될 수도 있다는 점에서 매우 우려되는 바가 아니다.

그러나 아직까진 1심 선고 공판도 아니고, 설혹 1심에서 벌금 100만 원 이상의 형이 확정되더라고 2심, 3심이 남아있으며, 설혹 대법원에서 100만 원 이상의 형이 확정되더라도, 그때까지 김성 군수는 엄연히 장흥 군수로서 책무를 수행하게 된다.

설혹 대법원에서 100만 원 이상의 형이 확정되어 내년 4월 재선거를 치르게 된다면 김성 군수 본인은 물론 우리 군민들에게 불행한 일이 될 것이다. 다시 치러지는 선거전으로 군력이 그만큼 낭비되는 것에 다름 아닐 터이기 때문이다.

혹자는 일을 그렇게 만든 장본인에게 책임이 크다고 할 수 있을지 모르지만, 이미 일어난 일이다. 또 김성 군수를 당선시켜준 그 결과에 대한 책임에 대해 일부 군민들도 결코 자유로울 수가 없기 때문이다.

그러므로 대법에서의 확정판결이 있을 때까지는 대승적 차원에서 우리 지역을 위해, 모든 군민들이 자중해야 한다. 민심이 흐트러지고 화합되지 못하면서 분열이 가중된다면 결국 우리 군과 우리 군민만 손해가 되기 때문이다.

대법 확정 판결될 때까지 조용히 결과를 기다릴 일이다. 특히 이럴 때일수록 공직 사회가 중요하다. 한 점 동요없이 제 맡은 자리에서 제 역할을 다해야 한다. 공직 사회가 한 점 흐트러짐이 없이 제 소임을 다한다면 민심도 그만큼 추스러지게 될 것이다.

이명흠 군수 -《여행 떠난 당신에게…》 시집 출간하다

— 장흥신문/2012.06.14

계절의 여왕 5월, 가정의 달 마지막 날인 5월 31일 문예회관에서 이명흠 군수의 시집《여행 떠난 당신에게 부치는 편지》출판기념회가 성황을 이룬 가운데 열렸다.

이날 한승원 작가는 덕담을 통해 "문학은 밥이 되거나 총칼이 되는 것은 아니지만 그 고장을 향기롭게 하고 풍요롭게 해 주는 정자나무와 둠벙과도 같은 것"이라면서 "이명흠 군수의 시들은 살아 온 자신의 삶의 안경으로 세상을 보고 표현하는 아름다움이 있는 시들"이라고 말했다.

이명흠 군수는 "내 자신의 삶에 대해 글로 쓰지 않고는 견딜 수 없는 아픔이 있었다"고 전제한 후 "도대체 나는 누구이며 무엇을 위해 살아 왔는가 반성해 보고, 가족을 위한 삶이 아니라 나만의 길을 위해 살아 온 것에 대한 후회와 아쉬움을 느꼈다"고 회고했다.

이어 이 군수는 "이제부터라도 가족을 위해 살아야겠다는 다짐을 하게 되었다"면서 "그동안 살아오면서 소중한 세 사람들이 있었다. 그들은 어머니와 아내와 장흥군민이었다. 22살에 홀로 되어 아들을 위해 헌신하신 어머니의 질곡 깊은 삶을 '흑백사진'으로, 너무나 아쉽게 떠난 아내에 대한 심정을 '당신'으로, 군수로 재직하면서 업무 차 서울을 다니며 느낀 심정을 '고향예찬'으로 표현하게 되었다"고 말했다.

이 군수는 또 "그 동안의 삶이 너무 어두웠다면 이제는 좀 더 밝은 생각을 글로 옮기고 싶다"고 회고하며 "'행복의 차이'에 대해 생각하게 되었다"고 말했다.

이명흠 군수 시인은, 지난 2008년《한국시》신인상을 수상하면서 문단에 데뷔하였고, 2011년에는 한국시 대상을 수상할 만큼 작품성을 인정받고 있다. 이번의 처녀 시집《여행 떠난 당신에게 부치는 편지》라는 시집에는 그동안 발표한 100여 편의 작품이 수록되어 있다.

시집의 시론을 쓴 문학평론가 강경호는 "이명흠 시인은 장흥의 현역 군수로 거의 유일한 군수 출신 시인이다. 뿐만 아니라 우리나라에서 처음으로 그리고 유일하게 문학특구를 만든 장본인이다. 이러한 그의 이력은 이명흠 시인의 문학에 대한 관심과 열정을 짐작하게 한다. 오늘날 21세기는 문화와 예술의 시대라고 자주 말을 한다. 그럼에도 그 말에 실감이 나지 않는다. 그런데 이명흠 시인은 문화·예술 중에서도 특히 문학을 다양하게 콘텐츠화시키고 있어 주목받고 있다. 더불어 행정가로서의 새로운 면모와 함께 문단 현장에서 시인으로 활동하며 시를 창작하고 있으니 행정가와 문화예술인의 모범을 실천하고 있는 보기 드문 사례라고 할 수 있다" 고 말했다.

또 동향의 소설가 한승원은 발문에서 "어느 날 사랑이 그에게서 떠나가자 사랑이 떠난 그 아픈 자리에 문득 시가 들어와 있는, 그는 그러한 시인이다. 이명흠, 그에게 있어 시는 김소월의 경우처럼 아픔의 치유이자 싱싱한 생명력의 슬픈 신명이다.

때문에 그의 시는 김영랑의 경우처럼 '찬란한 슬픔의 봄' 같은 사랑에 대한 눈물겨운 헌사이다. 그의 백 편에 가까운 시들 가운데 가장 빛나는 것은 역시 떠나간 사랑에 대한 것들이다. 그의 시는 쓴 시가 아니고 쓰여진 시이다. 언어를 비틀어 짜지 않고 아픈 가슴을 순하게 투사(透寫)한다. 그는 명징한 눈을 가졌으면서도 눈으로 시를 쓰지 않고 가슴으로 쓴다. 그것은 그의 운명이다"고 말하고 있다.

시집을 펴내기 전에도 이명흠 군수는 곧잘 초청 강의 등에서, 시 쓰는 군수로서 '리더십과 시'를 주제로 강의하기로 잘 알려져 있다.

지난 2012년 4월 12일 복지관 대회의실에서 평생대학원생 등 81명이 참석한 가운데 "리더쉽과 시(詩)에 대하여" 라는 주제로 특강을 하면서 '물 축제' 등 다수의 자작시도 낭송하며 어르신들의 젊은 날의 아름다웠던 감성을 서정의 물줄기로 촉촉이 적셔주는 등 '문화 군수'로서 진면모도 보여주었다.

시인으로서 이명흠 군수…. 군수 이전에 시인이기에 시인의 감성과 통찰력으로 열악한 장흥문화 진흥을 선도하는 문화 군수로서 진면목도 보여주기를 기대해 본다.

장흥군수 기소- 군민은 무죄 선고

— 장흥신문/2011.09.08.

지난 24일 장흥중 동창이자 인천광역시 공무원인 한 친구가 고향을 방문, 모 식당에서 이른바 '장흥삼합'에 소주 한 잔 곁들이며 많은 대화를 나누었다. 인천시청 사무관이기도 한 그 친구는 특히 최근 장흥의 변화를 놀라워하며, '기적 같은 일'이라고 말했다.

"이젠 장흥하면, 인천 시민들도 거의 다 알아. 토요시장도 알고 노력항도 알고… 옛날에는 생각도 못한 일이지. 물 축제는 정말 대성공이야. 요즘 장흥의 변화를 지켜보노라면 기적 같기만 해. 일전에 인천 출신 한 부하직원이 전라도로 가족 동반 휴가를 떠난다고 해서 코스를 물어보니, 해남 땅끝에서 하룻밤 묵고 장흥 가서 토요시장서 장흥삼합도 먹어보고 우드랜드도 구경하겠다는 거야. …나도 공무원이어서 대충 지자체 행정은 좀 알긴 하지만 …이 군수가 참 대단한 것 같아"

이날 그 친구는 스물여섯 살의 아들과 함께였는데, 그는 "아버지의 고향이 옛날 같았으면 자랑할 것도 없었을 텐데 지금은 너무 많아. 자식 놈에게 당당해질 수 있어 자랑스러웠다"고 말했다.

최근 향우들로 받는 전화 중 대부분은 장흥 군수의 노력항 관련 기소건에 대한 이야기다.

장흥 군수는 지난 17일 장흥지청으로부터 노력항 공사에서 감독기관의 허가 없이 추진한 혐의로 불구속 기소를 당한 바 있다. 이를테면 장흥군수는 지난 해 3~6월 노력항 주변 매립공사를 추진하는 과정에서 사전 환경성 평가, 해역이용 협의, 매립면허 등 행정절차를 밟지 않았다며 '불법혐의'로 불구속 기소된 것이다.

이 사건의 핵심은, 지난 2010년 7월 1일 장흥 노력항에서의 오렌지호 취항이 확정되고 오렌지호가 취항하는 노력도 서쪽에 노혁항 개발이 추진되면서 공유수면 매립법을 위반했다는 것이다. 당시 공사담당 부서가 공유수면을 매립하면서 법령을 잘못 적용(10만㎥ 이상일 경우 국토해양수산부장관의 사전 승인, 그 이하일 때 도지사 승인)해 사전에 국토해양부 장관의 승인을 얻지 않았다.

그러나 올해 초 장흥군은 공유수면 매립 관련 법령을 잘못 적용한 사실을 확인하고 국토해양부에 노력항 매립한 공유수면은 국가에 귀속하기로 하고 공유수면 매립에 대해 사후 승인을 획득한 바 있다.

그런데 이번에 이 공유수면 매립 과정에서의 법령 위반이 검찰에 의해 문제가 되면서 장흥 군수를 비롯 당시의 장흥 부군수, 담당 공무원 등이 불구속 기소되기에 이른 것이다.

이번 노력항 개발 과정에서 불법혐의로 기소된 장흥 군수 이하 관련 기소 건에 대해 장흥 군민은 무죄로 인정하고 있다. 노력항 개발에 적극적으로 참여했던 장흥군의회 황월연 의장은 이번 사건과 관련, "장흥 노력항 개발은 전국적인 모범사례이다. 다소 불법적인 부분이 있었지만 법원으로 넘겨진 노력항 개발 문제는 장흥 군민의 입장을 고려해주어야 한다. 물론 매립과정에서 관련법을 잘못 적용한 과실에 대해선 국토해양부가 국가 귀속을 조건부로 승인한 만큼 사법 당국도 큰 틀에서 이 사안에 접근해 주길 바란다"고 말했다.

장흥군민 모두 노력항 개발과 오렌지호 취항을 장흥에 찾아온 '장흥 희망'의 기수로 여기고 있다. 노력항이 남도에서 제주 가는 뱃길 중 가장 빠른 관문이 되면서 노력항 개항 이후 장흥은 하루가 다르게 변화되고 있다. 지역 경제도 살아나고 있다. 노력항 이용객들이 장흥지역의 토요시장, 우드랜드 등 주요 관광지로 몰리면서 장흥지역은 크게 활기를 띠고 있다. 그리하여 장흥군민 중 노력항 개발과 오렌지호 취항이 잘못됐다고 생각하는 군민은 한 사람도 없다고 해도 과언이 아니다.

김희웅(문화원장) 씨는 "이미 행정 절차상 위반을 한 공유수립매립에 대해서 최고 감독관청인 국토해양부로부터 국가귀속을 전제로 한 후 승인을 받아 그 건에 대해 면죄부를 받았는데도 이를 법률적인 잣대로 들이댄 것은 지나친 법 적용이 아닌가 생각 된다"고 말했다.

이미 장흥군민은 이번 검찰의 노력항 관련 장흥 군수 기소 건에 대해 무죄를 선언하고 있는 셈이다. 김명환 번영회장은 "이번 노력항 관련 장흥 군수 기소 건으로 공직사회가 얼어붙었다. 이번 사건은 장흥 군수와 공직자들에게 손 놓고 일하지 말라는 주문에 다름 아니다"면서 "고의적인 잘못도 아니고 의욕적으로 일을 하다 보니 어쩌다 법령을 잘못 적용해 빚어진 결과이므로 검찰에서도 십분 선처해 주워야 할 것으로 생각된다. 이것이 전체 장흥군민의 뜻이다"고 말했다.

이 건과 사정은 다르지만, 황주홍 강진군수도 최근 강진군민장학재단 기금 불법 조성 사건에서 무혐의 처분을 받고 "…무죄를 받았지만 지난 2년 동안 수많은 감사와 수사 과정에서의 인권적 고통까지 모두 원상회복되었다고는 생각할 수 없다 …인권에 치명상을 입을 수밖에 없는 감사와 수사 기관의 힘이 보다 신중해져야 한다"고 무혐의 처분에 대한 소감을 밝힌 바 있다.

황주홍 군수 소감의 행간에서 우리는 많은 의미를 찾아낼 수 있다.

우리도 이번 사건과 관련, 검찰의 좀 더 신중한 수사와 선처를 당부 드리고 싶다.

장흥의 변화, 희망적이다

— 장흥신문/2011.09.08

장흥에 큰 변화의 바람이 불어 닥치고 있다.

특히 주말이면 장흥읍에 차량이 넘쳐나고 유동인구도 급격히 늘고 있다. 이같은 주말 장흥의 활기에는 토요시장과 우드랜드가 그 중심에 서 있다. 예전에 토요시장은 토요일에만 인파와 차량이 넘쳐났으나 이제는 그 활기가 일요일까지 이어지고 있다. 일요일 토요시장의 인파는 한우거리와 한우 직판점 및 식당가이다.

장흥읍 억불산 기슭의 편백나무 숲 '우드랜드'는 이젠 고유명사가 돼버렸다. 우드랜드 내 목조 펜션에서 묵는 사람들 뿐만 아니다. '산림 랜드'로 조성되어 있는 편백 숲 랜드 여기저기 곳곳에 텐트를 치고 깔개 위에 오손도손 모여 휴식을 취하고, 숲속을 한가롭게 거닐며 산림 치유의 기를 맘껏 마시는 사람들로 붐빈다.

최근에는 소금집과 누드삼림욕장인 '비비 에코토피아'를 찾는 사람들까지 떼로 몰리며 주말 우드랜드는 그야말로 '인산인해'다. 그 언제 장흥에 이렇게 많은 외지인들이 몰렸을까.

이러한 변화, 장흥의 활기에는 '노력항-성산포 뱃길'의 영향이 큰 것으로 나타나고 있다. 수많은 외지인들이 처음에는 그저 제주가기 위해 노력항을 들렀으나 이제는 장흥의 우드랜드에서 하룻밤 묵으며 토요시장에서 쇠고기도 맛보고 노력항에서 제주 가는 배를 타는 사람들이 갈수록 늘고 있기 때문이다.

이른바 '노력항' 개항으로 차량과 관광객이 몰리면서 노력항은 관내 주유소, 숙박업소, 음식업소 등 지역 상가의 활성화에도 큰 도움을 주고 있는 것으로 파악되고 있다.

'장흥', '정남진'이 이처럼 널리 알려지면서 새로운 투자지로 장흥군을 찾는 기업체 수도 해마다 늘어나고 있다고 한다. 장흥군에 따르면 6월 말 현재 공장등록 제조업체 수는 2007년 말 33개에서 2011년 8월 31일 현재 81개 48개 업체로, 종업원 수도 228명에서 798명으로 570명이 늘어나 지역경제가 점차 활기를 띠고 있는 것으로 나타났다고 한다.

지금 장흥군이 역점적으로 추진하는 사업인 로하스타운 조성이나 해당산업단지 및 장흥농공단지 조성 등도 순조롭게 진척되고 있다. 이 사업들 역시 성공적으로 실현된다면 장흥은 더욱 활기 넘치는 고을로 변모되어 갈 것으로 기대되고 있다. 오랜만에 장흥에 부는 희망의 바람이다. 이 희망의 바람이 계속 이어지길 기대해 본다.

장흥의 새로운 블루칩인 말 산업, 전망 밝지만…

— 장흥신문/2011.06.29

말(馬)산업 육성법이 지난 3월 18일 임시국회에서 통과되면서 국내 말 산업은 새로운 도약의 전기를 맞이하게 되었다. 말 산업은 향후 FTA 시대 농촌의 새로운 신 소득사업, 농축산업의 새로운 대안으로 자리 잡을 전망이며, 국가경제 성장의 원동력으로서 뿐만 아니라 국민 여가 향상에도 큰 기여를 할 것으로 기대되고 있다.

왜 말 산업인가. 말 산업은 1차 산업에서 3차 산업까지 20여 개 업종과 연관된 복합산업으로 특히 3차 산업의 비중이 높다. 말은 다른 가축처럼 식용 등의 자체 소비에서 그치지 않는다. 경마와 승마 등 스포츠·레저관광 등 소비산업을 매개로 하며, 이 소비산업의 대부분을 3차산업이 차지하므로 말 산업은 부가가치 창출의 기회가 여느 가축보다 월등하다. 말 산업이 향후 농축산업의 새로운 대안으로 떠오르게 된 이유이기도 하다.

실제 세계 선진국인 미국, 독일, 프랑스, 영국 등은 말 관련 일자리만 10만 개에 이르는 등 이미 녹색산업으로 각광받은 지 오래다. 반면 국내의 말 사육농가는 전체 축산농가의 2%, 승마장이나 승마 인구도 각각 290여 개, 2만5천 명을 넘지 못하고 있어 말 산업의 후진국이나 다름없다. 그러나 우리나라에서도 국민소득 증대에 따른 레저 수요의 증가, FTA 시대를 맞이한 국내 농촌의 신 소득원 발굴, 반려동물과 함께 하는 라이프 스타일의 변화 등 시대적 추세에 따라 그리고 이번 말 산업 육성법 국회통과를 계기로 '말 산업의 폭발적 성장'을 필연적으로 맞이하게 될 것으로 예상하고 있다.

'말 산업 육성법'이 지난 3월 제297회 임시국회에서 통과됐지만, 지난 해 6월부터 "말 산업을 장흥의 새로운 주력사업으로 추진하겠다"며 말 산업을 구상하고 있었던 사람이 있었다.

바로 이명흠 장흥 군수였다. 그때 이명흠 군수는 "말 산업에 대한 육성법이 곧 제정될 것이라는 정보를 입수한 후, 국내외 말 산업 현황 파악과 무궁한 비전을 예측하고 말 산업 관련 시장을 선점하기 위해 2011년부터 말 산업을 장흥군의 새로운 성장 동력으로 선택했다"고 밝힌 바 있다.

이후 장흥군은 말 산업 추진을 위해 지난 해 12월 농업기술센터 내에 말 산업 육성담당 부서를 신설하는 등 조직 개편을 단행했다.

이 군수는 그리고 새해 벽두 신년사에서 "블루오션 분야로 새롭게 떠오르고 있는 말 산업을 우리 군 특성에 맞는 새로운 소득사업으로 육성하여, 국내 마필산업을 선점하겠다"고 천명했다.

이후 장흥군의 말 산업 관련 추진상황을 보면, 이명흠 군수의 말 산업 추진에 대한 강한 의지를 읽고도 남는다. 그런데 장흥보다 뒤늦긴 했지만, 말 산업 육성법이 통과된 이후 말 산업을 역점사업으로 추진하고 나선 지자체들이 한두 곳이 아니다. 전남에서만 담양군을 비롯 7곳이나 될 정도이다.

공급이 수요를 창출하기도 하지만, 수요가 공급을 요청하기도 한다. 미래 성장 가능 산업으로 급부상한 말 산업의 경우 여기저기서 경쟁적으로 추진되는 것은 너무나 당연한 일일지도 모른다.

장흥군의 이명흠 군수는 다른 어느 곳보다 말 산업 추진을 선점했다. 이미 수차 발표되었듯이 남들보다 먼저 다양한 말 사업 육성에 대한 종합계획을 수립했으며 말을 소재로 한 다양한 독자적인 시책들을 개발, 시장을 선점할 수 있는 기반을 착실하게 마련해오고 있다.

문제는 장흥의 말 산업이 장흥만의 전유물이 아닌 이상, 지역 실정에 맞는 말 산업의 특화 전략으로 성공시킬 수 있느냐에 대해 우려가 없지 않다는 것이다. 그런 점에서, 이명흠 군수가 추진하려는 종마 사육장 조성, 삼산간척지에 경주마 생산 전업농가 육성, '한우메카 장흥'과 연계되는 대규모 말 사육단지 조성, 토요시장의 한우판매와 연계된 '말고기 전문식당' 유치, 해당산단의 말장구 생산업체 유치, 천관산 기슭에서 말 타고 달릴 수 있는 트레킹 코스 개발 등 특화된 말 관련 사업 추진 여하에 따라 장흥군의 말 산업의 성패가 좌우될 것으로 보인다.

거듭 강조하거니와 일각의 말 산업에 대한 비판적인 의견을 간과해서는 안 된다. 말 산업이 비록 새로운 블루오션의 신 성장산업이라고 해도, 승마가 아직은 대중화 되지 못했다는 점 등이 성공의 장애요인이 될 수도 있을 것이다. 승마 등 말 관련 산업이 일반화되기 위해서는 무엇보다 대초원이 필요하지만, 우리나라는 국토 면적이 좁아 말 산업(마필사업, 승마산업)의 대중성의 한계를 가질 수밖에 없어서 마치 골프장처럼 특정 계층의 전유물이 될 가능성도 있다는 지적이다.

말 사업은 틀림없이 '비전 있는 산업'임에 분명하다. 그러나 일각에서 장흥의 말 산업이 여하히 경쟁력을 확보할 수 있을 것이냐에 대해 우려하는 시각이 있음을 장흥군은 지나쳐서는 안 된다. 그러므로 장흥이 이러한 일각의 우려를 불식시키고 '말 산업의 메카'로 구축된다면 더할 나위 없을 것이다. 한우에 이어 장흥의 새로운 블루칩(Blue Chip)으로서 신 성장 동력이 될 것이 자명하기 때문이다. 장흥의 말 산업이 장흥의 대표 브랜드, 장흥의 새로운 블루칩으로 육성되고 '장흥의 희망시대'를 선도하는 신 동력으로 창출되길 기대한다.

낙후된 장흥에 웬 '느린 세상'?

ㅡ'느린 세상'의 인프라·마인드 태부족, 구호로 그칠 공산 커

ㅡ 장흥신문/2006.07.20.

김인규 장흥군수는 지난 7월 3일, 민선 4기를 출범하는 군수 취임식에서 민선 4기 군정 슬로건으로 '느린 세상 건강한 장흥'을 내세웠다. '느린 세상'이란 변화무쌍과 속도감만 남은 오늘날의 도시민들, 갈수록 척박해져가는 도시민의 삶에서 신선한 청량제 같은 구호가 아닐 수 없다.

그러나 아직도 개발 여지가 많고, 어딜 가나 한가로움과 여유가 넘쳐나는 시골의 농촌에서는 다르다. 아직도 '낙후'를 벗어나기 위한 힘든 속도와 경쟁적인 개발이 필요하기 때문이다.

어쨌든, 이날 김 군수가 천명한 민선 4기의 '느린 세상'이라는 군정목표에 대해 군민 일각에서는 "지금 때가 어느 때인데 느린 세상이라는 구호를 내세우느냐? 장흥을 영원히 침체시키고 낙후시키겠다는 말이냐?"하는 따위의 반론이 만만찮았다.

이날 김 군수는, "저성장·고령화 사회의 유망 트렌드는 '느림' 이라고 믿는다. 느림의 미학 속에서 우리 농촌·농업의 무한한 잠재력이 펼쳐질 것이다. 느린 세상은 단순히 게으른 세상을 뜻하는 게 아니라 열심히 땀 흘려 일하는 사람이 대접받는 정의로운 세상이다. 느린 세상은 자연과 인간이 공존하면서 친환경농업, 건강휴양촌, 생태체험의 메카를 만들어 가는 세상이다. 느린 세상은 전통과 문화·예술을 사랑하면서 정이 흐르고, 여유와 나눔이 있는 넉넉한 세상을 의미한다"고 정의, 느린 세상에 대한 나름의 비전과 철학을 함축적으로 표현했다.

따라서 장흥군정의 목표가 된 '느린 세상'은, 초고속화 되고 급변화 되는 시류에서 반사적 의미로 급부상한 웰빙(참살이)적인 의미인 '느림의 미학'에서 그 의미를 차용해 온 것이라고 할 수 있을 것이다. 즉 게으르고 더디게 발전한다는 등의 사전적 의미 '느리다'의 부정적 의미가 아니라 '건강한 장흥'을 강조한 말로써 긍정적인 '느린 세상'이라는 뜻이다.

그럼에도 불구하고 '느림의 미학' 개념으로써 차용해 온 '느린 세상'이라고 해도, 가난한 장흥군민에게 사치스러운 의미나 다름없는 그 구호의 선택은 다소 엉뚱한 발상이라는 지적이기도 하다.

또 전국 군 단위 지자체 중에서 아직도 가장 낙후된 고을 중 한 곳으로 재정자립도마저 최하위권이며 지역경제는 갈수록 침체되면서 '활력을 잃어가는 장흥군'에서 '느린 세상'은 다소 동떨어진 구호가 아니냐는 의견이 지배적이다. 당장 허기를 면해야 할 사람에게 배고품을 면케 해 주는 말보다 건강한 삶이니, 정의사회 구현이니 하고 운운하는 식이라는 것이다.

그러므로 '느린 세상'은 관광객을 위한 구호적 군정목표로 그칠 공산이 크다. 정신적으로 뿐만 아니라 실제로 살면서 '느린 세상'을 체험할 수 있는 '느린 세상'에 대한 인프라 구축은 물론 마인드가 확실하게 구축되어 있거나 그런 면에서의 큰 경쟁력을 갖추고 있는 것도 아니고 또 앞으로 그런 구상이 제대로 실현될 지 불투명하기 때문이다.

"지금 군민들에게 가장 필요한 것은 활기이고 활력입니다. 이것은 느린 세상을 추구해서는 절대 나오질 않습니다. 무엇보다 지역의 경제가 살아나고 지역경기 회복이 우선인데, 느린 세상 가지고 뭐가 됩니까? 더욱 침체되고 낙후될 수밖에 없는 것 아니겠어요? 관광개발, 지역개발, 군정방향 모두 지역경제의 부흥과 경기활력 회복으로 연결되어야 합니다"

한 주민의 말이다.

"느린 세상, 참 좋은 말입니다. 히트 칠 수 있는 구호입니다. 사실 장흥만 아니고 농촌 어디를 가든 도시 사람들에게는 다 느린 세상인데 장흥이 선점한 것 아닙니까?"

또 다른 주민들의 말이다.

'느린 세상', 이것은 사실 역사적으로 장흥군이 전용했던 용어였다. '느린 세상'은 문명의 이기가 전혀 필요 없던 그 선사시대의 원시적 세상에서, 장흥이 한반도에서 가장 경쟁적으로 찬란하게 소유했던 개념이었다.

유독 높은 산들이 많고 땅은 기름지고 호남의 3대강이라는 탐진강이 흐르고 남녘의 바다가 지척에서 철썩거리고 맑은 바람과 따듯한 공기가 원시적 삶을 더없이 윤택하게 해주던 그 선사 시절이었다.

그때 장흥지역은 전국에서 가장 살기 좋은 덕지(德地)로 축복받은 땅이었다. 이러한 사실은 당대의 유물인 고인돌 분포수가 전국에서 가장 많이 분포해 있다는 데서 확실하게 증명되고 있다.

그 원시 때 장흥의 그 '느린 세상'을 증언하고 있는 고인돌에 대해 지금까지 '한낱 돌덩일 뿐'이라며 아주 무관심해 온 장흥군이었다. 고인돌의 세계문화유산 등록에도 관심 없어 하며 지나치고 말았던 장흥군이었다. 당초 3만평 규모의 유치 수몰지역 고인돌공원마저 1천~3천 평으로 대폭 축소해 형식적으로 꾸미려 하고 있는 곳도 장흥군이다.

그런데 이제 와서 새삼 '고인돌 세상'과 동격이었던 그 '느린 세상'을 상품화의 구호로써 자랑스럽게 외치고 나온다. 그 '느린 세상'의 구호가 사실은 허구적인 것으로 들리는 것은 이 때문인지 모른다.

생태군 택한 민선 3기, '불투명 반, 희망 반'

ㅡ 한마음, 한 목소리로 2004년을 열자

ㅡ 장흥신문/2004.01.08

새해가 밝았다. 새해는 분명 희망과 기대를 주기 마련이지만, 우리는 여전히 불투명한 미래를 예측하며 조금은 무거운 마음으로 갑신년(甲申年)을 맞이한다.

오는 1, 2월이면 이루어질 한·칠레간 자유무역협정(FTA)은 우리 농업과 농촌을 강타하며 일대 위기로 몰아가게 될 것이다. 4월 총선 정국으로 인해 경기진작은 최소한 올 상반기까지는 지지부진, IMF보다도 더 극심하다는 민생·경제의 피폐화와 지역경기의 침체는 여전히 지속되며 지역민들을 우울하게 만들 것이다. 게다가 벌써부터 '장평 골프장' 문제로 행정당국과 군민간의 갈등이 조장되고 있는 지금, 우리는 저만큼 밀려있는 지역경기의 침체를 새삼 안타까운 마음으로 바라보지 않을 수 없다. 우리는 과연 이 짙은 불확실성을 헤치고 희망의 진운(進運)을 열어갈 수 있을 것인가.

민선 2기가 끝나고 민선 3기가 개막되면서 우리 군민들은 비로소 침체된 지역발전과 불투명한 미래 비전에 대한 불안감을 떨치지 못해 들고 일어섰다. 장흥의 경쟁력을 제고시킬 수 있는 대형 프로젝트가 없음을 한탄하였으며 미흡한 탐진댐 대안사업 재정 확보, 장흥-광주간 4차선 직선화 도로개설, 보성-목포간 경전선 수문포 경유 등을 줄기차게 요구하기도 했다. 지난 해 3, 4월에 불거진 핵 폐기장 유치운동은 바로 이와 같은 현실인식에서 비롯된 것이기도 했다.

민선 3기 들어 장흥군은 장흥군의 장기 발전전략으로 '생태군'을 선택했다. 그것이 바로 '푸른 장흥' 건설이었다.

장평면 일대의 친환경 농업단지 조성을 비롯해 생약초 테마파크나 버섯자원단지 조성사업 등은 생태군으로써 경쟁력 강화를 위한 군정의 구상이었다. 그리고 민간차원에서 열망은 문화관광에서 두드러지게 나타났다. 남산 벚꽃축제, 최옥삼 학술조명 운동, 공예태후 친정나들이, 문화관광 포럼 결성, 남포해맞이 축제 등은 순전히 민간단체들이 주도가 되어 펼쳐진 문화 이벤트로 장흥군민의 '전통적인 문화군민'으로서의 자각과 발전적인 모색 위에 장흥의 비전을 가늠케 한 중요한 문화 행사들이었다.

올해 들어 시민단체들의 문화부흥과 문화관광 육성을 위한 시도들은 계속 추진될 것이다. '장흥 문화관광 포럼'의 남포 해맞이 대규모 축제, 조선대학교 6월 신북리 후기 구석기 국제학술세미나, 최옥삼기념사업회 측의 최옥삼 홍보 운동, 농민회 등의 장흥동학 축제운동 등 장흥문화를 일으켜 세우기 위한 시험적인 이벤트들이 꾸준히 시도될 것이다.

그러나 문제는 지난해의 경우, 이러한 군정 추진과 군민들 사이에 부조화가 제기됐음을 우리는 간과해서는 안 된다. 군의 갑작스런 장평 골프장 추진은 처음부터 시민단체들로부터 강한 반대에 부딪쳤다.

수문리 경유의 남해안관광일주도로는 주민들의 반대로 수문을 경유하지 못하게 돼 장차 수문권을 장흥의 거점관광지로 개발하려는 군정비전에 걸림돌로 작용하게 됐다. 공예태후 나들이 행사나 남포 해맞이축제 역시 일부 정치권의 참여로 그 행사 의미를 반감시켰다. 장동 신북 후기 구석기 유물 보존방안을 놓고 개최된 조선대박물관 측의 '신북 구석기 유물 2차 설명회'에서는 군 측(일부 공직자)이 건설회사 측의 손을 들어 줌으로써 장차 유물보존과 도지정 문화재 및 국가 '사적' 지정의 난산을 예고하게 만들었다.

장흥군은 민선 3기를 맞으면서 우리 군의 경쟁력 강화를 위한 발전적 토대를 구축해가고 있는 처지이다. 남들은 이미 저만큼 달아나고 있는데 우리는 이제서야 겨우 출발점에서 첫발을 내디디면서 출발했다고 해도 과언이 아니다.

올해는 민선 3기 2년째를 맞이하는 중반기로서 김인규 군수의 역량이 제대로 발휘될 수 있을지 그 시험무대가 될 공산이 크다. 특히 지난해 각종 용역을 통해 검증하고 모색한 장흥비전을 위한 발전전략이 장흥군의 경쟁력 강화와 성장 동력을 이끌어낼 수 있을지 기대되기도 한다.

문제는 이와 더불어 가장 중요한 것은 장흥군민의 일치된 마음과 합일된 목소리다. 요컨대 전 군민의 결집된 힘과 정성, 지혜의 결집이 전제되어야 한다는 것이다.

사분오열된 민심의 분열과 개혁과 발전을 외면하는 불신과 반목, 지역(집단) 이기주의로는 흥할 수 있는 군운(郡運)을 열 수 없다. 5만 군민 모두 이제 눈을 들어 장흥군 전체를 바라보고 세계를 바라보아야 한다. 더 이상 머무적거리다가는 타 지자체들을 따라 잡을 수 있는 기회마저 놓친다는 사실을 명심하고 장흥 부흥을 위한 성장 동력의 확보와 경쟁력 강화 작업을 올 한 해의 대역사(大役事)로 삼아야 한다.

장흥의 성쇠를 가름하게 될 이 모든 것이 올 한해에 달려 있다. 장흥군을 누가 땀 흘리며 이끌어갈 것인가. 군수도 국회의원도 아니다. 각 기관단체와 시민 단체, 모든 군민이 이제는 모두 함께 떨치고 일어나야 한다. 재도약을 위해 분발해야 한다. 모두가 새롭게 출발해야 한다. 길게 흥하는 장흥군의 내일을 위해.

표고 상품화는 성공적 …
버섯축제 등 버섯특화 사업 지속을

— 장흥군 민선2기 상반기 평가에 부쳐

— 장흥신문/2000.07.20

민선 1기 그리고 민선 2기 상반기를 마친 장흥군 김재종 군수의 업적 중 가장 괄목한 것 중 하나는 '표고 가공식품의 개발'과 이를 활용한 수익사업으로 평가되고 있다.

장흥군은 지자체 시작과 함께 전국 생산량의 12%를 차지하고 있는 표고 재배농가의 소득증대와 판로개척을 위해 전국 최초의 민관 합자 회사인 표고유통공사를 설립했다. 그리고 최신 종균배양시설과 판매자 중심의 판로 개척, 획기적인 경영개선 등으로 지방 공기업경영 대상을 수상했다. 나아가 표고음료와 장류 등 버섯가공식품을 개발한 데 이어 군부대 납품과 일본 수출 판로를 개척, 표고버섯을 활용한 지역민의 수익사업의 기반을 조성했다. 이러한 지역 특산품인 표고버섯을 장흥군의 특산품으로, 장흥군의 특산 이미지로 심었다는 것은 큰 성과의 하나로 평가받고 있다.

그러나 '표고=장흥'의 이미지가 지속되고 그와 관련한 수익사업 역시 지속적이기 위해서는 기존의 표고 중심의 상품화 사업이 보다 다양한 마케팅 정책으로 확산·연결되어야 한다는 지적이다. 예컨대, 표고를 주제로 한 학술세미나, 표고요리 품평회, 버섯가공식품 전시회, 표고축제로까지 이어지고 더 나아가 가능하다면 표고는 물론 전국에서 건강식품으로 약용으로 생산되는 모든 버섯류의 자료전시와 생태학습장 등을 겸비한 버섯박물관(버섯생태관)의 설립까지 이어져야 한다는 것이다.

장흥군의 '버섯 상품화의 성공'에 못 미치는 다른 버섯 특산지 지자체에서도 버섯축제를 열고 있다. 양양군의 송이축제, 파주시의 파주버섯 큰잔치, 봉화군의 송이축제 등이 그 좋은 예이다. 이들 자치단체들은 지역특산품인 버섯을 널리 홍보하고 지역의 수익기반을 다지기 위해 해마다 버섯잔치를 열고 있는 실정이다.

장흥군의 경우, 표고의 상품화로까지 성공하고 있는 실정이어서 표고를 이용한 축제는 더욱 경쟁력 있는 농특산품 축제가 될 수 있을 것이다. 나아가 전국에는 한 군데도 없는 버섯생태관이나, 버섯박물관 등을 설립할 수 있다면 금상첨화 격이 될 것이다. 특히 표고버섯뿐만 아니라 양송이·목이·능이·느타리 그리고 싸리버섯·꾀꼬리버섯, 갓버섯, 팽나무버섯, 맛버섯, 비늘 버섯, 배젖버섯, 기와버섯, 풀 버섯 등 각종 식용버섯들은 물론 광대버섯, 땀버섯, 독깔대기버섯, 무당 버섯 등 다양한 독버섯들까지도 재배 전시해 놓은 버섯생태관 같은 것이 설립된다면 우리 군은 '표고버섯군'으로서 이미지를 더욱 심화시켜갈 수 있을 것이다. 무엇보다 버섯을 이용한 이러한 이벤트 사업은 바로 수익사업과 연결된다는 장점이 있다는 것이다.

버섯은 예부터 그 독특한 향미로 널리 식용되거나 또는 약용으로 사용해 왔음은 주지하는 바다. 버섯은 특히 요염되지 않은 깨끗한 환경에서 잘 자란다는 생태적인 습성을 지니고 있다. 그러므로 기왕에 청정지역, 깨끗한 환경을 '아껴놓은 땅'이라는 상징어로 내세우기까지 한 우리 군이므로 버섯을 특화한 작물을 개발하고 이를 이용한 다양한 수익사업·이벤트 사업으로까지 연계할 수만 있다면 더없이 좋을 것이라는 생각이다.

7장

종합

안중근은 중국·한국의 영웅이었다

— 중국인들 '안중근, 아시아의 제일 의협第一義俠' 칭송하다

— 하얼빈 현장 일본인들, 안 의사 숭모, 위패 봉안 배례… 안 의사 기려

— 안중근의 동양평화론, 21세기 동북아 새로운 담론으로 부활하다

— 장흥투데이/2018.11.30. <기획>

근세사 최고 국민적인 영웅은 안중근

조선조에서 국민적인 영웅으로 충무공 이순신이 있었다면, 근세사에서 국민적 영웅은 단연코 안중근 의사였다고 할 수 있다.

국내 대표적인 여론조사기관 한국갤럽이 지난 2015년 삼일절을 앞두고 2월 24일부터 26일까지 3일간 전국 만 19세 이상 남녀 1,005명에게 '항일 독립운동가' 하면 누가 생각나는지 물은 결과 안중근(47%), 김구(45%), 유관순(37%), 윤봉길(30%), 안창호(13%), 김좌진(11%), 윤동주 순으로 나타났다.

국가보훈처도 '2019년 이달의 독립운동가' 후보 48명을 선정하기 위해, 2014년부터 2018년까지 지난 5년간 빅데이터(뉴스, 블로그, 트위터) 139억 건을 분석해 국민적 관심도가 높은 독립 운동가를 선정한 일이 있었는데(2018.8.1 발표), 안중근 의사가 압도적인 1위였고 이어 김구 선생, 윤동주 시인이 각각 2·3위를 차지했다. 이때 빅데이터가 집계한 국민 관심도가 가장 높은 독립운동가 1위 안중근 의사의 경우, 빅데이터 언급량은 무려 106만5448건이었다. 김구 선생은 그 절반 수준에 그친 64만8084건이었고, 저항시인 윤동주는 56만1228건이었다.

이처럼 최근년에 2회의 전 국민적 여론조사에서 한국인이 선정한 최고의 독립 운동가는 김구 선생이 아닌 안중근 의사였던 것이다.

주지하다시피, 안 의사가 우리에게 영웅이듯이 안 의사에게 격살당한 이토 히로부미(伊藤博文)도 일본인에게 근대 일본의 기틀을 잡았던 '위대한 정치가'로 평가받는다. 그는 1963년부터 1984년 11월까지 일본 1천 엔 지폐에 그려지기도 했으며 지금까지도 각종 여론조사에서 일본 역사상 가장 인기 있는 인물 중의 한 사람으로 추앙받고 있다. 그는 일본 초대 총리에 이어 제5대, 7대, 10대까지 총리를 역임했으며, 1905년 을사늑약으로 사실상 조선을 식민지화하고 그 초대 통감까지 지냈고 명성황후 시해를 직접 지시했던 한국침략의 원흉이었다.

그러한 이토 히로부미를 격살한 안 의사의 의거에 대해 당시 중국에서도 큰 충격과 찬탄을 금치 못했다.

중국의 영웅이 된 안중근

안중근의 이토 히로부미의 사살 건으로 안중근은 중국 대륙에서도 영웅으로 급부상했다. 안중근 의거는 20세기 초 중국의 항일구국운동을 밝힌 한 줄기 횃불이었기 때문이었다.

안중근 의거·순국에 대해 중국 내 20여 개 신문·잡지가 약 400여 편의 보도를 등재(徐明勛 주편, '中國人心目中的安重根')하며 안중근을 '영웅', '호걸'로 칭하기를 마다하지 않았다.

청말(清末) 저명한 지식인이요 혁명가였던 장타이옌(章太炎)은 안중근을 "아시아 제일의 의협(亞洲第一義俠)"으로 극찬했으며, 장제스(蔣介石)도 "장렬한 뜻 천추에 빛나다(壯烈千秋)"라고 안 의사의 의거를 극찬해 마지않았다.

1914년 상하이 대동편집국은 독립운동가 박은식이 저술한《안중근전》을 출판하였는데, 이 책에서 중국의 유명 인사들은 너나없이 안중근을 '영웅'이요 '세계의 대영웅'으로 찬사하는 글을 남겼다.

중국의 근대혁명가이자 당시 저명인사였던 한염(韓炎)도 "삼한의 현인이요 세계의 영웅(三韓之賢人, 而亦世界之英也)"으로 극찬했고, 저명 인사 고관오(高冠吾)도 "안중근의 기적은 족히 온 세상을 놀라게 하고 귀신이라도 감동하게 할 수 있는 것으로, 안중근은 세계의 영웅호걸이다. 전송을 하나, 하지 않으나 그의 업적은 천고에 빛날 것이다"라고 썼으며, 《민립보(民立報)》 주필 증용(曾鏞)도 "안중근의 이토 저격은 기실은 세계의 공적을 처단하기 위해서였다"고 찬사했다.

중국 현대 문학사의 거장으로 불리는 바진(巴金)도 자서전에서 "안중근의 이토 사살은 나에게 깊은 인상을 심어주었다. 안중근은 내가 청소년 시기에 처음으로 숭배했던 영웅이었다"고 회고할 정도였다.

신해혁명 때 임시총통이었던 위안스카이(袁世凱)도 "평생을 하고자 한 일 이제야 끝냈구려 / 죽을 땅에서 살기를 바라는 것은 장부가 아니려니 / 몸은 삼한에 있어도 세계에 이름 떨쳤소 / 살아선 백 살이 없는데 죽어서 천 년을 가리(安重根義士輓, 平生營事只今畢, 死地圖生非丈夫,身在三韓名萬國, 生無百世死千秋)"라는 안 의사 만시(輓詩)를 지었다.

중화민국의 국부로 추앙받는 쑨원(孫文)도 "공은 삼한을 덮고 이름은 만국에 떨치니 / 살아 백세는 못가도 죽어서 천년을 가리 / 약국의 죄인과 강국의 재상이라 / 처지를 바꾸면 이토 히로부미도 죄인 되리(功蓋三韓名萬國, 生無百歲死千秋, 弱國罪人强國相, 縱然易地亦藤候)"라고 조시(弔詩)를 지었다.

중국의 대표적인 근대 지식인이었던 량치차오(梁啓超)도 '추풍단등곡(秋風斷藤曲)'이라는 96구절의 장시에서 '다섯 발자국 지척에서 피 뿌려 대사를 마쳤으니 / 그 웃음소리 저 산의 달보다 높구나(流血五步大事毕, 狂笑一声山月高)"라고 읊으며 안 의사 애국심을 찬양하고, "안 의사의 의거를 중국은 정면교사(正面教師)로 삼아야 한다"는 내용의 시를 지었는데, 특히 "내가 이 세상에 살아 있는 한 사마천이 안자를 추모하듯 그대를 경중하고 / 내가 이 세상을 떠나면 그의 무덤과 나란히 묻히리라(生路

思承晏子鞭, 芳邻拟穴要篱家)"라는 극찬 절구의 시를 헌사했다.

중국공산당을 창건한 초대 당수였던 천두슈(陳獨秀)는 계몽잡지 《신청년新青年》을 창간하고 '삼가 청년들에게 고한다(敬告青年)'는 유명한 창간사에서 "중국 청년들이 톨스토이나 타고르가 되기보다 콜럼버스와 안중근이 되기를 원한다(吾愿青年之为托尔斯泰与达噶尔, 不若其为哥伦布与安重根)"고 갈파했다.

중화인민공화국의 초대 수상이었던 저우언라이(周恩來)는 천진 남개대학 재학시절, 그의 부인 덩잉차오(鄧穎超)와 함께 '안중근' 주제의 연극을 했을 정도였다. 그로부터 훗날인 1963년 6월 중조역사 관련 담화에서 "중일 갑오전쟁 후 일본 제국주의 침략을 반대하는 중국과 조선인민의 공동 투쟁은 본 세기 초 안중근이 하얼빈에서 이토 히로부미를 사살하는 것으로부터 시작되었다(中日甲午战争后, 中朝人民反对日本帝国主义侵略的斗争, 是在20世纪初 安重根在哈尔滨刺杀伊藤博文开始的)"고 언급, 안중근의 의거로부터 중국과 조선 인민의 항일 투쟁이 시작됐다면서 높은 평가를 내리기도 했다.

이처럼 우파 좌파를 가리지 않고 당시 중국의 정치가·지식인들은 안의사 의거를 극찬하기에 바빴으며, 이로써 안중근은 중국에서 당파를 초월하여 '반일 애국주의'의 상징으로 인식되었고 애국정신의 상징적인 인물로 급부상했는데, 이러한 안중근의 열풍은 교육·문화계로까지 폭넓게 번져나갔다. 어디 이뿐이랴.

이밖에도 ▲중화인민공화국 건국 초기 소학교 교과서, 애국영웅 표본으로 안중근 게재 ▲1910년 상하이 진화단(進化團), '안중근, 이토 격살 安重根刺伊藤'-중국 전역에 수개월간 공연-쑨원(손중산)이 극단을 칭찬, "이것도 학교다(是亦學校也)"란 제사 내려줌 ▲혁명지도자 리다지오(李大釗), 1919년 '안중근은 이토 히로부미 사살했다' 가죽 인형극 공연, 화제 ▲개혁파 소설가 황세중(黃世仲), 광저우 '난웨바오(南越報)'에 '조선의 피(朝鮮血)' 연재(안중근 등 한국 애국지사들 소개, 중국인 애국심 각성 기여) ▲동방의 셱스피어로 불렸던 성조재(成兆才), 1920~1928년 하얼빈서 평극 '안중근, 이토를 격살하다' 주제의 공연 수차 추진 ▲1927년 군인·정치가 장쉐량(張學良) 지시로, 중국 동북 각지 36개 소학교 수업전에 안중근 찬양 노래 합창 ▲1928년 상하이, 안 의사 거사 다룬 영화 제작, 상영 ▲1937년 남사(南社) 극단, 연극 '안중근' 수차 공연 등이 대표적인 예이다.

이처럼 실로 당대 안중근의 찬양 열풍은 중국 대륙을 휩쓸었다.

거의 1세기가 지난 1992년에도 중국인이 쓴 오페라 '안중근'이 공연되기도 했다.

"혁명가가 되려거든 손문처럼 되고, 대장부가 되려거든 안중근처럼 되라" 라는 속담이 생겨날 정도였다.

당시 중국의 지식인들이 안중근 의거를 찬양하며 안 의사를 존경한 것은, 안중근이 패망이 짙어가는 중국인들을 각성시키며 민족·애국 혼을 일깨워주었기 때문이다.

이러한 중국인들은 시간을 많이 흘렀음에도 안중근을 기억하고 있다.

2005년 항일전쟁승리 60주년 기념을 전후해서도 안중근을 잊지 않았다. 2006년 1월 1일까지 '바이두 백도(百度)' 검색 사이트에 '안중근 의거 기념' 글이 수천 편에 달한 것으로 알려졌다(리성걸,《안중근 연구》).

한편, 중국은 2014년 1월 19일 안중근 의사가 이토 히로부미를 격살한 역사 현장인 헤이룽장 흑룡강성 하얼빈 역에 '안중근 의사의 기념관'을 세워 문을 열었다. 그 자리는 바로 일본이 이토 히로부미 추모비를 세웠던 자리였다.

2013년 말 한·중이 안중근 의사 의거 기념 표지석 설치를 협의할 때, 일본이 크게 반발하자 중국 외교부 대변인은 "안 의사는 역사 속에서 항일 투사로 매우 유명한 인물이다. 중국인은 그를 존경한다(安重根是历史

上著名的抗日义士, 在中国也受到尊敬)"고 말했다. 안중근 의사 의거 표지석 설치에 대한 일본의 반발을 중국은 기념관으로 화답했던 것이다. (현재 안중근 기념관은 하얼빈 역사 개조작업으로 다른 곳으로 옮겨져 있다).

안중근을 숭모한 일본인들

안 의사의 의거는 일본인에게 큰 충격을 주었지만, 안 의사가 뤼순 감옥에 수감되었을 때 접촉하였던 일본 관헌들은 오리려 안 의사를 숭배하였다.

그들은 안 의사가 이토 히로부미를 사살한 행위가 개인적인 원한이 아니라 조국 독립과 동양 평화를 위한 의거였으며, 숭고하고 뛰어난 인품을 지닌 인물임을 수사 및 재판 과정에서 잘 알고 존경하였던 것이다.

구리하라 사다키치(栗原貞吉) 형무소장, 야스오카 세이시로(安岡淸四郞) 검사, 미즈노 기치타로(水野吉太郞) 관선 변호사, 히라이시 우지히토(平石氏人) 뤼순 고등법원장, 치바 도시치(千葉十七) 간수 등이 그 주인공들이다.

그들 중 특히 뤼순 감옥의 간수로 복무한 치바 도시치(千葉十七)가 대표적인 인물이다. 그는 안중근으로부터 '나라를 위해 목숨 바치는 것은 군인의 본분이다(爲國獻身軍人本分)'라는 유묵을 받기도 했다.

그는 고향 일본의 이미야기 현으로 돌아온 뒤 집안 불단에 안중근 의사의 위패와 사진, 안 의사로부터 받은 유묵을 앞에 놓고 배례하고 불공을 드렸으며(유묵은 1980년 후손들이 한국에 반환했다), 자신이 다니던 대림사(大林寺)에도 안 의사 위패를 모셨다. 그의 사후에도 그 부인 아오키상과 손자 치바 세이치도 안 의사 불단 배례를 계속했다. 당시 대림사 주지인 사이토 다이켄도 안중근에 감동하여 구리하라에 기념비와 기념관을 세우고 매일 불공을 드려왔으며,《내 마음속의 안중근 - 치바 도시치의 생애》라는 책도 펴냈고, 매년 9월 안중근을 숭모하는 일본인들을 모아 추모제를 열고 있다.

1979년 안도 도요로쿠(安藤豊祿) 오노다(小野田) 시멘트 회장 등은 '안중근연구회'를 창설한 이래 안 의사를 연구하고 알리는 일을 계속해 오고 있다.

하얼빈 역 현장에서 안 의사에게 총을 맞았던 남만철도주식회사의 이사였던 다나까 세이치로(田中淸次郞)도 안 의사를 존경하는 인물이었다. 그는 다나까(中野泰雄)가 저술한 《안중근은 왜 이토 히로부미를 사살하였는가》라는 책에서 "…현장에서, 안중근은 아직 총탄 한발을 발사하지 않고 남겨두고 있었다는 말을 듣고 안중근의 인격이 미 발사된 총탄에 그대로 남아 있었다는 것으로 생각했다… 내가 지금까지 봐 왔던 사람 중에서 안중근이 제일 위대한 사람이라도 본다"고 증언했다. 이 외에도 안중근 의사의 무죄를 주장했던 동경변호사회 회장 등 많은 양심적인 일본인들도 안중근 의사를 높이 평가했다.

동양평화론-21세기 담론으로

안중근 의사는 한중일 동양평화론을 주창했던 시대를 앞서간 사상가요 국제적 평화주의자였다. 안 의사는 뤼순 감옥 수감 중에도 '동양평화론'을 저술하며 조국의 독립과 동양평화를 주창하였고, 마지막 유언으로 동양평화를 남겼다.

안 의사의 동양평화론의 요체는 ①한중일 3국의 '상설 평화회의체' 구성 - 유럽연합(EU) 같은 다자간 협의기구 ②뤼순 항의 개방과 공동관리 ③한중일 3국이 공동 출자한 공동은행의 설립과 공용 화폐 발행 ④한중일 3국 공동 군단 편성과 2개 국어교육을 통한 평화군 양성 ⑤한중일 3국의 공동 경제발전 ⑤로마 교황으로부터 3국 독립 보장 획득 등 독창적인 평화안이었다. 기실 안 의사의 동양평화론은 오늘날 유럽공동체(EU)

와 유사한 구성안으로 무려 EU보다 1세기나 앞선 시기에 제창되었다는 점에서, 안 의사가 미래 지향적인 선각자로서 시대를 초월한 통찰력을 보여주었다는 평가도 있다.

특히 안 의사의 동북아 평화론 구상은 21세기 국제 정치, 경제, 문화의 중심이 동아시아로 옮겨오는 문명사적 전환기인 이 시대의 동아시아 평화담론과 일맥 상통하면서 21세기의 동아시아 담론으로 다시 부활하고 있어 더욱 그렇다. (문재인 대통령은 2018년 8월 15일 광복 73주년 경축사에서 '동아시아철도 공동체'를 제안했다).

그러므로 미래는 필연코 평화의 문명권인 '평화의 시대'가 도래될 것이고, 안중근의 동양평화론의 의의와 가치는 더욱 새롭게 조명될 것이 확실시 되고 있다.

삼비산-일림산 지명논쟁, 당초부터 결정된 일이었다?

— 국토지리원 일림산 확정 - 근거 터무니없고 논리 희박

— 장흥군은 거의 뒷짐 지고 있을 때 보성은 필사적이었다

— 장흥신문/2006.08.02. <기획>

국토지리정보원은 지난 7월 13일 보성군 웅치, 회천면과 장흥군 안양면 경계지역에 위치한 해발 667.5m의 산 이름을 놓고 보성군과 장흥군이 논쟁을 빚은 것과 관련, 중앙지명위원회 심의을 통해 보성군이 주장하는 일림산(日林山)이 옳다고 최종, 확정 고시했다.

국토지리정보원이 보성군의 손을 들어준 이유인즉, "약사와 문헌, 고증 등에서 수백 년 동안 일림산으로 표기돼 왔으며 또 다른 이름인 삼비산은 최근 장흥읍지 등에 나타났을 뿐"이라며 "일반적으로 산의 명칭은 주변에서 가장 높은 주봉(主峰)을 지칭한 것으로 차봉(次峰) 표기가 일림산인 만큼 주봉도 일림산으로 변경하는 것이 맞다"고 밝혔다고 한다.

아무리 국토지리정보원의 최종 판결이라지만, 이는 억지와 부당한 결정이다.

'역사성 운운 …' 일림산 역사일 뿐 삼비산은 관련 없어

첫째, "일림산은 약사와 문헌, 고증 등에서 수백 년 동안 일림산으로 표기돼" 왔으므로 보성군 주장이 옳다고 했는데, 도대체 이들이 뭘 제대로 알고 있었는지 의문이다. 그들의 말대로 일림산의 표기는 물론 장흥의 삼비산 보다 훨씬 이전부터 역사적 문헌 등에 표기돼 왔다. 그러나 그것은 어디까지나 우리가 주장하는 667.5m 봉에 대한 표기가 아니라 667.5m봉에서 1.5km 떨어진 '626.8m봉=일림산'에 대한 역사였을 뿐이

다.

실제로 대동여지도(1861목판본 발행)에도 분명히 높이가 626m봉이 일림산으로 정확히 표기돼 있다. 그리고 전국의 산 지명에 대한 근대적인 지도 제작이 최초로 이루어진, 일제강점기 조선총독부에 의해 발행된 1917년 '1분/1만5척' 축소판의 '보성 또는 장흥편' 지도에서도 '일림산=626.8m'가 분명하게 표기되어 있다.

이것이 일림산의 역사적 증거이다. 당시 그 지도에서는 안타깝게도 지금 우리가 주장하는 삼비산이라는 이름은 빠지고 '무명산 664.2m'로 표기되었다. (현재 삼비산 표고는 667.5m). 그리고 이 지도 내용 즉 '일림산=626.8m', '무명산=664.2m' 표기 내용은 반세기 동안 지속되며 수차 수정 발간된 지도에서 계속되다가, 1996년 판 1975년 수정본 1/50,000 율포 지도에서 '일림산=626.8m', '무명산= 664.2m' 표기대로 발행되었지만, 동시에 발간된 수정본 1/25,000 율포 지도에서는 '664.2m=일림산'으로 잘못 표기되기에 이른 것이다. 이것은 분명 국토지리원의 잘못이었다.

그런데 마치 이러한 국토지리원의 잘못 표기를 1백% 이용하기라도 하려는 듯, 보성군은 '664.2m=일림산'을 기정사실화 하고 2001년 9월에 삼비산 정상에다 '일림산 664.2m 보성군'이라는 자연석 표지석을 세웠고 이와 함께 수십억 원을 들여 일림산 개발과 일림산 관광화에 적극 나섰던 것이다.

이러한 일림산의 잘못 표기와 표지석 조성 내용이 월간《사람과 산》3월호(2002년) '장흥 삼비산'편에서 자세하게 보도되었고, 장흥산악회와 장흥군번영회, 안양면 청년회 등을 중심으로 이때부터 본격적으로 '삼비산 되찾기 운동'에 나서게 되었던 것이다.

그리고 장흥군번영회, 장흥산악회 등은 2002년 12월 초에 장흥군 환경산림과에 국토지리정보원 발행 도면의 일림산 표기 정정 및 삼비산 표기를 요청하는 민원을 제기했으며, 다시 환경산림과에서는 2002년 12월

23일, 국토지리정보원에 '국립지리원 발행 지형도 오류표기 정정 및 삼비산 신규 표기 요청'이라는 제하의 관련 민원을 수용해줄 것을 요청하는 공문을 접수시켰다. 그리고 국토지리정보원으로부터 일림산 위치 표기 정정에 대한 내용과 삼비산 표기에 대한 긍정적인 회신을 받은 것은 2003년 1월 20일이었다.

이 회신에서 국토지리정보원은 일림산 위치 표기 정정에 관해서 "1/25,000 율포도엽(지도)의 일림산 위치가 잘못 표기된 것이 확인되어 지도 원판파일을 수정토록 조치하였으며 정정된 지도는 율포도엽의 재고량을 고려하여 인쇄할 계획"이라고 밝혔다.

이처럼 국토지리정보원은 국토지리정보원 제작 1/25,000 지도에 '664,2m=일림산' 표기 오류를 공식으로 인정하고 시정키로 한 것이다. 그러므로 국토지리정보원이 '약사와 문헌, 고증 등에서 수백 년 동안 일림산으로 표기돼 왔다'는 것은 본래의 '일림산=626.8m'를 말하는 것이지, '무명산=664.2m'와는 아무런 관련이 없는 것이다. 그러므로 일림산, 또는 삼비산의 역사적 운운은, 전혀 근거 없는 사실 무근이며 어거지 근거에 불과할 뿐이다.

'차봉이 일림산이므로…' 이것도 억지 주장

둘째, "일반적으로 산의 명칭은 주변에서 가장 높은 주봉(主峰)을 지칭한 것으로 차봉(次峰) 표기가 일림산인 만큼 주봉도 일림산으로 변경하는 것이 맞다"는 근거이다. 이 역시 허무맹랑하고 어거지에 불과한 주장이다. 왜 삼비산이 일림산의 주봉이란 말인가?

삼비산을 올라가 보라. 삼비산이 결코 일림산의 주봉이 될 수 없다는 분명한 사실을 확인하게 될 것이다. 차봉인 일림산은 삼비산에서 북동쪽으로 직선거리 1.500m 떨어진 곳, 보성군 회천면 소재에 위치하고 있으며 삼비산과 일림산 사이에는 용추골이라는 골짜기가 형성되어 있어 지정학적으로 삼비산과 일림산은 명확히 구분된다. 또 삼비산은 좌우로 상제봉 회룡봉 등을 거느리고 신촌리 등 장흥 땅을 분명하게 굽어보고 있는 형국이고 보성 웅치나 회천면에서는 등짝만을 가까스로 보여주고 있는 형국이어서, 누가 뭐라 해도 일림산과 명확히 구분지어주고 있다.

다 양보하더라도, 차봉이 일림산이라고 해서 차봉 이름이 주봉의 이름이 될 수는 없다. 지리산을 예로 들어보자. 정상부 주봉은 천황봉인데 그 주봉의 이름을 차봉 중의 하나인 반야봉으로 개명할 수 있는가. 차봉이 반야봉이라 하여 주봉도 천황봉이라는 이름을 무시하고 반야봉으로 불리지 않는다.

산 이름은 각각 그 나름대로 연유와 특성을 갖는다. 고유한 특성과 함께 설화 등 나름의 역사를 갖기 마련이다. 일림산은 일림산 대로 그 연유와 역사를 갖는다. 그 역사가 결코 삼비산의 것이 될 순 없다. 삼비산은 삼비산 대로 그 역사와 설화를 갖는다. 그런데도 그 삼비산의 역사와 설화 그 삼비산의 특장점과 지정학적 성격을 무시하고 하루아침에 일림산으로 둔갑시킨다니 이게 말이 될 법한 일인가.

또 삼비산의 이름이 없기 때문이라면 모를까, 정식으로 등재시키지 않았을 뿐이지, 지역사회에서에서는 이미 오래전부터 샘비산, 삼비산으로 불리어져 왔으며 또 최근세사에 접어들어 보성과 지명논쟁이 일어나기 훨씬 전인 1998년도에《안양면지》를 발간하면서 분명히 '삼비산'으로 등재해 놓았고 그전엔 1986년도에는《장흥군 마을유래지》에도 적시해 놓았기 때문이다. 그러므로 '차봉이 일림산이므로 그 주봉도 삼비산으로 이름한다'는 논거는 어거지 주장에 불과하다.

삼비산은 장흥 땅- 왜 보성사람들이 왈가 왈부하는가

가장 중요한 부분은, 삼비산 정상 부분은 '장흥군 안양면 학송리 산1-1번지'로 분명히 장흥 땅인데도, 보성사람들이 장흥군의 협조 없이 지명개명을 신청할 수 있느냐는 것이다. 당초 보성에서는 공식적으로는 무명산으로 돼 있는 삼비산을 일림산으로 지명표기를 신청했다가 나중에는 지명개명을 요청한 것으로 알려졌다. 이 경우, 장흥군의 허락이 필요하게 된다. 그런데도 전남도 지명위위원회에서는 정흥군과의 협의를 무시하고 보성군 측의 민원을 수용했는데, 이것 자체가 '행정 행위의 무효'에 해당하는 불법적 처사이다. 만일, 앞으로 장흥군에서 보성 율포를 수문포로 지명개명을 요청한다면, 이것도 이젠 전례가 생겼으므로 수용해 줄 것인가.

장흥군과 보성군의 대처, 어떠했는가

결국 이번 국토지리정보원의 결정은 제대로 된 결정이 아니었다는 결론에 이르게 된다. 그렇다면 이렇게 결정나게 된 원인을 우리는 어디서 찾을 수 있는가. 결국 그 책임 소재를 우리는 장흥군 측에 돌릴 수밖에 없다.

'삼비산-일림산' 논쟁에서 보성군은 전담 팀을 만들어 일사분란하게 대처한 것으로 알려졌다. 전해지기로는 당시 보성군수의 '일림산 표기'에 대한 관심은 대단했다고 한다. 담당자들에게, '목을 걸고 해 내라'고 말했을 정도였던 것으로 알려지고 있다. 따라서 그들의 전남도지명위원회 등에 대한 행정적인 로비활동이 치열했을 것으로 짐작되고도 남는다. (사실 그 흔적은 여러 군데에서 드러나고 있다).

그런데 장흥군은 전담 팀도 없었다. 처음에는 환경산림과에서 담당하였다가 지역개발과 도시계로 이관, 업무담당자 혼자서 관리한 것으로 알려졌다. 결국 두 군데서 맡으며 핑퐁식(?)으로 주고 받으면서 책임소재도 불분명하게 돼 있었던 셈이다.

그리고 안양면청년회 측에서만 전남도지명위원회를 오가며 고군분투한 것으로 알려졌다. 이와 관련, 한 관계 공무원은 "힘의 논리에서 우리 군이 진 것이다"고 말했고, 또 이 일에 처음부터 최근까지 매달렸던 안양면의 한 주민은 "이 문제에 관한 한 장흥군은 거의 뒷짐지고 있다시피 했는데, 보성군은 죽사자자 덤벼 결론은 진즉 나 있었던 것이나 다름없었다"고 말하기도 했다.

현재, 안양면 주민들은 국토지리정보원의 이번 확정에 대해 행정무효소송을 할 계획으로 알려졌으나, 장흥군 측에서는 '장흥 일림산'으로 부르면 되지 않겠느냐며 별무의 반응인 것으로 알려졌다.

결국 '삼비산-일림산' 논쟁은 장흥군이 당초부터 지게 돼 있는 싸움이었다, 장흥 군수와 보성 군수의 '샅바 싸움에서 장흥 군수가 지고 만 것'이라는 등의 말들이 나오고 있는 것도 이 때문이다.

역사는 정말 반복되는가. 이번의 삼비산뿐만이 아니다. 그 전에도 있었다. '장흥고줄'도 광산군(지금 광주시 광산구)에 빼앗겼다. 또 '수인산 관광개발'은 강진군 병영면에, 서편제 등 율향으로서 이미지는 '보성소리'에 빼앗겼지 않았는가. 어느 유명인사는 한 술 더 떠 '조선백자 도요지'를 '강진 청자'에 빼앗겼다고 갈파했다. 그리고 바로 엊그제 우리는 눈뜬 채 우리 땅 삼비산 이름도 빼앗기고 말았다.

그렇다면 이젠, 또 무엇을 빼앗길 것인가. 이제는 '우리 군의 진산 제암산'이라고 홍보하는 그들에게 제암산도 빼앗길 것인가. 정녕 그렇게 되고 말 것인가. 이렇게 우리의 소중한 자원과 자산을 매번 빼앗기면서 어찌 장흥의 희망적인 미래를 기대할 수 있겠는가.

물 축제-수자원 문화·역사가 축제 기저가 돼야

— 정남진 물 축제를 들여다 본다(1)

— 장흥신문/2007.04.30

물에 관한 축제는 많다. 세계적인 물 축제들은 논외로 치고, 우리나라만 해도 여타 지역의 물 주제 축제와는 그 성격이 조금 다르지만, 경남 창원에서도 지난해 이어 올 3월에 포괄적 의미에서 물 축제라고 할 수 있는 '물' 주제의 엑스포를 개최했다. (이 물 엑스포는 연례적인 행사로 추진되고 있다).

지난 94년부터 매년 3월 22일이면 '세계 물의 날' 행사가 전국적으로 치러지고 있다.

수자원공사에서도 지난 90년부터 7월 1일을 '물의 날'로 제정하고 물 심포지엄이며 물 사진전시회, 저수지 대청결 운동 등 전국 규모의 다채로운 행사를 개최해 오고 있는 실정이다.

장흥군의 물 주제 축제는 그런 면에서 가장 후발로 추진되는 축제인 셈이다.

그러므로 이 물 축제도 다른 지역에서 치러지는 아류의 이벤트 중심의 축제가 될 경우, 특화된 축제로서 성공할 수 있을 것인지, 다른 지역의 물 축제와 차별적인 물 축제로 성공할 수 있을지에 대해 우려하지 않을 수 없다. 다행히 군 당국이나 축제 주최 측에서도 이 점을 충분히 고려하고 있는 것으로 알고 있다.

무엇보다 이번 축제 추진에서 가장 강력한 동력인 장흥군수도 성공적인 축제 육성에 대한 강력한 의지와 함께 정남진 축제의 차별성을 넘치도록 강조하고 있어 크게 염려는 하지 않는다.

일각에선 아직도 왜 하필이면 물 축제냐고 따지기도 한다. 이 점에서, 그동안 군에서 물 축제에 대한 당위성 홍보는 흡족할 만큼 이루어지지 않았던 것은 아닌가 생각된다. 이번 물 축제 토론회에서도 이점은 간과되지 않았나 싶어, 이제라도 물 주제의 축제로서 당위성에 대해 생각해 볼 필요가 있을 것 같다는 생각이다.

강에서 인류문명은 태동됐다. 강에서부터 농경이 시작되었고 강이 교통수단으로 활용되면서 강이 인류문화의 중심이 되어왔다는 것은 주지하는 사실이다.

이처럼 강, 바다, 호수 등의 수자원(이하 '수자원'으로 통일)과 문명 또는 문화의 관계성에서 본다면 장흥지역이야말로 다른 어느 곳보다 수자원과 깊은 연관성을 지닌다.

장흥의 역사와 전통 문화에서 물, 즉 수자원을 빼 버리면 장흥의 역사도 없다고 할 정도이다.

장흥지역은 전국에서뿐만 아니라 세계적으로 단위지역으로서는 고인돌이 가장 많이 분포돼 있는 지역이다. 고인돌은 청동기시대, 바다와 강에서 수렵하며 삶을 연명하던 그 원시시대의 석기유물이다.

장흥지역에 인류의 석기유물이 가장 많이 남겨졌다는 것은 반도의 따뜻한 남쪽의 장흥지역이 당시 삶의 환경, 생태환경에서 가장 우월했다는 증거에 다름 아니다.

원시인들의 최적의 생태환경, 그것은 바로 수자원이었다. 몇 해 전 보성강 상류지역 장동에서 후기 구석기 유물 등 3만 점이 발견되어 후기 구석기가 없었던 것으로 인식됐던 우리나라의 국사 교과서를 다시 쓰게 했다. 결국 따지고 보면 한반도 원시시대에 장흥지역이 한반도의 찬란한 석기문명을 주도했던 셈인데, 이는 장흥지역에 넘쳐나는 수자원 때문이었다.

통일신라 때는 바다를 연한 천관산 주변에 89개 암자가 세워지고 천관산이 구심점이 되어 천관보살 사상을 중심으로 호남지역의 불교문화 융성기를 선도할 수 있었다. 그 이후 탐진강 상류에서 보림사가 우리나라 선종의 종찰로 문을 열었다. 얼마 전에는 천관산에 자리했던 탑산사가 한반도 불교 최초의 도래지라는 문헌이 공식기록으로 인정되면서 지금 지표조사가 진행 중이다.

조선조에는 탐진강이 장흥의 독특한 가사문학을 탄생시켰다. 당대 장흥지역의 가사문학은 호남 가사문학의 중심무대였다.

이러한 장흥의 독특한 가사문학은 바로 탐진강이 태동시켰다. 오늘날 탐진강의 정자문화가 이를 증명한다. 또 이러한 향맥(鄕脈)이 오늘날에 이르러 송기숙·한승원·이청준·이승우·김녹촌·이대흠·위선환·전기철·김제현·김영남·백수인 등 수많은 문인으로 이어지는 '고유한 장흥문학'을 잉태시킨 요인이 되기도 했다.

해변이 고향인 한승원 작가가 '바다의 작가'로 불리고, 이청준 이승우가 바닷가에서 태어난 것도 결코 우연만은 아니다. 또 조선조 말에는 탐진강 변에서 동학혁명의 최후의 격전이 치러지면서 장흥을 의향(義鄕)으로 만들었으며, 탐진강 정자에서 울려 퍼지던 소리들이 모여 서편제를 태동시켰다. 장흥군의 대표적인 민속놀이 '장흥 고줄놀이'도 바로 탐진강 변을 중심으로 전승돼 나왔다.

현대에 와서는 어떠한가.

청정해역의 득량만이 장흥지역을 매생이, 키조개, 낙지, 갯장어 등의 어패류의 제1 주산지로 만들어 놓았다. 또 최근에는 정남진이라는 장흥의 새롭고 따뜻한 이미지를 탄생시켰으며, 탐진강은 우리나라 마지막 다목적댐으로 축조되면서 장흥호라는 인공호수를 선물했다.

이처럼 장흥의 역사는 바로 수자원의 역사였다고 할 수 있다.

장흥의 찬란한 원시의 석기문화, 통일신라의 융성했던 불교문화, 조선조의 가사문화, 오늘날의 장흥문학과 장흥댐, 정남진이라는 새로운 이미지까지 탄생시켜온 것이 장흥의 수자원이었다.

이처럼 장흥지역에서 수자원은 바로 장흥의 역사를 원시시대부터 오늘날까지 일관되게 관통해 온 고유자원이고 비교 우위의 자원으로 남아져 왔으며, 오늘에 이르러 장흥 별의 대표 축제의 주제어가 되면서 다시 한 번 '장흥의 문화부흥'을 선도하며, 희망의 장흥의 미래세계를 여는 주요 인자(因子)가 되려하고 있다.

장흥의 대표 축제가 그러므로 물 주제의 축제로 치러지는 것은 너무나 당연한 순리 같은 것이다. 문제는 우리가 이러한 장흥의 수자원의 역사와 전통, 여기서 탄생된 장흥 고유의 문화와 전통이 여하히 기저(基底)가 되고 문화적 이벤트나 연출 등의 주제로 재현되고 창출되고 있느냐이다.

장흥만의 고유한 물 축제로 육성되고 발전할 수 있는 첩경도 바로 여기서 판가름이 날 것으로 생각되기 때문이다.

정남진 물 축제와 고유제(告由祭)

— 정남진 물 축제를 들여다본다(2)

— 장흥신문/2017.04.17 10:58:49

지난 3월 22일 '세계 물의 날'을 맞아 대구시 남구청은 구민체육광장에서 전통 제례 방식의 물 고유제를 열었다. 이날 고유제는 앞산 맑은 약수물을 2명의 아낙네가 물동이로 길어 물을 상징하는 깃발 및 농악대와 함께 고유제가 열리는 장소까지 행진해 들어와 이 물동이를 남자 2명이 받아들고 제단에 올리면서 시작됐다. 이어 농악단의 흥겨운 한마당과 더불어 본격적인 고유제가 시작되면서 남구청장 및 남구의원, 시민환경단체장들이 축문과 함께 차례로 잔을 올리고 다 같이 앞산의 맑은 약수물을 시음한 뒤 하천정화 활동에 나서는 것으로 마무리 됐다.

정남진 물 축제는 말 그대로 '물'을 주제로 한 축제이다. 그런데 해마다 치르는 축제이긴 하지만 물 주제의 프로그램이 평이하다.

축제는 아니지만 물의 날을 기념하는 행사에서 물의 소중함을 일깨우는 고유제를 치른 대구시 남구청의 물 관련 프로그램을 '정남진 물 축제' 추진위는 새삼 음미해 볼 필요가 있다.

IT시대에 웬 고유제냐, 할 수 있다.

그런데 물 축제 프로그램을 살펴보자.

살수대첩 거리퍼레이드, 지상최대의 물싸움, 맨손물고기 잡기, 야간 일렉트로닉 댄스 뮤직(EDM) 풀파티 등 무대에서의 갖은 공연… 모두 현대적 개념의 프로그램 뿐이다.

장흥군은 득량만의 바다, 탐진강, 장흥호 등 수자원이 풍부한 고을이므로 이 풍부한 수자원을 이용한 물 축제가 강변(탐진강)에서 펼쳐지는 물 축제가 탄생될 수 있었다.

그동안 1회 대회 때부터 계속해서 물을 주제로 한 축제 프로그램을 개발하고 콘텐츠로 활용해 오긴 했다. 그런데 대부분의 프로그램들이 하나같이 전국 어디에서나 볼 수 있고 체험할 수 있는 평이한 프로그램뿐이다.

그러므로 물 축제의 고유하고 독특하며 보다 경쟁력이 있는 콘텐츠의 개발이 요구되고 있는 것이다.

여기서 고유제 봉행을 요구하는 것은, 장흥군이 역사적으로 인근의 지자체와 차별화된 전통을 갖고 있어서이다.

우리는 누구나 문림의향(文林義鄕)을 자랑스럽게 말하고 있다. 여기서 문림은 조선조 장흥이 가사문학으로 부흥되었기 때문에 불리는 이름이다. 의향은 임진란, 정유재란 등을 맞아 수많은 장흥 선비들이 의병을 일으키거나 참여했기 때문에 불리는 이름이다.

그런데 문림(文林)은 사실상 유림(儒林)과 사림(士林)에서 근거한다. 문림, 사림, 유림은 장흥의 전통의 맥이었고 장흥의 과거 역사의 요체였다.

이러한 장흥의 전통이 오늘날에 이르러 가장 큰 행사에서 그림자조차 찾을 수 없다는 것은 문제가 아닐 수 없다.

물론 물 축제 전반에 걸쳐 장흥의 전통을 살리는 프로그램을 창출하는 것은 쉽지 않은 일일 것이다. 그리하여 이것까지 요구하지는 않는다. 그러나 형식적이나마 장흥의 전통을 물 축제에 살려내는, 쉽게 실천할 수 있는 프로그램으로, 개막식 때나 혹은 개막식 이전에 장흥의 역사와 전통을 잇는 일의 하나로 고유제를 치르는 일을 생각해 볼 수 있다. 고유제를 치른다면 이것이 그마마 장흥 전통의 사림, 유림, 문림의 맥을 잇는 일이 될 것이다.

우리 사회의 유교 전통의식에서 아직도 존재하는 것 중의 하나가 고유제(告由祭)다.

'고유'는 '까닭을 고한다'는 뜻이다. 우리는 전통적으로 좋은 일이든 궂은 일이든 그 사유를 종묘나 사당에 알렸는데, 이때 지내는 제사가 바로 고유제였다. 특히 고유제는 민간인들 사이에 크게 성행했다. 풍년을 기원하는 저수지에서, 집을 지은 후 감사의 마음을 표하는 낙성식에서, 마을의 큰 나무를 베어 낼 경우에도 진혼제 형식의 고유제를 치렀다. 벼슬을 받고 장자를 낳고 혼례를 치르고 집과 분묘를 옮길 때는 물론이고 심지어는 출입고라 해서 집을 드나들 때마다 행선지를 밝히는 고유제를 지내기도 했다.

이미 전국의 수많은 지역축제에서도 고유제가 축제의 개막식에 치러지고 있다.

그러므로 우리도 특히 문화적 전통이라는 비교 우위의 자원이 넘쳐나는 장흥이기에, 장흥에서 치르는 전국 규모의 큰 축제이기에 가능하다면 전통의 문화를 접목해야 한다는 것이고, 이것의 하나로 고유제를 물 축제에 도입하기를 요구하는 것이다.

정남진 물 축제의 개막에서 천지신명과 지역주민에게 물 축제를 알리고 축제 관련 종사자며 축제에 참가하는 모든 지역민과 관광객들의 무사안전과 축제가 성공적으로 치러지기를 기원하는 의미로 고유제를 치르는 것은 중요한 의미를 갖는다고 할 것이다.

그런 의미에서 정남진 물축제에 고유제를 지냈으면 하는 바람을 가져본다.

물 축제-수량 확보 등 장기 대책 필요하다

— 정남진 장흥 물축제를 들여다 본다(3)

— 장흥신문/2017.08.17.

장흥 물 축제는 장흥읍 탐진강변에서 치러진다. 축제 프로그램도 대부분 물과 관련이 깊다. 즉 탐진강의 물이 주요한 요소가 된다. 1급수 청정수인 탐진강의 수량과 수질이 주요한 요소가 된다는 것이다.

탐진강 상류에는 장흥댐이 있다. 요즘은 가뭄으로 댐 저류량이 30% 남짓이어서 댐에서는 간신히 하천 유지수만 방류하고 있다.

지금 탐진강은 장흥댐 하천 유지수에 여러 지류에서 흘러내리는 물이 합류되어 흐르고 있다.

댐 하류에는 여러 지류가 있다. 심천리 바로 건너편 지천리 기역산 줄기에서 탐진강으로 흘러내리는 조그마한 개울을 비롯, 부산면의 금자천, 장동면 하산저수지에서 시작되는 부산천과 신동천, 호계마을을 가로지르는 호계천, 유량천, 장흥 금산저수지로부터 시작하는 부동천 등 여러 지류에서 흘러내리는 물이 탐진강 본류로 합류된다.

장흥댐은 갈수기 때는 1일에 5만4천 톤, 평소에는 2만9천4백 톤을 방류한다. 댐의 방류수와 지류의 수량이 합해지면 본류의 수량이 된다. 그런데 날이 가물고 지류의 수량이 작아지면서 본류도 작을 수밖에 없다. 그리하여 축제 개막일을 며칠 앞두고 군에서는 수량 확보가 큰 문제로 대두됐다.

보통 물 축제 기간이면 초당 9~10 톤의 물을 방류해주었던 장흥댐 측에 예년 수준의 심층수(16℃) 방류를 요구했지만 댐 측이 심한 가뭄으로 인한 저수량 부족을 들어 예년 수준의 물 공급에 난색을 표명하였기 때문이다.

장흥댐 저수율이 예년 이맘 때면 보통 50~60% 수준인데 올해는 31%에 불과, 초당 3.5 톤의 물을 방류했다고 한다. 장흥군이 당초 요구한 초당 9 톤(전체 방류량 350만 톤)은 9개 시·군 주민들에게 25일간 공급될 수 있는 양이라고 한다. 그리하여 장흥댐 측은 초당 3.5 톤 정도를 방류할 밖에 없었다고 한다.

장흥댐이 가둬놓고 있는 '차가운 심층수(16℃)'를 받으면 축제장 강변의 물이 시원해지면서 축제를 무난히 치를 수 있었지만 올해는 그렇지 못하게 된 것이다.

축제 기간 내 장흥댐의 충분한 양의 심층수 방류는 물 축제의 성공적 요소가 된다.

그런데 장흥댐에서 충분한 양의 물이 방류되지 않으면서 올 축제기간 내 수온이 높아졌다. 매년 축제 즈음 행사장 탐진강 수온은 보통 23℃ 이하를 유지했다. 하지만 최근 폭염이 이어지면서 수온이 더욱 상승, 27~28℃를 보였다. 그런데다 시원한 심층수가 충분히 방류되지 않으면서 수온이 올라 지난해보다 시원한 물놀이를 즐기는데 한계가 있었고, 미지근한 강물에서 축제를 펼쳐야만 했던 것이다.

또 축제기간 내 금성 저수지에서 매일 거의 7~8 톤을 끌어오기도 했던 것으로 알려졌다. 축제기간 금성 저수지의 저수량이 넉넉해(70% 수준), 농업용수 공급에는 이상이 없는 것으로 알려지긴 했지만, 저수지 저수량 사용문제는 농민회 측의 반발을 야기하기도 했으며 일각에서는 축제기간 단축을 요구하기도 했다.

탐진강 수량 확보 문제는 앞으로 얼마든지 올해의 문제 이상으로 대두될 수 있다. 가뭄이 더욱 심하게 되면 물 축제를 개최하지 못할 지도 모른다. 장기적인 대책 마련이 있어야 할 것이다.

특히 석대보, 독실보에는 마름이 만연해 있고 수질이 크게 오염돼 악취가 나고 있는 실정이다. 실제로 축제기간 맨손고기잡기 체험장에서 오염된 부유물들이 떠다니고 물의 탁도가 맑지 않아 1급수 탐진강의 이미지를 무색케 했다. 마름 등 오염된 수질은 홍수가 나면 일시에 제거되기 마련이다. 그러나 홍수가 나지 않은 상태에선 차선책은 인위적으로 수질을 정화하는 방법 밖에 없다.

최근 친환경 수질 개선 및 악취 제거 방법으로 각광받고 있는 황토 흙공 사용을 고민해 볼 필요도 있다.

최근 인천시 연수구나 김천시 등 여러 곳에서 유효 미생물이 포함된 EM 효소발효액과 황토를 반죽해서 만든 흙공을 하천의 수질정화에 활용했다고 한다. 이처럼 유효 미생물의 투척이나 일괄청소 등 이제는 장기적인 측면에서 탐진강의 수질정화를 고민해 봐야 한다. 그동안 군 당국은 탐진강 수질 오염에 대해 거의 무관심으로 일관했다. 탐진강 수질개선 등에 예산이 전혀 반영되지도 않았다.

탐진강의 수실 오염은 물 축제 성공의 관건이 될 수 있다.

굳이 물 축제를 위해서라기보다, 앞으로는 본질적으로 탐진강 수질오염에 대해 관심을 가져야 한다. 가뭄이 극심했을 때 탐진강 수질 정화 사업도 추진할 수 있어야 한다는 것이다.

장흥서 '제1회 전국문학인대회' 개최하다

— 전국 문학인들의 축제- '문학의 고장 장흥' 이미지 제고 기여

— 장흥신문/2009.09.02. <보도뉴스>

전국 어느 곳보다 문학자원이 풍부한 남도문학의 본향인 정남진 장흥에서 지난 8월 18일, 19일 양일간 개최된 '제1회 전국문학인대회'는 장흥군이 주최하고 '예장회'('예술을 사랑하는 장흥사람들', 대표 김선욱)가 주관하는 대회로, 장흥에서 개최된 최초의 전국 규모의 문학 축제였다.

이번 대회에는 ▶전국 최초의 문학관광기행특구 지정을 기념하고 ▶전국 규모의 문학인 대회를 통한 문학관광기행특구로서의 홍보 및 문학관광 증대 효과에 기여 ▶지방 문학(장흥)과 중앙문학의 소통과 교류 활성화를 통한 장흥문학의 지속발전을 주목적으로 추진됐다.

18일 본 행사는 군민회관 3층 대강당에서 송기숙 대회장의 개회선언을 통해 전국 문학인 대회가 성대하게 막을 올렸다. 이날 대회에는 시인 고은, 소설가 한승원 송기숙, 시인 정진규 등을 비롯 전국 유명 문인 2백여 명이 참석, 장흥의 문학축제를 축하했다.

'문학 – 춤추고, 쓰고, 그리고, 놀다'는 주제로 개최되는 이번 대회 첫날인 18일 오후 2시부터는 안도현 문태준 정일근 나희덕 김녹촌 등 유명 문인 30여 명이 장흥 전지역 10개 초등학교와 청소년수련관 등 14곳에서 학생들을 상대로 문학을 강의하고 학생들에게 글짓기를 지도하는 '문학강연, 독자와의 대화'를 시작으로 개최됐는데, 글쓰기에 대한 문학강연 및 독자와의 대화에 2,800여 명의 학생들이 참가해 뜨거운 '문풍(文風)'을 이끌었다.

오후 4시부터 장흥군민회관 3층 대회의실에서 시작되는 문학세미나는 전기철 시인의 사회로 소설가 한승원의 '이 시대의 문학정신'이란 주제 발표에 이어 ▲현대시 정신과 시인의 역할(시인 정진규) ▲이청준의 삶과 문학 조명(평론가 이윤옥) ▲장흥의 소설문학(전남대학교 국문과 교수 한순미) ▲장흥의 시 문학 (한양대학교 교수 이재복) 등이 발표됐다.

이어 오후 5시 30분부터 개막되는 문학인 대회는 시인 문정영·위명온의 사회로 ▲개회선언(송기숙 대회장) ▲참석 문인소개(시인 위선환) ▲대회사(송기숙 대회장) ▲축사(시인 고은/유선호 국회의원) ▲문학인의 날 선언(송기숙 대회장) 등으로 진행됐으며 이밖에도 ▲위선환 시에 대한 퍼포먼스(김광철 한국퍼포먼스협회 사무국장외) ▲창작 판소리 '자랏골의 비가'(전북대 판소리단) ▲키타 위의 시(가수 김현성) 등의 프로그램이 축하무대에 올려졌다.

이어 오후 6시 30분부터 시작되는 만찬시간에는 ▲무반주 노래 시(여공 스님) ▲장흥 초교 합창단의 동요공연(김녹촌 동요) ▲장흥출신 국악인 축하 공연 ▲시 낭송 등이 이어지면서 문인들의 대화와 화합의 장이 마련됐다.

19일에는 전국 문인들의 문학현장 답사가 이어졌다. 이날 문인들은 이청준 소설 '눈길'의 배경지인 장흥 대덕과 회진을 시작으로 선학동 길, 이청준 묘소, 회진포구, 천관산 문학공원 및 문학테마파크, 한승원 고향마을과 생가, 송기숙 생가, 여닫이 한승원 문학산책로, 기양사, 석대들과 동학탑, 아동문학가 김녹촌 고향마을을 답사했다.

또한 대회 연관 부대행사로는 ▶'문학 운동장에 서다'의 주제로 문인축구인회 '글발'초청 축구대회를 가졌으며 ▶전남·광주지역 신문협회 회원들과 함께 가진 '장흥문학 워크샵' ▶'장흥 문학을 그리다'의 주제로 열린 한국화가 박진화 초대전 ▶'문학 붓글씨로 춤추다'의 주제로 열린 서예가 이봉준의 서예기획전 ▶'문학이 태어나는 자리' 주제로 장흥군 사진회가 주관한 사진전시회 ▶부산문화연구회 장흥문학 현장 탐방 등이 펼쳐지기도 했다.

이명흠 장흥군수는 "문학의 맥이 숨 쉬는 곳이며 다른 어느 지역과 비교할 수 없을 정도로 많은 200여 명의 문인들이 배출된, 전국 최초 문학관광기행특구인 장흥이 이번 '제1회 전국문학인대회'를 개최함으로써 중앙과 지방문학이 연대하고 교류할 수 있는 계기를 만들었다는 점에서 큰 의의가 있다"고 말하고 "참가한 전국의 문인들이 이구동성으로 정남진 장흥의 생태환경에 대해 탄성을 자아내며 놀라워했으며, 이러한 생태환경이 문학을 하는데 밑거름이 되었다고 생각한다. …어느 시인이 장흥의 문학현장 등을 둘러보고 '장흥 사람들은 이미 모두가 문인이 될 수밖에 없을 것 같다'고 말했듯 장흥의 산수가 전국의 문인들의 마음을 사로잡았다"고 말했다.

제2회 전국문학인대회-'장흥문학', 전국적으로 재조명

— 이청준 기념비 제막도-제1회 전국 정남진 백일장도 열려

— 장흥신문/2010.07.23. <보도뉴스>

소설가 한승원 송기숙 이호철, 시인 고은 신세훈 김용택 등 유명 문인 3백 50명이 참가한 제2회 전국문학인대회가 30~31일 장흥군 일원에서 개막됐다.

대회 첫날인 30일 오후 1시부터는 전국 제1회 백일장대회가 탐진강변에서 개최됐으며, 이어 오후 4시부터는 장흥군민회관에서 '송기숙의 문학과 삶'을 주제로 한 문학세미나가 그리고 이어 6시 30분부터는 같은 장소에서 문학인 3백 50여 명이 참가한 가운데 문학인대회가 열렸다.

31일 이청준 묘소에서는 오후 3시부터 2주기 기념식과 기념비 제막식이 동시에 치러졌다.

이번 제2회 문학인대회 첫날인 30일에는 본식에 앞서 '송기숙의 문학과 삶'을 주제로 한 문학세미나가 열려 관심을 모았다.

이날 오후 4시에 장흥군민회관 3층에서 장일구 교수(전남대, 평론가) 사회로 열린 '송기숙의 문학과 삶' 주제의 문학세미나는 ▲송기숙의 문학세계(임한모/전남대) ▲송기숙의 문학과 삶(조은숙/전남대) ▲송기숙의 소설 '자랏골의 비가'(송현호/아주대) ▲송기숙을 회고한다(한승원/작가) 등이 주제 발표를 했다.

이어 오후 5시 30분부터 개최된 문학인대회 본 행사는 ▲개회선언(한승원 대회장) ▲참석 문인 소개(시인 이대흠) ▲대회사(한승원 대회장) ▲환영사(이명흠 장흥군수) ▲축사(유선호 국회의원/소설가 이호철)등의 순으로 이어졌고, 이어 ▲제1회 전국 백일장시상대회와 송기숙의 '5월의 미소' 퍼포먼스(김광철 한국퍼포먼스협회 사무국장) ▲시낭송(이소라 길토래비회장 외) ▲문학인의 날 선언(한승원 대회장)등으로 진행됐다.

본 행사에 이어진 만찬과 축하공에는 장흥초등학교 합창부의 동요(김녹촌·이성관 동시), 송기숙 '자랏골의 비가' 창작 판소리 등이 무대에 올랐다.

이날 문학세미나에 앞서 오후 2시부터는 관내 5개 중고교(장흥고, 관산고, 대덕종고, 용산중, 회덕중)에서 학생들을 대상으로 한 문학 강연이 진행됐고, 물 축제 현장인 탐진강변에서 유명 문인 10여 명이 참여한 가운데 문학 지망생 2백여 명(초등부 4개 반, 중고등부 3개 반, 일반부, 대학생 3개 반 등 10개 반)을 대상으로 한 문학 실기 교실이 운영됐다.

30일 하루를 묵은 참가 문인 100여 명은 31일 장흥문학 현지 답사 기행(한승원 문학책로 → 한승원의 해산토굴 → 송기숙의 생가 → 천관산 문학공원 → 이청준생가 등)에 참여하고, 마지막으로 오후 3시에 이청준 묘소에서 진행된 '이청준 2주기 기념식 및 기념비 제막식'에 참여한 후, 귀향길에 올랐다.

한승원 대회장(소설가)은 "장흥은 한국문학의 메카로, 특히 조선조에 가사문학, 한시문학이 활짝 개화되었던 전통의 문림고을이었다"며 "현대문학에 이르러서도 이청준 송기숙 이승우 김영남 등 수많은 문인들을 배출했고, 전국에서 최초로 문학기행특구로 지정될 만큼 문학자원이 풍부한 곳으로, 이곳에서 지난해에 이어 올해도 전국문학인대회가 개최되므로써 한국문학의 메카로서 위상에 걸맞는 새로운 문학역사의 장을 열어가고 있다"고 말했다.

고은 시인은 "지난 대회에 이어 두 번째로 참가했다"면서 "장흥의 새로운 문학운동인 문학특구 운동에 이은 문학인대회가 장흥을 '새로운 한국문학의 메카'로서 위치를 확고히 정립해 줄 것으로 기대하고 있다"고 말했다.

신세훈 전 한국문협 이사장은 "장흥에 와서 문학의 정의와 한국문학의 진로를 새롭게 생각하게 되었다"면서 "장흥군의 문학에 대한 열정과 장흥문학인들의 문학적인 성과들이 침체돼 있는 한국문학의 새 장을 여는 돌파구가 돼 주길 기대한다"고 말했다.

문학인대회 집행위원 측 이대흠 시인은 "장흥은 국문학사에서 가사문학의 효시 '관서별곡'의 백광홍이 태어났고, 호남 가사문학의 중심에 섰던 문림고을로서 문맥이 탄탄히 이어져온 곳으로 현대에 와 문학자원이 풍부하여 전국 최초의 문학관광기행특구로 지정받은 곳"이라고 말하고 "문학의 고을 장흥의 이미지 제고, 장흥문학 관광기행의 활성화, 장흥문학의 진흥을 위해 '제1회 전국문학인대회'에 이어 '제2회 전국문학인대회'를 개최하게 됐다"고 밝혔다.

한편, 이번 제2회 전국문학인대회의 연관 부대행사로 ▲연문회 시화전(7월 28일~8월 1일까지 장소-물 축제 테마관 '장흥문학관') ▲'장흥, 붓글씨로 쓰다' (이봉준 '장흥역대시가선전, 장흥군민회관 2층 소회의실) ▲'장흥, 문학을 그리다'(홍성호·고완석 초대전시회, 7월 28일부터 8월 1일. 장흥문예회관 전시실) ▲테마전시관 '장흥문학관' 운영(7월 28일부터 8월 1일.-연문회 시화전, 장흥문학기행지도 전시, 장흥문학관련 도서비치, 상설문학교실) 등이 열렸다.

장흥문학 비전, '한승원·한강 문학관' 설립이다

— 한승원 문학에 '한강' 추가하면 '세계적 문학관' 될 수 있다

— 장흥투데이/2021.10.03

최근에 장흥의 소설가 한승원은 자서전《산돌 키우기》(문학동네 刊》, 한승원의 딸 한강은 새 장편소설《작별하지 않는다》(문학동네 刊)를 거의 동시에 펴내, 국내 문학계를 아연 긴장시키고 있다. 올해로 등단 55주년을 맞은 한국문단의 노장 한승원은 심도 있는 반세기의 문학적 성찰을 보여준 백미(白眉)인《산돌 키우기》를 출간했고, 세계적인 작가 한강 역시 세계 앞에 당당히 드러낸《작별하지 않는다》라는 새로운 명작을 출간했기 때문이다.

이제는 '한승원·한강'이다

한승원은 1939년 생으로 올해 82세의 고령이다. 한강은 1970년 생으로 51세이다. 한승원은 한국 현대문학의 거장으로 특히 한국 현대소설을 대표하는 장흥의 작가이다. 한강은 장흥 출신 소설가 이승우와 함께 이미 한국을 넘어 세계적인 소설가의 반열에 오른, 장흥의 문맥(文脈), 장흥문학의 DNA를 고스란히 이어받은 작가이다.

최근 이 부녀(父女) 소설가의 두 권의 책을 읽으며 큰 울림과 긴 여운이 있었다. 여기에 더해 이들 부녀가 장흥문학에 차지하는 의미와 가치 그리고 그 위상을 생각하고는, 새삼 이제부터라도 '한승원 문학관', 또는 '한승원·한강 문학관', 또는 '한승원 가족문학관' 건립에 대한 생각이 떠나질 않았다.

현재 옛 장흥교도소 부지에 '이청준 문학관' 건립이 추진 중이다. 이제는 '이청준 문학관' 이후의 '한승원 문학관' 건립도 논의될 수 있는 시기가 도래했다는 생각인 것이다.

현재 전국에 분포돼 있는 문학관은 110여 개에 이르는 것으로 알려졌다. 문화체육관광부의 '지역 공·사립 문학관 현황' 자료(2017년 3월 기준)에 의하면, 국내 문학관은 공립 66개, 사립 40개 등 106개(전남도는 12개)였다. 당시 발표 자료에는 포함되지 않았지만 경기도 광명시의 '기형도 문학관', 그해(2017년) 12월 개관을 앞둔 고흥의 '조정래 가족문학관', 수원에서 건립 예정인 '고은 문학관' 등이 추진되고 있었기에 현재는 거의 110여 개가 될 것으로 예상되고 있다.

그런데 '문학 고을'이요 '문림의향(文林義鄕)'이며 국내 유일의 '정남진 장흥문학관광기행특구'(2021년 재지정)인 장흥군에는 여태 문인 이름의 문학관이 하나도 없다. (지명을 내건 '천관문학관', 현재 추진 중으로 미완성인 '이청준 문학관'은 제외). 그러기에 당연스럽게 지금이라도 '장흥 문학의 비전'을 위해 '이청준 문학관' 이후의 '한승원 문학관' 건립을 생각하지 않을 수가 없다.

한승원이 생존 작가라고 해서 문제가 되는가. 현재 역시 현존 작가인 조정래(1943~)의 경우, 문학관이 3개나 된다. 그 외 시인 이외수(1946~), 소설가 김홍신(1947~), 시인 성기조(1934~) 등 많은 문인들의 문학관이 개관됐거나 건립을 추진 중에 있다. 따라서 생존 작가 한승원(1939~)의 문학관 건립을 지금 거론한다고 해서 크게 이상할 것은 없다. 더욱 한승원의 한국 문학계의 위상과 문학적 성취 등을 고려하면, 또 전국 유일의 문학관광기행특구라는 장흥 문학의 차별성을 고려하면, 오히려 때 늦은 감이 없지 않다는 생각인 것이다.

한승원과 한 작가의 문인(文人) 가족

장흥군 회진면 신덕리가 출생지이지만 1997년에 귀향, 안양면 율산 마을에 정착한 이후 '해산토굴'에서 25년째 집필활동을 하고 있는 한국문학의 거봉이요 소설가·시인인 한승원은 3자녀(2남 1녀)를 두었는데, 3자녀 모두가 정식 문인으로 활동하는, 이른바 '문인 대가족'으로 불리기도 한다.

장남 한동림은 1995년 서울신문 신춘문예에 단편소설 '변태시대'로 등단해 소설집 《유령》(2004년), 장편소설 《달꽃과 등대》 등을 펴낸 소설가이다. 한동림은 다섯 살 전후의 유아를 상대로 한 '한글 교육 동화'로 잘 알려진 동화작가이기도 하다. 특히 《받침 없는 동화》《받침 있는 동화》는 스테디셀러가 된 작품이고, 이중 받침글자가 전혀 없는 단어로만 구성된 《받침없는 동화》 시리즈 10권 중 한 작품이 초등학교 교과서에 실리기도 했을 정도다.

한승원의 차남인 한강인 역시 소설가 겸 만화가로 활동 중이다.

한강은 '세계적 소설가'로 공인

한승원의 딸 한강 역시 소설가로 2016년 5월 17일,《채식주의자》로 한국인 최초로 세계 3대 문학상 중 하나인 영국의 '맨부커 인터내셔널상'을 수상했다. 노벨문학상, 프랑스 콩쿠르상과 함께 세계 3대 문학상 중 하나로 꼽히는 맨부커상은 영어권 문학상 중 최고 권위를 자랑하는 문학상인데, 이를 한강이 한국인 최초로 수상한 것이다. 한강은 곧 이어 《소년이 온다》로 이탈리아 '말라파르테상'을 수상했으며, 2018년 3월에는 작품 '흰'으로 또 다시 '맨부커 인터내셔널 상' 최종 후보에 오르며, 당당히 세계적인 작가 반열에 오른 소설가이다.

특히 한승원은 '해변의 길손'(1988년)으로, 한강은 '몽고반점'(2005년)으로 국내 문학상 중 최고의 문학상으로 공인받고 있는 '이상 문학상'을 17년의 간극을 두고 부녀가 수상하는 진기록을 세워, 이들 부녀의 문학적인 유명세를 빛내기도 했다.

가히 한국 문단을 대표하는 '문인 집안'이라고 할 만하다. 이처럼 정식 문인으로 한승원, 한동림, 한강, 한강인 등 4인이 한승원 가(家)의 문인이어서 한승원의 집안은 명실상부 한국에서는 유례없는 '문인 대가족'을 이루고 있는 셈이다.

한국 문학계도 이런 부녀 소설가를 공히 대표적인 소설가로 공인하고 있다. 이들을 소개하는 대부분의 언론 보도에서도 한승원 이름자 옆 괄호( )에 '딸 한강'을, 한강 이름자 옆 괄호( )에 '아버지 한승원'을 표기하고 있을 정도이다.

한승원은 생존하고 있는 한국문학의 대표적인 작가요 거봉이기에, 또 한강은 맨부커상 수상 등으로 세계적인 작가가 되었으므로 이러한 표기는 '한국에선 유례없는 성공적인 부녀 문인의 유명세'를 더더욱 고양시키기 위한 표현일 수 있을 것이다.

한강, '할아버지·아버지의 문학 DNA 이어받았다'

한승원·한강 부녀의 이야기를 더해 보자.

한강이 맨부커상을 수상했을 때 언론계 기자들이 "소설가 한강, 맨부커상 수상으로 장흥문학 맥 이어"('브레이크뉴스', '아시아 경제' 등), "장흥, 세계 문학의 중심에 서다"(세계일보 2016. 05. 25)라는 기사 제목에 이어 첫 서두 문장에서 "최근 전남 장흥문학을 향한 세간의 이목이 뜨겁다. 이는 장흥 출신 소설가 한강이 노벨문학상에 버금가는 세계적인 권위의 '맨부커상'을 수상했기 때문이다"라고 표현, '장흥 출신' 한강으로 인해 '장흥이 세계문학의 중심에 섰다'는 의미를 강조하기도 했다.

또 대부분의 언론사 기사에도 한강의 보도 기사에서 "…세계 3대 문학상 중 하나인 '맨부커상'을 수상한 소설가 한강 작가도 부친 한승원 작가의 고향인 장흥에서 문학적 DNA를 키워왔다"는 등의 대동소이한 표현도 서슴치 않았다.

또 국립한국문학관 유치가 한창이었을 때 어느 매체는 아주 "한강 작가 배출한 장흥군, '국립한국문학관' 유치 신청"('무등일보' '뉴시스' 등)이라는 기사 제목을 달며, '장흥이 한강을 배출했다'는 식으로 보도하기도 했다.

한승원은 회진면 신덕리 출신이다. 그의 딸 한강은 아버지로부터 계대를 이은 작가이긴 하지만, 출신지는 광주이다. 엄밀히 따지면 광주 출신의 작가인 것이다. 그런 연유로 그동안 장흥 문학계에서는 소설가 한강을 굳이 장흥출신의 소설가로 소개하는 일이 없었다.

그러나 한강이 맨부커상을 수상하며 세계적인 작가로 급부상해지면서, 국내 언론계 기자들에 의해(장흥군청 관계자들에 의해서도), 한강이 '한국의 대표적인 소설가인 한승원의 딸'이라는 사실에 초첨을 맞추거나, 국립한국문학관 건립 장흥 유치 추진 과정에서 이청준 한승원 송기숙 이승우 등 장흥의 현대문학의 정체성 등이 새삼 재조명되면서 여기에 더해, 세계적 소설가로 급부상한 소설가로 한승원의 딸인 소설가 한강도 '장흥문학권'에 편입시키고 그럼으로써 더욱 독특한 장흥문학의 위상과 그 의미 규정을 모색하는 과정에서, 한강을 '장흥문학의 맥을 이은 작가' 또는 '장흥출신 작가' 등으로 표현하는 일이 빈번히 일어났다고 할 수 있을 것이다.

한승원이 《산돌 키우기》에서, "할아버지는 내 속에 하늘을 심어주려 했다. …어린 시절 할아버지에게 들은 이야기들은 평생 동안 내 삶을 지배하고 나를 구제했다. …어린 시절에 동화 한 편 읽지 않았지만 시인 소설가가 된 것은 할아버지에게서 들은 많은 이야기들 덕분이었다"고 고백했다.

한승원의 딸 한강도 "…이 책 (《산돌 키우기》)에는 어릴 때부터 들어왔으므로 이미 나의 일부가 되어 내가 소설로 썼거나 쓰는 중이거나, 앞으로 쓰려고 계획해 온 이야기들이 들어 있다"고 고백하고 있다. 한강은 이처럼 오늘날 소설가 된 자기는 아버지로부터 문학적인 DNA를 물려받았음을 공히 인정한 것이다. 이는 결국, 장흥인 한승원의 할아버지에서 비롯된 '장흥의 문학성'(할아버지는 비록 '이야기꾼'에 머물렀다고 해도 그것의 본질은 문학성에 다름 아닐 터이다)은 아버지로 이어진 그 계대(繼代)를 자기도 고스란히 이어받았다는 한강의 고백에 다름 아닌 것이다. 할아버지, 아버지의 문학은 장흥이 배태한 문학이었다. 그 장흥의 문학성이 계대로 한승원, 한강에까지 이어졌던 것이다.

그러므로 한강의 출생지가 비록 광주였다고 해도, 한강은 장흥에서 태어나 장흥에서 문학적 성업(成業)을 일구어 가고 있는 아버지 한승원의 DNA를 고스란히 승계한 작가라는 점에서, 다른 무엇보다 '장흥인 할아버지와 아버지 한승원 문학의 계대(繼代)를 이은 작가'라는 점에서. 우리가 한강을 능히 '장흥이 낳은 소설가' '장흥의 작가'라고 해도 지나침은 없을 것이다.

한승원과 한강, 또는 한승원 문인 가족에 대해 이렇게 장황히 늘어놓은 것은, 지금 장흥에서 '이청준 문학관' 건립이 추진되고 있어 충분히 '한승원 문학관'도 단독으로 추진할 수 있지만, 만일 '한승원 문학관'에서 이미 세계적인 소설가로 입지한 한강을 보탤 경우(또는 한승원 문인가족을 더할 경우), 그 문학관의 경쟁력 배가는 물론 장흥에 '한승원·한강 문학관='세계적 문학관'이라는 위상 정립과 함께 그 문학관의 세계적인 명성이 가능해지기 때문이다.

'장흥문학의 대부'— 현대 장흥문학 선도

국내 문학계나 중앙언론 매체에서 '장흥문학'을 논의할 때 반드시 그 첫 머리에 고 이청준과 한승원을 거론하기 마련이다. 특히 이청준의 경우, 고향 장흥을 무대(소재, 주제)로 많은 작품을 남기긴 하였으나 실제적으로는 중앙무대에서만 활동했다.

그러나 한승원은 이청준과 달랐다. 이청준 못지않게, 아니 더 이상으로 장흥이라는 공간을 문학 무대로 등장시킨 작품을 가장 많이 남기기도 하였지만, 무엇보다 장흥에서 25년째 정주하며 작품 활동을 장흥에서 펼쳐 '장흥문학'에 적지 않은 영향을 끼치면서 소위 '현대 장흥문학의 대부(代父)'로서 입지를 굳혀왔다는 데 각별한 의미가 있다.

이를테면, 한승원은 장흥 문학 자원 확충과 그 명성에서 그 첫머리에 이청준과 함께 존재하지만, 더 나아가 25년째 장흥 현장 활동으로 문학적 성업을 일구면서 '장흥문학'의 존재감 부상의 주역이 되어왔다는 의미가 있다는 것이다. 이미 고인이 된 이청준 문학관 추진 이후, 한승원 문학관을 추진해야 하는 이유인 것이다.

여기에 더해, 소설가 한강을 추가할 경우, 그 '한승원 문학'의 무게감을 가일층 고양시킬 수 있으며 문학관의 경쟁력 또한 제고시킬 수 있다는 점에서 그 고유성과 강점도 있는 것이다.

'한승원·한강 문학관' = '세계적인 문학관'

최근에는 여러 곳에서 생존 문인의 문학관도 추진되고 있는 실정이다.

문인 출신지와 별개로 작품의 소재, 주제 등 연관성만 있어도 또는 부러 지자체의 문학 자원의 포장을 확충하기 위해서라도 유명 문인의 문학관 유치나 개관을 적극 추진하기도 한다. 한승원 작가의 후배인 생존 작가 조정래 작가의 경우, 그가 순천 출신이지만 문학적인 연고(주제, 소제)가 있다는 이유로 그의 출신지도 아닌 보성과 고흥, 김제 등 3곳에서 문학관을 유치했던 예가 좋은 선례이다.

특히 고흥의 '조정래 가족문학관'('조종현·조정래·김초혜 가족문학관')의 경우, 조정래 부친(조종현)이 고흥 출신 시인이었다는 근거 하나만으로 그 아들 조정래와 조정래 부인 김초혜 시인까지 끌어들여 지난 2017년 12월에 '조종현·조정래·김초혜 가족문학관'을 조성하기도 했다.

우리도 그러한 선례를 상기한다면, 장흥에서도 얼마든지 '한승원 문학관'이나 한승원 가족 문인의 문학관인 '한승원 가족문학관'('한승원·한동림·한강 가족문학관') 추진도 생각해 볼 수 있다는 것이다.

'한승원+한강 문학관'의 장흥, '세계문학 중심무대' 도약

늦었지만, 이제부터라도 장흥군에서 마땅히 '한승원 문학관' 건립을 추진해야 한다. '한승원 문학관' 건립을 위해 민간 차원에서 '한승원 문학관 설립추진위회' 성격의 준비 모임체 결성부터가 필요하다.

이후, 문학관 건립을 위한 중장기 플랜 수립을 비롯해, 문학관·문학상 관련 조례 제정, 문학관 부지·재원 확보 방안, 문학관의 운영 방향 등 보다 내실 있는 문학관 건립·운영에 관한 정책 추진을 위해 문학계·문화예술계의 전문가, 장흥문학 관련 공공기관 관계자 등으로 구성된 '한승원 문학관 건립 티에프(TF)' 구성이 이루어지면서 본격적인 '한승원 문학관' 건립 추진과 실현을 기대해 본다.

'이청준 문학관', '한승원·한강 문학관' 설립에 이어, 훗날 소설가 한강과 더불어 이미 세계적인 소설가 반열에 올라있는 '이승우 문학관'마저 장흥에 건립된다면, 능히 '한국문학의 메카 장흥'을 넘어 보다 확실히, 명실상부 '세계문학의 중심무대 장흥'으로 도약할 수 있게 될 것이다.

'선학동의 신화'가 된 이청준, 영면하다

— "한국문학의 거목, 큰 별 되고 장흥문학 신화 창조의 주역"

— 장흥신문/2008.08.06.<보도뉴스>

고(故) 이청준(69) 선생의 노제(路祭)가 8월 2일 오후 2시 30분, 선생의 고향 마을인 회진면 진목리 마을회관 앞에서 엄정히 봉행됐다.

하늘도 고인의 노제가 축제이길 바라는 듯, 구름이 끼여 햇빛을 가리고 간간히 서늘한 바람도 불어와 한여름 대낮치고는 최적의 날씨가 계속된 가운데, 부인 남경자 씨와 외동딸 은지 씨를 비롯한 유가족과 장흥군민, 고향 문인 3백여 명은 슬픔 속에 고인의 마지막 가는 길을 조용히 지켜봤다.

2시 30분 경, 서울에서 영구차와 함께 선생이 귀향했다. 단아하고 인자한 미소를 띤 고인의 영정사진이 분향소에 설치되면서 노제는 조용히 엄수됐다.

이날 노제에는 서울서 영화감독 임권택, 소설가 천승세 현길언 김승옥 임철우 정찬 한강, 시인 김형영 채호기 임동확, 평론가 김병익 김치수 김주연 김화영 권택영 정민 성민엽 정과리 한기 우찬제 이광호, 출판인 조상호 정중모 등이 장흥까지 따라 내려왔다. 또 장흥출신의 문인으로는 송기숙 이승우 김영남 이대흠, 화가 장찬홍 김선두 박진화를 비롯 박준영 도지사, 박형상 변호사 등도 노제에 참석했다.

노제에 앞서 선생의 이승에서의 마지막을 고향 땅에서 한풀이라도 하듯, 제주민요제전에서 대통령상을 수상한 명창 이지선 씨가 고인을 기리며 판소리 춘향가 중 '쑥대머리'를 한스럽게 읊어 선생의 이승에서 정한

(情恨)의 삶을 되새기게 했다.

또 노제 마지막에서는 장흥가무악제전에서 대통령상을 수상한 춤꾼 김덕숙 씨가 고인을 기리며 마치 영화 '천년학' 마지막 장면처럼 선학동으로 날아드는 학이라도 된 듯 애조 띤 창(唱) 가락에 맞추어 너울너울 가무를 선보이며 선학동 신화시대를 연 선생의 마지막 길을 수놓았다.

노제가 시작되고 선생의 고향 친구이자 동료로 이번 노제 추진위원장이기도 한 소설가 한승원(69) 선생은, 한지에 붓으로 쓴 조사(弔詞)를, 목이 메이는 듯 말을 띠엄 띠엄 잇기도 하며 "이지적이고 지적이고 정직한 선생은 세상을 문명비평적인 시각으로 통찰하고 조용히 작품을 쓰면서 후학들에게 좋은 소설을 쓰는 전범을 보였습니다. 또 선생은 천재이면서도 오만하지 않고 끊임없이 글을 쓰는 근면한 작가였습니다"고 회고했다.

한승원 선생은 또 "우리는 선생을 매장하기 위해 이 자리에 모인 것이 아니고 선학동에서 영원을 사는 선생을 축하하기 위해 모인 것입니다. 당신은 저 태고의 신선들처럼 자기 시간의 한계를 극복한 문학으로서 영원을 살게 된 신화 그 자체입니다"면서, '이청준은 장흥의 선학동의 신화'가 되었음을 강조하기도 했다.

선생의 고향 후배 시인 김영남은 조시(弔詩)에서 "…임은 / 여기 진목의 한 달개비 풀로 태어나 / 질긴 생명력과 왕성한 의욕, 높은 지조로 / 고향 산해(山海)를 향기롭게 하는 / 난이 되었지요 / 선학동의 학이 되었지요 / (중략) / 이 더위 물러가고 눈 내리면 / 우리는 또 '눈길'을 걸으며 걸으며 / 임과, 임의 어머님과, 임의 삶에 대하여 / 여기 춘란의 향처럼 그리워하리라 / 선학동의 학 울음소리도 받아 적게 되리라"고 읊으며 고인의 삶을 회고하고 그 의미를 새겼다.

이명흠 장흥군수도 추모사에서 "그저 당신이 타신 꽃구름 보면서 / 어디로 가시느냐고 묻지 않겠습니다 / 다만 지금 선배님의 / 하연 머리에 그 미소가 보고 싶습니다 / 그런데 자꾸만 눈이 시립니다"고 선생의 타계를 안타까워했다.

한편, 이에 앞서 이날 오전 7시 삼성서울병원에서 문인장으로 열린 영결식에서 김병익 장례위원장은 영결사를 통해 이청준 문학의 보편적 의미를 되새겼다.

"고인은 인품이 고매했고, 작가로서 최고였으며, 남도 땅 바닷가 마을에서 태어났으나 세계인이었고, 옛것을 지키고 사랑하며 오늘의 새로움을 알아내는 장인이었다"고 추모하고 "그의 소설들은 인간의 참된 조건으로서의 자유의 귀중함을 가르쳤고, 분단의 현실이 빚은 억압의 현실적 구조를 밝혔으며, 세계를 뛰어넘는 구원의 길을 찾고 무한을 창조하는 예술의 길을 열어주었으며, 생명의 근원으로서의 원초적인 것들과의 화해의 소리를 들려주었다"고 강조했다.

후배 문학평론가 오생근 씨는 조사에서 "작은 아픔이건 큰 아픔이건 형은 그 아픔을 숙명처럼 감내하면서 그것을 문학으로만 표현하려 했다"며 "문학을 통해서 아픔이 표현되어야 그 아픔이 치유될 수 있고 삶이 삶 다워진다고 생각했을지도 모른다"고 추모했다.

또 고인과 중고교 동기동창인 민득영 한양대 명예교수는 조사에서 "우리가 쪼께 있다가 엄니 옆으로 보내 줄텡께 두 모자 항꾸네 꽃섬도 보고 잔잔히 퍼지는 물결도 봄시롱 눈도 보고 새도 보고 하시오잉. …성을 보내라고 어설프게나마 이라고 모였응께 곱게 그냥 픽 웃어주시요잉"이라고 애도하자 곳곳에서 울음이 터졌다.

시인 김광규 한양대 교수는 '문우 이청준 영전에'라는 조시에서 "겨울

날 연탄난로 가에서 / 자네가 읽어주던 '퇴원'의 초고에 / 귀 기울였던 청년들이 오늘은 / 늙은 조객으로 모였네… 자네는 세상을 담은 큰 집을 지었군 / 원고지를 한 칸씩 메워 자네의 필적으로 / 집과 언덕과 산과 강을 만들었군" 하고 읊었다.

선생은 이날 오후 4시 회진 앞바다가 내려다 보이는 모친의 묘 앞에 묻혔다. 그 자리는 고인의 소설에서, 어미가 어린 아들들을 한 군데 묶어놓은 채 땡볕 아래 콩밭을 매던 자리였다.

영화 '천년학'을 이 마을에서 찍은 임권택 감독은 말없이 하관식을 지켜보며 선생의 마지막 가는 길을 눈물로 지켜봤다.

선생은 이렇게 2008년 8월 2일, 남도 벽촌의 장흥사람으로 태어나 '한국문학의 거목'으로 '한국문단의 큰 별'이 되고 장흥문학의 신화시대를 연 주역의 한 사람으로 돌아와 당신이 창조한 선학동 신화 속으로 학처럼 영면했다.

아동 문학의 대가 김녹촌 선생 별세

-장흥신문 2012.07.12.

자연주의·정의감·저항정신으로 아름다운 동시세계 구축해

동화 '마을 심는 아이들'-아동문학의 백미, 고전으로 유명

동시집 10여권, 수필·번역 동시집 등 30여권 펴내기도

동시 '꽃을 먹는 토끼', '산새 발자국' 등을 쓴 아동문학가 김녹촌(본명 김준경) 씨가 지난 6월 28일 오전 4시 숙환으로 별세했다. 향년 85세.

장흥군 부산면 내안리 출신의 고인은 1968년 동아일보 신춘문예를 통해 등단한 후 동시집《소라가 크는 집》《진달래 마음》《꽃을 먹는 토끼》《독도 잠자리》, 동화《김유신》《거꾸로 오르기》등의 작품을 남겼다.

오랫동안 교사로 재직하면서《어린이 시 쓰기와 시 감상지도는 이렇게》《글쓰기 박사가 되는 길》등의 글쓰기 이론서를 집필하기도 했다.

세종아동문학상, 대한민국동요대상 본상 등을 수상했으며 한국어린이문학협의회 회장을 지냈다. 유족으로는 부인 장정숙(79) 씨와 기승(서울예대 극작과 교수), 숙영, 기철(부여청담병원 원장) 등 2남 1녀가 있다.

빈소는 분당서울대병원에 마련됐고 발인은 30일 오전 7시에 이루어졌다.

'마을 심는 아이들'-아동문학의 백미

오랜 세월 동안 벽지 학교에서 어린이들과 함께 생활하며 아이들에게 자연의 소중함과 아름다움을 가르쳐 온 장흥출신의 동시 작가 김녹촌 선생. 김녹촌 선생은 자연의 모든 것과 작은 것들을 소중히 여기는 자연애

호주의 정신의 동시작가로 정평이 나 있다.

그동안 선생은 10여권의 동시집과 기타 수필집, 번역동시집 등 모두 30여권의 저서를 펴냈다. 그 중에서도 '마을 심는 아이들'이란 동화는 선생의 지기(知己)로 아동문학의 대가인 이오덕 선생의 '일하는 아이들'과 함께 아동문학, 노동문학의 백미로 꼽히는 작품이자 아이들의 살아있는 감성과 말, 생각이 담긴 '고전'으로 유명한 작품이다.

김녹촌 선생은 일본강점기였던 1927년에 태어나 1947년 광주사범을 졸업하고 잠깐 기자생활을 거친 후 중고 준교사 자격시험(국어과)을 거쳐 고향인 부산초등학교에서 고편생활을 시작한다. 그 후 장흥 초등학교에도 잠깐 근무하다 대구동인초등학교 교사로 전임된 후 경상북도 벽촌 등지에서 40년 동안 교직에 종사하게 된다.

45년 교직생활 중 거의 태반을 경상도 벽지에서 교사로 봉직한 것이다.

'기차놀이'등 33편이 동요가사

그가 문단에 정식으로 데뷔하기는 1968년 동아일보 신춘문예 동시 '연'이 당선되고부터다 . 그 후 교직에 계속 종사하며 아름다운 동시들을 꾸준히 발표하며《소라가 크는 집》《쌍안경 속의 수평선》《언덕배기 마을 아이들》《태백산의 품 속에서》등 우수한 동시집들을 출간, 중진 동시 시인으로서 위명을 떨치게 된다.

선생의 동시들은 많은 동요가사로 선정되기도 하는데 '기차놀이' '밤바다' 등 무려 33편의 시들이 동요 작시로 채택되기도 한다. 일어에 능통한 선생은 일본 어린이들의 동시집을 반역해 출간, 일본 어린이와 한국 어린이의 글쓰기 수준을 비교하기도 한다.

선생은 지난 1992년 8월 31일 정년퇴임한 후 20여년 간 줄기차게 어린이들의 바른 글쓰기와 문학교육 아동문학 운동에 전념해오며, 2002

년《쌍안경 속의 수평선》, 2004년《독도 잠자리》 등 수 권의 동시집 및 문학비평서등을 펴내고, 끊이지 않는 문학 활동을 왕성하게 지속하며 국내 최고 아동문학가로서 자리를 지켜왔다.

■ 추모 1주기 문학의 밤

- 장흥신문/2013.07.25.

김녹촌 선생이 가진지 1년이 지난 6월 28일 저녁 6시 30분 서울 어린이문화연대 소강당에서는 한 조촐한 모임이 있었다.

'김녹촌 선생 추모 1주기 문학의 밤' 행사가 그것이었다.

이날 선생이 오랫동안 관심을 가지고 활동에 참여해 왔던 한국어린이문학협의회의 이주영 회장은 "김녹촌 선생 추모 1주기 문학의 밤은 오랫동안 회장과 고문을 맡아주셨던 고인을 기리는 마음으로 오늘의 모임을 마련했다"고 말했다.

이날 추모 문학의 밤은 ▲1부 = 김녹촌 선생 삶과 문학 / 김녹촌 선생 동시 낭송 / 김녹촌 선생 동요 부르기(백창우, 이영근) / 유가족 대표 인사 ▲2부 = 김녹촌 선생 유고집 출판 기념 / 책 소개와 출판 과정 안내 / 김녹촌 선생 교육 이야기 ▲3부 = 뒤풀이 등의 순서로 진행됐다.

특히 이날 선생이 작시한 동시에 작곡가 백창우 씨가 곡을 붙인 노래 '비행기' '산 위에서 내려다 보면' 등 10여 곡의 동요가 합창되기도 했다. 생전에 선생의 동시들은 많은 동요가사로 선정되기도 했는데 '기차놀이' '밤바다' 등 무려 40여 편의 시들이 동요 작시로 채택되기도 했다.

이날 모임의 주요 핵심은 선생이 유작으로 남긴 유고집《글쓰기 나무 심기》의 출판이었다.

유고집 《글쓰기 나무심기》

장흥 출신으로, 한국 아동문학의 거봉으로, 향년 85세에 이르러 마지막 숨을 거두기 직전까지 병상의 침대에 누운 채 한국의 국어교육과 글쓰기 교육에 대해 지대한 애착으로 인해 마지막 유작이 된《글쓰기 나무심기》교정에 심혈을 기울였던 선생이었다.

별세하기 전 2, 3년전 까지만 해도 80이 넘은 노구를 이끌고, 고향 장흥의 문학인대회의 '학생들의 문학현장 강의'에 강사로 참석, 침을 튀겨가며 어린 학생들에게 열강을 펼치시기도 했던 분이었다.

'시인 교장 선생님이 우리 모두에게 띄우는 편지'라는 부제가 달린《글쓰기 나무심기》는 아동문학의 현장에서 아동문학을 위해 평생을 불살라 왔던 선생이 잘못된 '한국의 국어교육과 글쓰기 교육'을 가로막고 있는 여러 가지 문제점들의 해결을 위해, 원인 분석과 함께 해결방안을 제시한, 한국 국어교육의 비전을 제시한 감동 깊은 책이다. (필자도 이 책을 읽어보고 비로소 그동안 선생이 펴낸 글쓰기 관련 도서를 수집하여 통독해 보고 있는 중이다).

선생은 한국 국어 교육이 크게 잘못되었다고, 이제라도 바로잡아야 한국 국어의 미래가 있다고 강변한다. 요즘 세상에 감히 어느 누가 이런 강변을 주장할 수 있겠는가. 아동문학, 국어교육의 현장에서 평생을 살아온 선생이기에 기능한 일일 것이다.

시인이요 아동문학가요 국어 교사요 교장이었던 선생이 한국의 국어교육계가 통회하며 지금이라도 제 길을 가야한다고 주문하고 있는 선생의 톤 높은 목소리가 생생하게 들리는 듯 가슴을 때린다.

목차만 봐도 대단하다.

▲제1장 논설문 '광풍'으로 잃어버린 글쓰기교육 = 1. 한국교육의 잘못에 대한 어느 미국 대학교수의 폭탄선언 / 2. 그릇된 논설문 광풍으로, 잃어버린 글쓰기 교육 30년! / 3. 한글도 하나 못 가르칠 바엔 차라리 초등

학교 문을 닫아야 한다 / 4. 한국 최초로 글쓰기 시험을 친 인하대학교 박덕유 교수 / 5. 한국에서는 우등생, 미국에서는 열등생 어느 노 아동문학가의 뼈저린 증언 / 6. 《조선일보》 특집기사 '글과 담 쌓은 세대'

▲제2장 글쓰기교육의 기초 다지기 = 1. 생활문 쓰기 교육은 글쓰기 기초 다지기 작업 / 2. 쓰는 법도 모르는데 써 오라고만 하는 '독후감' 숙제 / 3. 원고지 쓰기 지도는 빠를수록 좋다 / 4. 아니, 국어책을 학교에 놔두고 다니라니… / 5. 학원에 안 보내고 '기본'에만 충실한 유태인의 자녀교육 / 6. 200자 원고지와 400자 원고지 / 7. 미국 유학만을 서두르는 넋 나간 한국 어머니들

《글쓰기 나무심기》의 의의

김녹촌 선생은 오랜 세월 교단에 선 교사이자 또 한편으로 수많은 동시를 지은 시인이다. 이러한 경험을 바탕으로 선생은 많은 책읽기 및 글쓰기 지도서를 써왔는데, 그 가운데서도 이번 책 《글쓰기 나무심기》는 그 집대성이라고 할 수 있다는 점에서 그 의미가 깊다. 지난 2012년 세상을 떠난 저자가 마지막까지 놓지 않았던 글이 바로 이 책이기 때문이다.

저자는 오랜 교단생활에서 느낀 글쓰기 교육 부재의 안타까움과 옳은 글쓰기 교육의 방법에 대해 수필 형식으로 써 내려가고 있다. 조금은 강건한 어조에 평소 저자의 동시집에 익숙한 사람이라면 낯설음을 느낄 수 있겠지만, 그만큼 오늘날 글쓰기 교육 상황에서 느끼는 선생의 안타까움을 절실히 느낄 수 있다. 또 그만큼 우리나라의 잘못된 글쓰기 교육의 현실을 직시해 볼 수 있다.

그런 의미에서 이 책은 그동안 저자가 대상으로 했던 어린이들이 아닌, 교사나 학부모가 읽어야 할 책인 것이다.

김녹촌, 그는 누구인가

김녹촌 선생. 선생은 살아 생전로 60년 동안 국어교육 바로잡기 전령사로 활동 해온 아동문학가였다.

"한 나라의 국민이 갖춰야 할 가장 중요한 소양은 국어를 제대로 사용하는 것입니다. 병들고 상처 난 한글로는 우리의 미래가 없습니다.

…현재 우리 국어교육은 심각한 위기에 처해 있습니다. 모든 글은 자신의 마음에 있는 생각을 표현하는 것인데 논술 열풍이 불며 어릴 때부터 학원에서 시험을 위한 논설문 외우기 교육에 급급해 하고 한글도 옳게 모르고 글 한 줄 제대로 못 쓰는데 외국어 교육과 어학연수에 열중하고 있으니 말입니다.

…우리 겨레의 혼이 담겨 있고 국어교육의 기본 중의 기본인 가갸거겨 등 '기본음절(한글 본문장)' 하나 옳게 읽지도 외우지도 못하는 어린이들이 어떻게 국어공부를 할 수가 있겠으며, 또 어떻게 한국혼이 담긴 올바른 인간이 될 수 있겠습니까?"

몸은 젊은 시절 같지 않지만 한글 사랑은 식지 않고 오히려 더 뜨거운 열정으로 글쓰기 교육에 열중이던 선생이 4년 전, 장흥문학인대회 강사로 참석했다가 필자에게 한 말이다.

당시도 선생의 모국어에 대한 애착과 학생들의 올바른 글쓰기에 대관 관심은 놀라울 정도였다.

선생의 애틋한 국어 사랑과 열정은 삶 그 자체였다.

선생의 국어교육 연구는 현장에서 배어나온 생생한 경험을 토대로 하고 있다. 그가 교장으로 재직할 때 아이들의 형편없는 국어 실력 향상을 위해 가장 먼저 시행한 것은 전교생 '받아쓰기'였다. 학년마다 각 반을 돌면서 10여 개의 단어를 가지고 받아쓰기를 해보면 정답률은 부끄럽다 못해 참담할 정도였다. 그는 가는 학교마다 '한글 바르게 쓰기 운동'을 벌이며 힘겹게 이끌고 나가느라 가슴앓이도 많이 했으며 한풀이로 술을 혼자서 많이 마시기도 했다.

“학교에서 일부 교사들은 맞춤법이 틀려도 공부에 대한 흥미를 떨어뜨린다며 탓하지 말라고 합니다. 그것은 교육이 잘못됐습니다. 글자를 틀리게 쓰면 야단을 쳐서라도 정확히 알도록 해야 합니다. 1학년 한글 입문기 지도 때 받아쓰기 후 그냥 넘기지 말고 정착 여부를 확인한 뒤 치료까지 해서 완벽을 기해야 한글을 제대로 배우게 되는 것입니다.

…집을 지을 때도 기초 다지기가 가장 중요합니다. 모래땅 위에 세운 건물은 결국 무너지게 됩니다. 전반적으로 우리사회의 ‘국어교육 부재’가 가장 큰 문제이기도 합니다. 초등학교 입학 전부터 영어 학습에 열을 올리는 학부모는 있지만 한글을 제대로 가르치는 경우가 얼마나 됩니까.
…글쓰기 실력을 향상시키는 가장 좋은 방법이란, 어려서부터 본보기 글을 베껴 써 보고 ‘마음 속 비밀친구’인 일기를 성실히 써 나가는 것이지요”

정년퇴임 후, 눈이 오나 비가 오나 하루도 빠지지 않고 그의 강의를 필요로 하는 곳이면 발 벗고 나섰던 선생이었다. 그러한 경험 위에 써진 책이 글쓰기 이론서인《글쓰기 박사 되는 길 1, 2, 3》이었다.

그리고 이번에《글쓰기 박사 되는 길》이후에 글쓰기에 대한 생각들을 정리한 것이《글쓰기 나무심기》다.

선생은 갔지만, 선생이 남긴 유작《글쓰기 나무심기》가 지금 한국사회 국어 교육계에 큰 경종을 울리고 있다.

김녹촌(본명 浚璟)선생 프로필

*1927년에 전남 장흥군 부산면 내안리에서 태어남
*부산초등학교, 광주사범학교심상과 졸업(1947)하고, 중고등학교 국어과 교사 자격검정고시에 합격
*부산초등학교와 장흥초등학교 및 대구 경북의 초등학교와 고등학교(야

간)에서 45년간 교직에 종사하였으며, 1992년에 경주 현곡초등학교 교장으로 정년퇴직함

*1968년에 동아일보 신춘문예에 동시 '연'이 당선

*제10회세종문화상(1977), 제7회대구시 문화상(1987), 제9회 대한민국 동요대상(노랫말부문,1996), 우수노인 히로인상(2006)등 수상

*정년퇴직(1992)후 kbs 래디오 프로그램에서 자녀교육 칼럼을 2, 3개월 동안 매일(09시) 방송

*서울로 이사한 후 작고할 때까지 작품 활동과《글짓기 이론서》등의 책을 저술하며 글짓기 지도와 자녀 교육에 관한 강의를 해 옴

*고향(장흥)활동=2006년부터 5차에 걸쳐 장흥에 와 장흥학당과 장흥초등학교 및 장흥청소년수련관 등에서 초등학생 및 어머니를 대상으로 글짓기 지도 강의. 2009년 제1회 전국문학인대회 때 장흥여중에서, 2010.7.30. 제2회 문학인대회 때 회덕중학교에서 전교생을 대상으로 강의

*2008.8.1 '제1회 정남진(장흥)물 축제' 를 계기로 동요집《 내고향 바다》 출간(CD 포함)

▲초등학교 국어교과서에 실린 동시=4학년 2학기 '겨울 아이들'/5학년 2학기 '들국화' /6학년 2학기 '연'

*음악교과서에 실린 동요=3학년 '산새 발자국' '독도잠자리' 등.

▲동시집 :《소라가 크는 집》《언덕빼기 아이들》《독도 잠자리》등 수 많은 동시집

▲수필집 :《토함산 노랑제비꽃》

▲일기 생활문 시 쓰기 이론서 :《시 쓰기와 시 감상지도는 이렇게》《올바른 시 쓰기와 생활문 쓰기 지도는 이렇게》《글쓰기박사가 되는 길(초중고)》, 초중고생 대상《독후감 쓰기》 등

투철한 역사의식으로 '민중의 이상(理想)' 열어왔던 송기숙

- 장흥투데이 2021.12.15 <기획>

7,80년대 독재정권과 싸워 온 '행동하는 지식인'으로 유명

'자랏골 비가'서 제시된 민중理想, '녹두장군'에서 완성

광주이야기 '오월의 미소'로 광주항쟁 20여년 족쇄 풀어

장흥문학의 거목, 스러지다

소설가이며 전 아시아문화중심도시조성 위원장(국무총리급)인 송기숙(宋基淑, 1935~2021.12.5) 전 전남대 교수가 지난 5일 오전 8시 숙환으로 유명을 달리했다. 향년 86세.

고인은 부인인 김영애 씨와 네 여식(석희·강희·원·송희)을 남겼다. 발인은 7일 오후 1시에 치러졌고 서울추모공원에 안장됐다. ('코로나19'로 인해 가족장으로 치러졌다).

고인의 고향 장흥군에는 고인의 분향소도 마련되지 않았으나, 광주시에서는 7일 오전 광주 동구 YMCA에 '(故) 송기숙 시민 분향소'를 마련, 많은 시민 들이 고인을 추모할 수 있도록 했다.

(다음 글은 필자가 2004년 4월에 송기숙 선생을 인터뷰했던 내용의 원고로, 당시 선생이 투병하며 작품 활동을 거의 멈추던 때(2006~)의 2년 전이어서, 거의 유효한 내용이다).

화순 운주사에 담긴 민중의 이상(理想)

화순군 도암면 대초리 천불산 계곡에는 '천불천탑'과 미완의 미륵의 꿈을 담고 있는 '와불'로 유명한 운주사지(雲住寺址)가 있다. 1481년에 첫

편찬되고 1530년에 증보된《동국여지승람》의 능주현편에는 "운주사는 천불산에 있다. 절의 좌우 산마루에 석불과 석탑과 각각 천 개 있다(雲住寺在千佛山寺之左右山背石佛塔各一千)"라고 쓰여 있다.

운주사는 불과 20년 전까지만 해도 일반인들에게는 전혀 알려지지 않은 작은 사찰이었고, 예전의 대규모 사찰도 없어진 이름 없는 절터였지만, 1984년 전남대학교 박물관 조사단에 의해 유적발굴 조사가 실시되고, 황석영의《장길산》, 송기숙의《녹두장군》에서 '운주사 전설'이 중요한 소재로 등장되면서 세상에 널리 알려지게 되고 세간의 화제가 되었다.

송광사의 말사이기도 한 운주사는 천불천탑으로 유명하다. 지금은 대략 석탑 19기와 석불 90여기 정도만 남아 있다. 전설에 의하면 신라 말 도선 국사가 하룻밤 사이에 1천 개의 석탑과 1천 개의 석불을 만들었다고 전해진다.

도선 국사는 국운이 일본으로 새나가는 걸 막기 위해 풍수지리설에 따라 돛대와 사공을 상징하는 천불천탑을 천상에서 석공들을 불러 쌓기로 했다. 그리고 마지막 석불이 완성되던 찰나, 일을 하기 싫은 한 동자승이 새벽닭 소리를 내고 말았다. 하늘에서 내려온 석공들은 아침이 온 줄 알고 마지막 석불을 일으키지도 않은 채 하늘로 올라가 버려 미륵의 세상은 오지 않았다. 도선 국사가 도력으로 세운 많은 불탑, 불상 중 압권은 단연 그 마지막 석불이었다는 와불이다. 절 오른편 산 중턱에 누워있는 이 와불은 천불천탑의 마지막 천불이다. 이 불상을 일으켜 세우면 지배하는 참 민중의 세상으로 바뀌고 운주사가 있는 천불산은 새 나라의 수도가 되면서 천년동안 태평성대가 계속된다고 하는데 안타깝게도 이 와불을 일으켜 세우지 못한 것이다.

작가 황석영은《장길산》에서 운주사는 민중들, 곧 미래불인 미륵의 계시를 받은 반노들이 새 세상을 꿈꾸며 천불천탑(千佛千塔)을 세우려고 했던 '혁명의 땅'으로 설명한다.

혹은 고려 때 일본을 치려던 여몽 연합군이 화순에 머물며 운주사를 지었다는 설도 있다. 석탑의 모양과 문양을 볼 때 몽고침략을 받은 고려 말기 라마교의 영향을 받은 것 같지만 정확한 사료는 없다. 와불 아래쪽에는 북두칠성 모습을 옮겨놓은 듯한 칠성바위가 있는데 맷돌 모양돌의 배열 상태와 크기가 북두칠성의 방위각과 밝기를 반영하고 있다고 한다.

최근에는 이 칠성바위를 연관시켜 칠성바위·와불·석탑의 배치 등이 북두칠성과 북극성 그리고 밤하늘의 별자리와 일치한다는 새로운 사실이 밝혀지기도 했다. 만일 이것이 확실하다면, 운주사 석탑들은 바로 밤하늘의 별자리를 그대로 땅 위에 구현해 놓은 하나의 천문도(天文圖)인 셈이고, 운주사의 천불천탑은 민중이 꿈꾸는 '하늘의 이상(理想)'을 땅 위에 구현해 놓은, 곧 하늘의 천불을 지상에다 재연한 것이었다고 할 수 있을 것이다.

이처럼, 운주사를 창건한 주인공에 대한 여러 설이 전해지고 있지만, 가장 설득적인 것은 이곳 탑의 독특한 양식이 중국남방 양식으로부터 영향 받은 것과 관련된 설화이다. 즉 12세기 초 중국남방에서 해상활동에 종사했던 백제의 유민들이 고향으로 건너와 이 지역의 토호, 민중들과 어우러져 운주사를 창건하고 고토(古土) 회복에 대한 비원으로 천불천탑을 조성했을 것이라는 설이다. 미륵불의 재림(再臨)을 통해 지상낙토를 꿈꾸었던 소외받고 천대받던 민중들의 비원과 이상이 바로 운주사 창건의 주역들이라는 것이다.

무엇보다 이곳 운주사 경내 안밖 곳곳에 즐비하게 세워져 있는 석불들 거의 대부분이 부처의 위엄은 찾아볼 수 없는 못생기고 질박한 데다 무표정들이어서 무언의 많은 메시지를 전해주고 있다. 민화의 주인공들을 조각했다고 보면 딱 맞을 불상들이다. 비바람에 얼굴 형상은 사라진 지 오래이다.

옛날에는 천불이었을 그러나 지금은 고작 90여기에 불과한 이 집단적인 '못생긴 노지의 석불'들은 무언가에 대한 강한 열망을 표현하고 있음을 느끼게 한다. 낮고 음습한 땅에 엎드려 구원을 바라는 중생의 모습, '쨍하고 해뜰 날, 한껏 펼 날'을 고대하는 민중의 아픔으로 느껴지게 한다. 그들은 한결같이 그 열망, 그 소망을 안고 암석 밑에서 산기슭 여기저기서 비바람 맞으며 1천년을 기다리며 숱한 '민중의 신화'를 만들어 왔을 것이다.

송기숙의 이상(理想)과 운주사

장흥 출신의 작가 송기숙 선생은 저항문학의 기수, 민중소설가라는 별명 못지않게 그의 2차례의 투옥과 민주화운동이라는 경력이 말해주듯, 우리나라 작가 가운데 70, 80년대를 가장 치열하게 살아 온 '행동하는 지식인'의 한 사람으로 너무 잘 알려져 있다. 선생의 소설은 읽지 않았어도 민주화 운동가로서 선생을 아는 국민이 적잖을 정도다.

분명한 한 가지 사실은, 그러한 선생이 국내의 민중소설 제1인자로 자리매김 되고 있다는 것이다.

그 송기숙 선생을 이곳 운주사에서 만났다.

선생은 예전에는 없었던 운주사 일주문을 들어서면서부터 운주사와 민중불교의 상관관계부터 이야기 매듭을 풀어갔다. 운주사지를 2시간 가까이 답사하며 들려준 애기는 천불천탑이나 와불, 칠성바위 등의 내력과 이에 얽힌 설화를 비롯 자신과 운주사와의 인연, 운주사지의 연원과 민중불교, 황석영 작가와 운주사지의 관계(송기숙 선생은 '운주사 전설'을 황석영한테 이야기했더니, 황석영이가 《장길산》에서 먼저 활용해버렸다고 말했다) 등 거의 운주사지 애기로 일관했다. (실제로 선생은 전남대학교 박물관조사팀이 운주사를 발굴할 때 함께 참여하면서 한국정신문화연구원 학술지에 '운주사 전설'이라는 논문을 발표하기 했다).

선생의 애기를 들으며, 선생이 굳이 운주사에서 만나기를 희망했던 까닭을 비로소 알게 되었다. 운주사지, 천불천탑이나 와불에 담겨있는 메세지는 다름 아닌 선생이 지난 70년대부터 오늘에 이르기까지 줄기차게 천착하며 그의 문학적인 역량과 정열을 쏟아온 바로 그 자신의 작품세계가 추구하는 민중의 수난과 저항, 민중의 힘과 비원, 이상과 하나도 다를 것이 없다는 생각 때문이었다. 선생은 이러한 운주사에서 자신의 작가적인 삶과 작품세계를 기자에게 투영해 보이고자 했는지도 모른다.

문학의 존재 이유, 작품으로 승화

선생의 첫 장편으로, 3대에 걸친 한 촌락의 비극적 운명을 집약한 《자랏골의 비가》에 이어 1920년대 암태도의 소작쟁의를 소설화한 《암태도》, 동학농민전쟁을 통한 민중의 주체사상을 강조한 대하소설 《녹두장군》 등은 모두 우리 근현대사에 나타난 민중들의 수난과 항거의 기록들이다.

선생은 이 민중소설들을 통해 민중의 수모와 핍박, 궁기와 곤비를 적나라하게 조명하고 민중적(농민적) 이상세계의 가능성을 열어 보임으로써 무엇을 위해 문학이 존재하는가 라는 큰 물음에 그 나름대로 답을 내려주고 있다.

즉 선생은 자신의 작품 속에서 인간의 원초적인 심성에 대해 근본적인 낙관과 신뢰를 갖고, 그것이 구체적인 역사적 상황과 역사적인 질곡 속에서 어떻게 존재하며 어떻게 맞서왔는가 하는 민중의 싸움을 형상화해온 것이다. 그것의 대표적인 작품들이 《백의민족》, 《도깨비잔치》를 비롯한 중단편집, 그리고 《자랏골의 비가》, 《녹두장군》 등이었다.

특히 《자랏골의 비가》에서 시작된 그의 민중적 시각의 민중세계의 구체화는 《녹두장군》에서 완성되고 있다는 점에서, 《녹두장군》은 그의 작품 중에서도 큰 비중으로 평가받는다. 즉 그는 이 작품에서 최초로 갑오농민전쟁을 농민들의 주체적인 농민전쟁으로 형상화함으로써 조선 말기부터 농민 내부에서 일기 시작한 반봉건의식은 결국 근대사회를 향한 민중으로부터의 주체적인 운동으로 전환되었다는 점을 강조한 것이다.

보통 역사소설이 역사학을 추월하거나 견인한 사례가 드문 국내 소설들에서 황석영의《장길산》, 조정래의《태백산맥》등과 함께 역사학의 토대 위에서 이뤄진 작품이지만, 오히려 역사학을 초월한 성과를 거뒀다고 평가받았던《녹두장군》에 대해 평론가 서경석 교수(대구대)는 "1966년 문단에 데뷔한 이래 그가 끊임없이 추구해 온 농민적 세계의 가능성과 그들의 민중적인 기획의 세계에 대한 형상화는 초기적인 '강기'의 문학에서 출발하여《녹두장군》의 방대한 민중운동의 세계에 이르는 긴 과정을 통해 완성 된다"고 평가한다.

또 신경림·이문구·최원식 씨는《녹두장군》을 제9회 만해문학상 수상작으로 선정하면서 그 이유로 "농민전쟁을 다룬 다른 역사소설과는 달리 동학과 농민의 관계에 대한 균형적 관점을 유지하고 있고 농민전쟁을 농민생활 속에서 파악함으로써 역사적 진실을 분명하게 드러내고 있다"고 평가했다.

두 차례의 수형생활과 해직

용산면 포곡리 출신인 송기숙 선생은 장흥고등학교 때(53~56년) 장흥고 교지 창간작업을 주도하면서부터 문학적인 소양을 쌓기 시작한다. 전남대학교 국문과를 졸업하고(61년), 대학원(문학과)을 다니며(61~65년) 대학신문사 전임기자로 대학신문편집을 맡기도 하는데, 64년에 평론 '창작과정을 통해 본 손창섭'이 현대문학 9월호에서 평론가 조연현 선생에 의해 추천되고, 이듬해 '이상서설'이 추천 완료되어 평론가로 문단에 정식 데뷔한다.

대학원을 마치고 65년부터 목포교육대학 교수로 7년을 재임했으며, 73년부터는 모교인 전남대 문리대학 교수로 재임하다 78년 6월 27일 긴급조치 9호 위반으로 구속되어 징역 4년, 자격정지 4년형을 언도받아 광주·청주교도소에서 첫 수형생활을 하게 된다. 유신정권이 교수들에게 학생 감시를 강요하며 소위 '학생지도 보고서'를 제출케 하는 등 무단 횡포를 부리자 전대교수 10명과 함께 '우리의 교육지표'라는 제하의 선언문을 발표하였는데, 이것이 구속과 복역의 빌미가 된 것이다.

1년 간의 복역 중 이듬해 특별사면으로 석방되었고, '80년의 봄'을 맞아 다른 교수들은 복직되었으나 선생만은 복권이 되지 않아 복권을 기다리는 중에 '5·18 광주민중항쟁'을 맞는다. 선생은 시민군 협상대표인 수습위원으로 나섰고, 요시찰인물이었던 선생을 계엄당국은 '수습을 빙자한 폭동 지휘자' 라는 누명을 뒤집어 씌어 징역 5년을 선고한다. 죄명은 '내란죄 중요 종사자'였다. 이로써 선생은 2차 수형 생활을 하게 되고 1년을 복역하게 된다.

84년 8월 17일 전대교수로 복직되는데 해직 7년만의 일이었다. 해직기간 중 선생은 지리산 피아골에 칩거하며 소설을 쓰는 한편 민주화운동에도 적극 참여, 이 기간부터 선생의 이름 석자 앞에는 '행동하는 지식인' '저항문학의 기수'라는 수사가 붙게 된다. 또 이때부터 선생의 민주화운동의 참여는 더욱 본격적으로 이루어진다.

7년 만에 전남대 복직

86년 6월, 당시 호헌 반대 서명교수가 8백 명에 이른다는 사실에 착안한 선생은 '민주화를 위한 전국교수협의회'를 조직하고 초대의장에 취임하며, 88년 5월에는 전남대학교에 '한국현대사 사료연구소'를 설립하여 초대 소장을 맡는다. 당초 5.18과 관련된 모든 사료를 체계적으로 수집, 정리하기 위해 만들었으므로 명칭도 '5.18연구소'였으나 당국의 탄압을 피하기 위한 위장으로 만든 이름이 '한국현대사 사료연구소'였던 것이다.

동 연구소에는 리영희·백낙청·강만길 씨 등이 이사로 참여, 자료수집과 연구발표 등 광주항쟁에 대한 본격적인 자료조사를 착수했는데, 참여자

7백여 명의 구술증언과 기타 자료를 집대성, 2백자 원고지로 2만5천 매 분량의《5.18 광주민중항쟁사료전집》을 발간한다.

동 사료집 발간 작업 과정에서 선생은《녹두장군》을 집필하는 사이, 농민전쟁에 대한 사료가 관변 자료뿐이고 농민군이 남긴 자료는 거의 없다는 사실에 충격을 받아 연구소 활동은 주로 항쟁자료 수집에 역점을 두었으며, 90년과 92년 2회에 걸쳐 광주항쟁을 주제로 한 학술대회를 개최하는 열성을 보이기도 했다.

한편, 선생이 87년부터 승주군 선암사에 집필실을 마련하여 매주 4일씩 다니며 집필했던《녹두장군》12권은 94년 3월 완간을 보았다. 이와 함께 96년 8월부터 화순군 화순읍 무등산 자락으로 이사를 한 선생은 오랜 꿈이고 무거운 짐이었던 광주항쟁을 주제로 한 장편 소설 집필에도 전념, 지난 2월에《오월의 미소》를 출간하기도 했다.

선생은 이밖에도 '균형사회를 여는 모임'의 공동대표를 맡기도 했으며 (93~95년), '민족문학작가회의' 회장으로 추대되어(94~96년) 이 단체를 법인으로 등록하고 통일운동 이외에는 민주화 운동을 지양하고 문학 단체 본연의 모습으로 재정비하기도 했다.

또 96년 12월에는 '한국현대사사료연구소'를 발전적으로 해체하여 '전남대학교 5.18연구소'를 설립하고 초대 소장직을 맡았으며 설립 자료와 재산을 대학 측에 이양하기도 했다.

"5.18은 시민이 주도세력이었다"

5.18 이후 '한국현대사사료연구소' '5.18 연구소' 활동에 주력한 이유에 대해 송기숙 선생은

"사람들의 기억이 더 흐려지기 전에 자료를 수집하기로 했던 것이고, 둘째로 일부 급진세력들이 5.18을 노동자들의 무장투쟁으로 몰고 가려고 했던 상황이어서 이대로 5.18의 진실을 곡해시킬 수 없다는 생각에서

였다"고 밝혔다.

"현대사 사료연구소를 만들어 700명을 대상으로 조사활동을 펴 500명의 구술을 받았습니다. 요즈음은 너나 없이 5.18을 과장하고 있으나, 조사 당시엔 모두 진솔했습니다. 또 무엇보다 일부 급진세력들이 5.18을 노동자들의 무장 투쟁으로 몰고 가려고 했던 상황이어서 큰일이다 싶어 5.18의 진실 규명이 필요하다고 생각했습니다. 하여 학술세미나를 열어 주도 세력이 시민이라는 것을 확인했던 것입니다. 무장투쟁이란 전술과 전략상 무장이 적당하다는 목표 아래 무장하고 투쟁하는 것인데, 80년 5월 광주시민들은 총은 들었으나 전략적 목적을 위해 무장한 세력은 아니었지요. 이러한 우리의 생각에 급진세력들이 크게 반발했으나 서울에서 다시 세미나를 열어 이 문제의 논란에 종지부를 찍을 수 있었습니다. 이 두 가지 활동에서 지금도 보람을 느끼고 있습니다"

이어 선생은《오월의 미소》을 출간하게 된 전후의 사정을 털어놓았다.

《오월의 미소》는 - 20년 세월에 묻은 광주의 분노 형상화한 소설

"광주항쟁을 직접 경험했기에 광주이야기를 여태 쓸 수 없었습니다. 너무나 현장에 가까이 있었고, 너무나 강렬한 분노를 품었기에 '문학'이란 이름으로 글을 써서는 안 되겠다고 생각했던 것이고, 일단 그 분노를 삭히는 데만 20여 년이 걸린 것이지요. 그 분노를 삭이려 시작한 일이 바로 '한국현대사 사료연구소'를 만들어('5.18 사료연구소'로 개소하려 했는데, 당시 5.18 용어를 사용할 형편이 안됐다), 역사적 현장과 사실을 정확히 발굴하는 일이었습니다.

그 과정에서 내 자신의 분노와 광주민중의 함성을 1백 년 전 동학농민운동의 현장으로 옮겨《녹두장군》을 완결한 것이지요. 그러다가 광주얘기를 소설로 쓰게 된 직접적인 계기는 97년 대통령선거 당시 대선 후보들이 한결같이 '전두환·노태우 전 대통령을 사면하겠다'고 공약하는 것을 보며 다시 치솟은 울분 때문이었습니다. 게다가 지난 20년 동안 늘 광주항쟁이라는 족쇄에 묶여있는 듯한 심정이어서 소설을 한번 써야지만 풀려날 것 같았기에 그리고 개인적으로 당한 것이 너무 강했기에 소설이 쉬이 쓰여지지 않았지만, 그럼에도 가까스로 광주항쟁을 주제로 우여곡절 끝에《오월의 미소》를 탈고할 수 있었습니다. 물론 바닥 사람들은 이미 화해를 했지만 그러나 책임자와는 아직 화해가 안된 상황이죠. 잘못을 시인한 뒤 사면해야 하는데 정치적으로 역사를 왜곡하고 5.18을 암매장했지요.《오월의 미소》에서 이 점을 지적했습니다. 이로써 그동안의 짐을 벗은 것 같아 홀가분했습니다"

광주민주화운동을 한 가운데서 경험했던 선생이 20년 만에 광주이야기를 주제로 쓴《오월의 미소》에 대한 설명이었다.

여기서의 송 선생이 밝힌 '5.18에 대한 짐'이란, 5.18 때 처음에 광주를 도피해간 일과 연관이 있어 보인다.

"5.18 때 초장에는 이미 지명수배자 명단에 올라있는 처지라 관망을 하고 있었습니다. 그러다가 18일 전날인 19일 비가 내려 시위가 끝날 것으로 판단하고 서울로 피신했지요. 그러나 서울에서 들려오는 소식은 그게 아니었습니다. 어이쿠나 싶어 다시 광주로 내려와 학생수습대책위를 만들고 사태 처리에 나섰습니다. 믿을 수 있는 건 학생뿐이었기 때문입니다. …결국 당국에서는 저를 '반란 수괴'로 몰려고 했으나 김대중 선생과 만난 흔적이 없으니까 '수괴'를 정동년 씨로 바꾸고 저를 감옥에 넣었던 것이지요"

"…5.18 이후 출옥도 하여 연구소 일에 전념하면서 7백여 명의 희생자들에 관한 자료를 정리했는데, 가장 큰 피해자는 어머니들이었습니다. 그리하여 광주의 어머니들에 대한 얘기를 해야겠다고 생각했습니다. 한데 어머니는 모두를 품고 용서하는 분입니다. 또 한 가지 인상적이었던 것은 공수부대원 중에 당시의 가책으로 알콜 중독자가 된 사람입니다. 결국 이들도 정신적 희생자가 아니겠어요? 발포를 명령한 최고 지휘자 몇몇을 제외한 모두가 희생자였던 것이지요"

선생은 이런 생각에 따라 광주의 최대 희생자인 한 여자와 가해자인 공수부대 장교 출신 남자를 중심으로 소설(《오월의 미소》)를 풀어갔으며, 서로 다른 인생을 살다간 가해자와 피해자 두 사람이 죽은 후 저승 혼사 굿을 통해 부부의 연을 맺고 화해하는 것으로 소설의 대미를 맺는 것으로 소설은 종결된다. 그러나 이에 대한 반론이 만만찮아 개작하게 되면 다른 방법으로 끝을 맺겠다고 말하기도 했다.

시대·역사적 긴장에서 해방되는 작품 집필하고 싶어

"격동기를 살아 온 교수로 작가로 투철한 역사의식, 시대정신을 잃지 않으려고 애썼고, 민중문학론에 입각한 작품을 쓰면서 행동을 주저하지 않은 데에 보람을 느낍니다. 이제 교직 생활도 마감했으므로 아쉬움은 있지만, 작품 활동에만 전념할 수 있다는 홀가분한 심정입니다. 앞으로는 시대와 역사적 긴장에서 벗어난 작품을 남기고 싶습니다. 따뜻한 고향 이야기 같은 소설을 쓰고 싶습니다. 《녹두장군》은 광주항쟁으로 징역을 살고 나와 이 작품 집필에 들어갔었고 민중사관에 입각해서 민중항쟁의 위대한 첫 출발로 동학농민전쟁을 그리다 보니 역사적 무게에 실릴 수밖에 없었고 소설적 재미도 어느 정도 죽일 수밖에 없었는데, 황석영 씨가 늘 농조로 하는 말이 고개에 힘을 빼고 쓰라는 말이었지요. 이제부터는 진짜 고개에 힘을 빼고 우리 모두에게 따뜻한 고향 이야기 같은 소설을 써 보려고 합니다.

주제로는 도시화와 경제발전의 화려한 스포트 라이트를 받는 도시를 갈수록 황폐화되어가는 음지인 농촌에서 바라보면서, 그렇게 도농(都農)을 대비함으로써 오늘의 농촌 현실을 부각시키고 사회 전반의 균형을 찾고 싶은 작품을 구상하고 있습니다. 또 분단문제를 주제로 다룬 《은내골의 기행》에서 한 걸음 진전된 통일문제를 주제로 다룬 소설도 구상하고 있습니다"

앞으로는 작품의 방향과 구상에 대한 선생의 답변이었다.

대학 정년 퇴임, 작품 활동 계속

지난 2000년 8월 31일, 선생은 지난 14년 동안 단 한 시간도 휴강하지 않았던 전남대학교를 정년퇴임했다. 2000년 6월 마지막 강의를 마친 뒤 '퇴임식을 열어주겠다'는 지인들에게 "서로 편하게 떠나는 것이니 이해해 달라"며 완곡하게 거절, 심신을 쉴 겸해서 캐나다로 잠시 외유를 떠나기도 했던 선생이었다.

대학을 떠난 후 96년에 광주부근 화순에 마련했던 집에서 홀가분한 마음으로 집필에 전념하거나 그동안 모아 두었던 모든 작품·활동 자료들을 전산화 작업으로 재정리해 오고 있다.

그 후 2001년 4월에는 전남대 국문과 임환모 교수가 엮은《송기숙의 소설 세계》(태학사)가 나온다. 이 책은 정년을 맞은 선생의 문학적 성과와 의미를 탐색하고 그의 삶과 문학을 기리기 위해 기획, 출간된 책이었다. 그리고 지난 해(2003) 6월에는 소설집《들국화 송이송이》(문학과경계)를 묶어 펴내며, 끊이지 않는 문학적 열정을 과시해 오고 있다.

그러나 대학 강단에 서면서 작가, 행동하는 지식인으로 1인 3역의 치열한 삶을 살아온 선생의 삶답게 선생은 작품 활동을 하는 한편으로 사회적인 관심을 놓치지 못한다.

지난해 7월에는 김지하(시인), 박형규(민주화운동기념사업회 이사장), 송월주(전 조계종 총무원장)등 각계 원로 100인과 함께 정치권에 촉구하는 '개혁세력 대통합 신당 건설' 추진 운동에 참여를 비롯 지난 9월에는 민족문학작가회의 고문 자격으로 한국군의 이라크 추가 파병 반대운동에 참여하는 등 사회활동에 활발히 참여하기도 한다.

작가로서 뿐만 아니라 행동하는 지식인으로서 사회활동에 적극 참여해 온 선생은 지난해 1월 노무현 정부에 의해 교육부 장관에 추천되는 등 '사회적 명망가'로서 자리매김 돼 오다 이번에 기어코 광주문화중심도시 위원장을 맡게 됐다.

다음은 송기숙 선생의 진면목을 엿볼 수 있는 전남대학교 김용대 교수의 '내가 본 송기숙 선생'이란 글이다.

"내가 본 송기숙 교수" - 세속에 굴복 않는 올곧은 '참 스승'

요즘 우리사회에선 '참 스승'을 찾기 힘들다. 한때 지성인의 표상처럼 여겨지던 대학교수도 물신화가 팽배한 자본주의 사회에서 '영혼을 팔아버린 파우스트 박사'처럼 술판의 취객으로 전락하거나, 어제의 경건한 예언자가 오늘은 '타락천사'의 모습으로 우리 앞에 초라한 형색을 드러내고 있다. 시대에 영합하거나 세속의 유혹에 굴복하지 않고 '참 스승'의 길을 보여주는 몇몇 스승의 발자취는 그래서 더욱 뜻깊고 소중하다.

시인 고은은 "천연 기념물 송기숙 / 광주는 그가 있어 광주였다 / 아무리 바람찬 세월이 지나도 / 그가 있어 광주의 밤이었다"라고 노래하고 있다.

선생은 1970년대 혹독한 유신시대, 80년대 군사적 폭압통치를 의연하고 꿋꿋하게 통과하시고 운동가, 교육자, 소설가의 삼위일체 상(像)이 변증법적으로 내적 혼연일체가 이루어진 아름다운 존재로 마지막까지 열정적인 삶을 살고 계신다.

선생에게는 무엇보다도 세 가지 미덕이 있다.

첫째, 실천적 지성인으로서 자신의 시대를 온몸으로 사셨다.

그 어느 사가도 70~80년대 송기숙의 이름을 빼고 한국 지성사를 쓸 수 없을 것이다. 뿐만 아니라 5.18 광주의 시원지가 전남대학교라면 그 학생들에게 의식의 씨앗을 뿌리고 물을 주며 가꾸신 분이 바로 선생이다.

둘째, 현실에 깊이 관여하면서도 소설가로서의 본분을 잊지 않고 자기 일에 충실하셔서 '손으로 쓰다가 발로' 쓰고 '몸으로' 쓴 수많은 노작들, 《암태도》에서 《녹두장군》을 거쳐 최근 《오월의 미소》에 이르기까지 숱한 문학사의 걸작을 남기셨다.

셋째, 결코 자신의 명성을 팔지 않는다. 어쭙잖게 얻은 과거경력을 마치 낡은 훈장처럼 목에 걸고 돈과 권력에 자신을 팔아먹는 숱한 '배반의 역사'를 체험한 우리 현실에서, 설 곳과 물러날 때를 철저히 구분하시는 선생의 지조 정신은 더욱 빛난다.

오직 참 스승의 길을 보여주신 인간 송기숙! 한 올의 말총으로 매단 '나모클레스의 칼' 밑에 앉아 있는 경계심으로 치열한 지성인의 삶을 실천한 이 시대의 진정한 '큰 스승'이다.

(김용대/전남대 독문과교수)

◎송기숙의 학력

장흥 계산초등학교 졸업

장흥 중·고등학교 졸업

1964년 전남대학교 국어국문과 졸업

전남대학교 국어국문학과 대학원 졸업

◎ 송기숙의 수상 연보

1973년 제 18회 현대문학상 수상

1994년 제 9회 만해문학상 수상

1995년 제 12회 금호예술상 수상

1996년 제 13회 요산문학상 수상

2015년 제 5회 동학농민혁명 대상

2019년 전남대학교 제정 5·18학술상 수상
2019년 후광(김대중 전 대통령)학술상 수상

◎ 송기숙의 작품 연보

1972. 10.《白衣民族》(작품집), 형설출판사
1977. 09.《자랏골의 悲歌》(상, 하), 창작과비평사
1978. 09.《도깨비 잔치》(작품집), 백제출판사
1979. 09.《재수없는 錦衣還鄕》(작품집), 시인사
1981. 11.《岩泰島》, 창작과비평사
1983. 10.《자랏골의 悲歌》《3세대문학전집》 24권중 제8권, 삼성출판사
1984. 05.《개는 왜 짖는가》(작품집), 한진출판사
1984. 09.《백포동자》,《지 알고 내 알고 하늘이 알건만》, 창작과비평사
1984. 10.《岩泰島》《현대의 한국문학》 32권중 제19권, 범한출판사
1985. 04.《그리고 기타 여러분》(이문구·최일남·송기숙 3인 연작소설집), 사회발전연구소
1985. 04.《녹두꽃이 떨어지면》(수필집), 한길사
1986. 11.《테러리스트》(작품집), 한겨레출판사
1987. 08.《岩泰島》《오늘의 한국문학33인선》 33권중 제32권, 양우당
1988. 05.《어머니의 깃발》(작품집), 심지출판사
1988. 06.《우투리-산자여 따르라 1》, 창작과비평
1988. 12.《제7공화국》, 한국문학
1988. 12.《파랑새》(분단주제 작품집), 전예원
1988. 12.《교수와 죄수 사이》(수필집), 심지
1989. 01.《보쌈》(민담집), 실천문학사
1992. 02.《이야기 동학농민전쟁》(소년역사소설), 창작과비평사
1994. 01.《녹두장군》(전 12권), 창작과 비평사

1995. 05.《자랏골의 悲歌》《한국소설문학대계》 100권중 제56권, 동아출판사
1996. 08.《은내골 기행》, 창작과비평사
2000. 03.《오월의 미소》, 창작과비평사
2003. 05.《들국화 송이송이》, 문학과경계
2005. 03.《마을, 그 아름다운 공화국》(수필집), 화남
2007. 09.《거짓말 잘하는 사윗감 구함》, 창작과비평사
2007. 09.《제 불알 물어 버린 호랑이》, 창작과비평사
2007. 09.《모주꾼이 조카 혼사에 옷을 홀랑 벗고》, 창작과비평사
2007. 09.《정승 장인과 건달 사위》, 창작과비평사
2007. 09.《보쌈 당해서 장가간 홀아비》, 창작과비평사
2007. 09.《아전들 골탕 먹인 나졸 최환락》, 창작과비평사
2018. 01.《송기숙 중단편전집(전5권)》, 창작과비평사